옥스퍼드 핸드북

정치네트워크론

II

이 저서는 2019년 대한민국 교육부와 한국연구재단의 지원을 받아 수행된 연구임
(NRF-2019S1A6A3A02102737).

국민대학교
중국인문사회연구소
번역총서 · 11

옥스퍼드 핸드북

정치네트워크론

The Oxford Handbook of
POLITICAL NEWORKS

Jennifer Nicoll Victor, Alexander H. Montgomery, Mark Lubell

서상민 · 모준영 · 유희복 편역

II

學古房

제3부 국제관계학에서의 네트워크

제4부 비교정치학에서의 네트워크

제**3**부

국제관계학에서의
네트워크

제11장 테러 네트워크

Arie Perliger

서론

2003년 상반기, 2차 팔레스타인 봉기intifada의 초기 단계를 특징지었던 자살 테러 공격이 한창이던 시기에, 팔레스타인 과격 투쟁의 독특한 패턴을 파악한 정책 전문가와 학자들이 증가하기 시작했다. 좀 더 구체적으로 말하자면, 웨스트 뱅크West Bank를 다시 점령하는 등 이스라엘이 강도 높게 대응한 결과, 주로 하마스Hamas와 팔레스타인 이슬람 지하드 Palestinian Islamic Jihad 등 대다수의 팔레스타인 단체는 작전 능력을 유지하기 위해서 비공식적 또는 대안적 사회 구조에 대한 의존도를 높여갔다. 아마도 이러한 경향을 가장 잘 보여주었던 사례는 헤브론Hebron의 아부 카틸라Abu Katila 지역을 연고로 하는 축구팀 A-Rabat Mosque의 사례였을 것이다. 이 축구팀에서 적어도 6명 이상의 멤버가 짧은 기간 내에 자살 테러를 저질렀고, 다른 멤버들도 하마스의 행동대원이 되었다. 바꿔 말하면, 종교 활동과 여가 활동을 결합한 축구팀이라는 사회적 틀이 헤브론 하마스 지부에 의해 흡수되었다(Regular, 2003). 체계적으로 연구해보면 팔레스타인 단체들의 과격 활동이, 대가족, 학생회, 직장과 같은 다양한 소셜네트워크 속에서 형성된 연결관계ties에 의해 구조화된, 기존의 소셜네트워크 활용에 기반을 두고 있었다는 것이 더욱 확실해진 다(Pedahzur and Perliger, 2006). 비슷한 패턴이 다른 분쟁 영역에서도 관찰됨에 따라(Parkinson, 2013), 과격 단체의 특성과 과격화의 과정을 이해하기 위해서는, 무엇보다도, 그러한 단체들의 사회적 구조, 단체 멤버들 간의 사회적 관계와 그런 것들이 특정한 역할 및 기능과 연관되는 방식, 그리고 전체적인 단체들의 의사결정 과정에 관한 면밀한 조사가 필요하다는 점을 더 많은 학자들이 인정하게 되었다(Carley et al., 2002; Qin et al., 2005; Brams et al., 2006; Koschade, 206; Asal and Rethemeyer, 2008; Helfstein and Wright, 2011; Perliger and Pedahzur, 2011; Sageman, 2011).

　지난 30년간 이스라엘 - 팔레스타인 분쟁의 역학은 당대의 다른 테러 영역에서도 나타나는 복잡성을 보인다. 이를 설명하자면, 1980년대 후반 이래로 대부분의 팔레스타인 단체들은 지역 내 다른 행위자들과 협력하면서 여러 방면에서 네트워크의 일부를 형성해왔고, 이는 팔레스타인인들의 전략 및 전술적 결정에 영향을 미쳤다. 원래 팔레스타인 내 무슬림 형제단Muslim Brotherhood의 지부였던 하마스는 1990년대부터 이란 및 헤즈볼라Hezbollah와 강한 연대를 형성해왔는데, 이로 인해 1990년대 초중반 자살 테러 공격으로 빠르게 전환했고 지난 10년 동안 좀 더 전통적인 "군사"military 능력을 발전시키게 되었다.[1] 시리아 내전의 지형을 보면 테러단체들이 점점 더 광범위한 네트워크 체제 내에서 움직이는 경향이 증가하고 있다는 것을 추가로 확인할 수 있다. 시리아와 이라크에서 전투를 벌이는 다양한 병력의 연합에는 국가 및 하위 행위자 모두를 포함한 여러 단체들이 있는데, 이들은 특정한 이념적/정치적 목표를 촉진하려 한다. 따라서 점차 더 많은 수의 과격 하위 단체들과 운동이 지구적 역량을 갖춰감에 따라, 그들의 논리와 행위를 이해하는 우리의 능력은 그들과 다른 실체 간의 상호작용, 즉, 이미 형성된 네트워크 및 여러 과격한 국가 하위/국가 행위자들 간 협력을 촉진하는 네트워크를 얼마나 효과적으로 분석할 수 있는가에 달린 것으로 보인다.

끝으로, 대테러 정책 연구는 다양한 법, 운영, 정치, 외교적 행위자를 포함하는 복합적인 네트워크 체계를 보여준다. 이 행위자들은 모두 테러 위협의 잠재적 영향을 제한하는 데 관심이 있지만, 위협을 다르게 정의하고, 자신들만의 독특한 수단을 써서 위협에 대처하며, 성공을 평가하는 데도 다른 측정 기준을 갖고 있다. 대테러 정책의 특성을 좀 더 잘 이해하기 위해서는 이러한 정책을 형성하는 다양한 행위자들 사이의 상호작용을 들여다볼 필요가 있다.

앞의 논의로 볼 때, 테러 현상의 세 측면과 그에 대한 대응에 관한 조사는 네트워크 과학의 활용을 통해 큰 혜택을 볼 수 있다는 것이 분명하다. 다음 절에서는 현재 운용 중인 관련 네트워크에 대해 좀 더 자세히 설명하고, 이러한 네트워크를 분석하기 위한 방법론적 접근법을 제시한 후, 이러한 접근법을 통해 현존하는 분쟁의 새로운 측면들을 판독하는 방법을 다룬다. 중동 지역의 사례 연구를 주로 사용하는 데에는 몇 가지 이유가 있다. 첫째, 이 지역은 당대 국가 하위 단체의 폭력이 가장 활발하게 행해지는 중심지역 중 하나이며 따라서 테러 네트워크를 특징짓는 현재의 역학 사례를 풍부하게 갖고 있다. 둘째, 중동 지역의 테러는 새로운 현상이 아니므로, 테러의 구조, 그리고 좀 더 중요하게는, 이 지역 테러단체의 진화에 관한 상당량의 자료를 이용할 수 있다. 마지막으로, 현대 테러의 특성 중 상당 부분이 원래 중동 지역에서 나타났기 때문에, 중동의 테러를 연구하면 미래의 테러 지형이 잠재적으로 어떻게 발전할지에 대한 중요한 통찰을 얻을 수 있다.

테러리스트 네트워크

현재까지 테러연구에서 네트워크 과학을 가장 체계적으로 활용한 것은 테러단체 구성원 간의 관계도를 만들고 테러단체의 구조와 행위 사이의 관계, 그리고 단체 구성원들 간의 관계가 단체의 다양한 측면에 어떻게 영향을 미치는지를 규명하려 한 연구들이다. 돌이켜보면, 이 문헌 자료들은 몇 가지 다른 단계로 진화했다. 그 첫 단계는 1980년대 중반 이래 테러 연구자들 사이에서 두드러지기 시작한 새로운 분석 틀-"새로운 테러"new terrorism-와 관련된 것이었다. 간단하게 말하면, 그것은 현대적인/새로운 단체들이 전 지구적으로 활동하는 경향이 높아지고, 종교적인 어젠다를 촉진하며, 특히 치명적인 전술을 사용하고, 평면/네트워크 구조를 채용하면서, 테러가 중대한 변화를 겪고 있다는 점을 인정하는 추세를 반영한 것이었다(Hoffman, 1999; Laqueur, 1999; Kurz, 2003). 많은 학자는 후자에 초점을 맞추고 이 새로운 구조의 의미와 그것이 국가의 반테러 노력에 제기하는 어려움을 설명하려 했다(Arquilla and Ronfeld, 1999; Jones et al., 2003; Mishal, 2003; McAllister, 2004; Sageman, 2004; Stohl and Stohl, 2007). 그러나 이러한 연구는 개념 및 분석적으로 중요한 공헌을 했음에도 불구하고, 테러단체의 구조에 대한 체계적인 실증분석을 포함하지 않거나 네트워크 분석 방법을 활용하려 하지 않았다. 1970년대와 1980년대 테러리즘 연구의 전통 속에서 그들은 테러단체의 변화하는 조직 구조에 대한 내부적 시선을 제공하기 위해 주로 일화적 증거의 활용 또는 특정한 사례 연구에 초점을 맞췄다.

두 번째 단계는, 2001년 9월 11일 직후로, 알 카에다al-Qaeda의 네트워크/세포지도를 그려내고 지하드 네트워크 구성원 간 관계의 진화, 구조, 그리고 유형에 관한 기초적인 이해를 제공하기 위해, 알 카에다의 다양한 모습을 점차 더 많이 다룬 보도를 활용한 연구들로 이뤄져 있다(Krebs,

2002; Rodríguez, 2005; Carley et al., 2006; Koschade, 2006). 이러한 연구는 대부분 이론 틀을 지지하거나 거부하기 위해 소셜네트워크 분석을 활용하려 하지 않았기 때문에, 특히 이론의 영역에서는 크게 공헌하지 못했지만, 수용 가능한 수준의 정확도로 테러 네트워크의 사회적 구조를 그려내는 것이 가능하다는 것과 그런 그림이 제공할 수 있는 잠재적인 이론적 통찰력을 사례로서 보여주었다.

2000년대 중반 무렵 시작된 세 번째 단계는 두 가지 유형의 연구를 포함하는데, 각각 네트워크 과학을 이용해 테러 현상의 특정 수준에 연관된 미묘한 차이가 있는 이론 틀을 개발했다. 첫 번째 유형의 연구는 개인 수준에 초점을 맞추고, 과격화와 조직원모집 과정, 그리고 테러 네트워크 내 개인의 사회적 지위와 그의 행동 역할 및 영향력 간의 연관성을 해독하려 했다(Pedahzur and Perliger, 2006; Helfstein and Wright, 2011). 두 번째 유형의 연구는 단체 수준에 초점을 두고, 소셜네트워크 분석SNA 기법을 이용해 테러 네트워크의 지속성과 안정성을 결정하는 구조적 특성을 규명하려 했다. 이런 연구의 일부는 실제 사례 연구에 초점을 두었지만(Carley et al., 2003; Helfstein and Wright, 2011; Cale and Horgan, 2012; Perlige, 2014), 다른 연구들은 가상의 네트워크 모델을 사용했다(Tsvetovat and Carley, 2005; Carley et al., 2006; Jackson, 2006).

이상의 세 단계에 대한 개관은 네트워크 지향적 접근법이 테러 현상에 대한 이해의 진전을 촉진하는 일부 분명한 패턴들을 밝히는 데 도움이 된다. 개념적 관점에서 보면, 네트워크 접근법은 다수의 테러 공격은 거대한 조직적 실체의 산물이 아니라, 그 원동력과 행위가 주로 구성원의 대인관계(예를 들면 사회 분위기)에 관한 자료 수집을 통해 조사할 수 있는, 작은 사회적 구조의 산물이라는 생각에 뿌리를 두었다. 또한, 일부의 경우에서 사회 분위기가 조직의 비용-편익 분석보다 단체의 행위를 더 잘 보여주는 예측자인 것으로 보인다. 마지막으로, 테러단체 구성원들에 대한 효과적인 사회인구학적 프로필을 구축하려는 다년간의 시도 끝에, 네트워크 접근법이 일부 해법을 제공해온 것으로 보이는데, 이는 다양한 연구가 사회인구학적 프로필이 단체 구성원들이 단체 내에서 갖는 사회적 지위 및 역할과 어떻게 연관될 수 있는가를 보여주었기 때문이다 (Pedahzur and Perliger, 2006; Helfstein and Wright, 2011).

이론적 시각에서 보면, 네트워크 접근법은 특정한 테러 네트워크 구조 내에서의 조직원모집과 사회화 경로를 분석함으로써, 소셜네트워크의 과격화와 관련된 설명을 발전시키는데 잠재적인 도움이 될 수 있을 것으로 보인다. 예를 들면 Perliger and Pedahzur(2014)는 네트워크 내 하위그룹/파벌cliques이 단체 구성원들의 과격화에 얼마나 필수적인지, 그리고 특정 구성원들이 어떻게 전체 네트워크를 위한 조직원모집의 허브로서 활동하는지를 설명했다. 이에 더해, 네트워크 접근법은 다양한 구조적 특성을 단체의 수명 및 효율성과 서로 연관시켜 테러단체의 지속성과 안정성을 결정하는 요소에 대한 좀 더 미묘한 차이가 있는 이해를 진전시키는 데에도 도움을 주었다.

네트워크 접근법의 활용은 또한 테러연구를 방법론적 관점에서 향상시켰다. 우선, 테러단체 구성원 간 관계와 상호작용의 지도를 만들 필요성 때문에 정보 수집 기술이 크게 개선되었고, 이러한 기술의 상당수가 현재 널리 사용되고 있다. 이를 설명하자면, 최근 학계와 사법당국 모두의 관심을 끈 우려되는 현상인 최근의 포괄적인 외국 용병 네트워크 관련 정보 수집 시도는 대부분 소셜미디어 플랫폼 그리고 이와 유사한 디지털 데이터 세트로부터(주로 금융 영역으로, 킹스 칼리지(King's College) ICSR(International Centre for the Study of Radicalisation)의 관련 데이터 세트 사이트 http://icsr.info/projects/western-foreign-fighters-syria/) 수집된 정보에 의존하고 있다. 여러 측면에서 이러한 것들은 잠재적인 비밀 네트워크를 규명하기 위해 새로운 기법을 도입했던 초기 학자들의 노력을 이은 것이다

(예를 들면 비밀 네트워크의 규명과 구분을 위해 고급 텍스트 분석 소프트웨어를 사용한 Diesner and Carley's[2008]를 참조). 또한 이러한 새로운 기술들은 테러단체 구성원에 관해 수집된 데이터의 확장을 촉진하고 테러 연구자들이 테러단체 구성원의 역할과 영향력을 설명하기 위한 새로운 개념들의 집합을 접하도록 해왔다. 또한, 소셜네트워크 분석의 활용으로 테러단체의 구조와 그 구성원 간 관계의 특성에 기초한 효과적인 테러단체 유형학이 탄생할 수 있었다(Jackson, 2006). 이런 구별(예를 들면 작은 세상 네트워크와 성형 네트워크 간의 구별)은 연구자들이 테러단체의 구조적 특성과 행위 사이의 관계를 조사할 새롭고 다양한 기회가 증가했다는 것을 의미한다. 끝으로, 소셜네트워크 분석의 활용 증가는 테러단체의 역동적인 특성과 시간의 흐름에 따른 그 변화의 성향을 보여주었다. 따라서, 네트워크 접근법의 채택은 진화하는 동시에 역동적인 테러단체의 특성을 엄밀하고 실증에 기초한 렌즈를 통해 다루려는 시도를 증진한다(Rodríguez, 2005; Perliger and Pedahzur, 2014).

이러한 진전에도 불구하고, 테러연구에 네트워크 과학을 활용하려는 시도에는 여전히 몇 가지 중요한 난제가 뚜렷이 존재한다. 일부는 방법론적인 것으로, 데이터 누락의 불가피성과 데이터의 완전성 또는 완결성 보장 불가, 네트워크 경계 규정의 어려움, 그리고 소수의 정보 원천에 대한 잠재적 의존과 같이, 비밀 또는 은밀한 네트워크 연구에 내재적인 것으로 보인다. 다른 난제들은 본질상 개념적인 것으로, 많은 노력에도 불구하고 좀 더 준군사적이거나 위계적인 조직 연구에 네트워크 접근법을 적용하는 것에 대해 여전히 확신이 없는데, 이는 그런 조직의 행위가 조직이론을 통해 연구하는 것이 좀 더 적합해 보이기 때문이다. 또 다른 개념적 문제는 관계의 범주화 또는 측정 기준으로, 현재까지 서로 다른 관계의 유형이나 서로 다른 관계의 강도를 구분하는 방법에 대한 합의가 여전히 이뤄지지 않고 있기 때문이다. 마지막으로, 테러 연구자들은 조직과 지속성/생산성 간의 연관성과 관련된 예비이론을 넘어, 소셜네트워크 분석이 이론 틀을 유효화/거부하는 데 도움이 될 수 있는 추가적인 영역을 찾는데 아직도 어려움을 겪고 있는 것으로 보인다. 이 장의 결론 부분에서는 이와 관련하여 몇 가지 아이디어를 제공하려 한다.

단체 네트워크

2014년 9월, 마그레브 이슬람 지역 알 카에다AQIM의 구성원이었던 소규모 지하드 전사들은 이슬람국가ISIS, Islamic State in Iraq and Syria와의 동맹을 선포했다. 그로부터 몇 달 후 북아프리카 지역의 다른 단체들도 그 뒤를 따랐다. 그러나 그들의 선언은 거의 주목을 받지 못했는데, 그때까지 이 단체들의 상당수가 알려지지 않았기 때문이었다(Porter, 2015). 이 멸시적인 반응은 2015년 3월초 나이지리아의 테러단체 보코하람Boko Haram의 지도자인 아부바카르 셰카우Abibakar Shekau가 이슬람국가에 충성을 맹세하면서 급격히 바뀌었다(Zenn, 2015). 이때, 매우 유능한 한 조직이 지하드 지형에서 가장 탁월한 단체와 연합을 형성했다. 그 시점에, 정책입안자와 전문가들은 중동 중심부 이외의 지역에서 이슬람국가의 영향력이 확산할지도 모른다는 우려를 표명했다. 또한, 많은 사람이 이슬람국가의 영향력 확산이 9.11 공격 이후 알 카에다의 세계적 확산과 그다지 다르지 않다고 지적했다. 비슷한 이념적 정서를 공유하는 단체들의 "연합"coalitions의 산물인 과격 활동이 수적으로 증가하는 것은 네트워크 접근법이 테러단체 간 관계와 협력의 연관 패턴, 그리고 이런 것들이 관련 단체의 운영 행태에 영향을 주는 방식을 이해하는 데 매우 적합할 수 있다는 것을 가리킨다. 그러나 테러단체 간 상호작용에 대한 우리의 이해를 향상시키는 데 있어 네트워크 접근법의 잠재력을 논의하기 전에, 먼저 테러단체의 협력 현상에 관한 개념적인 그리고 역사적인 맥락을 제공하는 것이 중요하다.

테러단체 사이의 협력과 동맹이 새로운 것은 아니지만, 현대 테러의 다른 많은 특성과 마찬가지로, 지난 20, 30년 동안 그 협력 관계의 본질에서 몇 가지 중대한 변화를 찾을 수 있다. 최근 Moghadam(2015)이 언급한 바와 같이, 테러단체들 사이의 상호작용은 두 가지 주요 범주로 나눌수 있다. 합병이나 전략적 제휴(자원, 인력, 지식의 광범위한 공유)를 통해 나타나는 고급 협력high-end cooperation은 일반적으로 이념적 근접성을 요구한다. 바꿔 말하면, 단체들은 좀 더 광범위한 이념 운동의 일부다. 저급 협력low-end cooperation은 특정 작전이나 (대부분) 한정된 병참의 목적으로 진행 중인 거래 관계를 수행하기 위한 단기적, 전술적 협력으로 나타난다. 후자의 협력 유형은 1960년대와 1970년대 단체 간 대부분의 상호작용을 효과적으로 설명할 수 있지만 – 팔레스타인 해방 기구PLO, Palestinian Liberation Organization, 바스크 조국과 자유ETA, Euskadi Ta Askatasuna, 적군파RAF, Red Army Faction, 일본적군JRA, Japanese Red Army, 아일랜드 공화국군IRA, Irish Republican Army과 같은 단체가 특정 운동을 촉진하거나서로의 특정 자원을 이용하기 위해 산발적으로 협력한 것처럼(유럽의 기구들이 PLO의 레바논 훈련소를 사용하는 것이 그런 사례다. McKinley, 1984) – 1980년대 초부터는 점점 더 많은 테러단체가 국가 및 비국가 조직 모두와 좀 더 장기적인 전략적 관계를 발전시키고 있어 첫 번째 협력 범주에 부합한다.

비록 위의 유형학으로 협력의 일부 측면들(주로 자원 공유의 기간, 범위, 수준에 관한)을 밝힐 수는 있지만, 좀 더 네트워크 지향적인 유형학이 테러단체의 당대 네트워크를 구별하는데 더 효과적인 기제일 것이다. 특히, 네 가지 유형의 네트워크가 당대 테러 지형을 차지하고 있는 것으로 보인다. 첫째는 국가 성형 네트워크SSN, state star network라고 지칭할 수 있다. 이런 종류의 네트워크에는 하나의 허브에 연결된 여러 개의 노드가 있는데, 이 경우 허브는 국가 행위자다. 일부 노드는 일정 수준의 상호작용을 유지하지만, 대부분 약하고 산발적이며 보통 국가 행위자(네트워크의 유일한 허브)의 감시를 받거나 촉진된다. 적절한 사례는 이란과 연계된 과격 단체들의 네트워크다. 이슬람 공화국 이란이 수립된 지 몇 년 후인 1980년대 중반부터, 이란 혁명수비대IRGC, Iranian Revolutionary Guards Corps는 주변 중동 국가들에 혁명 이념을 수출하고, 안보와 군사 목적에 복무할 수 있는 프록시조직과 네트워크를 개발해왔다. 프록시조직들은 대부분 지역의 시아파 사회를 대표했는데, 이들은 많은 경우 이란의 그랜드 아야톨라Grand Ayatollah를 최고의 정신적 지도자로 삼아온 다수파인 수니파에 의해 주변화되고 박해를 받았다. 이러한 네트워크의 일부가 된 첫 번째 단체는 1980년대 초에 설립된 헤즈볼라였으며, 당시 이란군은 시아파의 이익을 대변하는 새로운 조직을 만들기 위해 레바논의 종파적 내전을 이용했고, 이슬람 혁명의 이념에 헌신하면서도 레바논의 민족주의 정서도 자신의 이념적 기반에 통합시켰다(Harik, 2004). 이란의 계속된 지원과 함께, 헤즈볼라는 여전히 다수에 의해 세계에서 가장 유능한 테러단체로 여겨지고 있다. 이란의 네트워크는 해를 거듭하면서 계속 확장되었다. 1990년대 후반, 하마스도 이란으로부터 막대한 군사 및 재정적 지원을 받기 시작하면서 점진적으로 통합되었다(Coughlin, 2015). 이들 두 행위자 간 관계의 강도는 이들이 시리아 내전과 관련된 의견의 불일치와 하마스의 일부 고위 간부들이 이들의 관계를 반대한 것을 모두 이겨냈다는 사실이 말해준다(Cafiero and Certo, 2014). 이란 네트워크에서 주목할 만한 다른 팔레스타인 구성원은 이슬람 팔레스타인 지하드IPJ, Islamic Palestinian Jihad와 팔레스타인 해방 인민전선-총사령부PELP-GC, Popular Front for the Liberation of Palestine-General Command다. 팔레스타인 단체들은 이란 네트워크의 일부가 된 유일한 수니파 조직들이다. 이 네트워크의 일부이자 현재 주목을 받는 다른 단체로는 예멘의 후티Houthi 반군과 이라크의 여러 시아파 민병대가 있다. 두 사례에서, 이들 단체는 각자 자국 내에서 이란의 이익을 촉진하고 과거 이 네트워크의 다른 조직들(주로 헤즈볼라)이 개발하고 효과적으로 실행했던 전술을 채택하는 것으로 알려져 있다. 따라서, 이 네트워크는 구성원의 성공을 촉진해온 운영지식의 공유를 효과적으로 증진하는 것으로 보인다. 일부의 경우, 이러한 공유는 직접 이뤄지고 있는데, 예멘에서 헤즈볼라 멘토들이 후티 반군을 돕는 것이 그런 경우다.[2]

앞서 언급한 프록시조직에 더해, 이란 외부에 있는 이란 혁명수비대 세포들도 이란 네트워크의 일부임을 시사하는 표시가 있다. 예를 들어 2012년 7월, 이란 혁명수비대원들로 구성된 네트워크가 뉴델리에서 이스라엘 외교관을 향한 공격을 시도했다는 보도가 있었다(Momatz, 2012). 2011년 10월 주미 사우디 대사에 대한 암살시도는 이란 혁명수비대가 이란 밖에서 작전 네트워크를 유지 및 발전시키고 있다는 또 다른 예시다 (Savage and Shane, 2011). 결론적으로 이란 네트워크에는 두 가지 유형의 노드, 프록시조직과 이란 혁명수비대 세포가 있는 것으로 보이며, 이들은 서로 다르게 섞여 있고, 다른 전략 목표를 추구하며, 허브(이란)와의 연결의 특성 측면에서도 서로 다르다. 엄밀한 소셜네트워크 분석은 서로 다른 유형의 노드와 허브 간 연결의 특성, 노드 유형과 연결의 안정성 및 강도 간 연관성, 그리고 집중화의 수준과 전체 네트워크의 밀도에 관련된 역학에 대해 아마도 중요한 통찰을 제공할 수 있다. 간단히 말하면, 네트워크 접근법은 그런 네트워크의 행태에 관한 새로운 지식의 층을 드러내 줄 수도 있다.

두 번째 유형의 네트워크는 국가 하위 성형 네트워크SSSN, substate star network로 지칭될 수 있다. 이런 네트워크도 한 개의 주요 허브를 갖지만, 앞서 논했던 국가 성형 네트워크SSN와는 몇 가지 측면에서 다르다. 첫째,

허브는 보통 이슬람국가나 알 카에다와 같은 국가 하위 행위자이며, 대체로 이념 운동 내부에서 가장 탁월한 단체다. 둘째, 국가 성형 네트워크에서는 영향력과 자원의 전환 측면에서 허브와 다른 노드 간 관계가 극도로 비대칭적인 데 반해, 국가 하위 성형 네트워크에서는 그 관계가 좀 더 대칭적이고 자발적이며, 결과적으로 덜 안정적이다. 끝으로, 국가 하위 성형 네트워크는 집중화와 밀도의 수준이 더 낮다. 바꿔 말하면, 이 네트워크의 구성원 간 관계(허브와 다른 노드들 사이의 관계뿐만 아니라)는 전형적인 성형 네트워크에서의 구성원 간 관계보다 더 많아질 것이다. 이런 특성들은 지난 10~20년 동안 이슬람국가와 연계되어, 또는 충성을 맹세하며 성장해온 네트워크에 부합하는 것으로 보인다. 현재 23개 노드/행위자가 있는 이 네트워크에 대한 조사는 몇 가지 흥미로운 통찰을 보여준다.[3] 첫째, 단체와 개인 모두 이슬람국가에 충성을 맹세한다는Bay'a 것에 주목하는 것이 중요하다. 따라서 이 네트워크는 과격 단체와 이념적 인물을 모두 포함하며, 각각은 네트워크에 서로 다른 유형의 자원(운영 능력 대 이념적 또는 종교적 정당성)을 제공한다. 둘째, 이슬람국가에 충성을 맹세하는 대부분의 단체는 새롭거나 알려지지 않은 단체(보코하람은 제외)로, 이들이 네트워크에 참여하는 주된 동기는 이슬람국가가 제공할 수 있는 병참과 운영 자원, 그리고 대중적 정당성이다. 셋째, 네트워크의 확장은 파상적으로 발생해왔는데(네 번의 충성 맹세가 2014년 7월 초에, 그리고 다섯 번의 다른 충성 맹세가 2014년 11월 10일 같은 날에, 그리고 또 다른 네 번의 충성 맹세가 2014년 12월 14일에 있었다), 이는 어떤 상황적 효과contingency effect가 작동하고 있고, 특정한 외부 요인들로 네트워크의 확장을 설명할 수 있다는 의미일 수 있다. 끝으로, 이 네트워크에 참여한 처음 15개 정도의 단체는 이슬람국가를 상대로 싸우거나 비난한 적이 없지만, 마지막에 참여한 5개 단체 가운데 4개 단체는 과거 이슬람국가와 적대적인 관계에 있었다. 이는 이슬람국가의 영향력이 커짐에 따라, 그들이 더욱 성공적으로 이전의 적들을 흡수하고 잠재적 경쟁을 제거한다는 의미일 수 있다. 이슬람국가 네트워크가 빠르게 확장한 또 다른 이유는, 가장 확실하게는 알 카에다에 비해, 비 엘리트적이고 포용적인 조직특성 때문이다(Milton and Al-Ubaydi, 2015). 결론짓자면, 그런 네트워크는 국제무대나 이슬람 영역에만 국한되지 않는다는데 주목하는 것이 중요하다. 예를 들면 1950년대와 1960년대(1940년대 후반 KKK단의 중앙 지도부가 붕괴한 이후) KKK(Ku Klux Klan)단과 관련된 지부의 네트워크는 여러모로 비슷한 특성을 신봉했다(Perliger, 2013). 결론적으로, 네트워크 접근법은 국가 하위 성형 네트워크의 확장 경향과 네트워크의 다양한 특성이 허브의 강도와 지속성에 영향을 미치는 방법을 추적하는 데 아주 유용할 수 있다. 따라서, 예를 들면 이슬람국가가 자신의 네트워크에서 다른 행위자들과 어떤 관계를 맺고 있는가를 이해하면, 결국 이슬람국가를 강화 또는 약화시킬 수 있는 요소들에 대해 많은 것을 알 수 있게 될 것이다.

세 번째 유형의 네트워크는 국내적 맥락에서 진화하는 경향이 있으며 "척도 없는 네트워크"scale-free networks 구조와 양립 가능하다(Laszlo-Barabasi and Bonabeau, 2003). 따라서, 이 유형의 네트워크는 집중화 정도가 낮은 경향이 있고 행위자(허브)의 수는 적고 연결의 수는 많은 데 비해, 대다수 행위자의 연결의 수는 네트워크에 대해 평균 정도이다. 또한, (앞의 두 네트워크처럼) 어떤 단체가 네트워크에 포함되거나 제외될지를 결정하는 중앙집권적 권위체가 없어, 그 경계가 좀 더 모호하고 덜 안정적인데, 네트워크 내 일부 단체가 이탈을 선호하고 네트워크에 직접 도전할 수도 있기 때문이다. 네트워크의 덜 중앙집권적인 특성은 또한 이념 공작에 더 많은 유연성과 여지를 제공한다. 끝으로, 네트워크 내 권력의 분할이 좀 더 역동적이고 덜 구조적이다. 따라서 오늘의 중심 행위자(단체)가 내일의 주변 행위자가 될 수 있다. 위에서 설명한 특성들은 과격한 미 극우American Far Right의 사례가 효과적으로 잘 보여준다.

미국에서 극우의 폭력은 전통적으로 KKK단의 호전적 행동주의와 연계되었다. 그러나 최근 수십 년간 다른 유형의 이념단체들이 미국 극우에서 비중을 높이기 시작했다. 그중에는 시민군, 기독교 정체성을 가진 단체들, 스킨헤드, 그리고 신나치주의자neo-Zazis 등이 있다. 따라서, 미국 극우는 그 어느 때보다도 더 활발해지고 이념적으로나 구조적으로도 더 다양해지고 있다. 또한, 상당수의 새로운 단체들이 종종 극우 세계 외부에서 기인한 이념과 관행으로부터 영감을 얻으면서, 그 경계가 더욱 모호해지고 있다. 이러한 새로운 발전추세는, 기술의 발전과 함께, 미국 극우를 구성하는 다양한 단체 간의 상호작용을 더욱 촉진하고, 이는 결과적으로 다시 더 많은 합병, 분리, 합동 활동, 그리고 경쟁을 낳게 된다. 과거의 선도적인 행위자들 대부분이 결국 붕괴하거나 영향력을 대부분 상실했기 때문에, 현 상황에서 두드러진 행위자를 찾아내기는 어렵다. KKK단, (기독교 정체성 운동을 주도했던) 아리안 민족Aryan Nations, (신나치 운동을 주도했던) 민족동맹National Alliance과 (스킨헤드 하위문화를 주도했던) 해머스킨 네이션Hammerskin Nations 등이 이런 사례였다(Perliger, 2013). 따라서 당대 미국 극우의 과격 요소를 이해하기 위한 어떠한 시도도 네트워크 접근법을 통해서 가능할 것이다. 이 접근법은, 좀 더 과격한 단체와 연관된 고유의 위치와 연결을 찾을 수 있다면, 서로 다른 단체 행위자 간 상호작용에 이념적 차이가 영향을 미치는 방식을 밝히는 데 잠재적으로 도움이 될 수 있으며, 이 다양하고 복잡한 지형 안에서부터 신흥 선도 단체들을 찾으려는 노력에 도움을 줄 수 있다.

마지막 유형의 네트워크는 출중한 국가 및 국가 하위 허브들 모두를 결합하고 있다는 의미에서, 처음 두 유형의 네트워크의 조합으로 보인다. 이 네트워크는 또한 국가 하위 행위자도 포함하는 연합에 주권 국가의 참여가 증가하는 추세도 반영한다. 예를 들면 시리아 내전에서 싸우는 측 대부분은 국가 하위 및 국가 행위자들 모두의 연합이며, 이들은 자원과 노력을 공유한다. 좀 더 설명하자면, 시리아 혁명 지휘위원회SRCC, Syrian Revolutionary Command Council는 (자유시리아군Free Syrian Army이나 진정성과 발전 전선Authenticity and Development Front과 같은) 수십 개 단체와 국가 행위자(미국, 프랑스, 사우디아라비아)의 연합으로, 이들은 서로 협력해 이슬람국가와 시리아 정부에 대항하고 있다. 2000년대 초반 아프가니스탄에서 미국 주도의 연합세력이 주도했던 작전 초기에도 비슷한 역학이 나타났다. 이러한 네트워크는 본질적으로 특정 시간 제한적인 안보 문제를 해결하려는 의도에서 나온 임시 변동적인 것으로 인식될 수도 있지만, 여전히 국제사회의 선도적인 강대국들이 지역의 국가 하위 단체들을 포함한 연합에 의존하는 경향이 증가하는 추세를 반영한다.

결론적으로, 다양한 단체들이 협력을 통해 수많은 과격 활동을 벌이는, 복잡하고 빠르게 변화하는 비대칭적인 분쟁 상황에서, 네트워크 접근법은 중요한 이론 및 분석적 통찰을 제공해 줄 수 있다. 첫째, 단체 간 연결형성 방식과 연결 형성 주도자를 밝힘으로써, 연합 과격 활동을 촉진하는 요소에 대해 좀 더 명확히 이해할 수 있다. 둘째, 네트워크 내부의 권력 분할에 관한 지도제작과 분석을 통해, 협력의 유형을 결정하는 변수, 특정 단체들의 연합 내에서 한 단체의 힘이 그 단체의 역할에 영향을 미치는 방식, 그리고 그것이 결과적으로 그 단체의 유효성과 지속성을 결정하는 방식을 이해할 수도 있다. 셋째, 이러한 단체들의 연합 구조를 이해하면, 이념적 변화 (협력하는 단체들이 서로의 이념적 성향에 영향을 미치는 방식) 또는 새로운 조직 구조와 전술의 적응(같은 연합에 속한 단체들은 서로 모방하는 경향이 있는가?)처럼, 테러의 다른 차원에서의 변화를 이해하는 데에도 도움이 될 수 있을 것이다. 마지막으로, 그러한 연합의 종말, 또는 붕괴와 관련된 과정에 관해 더 많은 것을 알 수 있다. 이는 당연히 테러 위협을 완화할 책임이 있는 당국들도 지대한 관심을 두는 사항이다. 이러한 당국들의 운영 효율성을 이해하는 데 네트워크 접근법의 활용이 어떻게 도움을 줄 수 있는지가 다음 절의 중심 내용이다.

대테러 네트워크

2002년 7월 31일, 가방에 들어있던 폭발물과 못으로 만든 강력한 폭탄이 예루살렘 소재 헤브루대학교 마운트 스코퍼스Mount Scopus 캠퍼스의 주요 구내식당 한곳에서 원격조정으로 작동되었다. 폭탄이 작동된 시간이 점심 식사시간이어서 그 결과는 파괴적이었다. 9명이 사망하고 90명 가까운 사람들이 부상을 당했다(Perliger, Pedahzur and Zalmanovitch, 2005). 이 공격은 동예루살렘에 근거지를 둔 팔레스타인 조직의 지역 세포인 하마스가 수행한 것으로 추후 밝혀졌다. 사건 발생 몇 분 후, 가장 심각한 부상을 입은 사람들은 구내식당 근처의 대피소로 수송되었고, 부상 정도가 덜한 피해자들은 구조 차량이 좀 더 빨리 도착할 수 있는 좀 더 먼 장소로 이송되었다. 불행히도, 대피 초기 단계에 의무부대는 2차 대피 장소가 존재한다는 정보를 받지 못했다. 그로 인해, 폭탄 공격 직후 결정적인 첫 몇 분 동안, 최초 대응 인원들은 주로 경상자들을 대피시켰다 (Perliger, Pedahzur and Zalmanovitch, 2005). 그 결과, 대피시간이 이전의 테러 공격에서 대피에 걸렸던 시간보다 훨씬 더 길어졌다(Perliger, Pedahzur, and Zalmanovitch, 2005).

헤브루대학교에서 발생한 테러 공격에 대한 대응이 불완전했던 이유에는 몇 가지 요소가 있었는데, 의무부대가 공격 장소를 숙지하지 못했고, 사고 장소에 지휘소가 없었으며, 최초 대응자들이 속한 여러 기관들 사이에 조정이 이뤄지지 않았다는 것이다(Perliger, Pedahzur and Zalmanovitch, 2005). 테러행위에 대한 대응에 참여하는 인력의 수를 고려할 때, 후자가 특히 결정적이다. 예를 들면 이스라엘 사례에서, 보통 24개 이상의 조직이 (공격 직후의) 위기관리단계와 공격 전후 대응에 참여한다. 이러한 조직에는 국가/지방 경찰, 이스라엘 방위군IDF, 이스라엘 국경순찰대, MADA(이스라엘의 국가 의료 후송기구), 소방서 ZAKA(공격 장소에서 사람의 유해 후송을 돕는 자원봉사자들의 국가조직), 이스라엘 종합안보서비스(미국의 FBI에 상당), 이스라엘 사회보장연구소, 이스라엘 세무국, 지역 병원, 이스라엘 전력공사, 민간 계약업체 등이 포함된다. 테러에 대해 공격적 차원의 대응을 하는 조직들도 고려한다면, 우리는 고유한 조직문화, 역사, 리더십 유형을 갖고, 긴장을 유발하는 환경 속에서 함께 신속하게 작업을 수행하면서도, 서로 협력하며 조직적 지식을 공유할 효과적인 방법을 찾아야 하는 실체들로 구성된 복합적인 조직 네트워크 집합을 다루고 있는 것이 분명하다. 이러한 네트워크의 특성에 대한 분석은 테러활동에 대한 대응의 맥락에서 성공이나 실패를 결정하는 요소들을 더 잘 이해하는 데 잠재적으로 도움이 될 수 있다.

위에서 언급한 모든 네트워크는 어느 정도 테러 대응에 관여되어 있다는 사실에도 불구하고, 어떤 주요한 방식에서 다르다. "위기관리"crisis management로 묘사될 수 있는 단계(공격 직후의 대응, 주로 공격이 행해진 장소에서)에서 작동하는 조직들의 네트워크에는 테러 공격에 대한 대응이 전체 활동의 그저 작은 부분인 행위자들이 포함된다. 따라서, 이들은 그런 상황을 위한 특정 체계와 정해진 과정을 개발해야 했다(특히, 의무부대, 경찰부대, 사회 복지 서비스, 시청, 소방서 등이 이들에 포함된다). 또한, 이들은 대부분 상당히 자율적으로 활동하지만, 테러 공격에 대응할 때는 좀 더 엄격한 지휘구조하에서 움직여야만 하는데, 공격 장소에서는 다른 행위자들에 종속되기 때문이다. 마지막으로, 테러 공격에 대응하는 동안, 안보 우려가 이들의 일반적인 운영과정과 프로토콜 형성에 평소보다 더 큰 영향을 미친다. 예를 들면 자살 테러 공격에 이어 최초 대응자들에게 피해를 주기 위한 2차 자살 폭파범이나 원격조정 폭탄이 작동된 사례를 몇 차례 겪은 후, 이스라엘 경찰은 폭탄 처리반이 공격 장소를 안전하게 확보할 수 있기 전까지는, 의무부대를 포함해, 공격 장소에 접근하지 못하게 하는 결정을 내렸다. 또 다른 사례는 조사에 도움이 될지도 모르는, 공격 장소에 있는 잠재적 증거가 오염되는 것을 방지할 필요성과 관련이 있다. 두 사례 모두에서, 경찰이나 정보당국과 같은 다른 행위자들의 통제하에 있는 안보적 고려가 최초 대응자들의 활동에 영향을 미친다. 이는 물론 다양한 행위자들 사이에서, 특히 긴장을 유발하는 그런 환경 속에서 불안을 고조시킬 수 있다. 네트워크 분석 도구는 특정 네트워크 구조와 특정 유형의 관계 및 의사소통 절차의 실행, 그리고 그 밖의 네트워크 특성들이 이러한 난제들을 극복하는 데 도움을 줄 수 있는 방법에 대한 중요한 통찰을 제공할 수 있다.

테러 공격의 방지에 초점을 둔 네트워크에서, 대부분의 연결은 정보의 흐름과 공유를 촉진하기 위해 형성된다. 일반적으로, 이러한 네트워크 내 조직들은 두 가지 유형으로 나뉠 수 있다. 하나는 미래의 테러 공격 예방에 도움이 될 만한 정보의 수집과 분석에 초점을 둔 조직들(정보기관과 관련 부수조직)이며 다른 하나는 이러한 정보를 수신하고 이용해 운영 활동에 활용하려는 조직들이다. 이러한 내재적 비대칭성은 당연히 네트워크 내에서 권력/영향력의 분할에 영향을 미치는데, 후자(적극적인 테러 방지에 초점을 둔 조직들)가 주로 전자(정보를 수집하고 분석하는 조직들)에 의존적이다. 또한, 운영상의 정보는 종종 모순적이거나 일관적이지 않을 수 있기 때문에(예를 들면 네트워크의 일부인 복수의 정보기관들은 서로 다른 평가를 제공할 수 있다), 정보를 수신하는 측의 운영 조직들이 잠재적 위협에 관한 일관성 있는 평가를 획득하도록 할 기제를 네트워크 전체 차원에서 개발할 필요가 있다. 이에 더해, 잠재적 공격을 방지하기 위해 의사소통은 신속하고 효율적이어야 한다. 따라서, 그런 네트워크에는 여분의 연결 관계가 중요하며, 보통 이를 장려한다. 예를 들면 미국에서는 이러한 여분을 확보하기 위해 정부가 지방(지방의 다양한 합동 테러대책반)과 전국(국가대테러센터) 단위의 허브를 만들어 여러 조직의 구성원들이 함께 일하도록 해왔다. 여기서도 네트워크 과학의 활용은 정책 입안자들이 공격 전 단계에서 작동하는 네트워크의 이러한 필요한 특성을 극대화하기 위한 효과적인 구조를 고안하는 데 도움이 될 수 있을 것으로 보인다.

테러단체에 대한 공격적 대응에 초점을 맞춘 네트워크는 보통 상당수의 행위자를 포함한다. 그러나 이전의 네트워크들과는 달리, 이러한 행위자들 대부분은 소수의 조직 구조, 대개는 군과 정보당국, 그리고 관련 정치 구조와 연계되어 있다. 이는 좀 더 구조화되고 위계적인 네트워크 그리고 좀 더 명확한 노동/책임 분할(이는 네트워크 내 긴장을 완화한다)을 낳는다. 따라서 이러한 네트워크들은 효과적인 공조를 공고히 하는 데 여러 면에서 더욱 적합하다.

학계에서 대테러 연구는 지금까지 몇 가지 두드러진 문제에 집중해 왔는데, 이에는 시민의 자유와 안보적 수요의 균형을 유지할 필요성 (Wilkinson, 2000; Schmid, 1992; Chalk, 1998; Cerlinsten and Schmid, 1992; Groenewold, 1992), 국가의 사회 및 정치적 특성과 대테러조치 채택 사이의 연관성(Katzenstein, 2003; Omelicheva, 2007; Perliger, 2012), 표적 살해, 군사적 개입과 같은 특정 유형의 대테러 전술, 또는 특정 유형의 입법(Bowen, 2000; Hoyt, 2004; Hafez and Hatfield, 2006)이 포함된다. 대테러 정책의 실행을 책임지는 조직들의 네트워크 특성과 대테러 투쟁의 본질 및 효율성 사이의 연관성에 대한 조사에는 거의 관심이 주어지지 않았다. 이 절에서는 대테러 정책의 수립과 효과를 형성하는 요인에 대한 이해의 공백을 밝히는 데 있어 네트워크 과학의 잠재력을 부각시켜줄 몇 가지 분석적 근원을 제공하고자 했다.

결론

이 장에서는 테러 현상의 복잡성을 더 잘 이해하는데 네트워크 과학이 어떻게 이용될 수 있는가에 관한 새로운 아이디어를 제공하고자 했다. 좀 더 구체적으로, 단체가 작동하고, 경쟁하고, 협력 및 통합하거나 갈라지는 방식, 그리고 주로 다양한 행위자 간 국제 및 국가 수준에서의 조정과 협력에 기초한 당대의 대테러 대응에 수반되는 딜레마와 난제에 초점을 두었다. 이를 위해, 먼저 관련 네트워크에 대한 효과적인 유형학의 윤곽을 제시하고, 이러한 유형학이 현재의 테러 및 대테러 상황에 관한 실질적인 통찰을 제공할 수 있다는 것을 보여줌으로써, 작동 중인 다양한 네트워크를 설명하는 것이 필수적이었다. 이러한 유형학은 예비적인 것으로서 좀 더 엄격한 실증적 분석을 거쳐야 하지만, 현대의 안보 환경이 어떻게 다양한 행위자 간 상호작용과 상호의존으로 형성되는가를 보여주는 중요한 사례가 될 수 있다.

그러나 네트워크 관점에 뿌리를 둔 테러이론과 같이, 이론적 수준에서의 잠재적 공헌도 확인할 수 있을 것인가? 개념 및 분석적 관점에서, 테러 연구자들은 네트워크 과학의 연관성과 효용성을 인정해왔지만, 이것은 이론적 수준에 초점을 둘 경우에도 꼭 그런 것은 아니다. 앞서 언급했듯이, 네트워크 관점에 기초한 테러이론은 개인 수준의 테러 현상 분석에서 주로 볼 수 있으나, 단체 수준의 행위를 설명하려 할 때는 훨씬 적게 발견되며, 대테러의 다양한 측면을 연구할 때는 거의 찾아보기 어렵다. 따라서, 다음 단계는 분명한 것 같다. 그러나 정확히 무엇을 설명하기 위해 노력해야 하는가?

단체행위의 관점에서, 구조적 특성 측면의 엄청난 다양성은 학자들이, 지속성의 문제를 넘어, 네트워크 접근법과 국가 하위 과격 단체들 내부의 구조 및 상호작용이 의사결정 과정의 정해진 순서를 이해하는 데 도움을 줄 수 있는지를 이해하기 위해 노력하도록 압력을 가할 것이다. 이러한 일상적인 의사결정 과정에는 네트워크 외부의 이념적/운영적/사회적 발전과 관련된 정보가 해석되고, 처리되고, 최종적으로 단체 행위로 실행되는 방식, 그리고 단체의 외부 행위자와의 상호작용이 관리되고 개발되는 방식(조직원의 모집, 훈련, 방출, 다른 단체와의 연합 형성 등)이 포함된다. 그리고 네트워크 접근법의 활용에 일부 고무적인 신호가 있기는 하지만, 탐구해야 할 빈틈이 여전히 많아 보인다. 끝으로, 대테러 정책이 점차 대부분의 국가에서 대외 및 국내 정책 구조의 중추적 구성요소가 되어감에 따라, 그러한 국가들이 테러와의 투쟁에서 보이는 다양한 측면들, 특히 단기 및 장기적 효과와 관련된 문제들을 설명할 수 있는 네트워크 지향적인 이론 틀의 개발을 위한 새로운 방법론의 활용 압력이 커질 것으로 예상할 수 있다.

주석

1) 예를 들어 미 국무부의 2013년 이후 해외 테러조직(FTO: foreign terrorist organizations) 명단에 따르면, 이란은 헤즈볼라, 하마스, 이슬람 팔레스타인 지하드, 팔레스타인 해방 인민전선-총사령부를 지원하고 있다. 다음을 참조. http://www.state.gov/j/ct/rls/crt/2013/224826.htm

2) 이러한 주장은 여러 보도가 뒷받침하는데, 주로 아랍 언론이며, 레바논의 al-Mustaqbal과 같은 신문 그리고 범아랍 매체 Asharq al-Awsat이 그런 사례다. 주미 사우디 대사도 이를 입증했다. 다음을 참조. http://www.arabnews.com/saudi-arabia/news/724391.

3) 이슬람국가의 충성 네트워크 데이터 세트를 공유해준 미 육군사관학교 대테러센터(Combating Terrorism Center at the US Military Academy)의 댄 밀턴 박사(Dr. Dan Milton)에게 감사를 전한다.

제12장 국제무역 네트워크: 경험론과 모델링

Giorgio Fagiolo

서론

20세기 후반 (국제무역이라고도 불리는) 국가 간의 경계를 넘어 교환된 상품과 용역의 총량과 가치는 급격히 증가했다. "제2의 세계화의 물결"[1] 동안 국내총생산GDP 대비 세계무역의 비중은 25%에서 60%로 2배 이상 증가했다.[2] 그러한 극적인 경향은 이미 과거에 무역활동을 하고 있던 국가들 간의 무역 흐름의 증대를 통해 강화되었을 뿐만 아니라 새롭게 무역 관계를 창출함으로써 확대되었다. 실제로, Felbermayr and Kohler(2006)에 따르면, 1950년 이후 세계무역 성장의 40%가 새롭게 설정된 양자 무역 관계로부터 이뤄졌다.

이러한 과정은 무역 연계의 얽히고설킨 관계망을 만들어 왔는데, 그 연계망은 현재 상당수의 세계 국가들을 촘촘하게 연결하고 있고, 거대한 경제적 가치를 전달해 왔으며, 국경 간 기술적 차이(Keller, 2004)와 글로벌 인적 이동(Egger et al., 2012)을 확대해 왔다. 따라서 그 과정은 사회경제적, 정치적, 지리적 결정요소뿐만 아니라 구조를 양적으로 이해하는 데 있어 매우 중요하다.

국가들을 노드들로 매년 무역 흐름을 수출국가와 수입국가를 연결시키는 링크로 생각하는 경우 해당 년도에 관측된 국제무역 관계는 자연스럽게 네트워크로 기술될 수 있다. 그러한 활동이 매년 반복되는 경우 시계열적인 네트워크 스냅숏을 이루게 된다. 각각의 스냅숏 네트워크는 (수입이나 수출 관계가 고려되는 경우에 국한해서) 방향성이 있을 수 있고 (수입이나 수출의 흐름의 값이 무역 집중도의 이질성을 평가하는 데 상응하는 링크와 연계되는 경우) 비중이 있을 것이다.

　이러한 생각은 수학의 그래프 이론(West, 2001)과 소셜네트워크 분석(Scott, 2000)의 발전과 별개로 경제학과 정치학에서의 오랜 전통을 갖고 있다. 예를 들어 Hilgerdt(1943)와 Saul(1954)은 모두 정적static 네트워크의 형태로 국제무역과 수출 대차대조balances에서의 주요 흐름을 시각적으로 제시한다. 더욱이 국제연맹의 책 서론(1942, 7)에서 국제무역은 다음과 같이 명확하게 제시되어 있다. "국제무역은 국가 간 상품의 교환 이상이다. 국제무역은 차용하면rent 손실이 있게 마련인 얽히고설킨 복잡한 네트워크이다."(De Benedictis and Tajoli, 2011 참조)

　그러한 가능성 있는 출발에도 불구하고, 이후에 경제학자들은 기술과 시각화의 목적으로만 국제무역의 네트워크 표현을 채택하고 있다.[3] 실제로, 경제 이론은 전통적으로 국제무역과 그 요인들의 연구를 많은 국가들이 왜, 어떻게 무역을 하고, 지리와 국가의 특수한 성격이 어떻게 특정 2개 국가들 간의 양자 무역 흐름을 형성하는지를 설명하는데 초점을 맞춰서(Van Bergeijk and Brakman, 2010), 사실상 무역 관계의 네트워크의 깊은 구조에 대한 고려로부터 거리를 두는 단순한 이론적, 경험적 모델을 갖고 연구한다. 최근에야 비로소, "네트워크 과학"이라고 불리는 학제 간 연구 분야의 발전과 더불어 경자학자들이 국제무역에 대한 네트워크 접근의 긍정적이고 규범적인 상관성을 인지하기 시작하였다. 몇 가지 기여들은 경제 세계화와 국제화, 국제 위기의 확산, 경제 쇼크의 전파와 같은 문제를 설명하는 데 있어서 무역 네트워크의 세세한 구조가 어떻게 근본적인 중요성을 획득하는 지를 강조하였다(Helliwell and Padmore, 1985; Forbes, 2002; Artis et al., 2003). 더욱이 직접적인 양자 무역(즉, 쌍의) 연계들은 세계 국가들 간의 상호작용의 가장 중요한 경로 중 하나로 알려져 있기는 하지만(Krugman, 1995), 최근의 연구들은 그 연계들이 정해진 국가들에서 발생한 경제 쇼크가 그 무역 파트너 국가들에 속하지 않는 다른 국가들에 미치는 일부 영향만을 설명한다고 주장한다(Abeysinghe and Forbes, 2005).

이러한 경험적 증거들은 국제무역과 거시경제 동학에 있어 그 영향을 이해하는 데 있어 별개로 각각의 국가들을 살펴보거나 무역 파트너들과 맺고 있는 양자의dyadic 관계를 들여다보는 것으로는 충분하지 않다는 주장을 뒷받침한다. 대신에 필요한 것은 국가들이 무역 관계의 전체 망whole web에 내재된 것처럼 보는 보다 전체적인 시각이다. 그와 같은 국제무역의 체계적 시각에서 국가들은 무역량뿐만 아니라 무역파트너들에 의해; 그 국가들이 전체 무역관계의 망에서 체계상 중요한(혹은 중심적인)가; 무역을 많이 하는 국가들과 무역을 하는지 혹은 그 국가들이 무역 파트너인 일련의 국가 쌍들pairs과 무역을 하는지; 그 국가들이 긴밀하게 연결된 국가들의 집단들 혹은 커뮤니티들communities에 내재되어 있는 경우 상대적으로 다른 국가들로부터 분리되었는지; 기타 등등에 의해 규정된다. 유사하게 특정한 쌍의 무역 관계의 중요성은 무역 양이나 가치, 그리고 수입국과 수출국의 속성에 국한되어 관계될 수 없다. 오히려 양자dyadic 무역 관계는 그 관계가 그렇지 않았다면 분리되었을 국가들의 집단들과 연계시키는 중요한 역할을 하는 한 타당성을 가질 수 있다.

이 장에서는 국제무역 문제들을 복잡한 네트워크 시각에서 양적으로 연구하는 최근의 문헌들을 비판적으로 검토한다. 우리는 세 가지 상호연관된 연구 구상들을 조사한다.4) 첫째, 국제무역 네트워크ITNs의 의미와 채택할 수 있는 주요 데이터 출처를 공식적으로 정의한 후, 무역 네트워크의 위상 특성에 대한 경험적 증거를 논의한다. 이들 문헌은 대부분 기술적이고, 통계 물리학과 소셜네트워크 분석의 방법을 차용해서 무역 네트워크가 어떻게 생겼는지, 세계 국가들이 네트워크 내에서 어디에 위치하고 있는지에 대해 심층적 지식을 제시하는 것을 목표로 한다. 둘째, 우리는 그러한 경험적 속성들의 일부를 재현할 수 있는 몇 가지 간단한 모형들을 탐색한다. 우리는 중력 모형gravity models에 기초한 계량경제의(미시 기반의) 공식화와 네트워크 구성의 확률통계의 모형들을 모두 다룬다. 끝으로, 우리는 국제무역 네트워크가 형성되는 방식이 거시경제 역학, 예를 들어 위기의 확산이나 국가 성장과 발전의 패턴에 영향을 미치는지 질문한다. 우리는 이 질문에 대한 답이 확실히 긍정적이라는 것을 확인하게 될 것이다. 이는 한편으로는 세계 국가들 간 외부 효과를 중재하고 충격을 전달하는 데 있어 국제무역 연계의 관련성을 암시한다. 다른 한편으로 이 결과는 국제무역 네트워크의 구조에 대한 상세한 지식이 국제무역 네트워크의 블록들 구축의 과거와 미래의 진화를 이해하는 데 필요하다는 것을 제시한다.

국제무역 네트워크

세계무역망WTW, world trade web이나 세계무역 네트워크WTN, world trade network로 알려져 있기도 한 국제무역 네트워크ITN는 수년에 걸쳐 세계 국가들 간 양자 무역 흐름을 그래프로 보여준다.[5] 보다 공식적으로, $t \in \{t0, \cdots, t1\}$에 해당되는 t년도에 관측된 국가들의 집합 $C^t = \{1, 2, \cdots, Nt\}$을 고려해 보고, t년에 국가 i에서 국가 j로 총수출의 가치(예를 들면 US 달러)가 $e_{ij}^t > 0$이라고 한다. t년의 가중 방향성 국제무역 네트워크 ITN는 노드들의 집합 C^t인 네트워크로 규정되고 가중 방향성 연계들의 목록은 $E = \{e^t_{ij}, \; \forall (i, j) \in C^t \times C^t, \; i \neq j \; \text{s.t.} \; e^t_{ij} > 0\}$로 제시된다.

특정 시점의 국제 무역 네트워크ITN의 스냅숏의 시계열을 작성하는 경험적 데이터를 쉽게 사용할 수 있다.6) 가능한 경우, 총 무역 가치를 상품별 수출 흐름 $e^t_{ij}(h)$으로 분류할 수 있는데, 여기에서 $h = 1, \cdots, H$는 해당하는 계층적 상품 분류(예를 들면 HS 또는 SITC)의 일부 수준에서 정의된 특정 상품이다. 그와 같은 경우에, 특정 년도 t의 특정 상품은 다른 가중된 방향성 네트워크들 H로 끝나게 된다. 각 네트워크는 특정 상품 $h = 1, \cdots, H$에 대해 N^t 국가들 간 국제무역 연계망을 제시한다. 네트워크 용어에서 H생산 특화 스냅숏의 시계열은 다층 네트워크로 불리고(Kivelä et al., 2014), 교역된 상품들 간 네트워크 구조들의 이질성 heterogeneity에 대해 파악하기 위해 연구될 수 있다.

관심 있는 특정 연구 질문에 따라, 무역 링크의 방향 또는 가중 특성을 (혹은 모두의 특성을) 무시하고 (합계 또는 상품 특정) 국제무역 네트워크의 가중의 방향성 스냅숏을 단순화할 수 있다. 예를 들어 연구자가 무역 연계의 존재/부재에만 관심이 있고 그 강도의 이질성에는 관심이 없는 경우, 기존의 모든 링크 가중치를 1로 대체함으로써 국제무역 네트워크를 이진의binary 대응에 투사될 수 있다. 이러한 조작으로 국가 i가 국가 j에게 수출하는 경우에만 $i \rightarrow j$ 링크가 나타나는 이진의 방향성 그래프가 만들어진다. 더 나아가, i에서 j로의 수출($i \rightarrow j$)과 j에서 i로의 수입($j \rightarrow i$) 사이의 가능한 비대칭이

분석의 핵심 요소가 아니라면, 네트워크 대칭화를 고려할 수 있다. 원래의 네트워크가 가중치 적용이 되어 있다면, 각 링크 가중치 $\frac{1}{2}(e^t_{ij} + e^t_{ji})$를 e^t_{ij}로 대체해서, 즉 수입과 수출의 산술 평균으로 대체하여 이 작업을 수행할 수 있다. 네트워크가 이진이라면 방향성 링크 $i \rightarrow j$가 그 상대인 $j \rightarrow i$가 없을 때마다 후자는 엣지 목록에 네트워크가 추가될 수 있다. 결국 두 경우 모두 대칭적 네트워크를 갖게 된다.

경험적 증거

지난 몇 년간 시간의 경과에 따른 국제무역 네트워크ITN의 위상적 속성과 발전의 조사는 많은 관심을 끌었다. 여기에서는 5가지 주제 이슈에 따라 구성된 데이터에서 관찰된 가장 관련성이 높은 몇 가지 규칙성에 대해 논의한다.

연결성과 분류성

국제무역 네트워크ITN는 다른 실제 세계 네트워크에 비교되는 매우 조밀한 그래프이며; 그 밀도는 1/2에 가까운데, 이는 가능한 모든 양자 관계의 절반이 이용되지 않는다는 것을 의미한다. 다시 말해, 대부분의 국가들은 다른 나라들과 무역을 하지 않고, 오히려 그들의 파트너를 선택한다. 1950년부터 2000년까지의 기간 동안 국제무역 네트워크는 방향성 연계의 수가 현저하게 증가했고 밀도에 있어 (약한) 긍정적 경향이 나타났다(Garlaschelli and Loffredo, 2005; De Benedictis and Tajoli, 2011). 이는 예를 들어 데이터 수집 또는 신생 국가의 개선으로 인해 표본의 국가 수가 증가하는 지 여부에 관계없이 발생한다. 따라서 무역 세계화는 1950년에 이미 무역을 하던 국가들 간의 연결을 증가시켰을 뿐만 아니라, 수년 동안 새로운 사람들을 무역망에 포함시킴으로써, 더 강력한 무역 통합을 이끌어냈다.

또한 국제무역 네트워크ITN는 매우 이질적인 네트워크이다. 예를 들어 각 국가의 수출 및 수입 파트너 수의 분포(즉, 네트워크 전문용어로 내향 연결정도와 외향 연결정도)는 해가 갈수록 점점 더 두 가지 모드로 되어, 매우 긴밀하게 연결된 국가 집단은 더 적은 수의 내부 및 외부 링크를 갖고 있는 다른 국가 집단과 공존하고 있고, 무역 패턴 측면에서 대표

국가를 지칭하는 것을 금지하고 있다. 또한 국가 수입, 수출 및 총 무역의 분포는 모두 대수 정규밀도를 따르는데(Fagiolo et al., 2008), 이는 매우 낮은 무역 수준을 특징으로 하는 많은 국가와 함께 수출 및 수입하는 일부 국가가 나란히 존재함을 의미한다.

또한 국제무역 네트워크ITN는 불협화음을 드러낸다. 즉 많은 교역 상대국을 보유한 국가들은 일반적으로 몇 가지 링크가 있는 국가들과 교역한다(Fagiolo et al., 2010). 이는 가중된 관점에서 볼 때 사실과 다른 부분이 있다. 즉 수출입이 많은 국가는 수출입 수준이 낮은 특성의 국가들로 오가는 경향이 있지만, 매우 유사한 파트너들과 매우 긴밀하게 연결된 국가들은 소수이다.

모듈성

무역 세계화에도 불구하고, 국제무역 네트워크ITN는 여전히 강력한 모듈식 네트워크이다. 지리적, 경제적, 정치적 이유로 인해, 국가들은 시간 경과에 따라 그들 간의 상호작용을 하면서 다자간 무역 관계의 비교적 안정적인 모듈적 패턴을 형성하고 있고, 이는 네트워크 분석을 통해 쉽게 식별할 수 있다. 첫 번째 흥미로운 속성은 교역을 더 많이 하는 국가들이 인근에 긴밀한 무역 삼각관계를 형성하는 경향이 있다는 것이다(즉, 클러스터패턴[clustering patterns]; 참조. Fagiolo, 2007). 이는 국제무역 네트워크ITN에서 촘촘하게 연결된 국가들의 핵심의 존재를 시사한다(Fan et al., 2014). 실제, 적어도 2000년에 전체 무역의 측면에서 가장 부유한 10개 국가들이 전체 무역 흐름의 40% 가량을 책임졌는데, 이는 가중 국제무역 네트워크weighted ITN에서 부자 클럽rich club의 존재를 지지하는 강한 증거다. 보다 일반적으로, 커뮤니티 감지community-detection 기술(Fortunato, 2010)은 다른 국가들과 상대적으로 분리된 각각의 국가들이 긴밀하게 연결된 무역 그룹을 형성하는 여러 국가의 클러스터를 식별할 수 있게 한다(Barigozzi et al., 2011; Picardi and Tajoli, 2015). 이러한 그룹들은 거시 영역에서 세계의 지리적 분할을 모방하는 경향이 있지만, 기존의 특혜 무역 협정들PTAs과는 중복되는 부분이 적으며, 무역을 설명하는 데 있어 특혜 무역 협정들PTAs의 모호한 역할을 시사했던 기존 연구들을 입증해 준다(Rose, 2004). 국제무역 네트워크ITN에 속해 있는 국가들의 커뮤니티를 식별하기는 쉽지만, 이들의 통계적 중요성은 여전히 해결되지 못한 문제이다(Piccardi and Tajoli, 2012). 실제로, 커뮤니티 간 연계는 무관하지 않고, 국제무역 네트워크ITN를 글로벌 무역 시스템으로 지원한다.

총합 네트워크 vs. 상품별 네트워크

상품별 무역 네트워크들은 총합 국제무역 네트워크와 유사한 속성을 보이는가? 다른 말로 하자면, 이질적인 상품별 네트워크들의 총합에서 나타나는 네트워크 속성이 총 무역에서 관찰되는가? 이 질문에 답하기 위해 Barigozzi 등(2010)은 1992년부터 2003년까지 시기의 97개 상품에 대한 국제무역 네트워크ITN를 분석하였다. 전체 무역의 거의 60%를 차지하는, 가장 많이 거래되는 14개 상품에 초점을 맞춘 그들은 상품별 네트워크가 매우 이질적이며 통계적으로 총 무역과는 다르다는 것을 파악하였다. 예를 들어 국가의 수입과 수출 분포는 거의 로그 정규 분포되지 않으며, 이는 총합의 국제무역 네트워크ITN에서 관측된 형태가 단순한 총합으로 생산된 것임을 제시한다. 상품별 네트워크들 역시 총합 네트워크와는 매우 다른 평균의 연결성connectivity 및 클러스터링 패턴을 보여준다. 흥미롭게도 국제무역 네트워크ITN의 많은 상품 특화 계층들은 완전히 연결되어 있지도 않다.[7] 이것은 특정 상품과의 교역을 고려했을 때, 그들 안에 무역을 하는 나라들의 단절된 지역들disconnected islands이 있다는 것을 의미한다. 총합 수준에서의 연결성connectivity은 주로 상품 특화 네트워크들을 모아 두는 수많은 약한 링크의 존재를 통해 이뤄진다. 보다 최근에는 상품별 무역 네트워크의 특성이 중요한 특정 상품군의 맥락에서 검토되었다(Dalin et al., 2012; D'Odorico et al., 2014 참조). 식품 상품의 국제무역에 관한 데이터를 이용하여, 세계 식품 네트워크에 있는 국가들 간의 링크는 칼로리 함량에 의해서나 상품 생산에 사용되는 물의 실질적인 전달에 의해서 가중될 수 있다. 이러한 연구들은 1986년부터 2009년까지의 기간 동안, 식품 칼로리의 총량과 국제적으로 거래된 실질적인 물의 양(인간이 소비하는 총 식품 생산량의 약 4분의 1에 해당)이 두 배 이상이 되었음을 보여준다. 이러한 교역량 증가는 식품 거래의 물 사용 효율성(즉, 사용된 물의 단위 부피당 생산되는 식품 칼로리) 증가와 관련이 있는데, 왜냐하면 아마도 가장 부유한 국가의 경우, 보다 효율적인 기술을 사용할 수 있기 때문이다. 전반적으로, 최근 국제 식품 무역의 역학은 식품 무역 네트워크가 지난 수십 년 동안 진행해온 거대한 지리적 재편(예를 들면 아시아의 북미에서 남미로의 주요 파트너 전환; 북미의 역내 무역 패턴 지향 증가; 중국의 실질적인 물 수입의 증가)에도 불구하고 지역 및 세계 식량 안보에 도움이 된 듯하다. 그러나 이러한 변화가 지구 상의 사회경제적 및 환경적 구조의 매우 다른 영역에 영향을 미칠 수 있기 때문에 그 변화가 갖는 전체적인 함의를 세계적 규모로 예측하는 것은 어렵다(예를 들면 식품 수입의 증가는 환경적으로 취약한 생태계에 더 높은 생산율을 요구할 수도 있다).

네트워크 진화

앞에서 언급한 바와 같이, ITN은 20세기의 20년 동안 약간의 구조적 변화를 경험하였다. 무역 세계화는 집중적이고 광범위한 과정을 통해 이루어졌고, 보다 조밀하지만 더 강력한 중심core을 가진 2가지 이상의 모드를 가진 네트워크를 가져왔다. 그러나 이것은 네트워크의 주변부가 점점 더 주변화 되었다는 것을 의미하지는 않는다(De Benedictis and Tajoli, 2011). 실제로 네트워크의 전체적인 중앙 집중화(Vega Redondo, 2007)와 국가 간 평균 경로 길이(Albert and Barabási, 2002) 모두 시간이 지남에 따라 감소하고 있는데, 이는 중심hub의 중요성이 줄어들었고 이전에 주변부에 위치해 있던 국가들이 중심과의 독점적인 무역 연결을 맺지 않았더라도 중심에 가깝게 이동하게 되었다는 것을 의미한다.

흥미롭게도 He and Deem(2010)은 이러한 변화를 2007년부터 2008년까지의 글로벌 금융 위기와 같은 전 세계적 위기 후 ITN의 복구 능력과 연결하였다. 그들의 모형은 ITN에서 무역 세계화에 의해 유발된 모듈식 구조가 오늘날 ITN이 40년 전보다 충격에 더 민감하게 된 데 책임이 있다는 사실을 보여준다. 더욱이 위기 이후 회복하는 능력은 크게 줄어들어 원거리 링크와 관련된 무역 비용에 보다 민감해지고 보호무역주의 경향이 나타나고 있음을 시사하였다.

무역 세계화가 1950년부터 2000년까지의 시기에 ITN의 구조적 변화를 유도했지만, 여전히 과거의 네트워크 진화로부터 미래의 진화를 예상하는 것을 배우는 것을 희망할 수 있다. 사실, Fagiolo 등(2009)이 제시하듯이, ITN 역학의 마르코프Markovian 성격 덕분에 장기 실행 상태를 예측할 수 있다. 그들의 분석은 ITN의 아키텍처가 아마도 링크 가중치(즉, 수출 흐름)에 대한 보다 양극화된(파레토) 분포로 진화할 것이라고 제시하는데, 이는 중간 수준의 무역 흐름과 소수의 매우 집약적인 무역 연계를 수반하는 링크의 증가를 의미한다.

무역 불균형

국제무역에 대한 네트워크 접근법은 국가 간 수출입 관계의 네트워크 뿐만 아니라 양국 간 불균형의 패턴에도 적용될 수 있다(Serrano et al., 2007). 이를 위한 방법은 ITN의 링크 가중치 e^t_{ij}를 수출과 수입의 차이에 대한 절대값, 즉 $\iota^t_{ij} = |e^t_{ij} - e^t_{ji}|$로 대체하는 것이다. 무역 불균형 네트워크TIN, trade imbalance network로도 알려진 결과 네트워크resulting network는 구성에 있어 대칭적이다. 국가-크기 효과(즉, 국가가 클수록 무역 불균형이 그만큼 더 높음)를 제거하기 위해 ι^t_{ij}를 총 양자 무역 $(e^t_{ij} + e^t_{ji})$로 나누는 것을 고려하고 이 양으로 링크를 가중할 수 있다. 결과 네트워크는 상대적 무역 불균형 네트워크RTIN, relative trade imbalance network이라고 한다. TIN과 상대적 무역 불균형 네트워크RTIN의 속성을 비교하면 흥미로운 규칙성이 나타난다(Dueñas and Fagiolo, 2014). 예를 들어 TIN는 몇몇 선진국들이 높은 클러스터링을 보이고 세계무역 불균형에 있어 중요한 양을 가지고 있는 위계적 배열로 특징지어진다. 반면에, RTIN은 파편화된 지형도를 보여주며, 개발도상국에게 특별히 중요한, 집중도가 낮은 클러스터링을 보여준다. 보다 일반적으로 개발도상국들은 다른 개발도상국들과 더 비대칭적인 관계를 맺고 있고, 이는 그 관계들이 더 큰 변동에 직면할 수 있음을 시사한다. 반대로, 선진국들은 평균적으로 더 대칭적인 관계를 가지고 있다. 이것이 더 큰 안정을 가져올 수도 있지만, 선진국들은 개발도상국들과의 연결을 통해 여전히 변동성의 영향을 받을 수 있으며, 이는 세계무역의 비대칭성의 주요 동인이 되고 있다.

그러나 이러한 분석은 많은 국가들이 단지 중재국으로 복무한다는 이유만으로 총 무역흑자를 갖는다는 점을 고려하지 않는다. 예를 들어 네덜란드는 무역 네트워크의 허브 역할을 하고, 세계의 나머지 국가로부터 수입하고 또 다른 많은 나라로 수출하기 때문에 총 무역흑자가 발생하며, 대부분의 수입 평가는 최종 수입국으로만 이전된다. 네트워크에서 발생하는 이러한 간접적인 영향을 제거하기 위해, Krings 등(2014)은 한 국가의 최종 무역 채무국과 채권국을 밝힐 수 있는 지표를 개발하여 유럽연합의 무역 불균형 연구에 적용하였다. 예상대로 그들은 대체로 최종 무역흑자(네덜란드와 같은 국가의 순이익)가 원래의 흑자보다 더 집중된다는 것을 발견하였다. 예를 들어 프랑스, 스페인, 그리고 영국만이 독일에 대해 적자를 가지고 있다. 이것은 가능한 조정 계획을 논의할 국가들의 포트폴리오를 식별하는 데 중요하다.

모형

ITN의 지형도에서 통계적 규칙성을 찾는 서술적 기여의 거대한 본체는 그러한 양식화된 사실의 이론적 뿌리를 탐구하는 유사 문헌들을 촉발하였다. ITN의 속성과 진화를 설명하는 모형을 찾는 방법에는 세 가지 주요 접근 방식이 있다. 첫 번째 방법은 확률 이론에서 도출되고, 데이터에 귀무 모형null model을 맞추는 것을 목표로 한다. 두 번째 모형은 양자 무역의 계량경제 모형(예를 들면 중력 모형, Anderson(2011) 참조)을 국제무역 네트워크의 구조에 맞춰 사용한다. 마지막으로, 세 번째 모형은 (확률 통계적) 네트워크 역학의 이론 모형을 개발하여 이들의 한계 속성이 관측된 것들을 재현할 수 있는지를 이해한다.

귀무 모형

ITN에 관한 이론적 연구의 첫 번째 경향은 단순 무작위로 생산될 수 없는 관측된 속성을 규명하려는 것이다. 이 접근법은 ITN의 각 연간 스냅숏에 대해 관측된 ITN의 일부 기능만 보존하고 그 외에는 순수하게 무작위인 이진 및 가중 네트워크 앙상블을 생성하는 "귀무"null 통계 모형을 개발한다(Squartini et al., 2011a, 2011b; Fronczak and Fronczak, 2012). 관측된 ITN의 스냅숏을 귀무null 모형에 의해 생성된 ITN 사례들의 분포와 비교함으로써, 어떤 속성이 귀무null 모형이 예측하는 것과 현저하게 다르고, 또 한편으로 어떤 속성이 무의미한 정보noise와 구별될 수 없는지를 추론할 수 있다. 귀무null 모형의 핵심 요소는 보존될 것으로, 관측된 ITN의 속성과 관련이 있다. 실제로, 이러한 속성의 선택이 점점 더 요구될 것이고, (에르도스 – 레니[Erdos-Renyi] 모형에서처럼; Erdős and Rényi, 1960 참조) 그래프의 밀도, 노드의 정도(Maslov and Sneppen, 2002) 또는 노드의 강도(Squartini and Garlaschelli, 2011)의 정확한 분포, 또는 정확한 배열을 보존하기 위해 처음부터 끝까지 정확한 이진 지형도에 대한 모든 방식 귀무 모형이 필요할 수 있다. 물론 귀무 모형에 대한 제약이 까다로워지면 까다로워질수록 모든 제약조건을 만족하는 그래프를 생성하는 자유의 정도가 감소하기 때문에 무작위의 역할은 그만큼 더 약화된다. 경제적 해석을 위해, 제약은 경제적으로 비현실적인 무역 네트워크를 허용하는 귀무 가설null hypothesis을 방지하기 때문에 귀무 모형null model에 최소한의 현실성을 제공해야 한다. 예를 들어 비방향성 국제무역 네트워크undirected ITN에서 어떤 것도 정확한 노드 강도 순서(즉, 국가의 수입과 수출 전체)에 대해 제약을 가하지 않는다면, 모든 가능한 귀무null 사례 중에서 미국과 캐나다 사이의 (즉, 세계에서 가장 큰) 무역 흐름이 바누아투와 아이슬란드 간의 무역 관계에 무작위로 할당되는, 매우 있을 것 같지 않은 시합의 그래프가 존재하는 경우가 있을 수 있다! ITN의 귀무 모형 분석은 흥미로운 통찰력을 제공한다. 예를 들어 Squartini 등(2013)은 이진의 국제무역 네트워크의 속성(예를 들면 불연속성)이 국가의 정도만을 보존하는 귀무 모형에 의해 쉽게 복제할 수 있음을 보여준다. 이것은 왜 더 많은 파트너와 교역하는 국가들이 더 적은 국가들과 교역하는 국가들과 교역하는지를 설명하는 데에는 교역하는 국가들의 수를 아는 것으로도 충분하다는 것을 의미한다. 반대로, 국가의 수입과 수출 전체의 정확한 순서(즉, 노드 강도)는 가중 수준에서 네트워크의 속성을 재현하기에 충분하지 않은데, 그 이유는 이진 구조에 대한 지식이 필요하기 때문이다(Mastrandrea et al., 2014a; Almog et al., 2015). 이는 무역 관계가 수립된 상태에서 국가들이 얼마나 많은 양의 무역을 하느냐가 아니라 왜 서로 무역을 시작하는지를 설명하는 것이 중요하다는 것을 제시한다(Felbermayr and Kohler, 2006; Mastrandrea et al., 2014b).

중력 모형과 무역 네트워크

중력 모형GM은 많은 국제무역의 경험적 연구에 있어 핵심요소이다(Head and Mayer, 2013). 중력 모형은 양자 및 다자적 요인뿐만 아니라 국가별 특성에 기인한 양국 간 무역 흐름의 변화를 매우 잘 설명한다. 더욱이 강고한 이론적인 미시적 토대를 바탕으로 하고 있다. 즉 중력과 같은 등식은 무역 특화 모형trade specialization models, 산업 내 무역을 통한 독점 경쟁 틀, 혹은 헥셔-올린Heckscher-Ohlin 모형으로부터 파생될 수 있다(De Benedictis and Taglioni, 2011). 가장 간단하게 설명하면, 중력모형은 양국 간 무역 흐름이 출발 국가와 목적지 국가의 국내총생산GDP을 양국 간 지리적 거리로 나눈 결과에 비례한다고 제시하는데, 여기에서 후자는 자유무역(예를 들면 관세)을 방해하는 모든 무역 마찰에 대한 프록시가 된다. 이 간단한 아이디어는 더 많은 변수들(예를 들면 국가의 인구 및 육지에 둘러싸인 효과, 공통 언어와 종교, 과거 식민지 관계, 특혜 무역 협정의 존재, 국가의 고립remoteness을 설명하는 종합적 지표synthetic measure)을 추가하고 데이터에 적용되는 경제적 설정(예를 들면 비선형 추정수단estimators을 사용하여 고정된 국가 및 양자 효과를 허용하는, 교역이 없는zero-trade 흐름의 추정을 허용하는 패널 데이터로 모델을 테스트하는 것)을 보다 정교하게 만들면 복잡해질 수 있다.

중력 모형은 일반적으로 횡적 및 종적으로 매우 높은 적합도를 갖고 있기에, ITN 구조를 모형화 할 수 있는 자연스러운 후보로서 스스로를 구성한다. 이러한 아이디어는 Fagiolo(2010)와 Dueñns and Fagiolo(2013) 문헌에서 연구되었다. 그들은 양자 무역 데이터에 중력 모형을 적용시키고 예측되는 무역 흐름과 나머지 부분 모두를 사용하여 링크를 가중시켰다. 이를 통해 그들은 (중력 모형으로부터 예측되는 무역 흐름을 사용하여 가중치를 부여한) 예측되는 국제무역 네트워크과 (중력 모형 회귀 분석으로부터 나머지를 사용해 가중치를 부여한 링크들인) 나머지 국제무역 네트워크를 구축할 수 있었다. 결과적으로 중력 모형이 이진 구조로 알려져 있고 관측된 구조와 일치하도록 유지되는 경우에 국제무역 네트워크에 유효한 모델임을 보여준다. 이 경우, 예측되고 관찰된 가중 국제무역 네트워크의 구조는 매우 유사하다. 그러나 중력 모형 국제무역 네트워크의 이진 구조, 즉 링크가 존재할 확률을 만족스럽게 예측할 수 없다. 주목할 점은 이진 구조가 실제로 국제무역 네트워크 특성이란 것으로, 이는 귀무 모형에 대한 연구가 국제무역 네트워크의 가중 구조를 설명하는 데 핵심임을 발견하였다(위 참조).

또한 양자 흐름의 차이를 제거하고 기존의 국제무역 네트워크 링크에 중력 모형 조정의 나머지를 더하면, 결과 네트워크는 무작위와는 거리가 멀다. 반대로, 이는 복잡한 시스템의 뚜렷한 특징을 보여주고, 관찰된 네트워크와는 매우 다른 위상 구조의 특징을 나타낸다. 예를 들어 원래의 국제무역 네트워크가 몇 개의 대형 국가 허브를 갖고 있는 구조와 (지리적, 사회적, 정치적으로든 경제적으로든) 인근 국가 간 상대적으로 강한 연결성을 보이는 데 반해, 나머지의 국제무역 네트워크는 잔류 ITN이 상대적으로 작지만 무역 지향적인 여러 국가들을 중심으로 구성되어 있고, 그 국가들은 그들의 지리적 입지와 별개로 지역 허브의 역할을 하거나 복잡한 무역 상호작용 패턴에서 크고 부유한 국가들을 끌어들인다. 이러한 결과를 체감하기 위해 유의해할 점은 표준 회귀 이론이 그들 간의 상호연관 되지 않는 나머지의 링크 가중치만 요구한다는 것이다. 즉, 국가 A에서 국가 B로의 수출에서의 나머지는 C에서 A로의 무역의 나머지 와 상호연관되어 있지 않을 것이다. 그러한 쌍dyadic 수준의 요구로 일부 중요한 고순위 패턴들, 예를 들어 3자 수준과 고순위higher-order 노드 집단들이 나타나지 않는 것은 아니다. 이것은 링크 가중치로부터 국가의 GDP, 지리적 거리, 많은 다른 가능한 설명 변수들의 효과를 제거한 후에도 여전히 중요한 네트워크 구조가 존재하는 이유를, 네트워크 구조가 무역 발생률, 가치, 규모를 설명하는 데 있어 중요하다는 추가적인 시사를 설명한다. 이러한 직관적 통찰은 Ward 등(2013)에 의한 데이터에 적용되었는데, 그들은 "잠재적 공간" 네트워크를 가진 표준 중력 모델을 확장시켜서 상호주의(A에서 B로의 수출은 B에서 A로의 수출과 상관관계가 있을 수 있음)와 클러스터(A에서 B와 C 모두에게 수출하는 것이 B와 C가 그들 간의 교역할 가능성을 증가시킴)와 같은 무역 흐름의 고순위 종속성을 설명하였다. 결과는 중력 모델에서 고순위 네트워크 효과를 고려함으로써 표본 내외 모두의 예측 성능에서 상당한 개선이 가능하다는 것을 강하게 보여준다.

무역 네트워크 역학 확률 모델

통계적인 귀무 모형과 계량경제학적인 중력 설명에 덧붙여, 세 번째 이론적 연구 흐름은 국제무역 네트워크의 구조와 진화를 재생하고 설명하기 위해 네트워크 역학의 이론적 모형을 채택한다. 경제물리학 문헌(입문을 위해 Sinha et al., 2010 참조)에 토대를 두고 있는 이러한 모형은 기업과 국가의 거래 행동과 이들의 상호작용에 대한 단순한(그리고 종종 경제적으로 비현실적인) 가정에 기초한다. 그럼에도 불구하고, 관측된 규칙성 regularities과 일치하는 주요 네트워크 통계의 분포에 대한 장기적인 (한계) 영향을 도출하는 데 일반적으로 성공적이었다. 이러한 접근법의 예는 Riccaboni and Schiavo(2010)에 의해 개발된 모형이다. 그들은 국제무역 네트워크의 진화를 국가 간에 발생하는 서로 다른 규모의 (확률적) 거래의 집합이라고 설명한다. 그들은 링크 형성과 가중치 증가 weight growth를 분리했는데, 링크 형성이 선호적 연결 메커니즘을 따르고 (Barabási and Albert, 1999),[8] 반면에 가중치 증가는 기업성장 문헌에서 비례적 효과의 법칙으로 상당히 다뤄지는, 독립적인 기하학적 브라운 운동 geometric Brownian motion에 의해 지배된다(Ijiri and Simon, 1977)고 가정한다. 단순성에도 불구하고, 모형은 링크의 강도 및 증가 분포, 링크 가중치의 크기와 증가율의 차이 사이의 관계, 그리고 국가 연결정도와 강도 사이의 상관관계를 포함하여 국제무역 네트워크와 관련된 몇 가지 통계 정규성을 정확하게 예측할 수 있다.

거시경제 역학의 영향

이전 절에서는 국제무역 네트워크의 특징을 보여주는 관측된 통계적 규칙성의 재현과 설명의 문제를 이론적 측면에서 소개하는 몇 가지 연구들뿐만 아니라 국제무역 네트워크의 구조와 진화를 밝히는 경험적 문헌에 대해 논의하였다. 여기서 우리는 국제무역 네트워크의 구조가 거시경제 역학에 영향을 미칠 수 있는지에 관해 질문한다. 보다 정확히는, 각국이 ITN에 직·간접적으로 연결되어 있는 방식, 국가들의 전반적인 위치와 네트워크 내 착근embeddedness, 그리고 보다 일반적으로 ITN의 이진 및 가중 지형이 ITN을 통해over 진행되는 과정을 제한하고 영향을 줄 수 있는지를 조사하는 데 관심이 있다. 이들은 예를 들어 국지적으로 발생하고 아마도 세계적으로 퍼질 수 있는 충격shocks의 확산과 더불어 국가와 거대 지역의 경제 성장과 개발을 포함할 수 있다.

이러한 질문에 대한 답은 네트워크가 거시경제 역학을 설명함에 있어서 중요함을 나타내 대체로 긍정적이지만, 네트워크를 통해 네트워크 구조에서 동적 프로세스로 가는 인과적 연결성의 확인은 내재성endogeneity 문제에 의해 강한 제약을 받을 수 있다. 실제로, 네트워크 구조는 거시경제 역학에 영향을 미칠 수 있지만, 시간이 지남에 따라 거시경제 역학이 네트워크 구조를 변경할 가능성이 있다. 예를 들어 국제무역 네트워크의 국가 통합 수준은 향후 개발에 영향을 미칠 수 있지만, 국가가 성장하는 만큼 경제 개발의 결과로 국제무역 네트워크에 보다 더 착근될 수 있다.

국제무역 네트워크 내 충격 확산

국제무역은 세계 국가들 간의 가장 중요한 상호작용 채널 중 하나이며, 데이터는 장기간에 걸쳐 상품 세분화가 충분할 만큼 확보할 수 있기 때문에, ITN은 국지적인 충격이 시스템 전반에 걸쳐 어떻게 다른지를 이해하는 테스트 기반으로 종종 사용되어 왔다. 그 생각은 매우 간단하다. ITN의 시간 스냅숏에 의해 대리되는 것처럼 국가가 가중 무역 링크를 통해 연결되어 있고, 특정 국가에 부정적인 충격이 가해진다고 가정해 보자. 이 최초의 충격이 충격 받은 나라의 인접 국가들, 인접 국가들의 인접 국가들로 계속 전달되는 방식을 지배하는 일련의 규칙들을 가정해 보자. 세계 각국에 차례차례 충격을 주고, 매번 충격 확산이 어떻게 진화하고, 다른 나라에 영향을 미치며, 아마도 사라지는가를 관찰함으로써, 위기 전파자로서 각 국가의 상대적 중요성을 이해할 수 있을 것이다. 이러한 직관적 통찰에 따라 Lee 등(2011)은 국제무역 네트워크를 통한 충격 확산의 단순한 동적 모형을 연구하였다. 모형에서, 국가들은 (GDP로 대체된) 능력에 의해 특징지어진다. 부정적인 충격이 한 국가를 타격할 때마다, 그 국가의 드나드는 모든 링크 가중치는 일정 비율로 감소한다. 전체 국가 무역 감소가 역량의 일정 부분을 초과할 경우, 그 충격은 인접 무역국들에게 전달된다. 이것은 충격의 연쇄사태를 일으킬 수 있는데, 몇몇 인접국들이 그 충격을 인접국들에게 전달할 수 있기 때문이다. 이 과정은 충격을 받은 모든 국가가 다른 국가로 이 정보를 전달하지 않을 때 종결된다. 확산 과정을 설명하는 흥미로운 통계는 특정 국가에서 발생한 초기의 충격에 최종적으로 타격을 받은 국가의 수이다("연쇄사태 avalanche의 크기"라고 부름). 흥미롭게도, 저자들은 연쇄사태의 크기 분포가 멱 법칙(즉 파레토 분포)이 될 수 있도록 하는 모형 매개변수의 특정 범위가 있다는 것을 보여준다. 이는 각국이 시스템을 통해 국지적 위기를 전파하는 능력에 있어 매우 이질적인 역할을 수행하고, 일단 충격을 받으면 그 충격을 전 세계적으로 확산시킬 수 있는 적지만 무관치 않은 국가들이 존재한다는 것을 의미한다. (국내총생산GDP 측면에서) 큰 국가들이 가장 파괴적인 경향이 있지만, 이것이 설명의 끝은 아니다. 실제로, 국제무역 네트워크에서의 국가의 위치와 간접적인 연결의 망에서의 국가의 지역 착근은 사태의 크기를 설명하는데 매우 중요한 역할을 한다. 이는 국가들이 충격에 의해 타격을 받을 수 있는 방식과 그 충격을 인접 국가들에게 전달할 수 있는 방식이 직접적일 수도, 간접적일 수도 있기 때문이다. 충격을 전달하는 인접국과의 링크가 국내총생산GDP과 대비해 너무 강해서 역량 임계값을 즉시 초과하는 경우가 직접적인 것이다. 반대로 가령 국가 A가 인접 국가 B에 의한 첫 번째 충격을 견디지만, 그때 국가 B의 인접 국가이기도 해서, 국가 B에 의해 전달된 충격의 타격을 받기도 한 인접 국가 C가 전달한 또 다른 충격의 타격을 받고 그 충격을 견디지 못한다면, 그렇게 그 충격을 인접 국가들에게 전달하고,

그 인접 국가들에 A가 포함된다면, 그 충격 전달은 간접적일 수 있다. 특정 단일 연쇄사태에 속하는 모든 국가들은 직접 대 간접 확산 사슬과 관련될 수 있다. 시뮬레이션에서 생성된 모든 주요한 연쇄사태에 대해 이 연습을 반복함으로써, Lee 등(2011)은 간접 패턴이 반응 사슬에서 매우 큰 비율을 차지한다는 것을 제시한다. 이는 국제무역 네트워크의 2차 및 3차 효과가 시스템에 충격이 전파되는 방식을 이해하는 데 있어 중요하다는 것을 입증한다(Abeysinghe and Forbes, 2005).

국가 규모나 용량을 줄이는 큰 변화는 국제무역 네트워크에 영향을 미칠 수 있는 유일한 부정적 어려움distress은 아니다. 예를 들어 한 국가에서 다른 국가로의 양자 간 수출을 일정 부분 감소시키는 변화; 두 국가 간의 양자 무역을 종결하는 변화(예를 들면 전쟁이나 통상 금지에 의해 야기된) 혹은 한 국가가 다른 모든 국가와의 무역을 중단하는 최악의 시나리오(예를 들면 노드가 네트워크에서 제거된 것처럼)를 고려할 수 있다. 이러한 다양한 유형의 어려움에 대한 국제무역 네트워크의 취약성을 평가하기 위해, Foti 등(2013)은 간단한 확산의 모형을 연구하였는데, 모형에서는 시스템이 변화된 후 그 변화의 영향을 완화하기 위해 수요와 공급의 국지적인 균형 재조정이 발생하는 것으로 가정하고 있다. 모형에서 변화는 무작위로 발생하거나 노드의 중요도(예를 들면 노드들의 연결 정도의 측면에서)에 따라 대상화할 수 있다. 전반적으로 국제무역 네트워크는 무작위 공격에 대해 매우 강고한 네트워크이지만, 가장 연결이 많이 된 노드들을 대상으로 할 경우 매우 취약한 것으로 나타났다. 이러한 강고하면서도 취약한 특성은 금융 네트워크의 성격을 규정하기도 한다(Haldane, 2013). 더욱이 더 높은 연결성(예를 들면 밀도)은 변화가 적을 때에는 도움이 되지만, 더 강한 연결성이 더 넓은 전염으로 이어질 경우에는 큰 어려움에 직면해 매우 위험한 것으로 나타났다. 충격을 주어진 크기까지 흡수하는 국제무역 네트워크의 이러한 능력은 세계화의 긍정적인 효과에 의문을 제기한다. 한편으로, 더 많이 연결된 국제무역 네트워크는 저개발국들이 약한 지역 충격에 더 잘 대처할 수 있게 한다. 다른 한편으로, 보다 상호의존적 무역 시스템은 큰 충격의 보다 빠르고 증폭된 전파를 선호할 수 있고, 잠재적으로 전세계적 무역 위기를 초래할 수 있다. 실제로, 국제무역 네트워크, 특히 상품별 수준에서의 국제무역 네트워크는 체계적 붕괴에 점점 더 취약해지고 있음을 보여주는 상당한 경험적 증거가 있다. 예를 들어 주요-식품 무역 네트워크, 즉 밀과 쌀과 같은 식품 상품에 관한 양자 간 무역 연결과 흐름을 고려해 보자. Puma 등(2015)이 보여주듯이 1992-2009년 동안 밀과 쌀 무역 네트워크의 연계수는 각각 42%와 90% 증가하였다. 이렇게 증대된 연결성은 두 네트워크 모두 시스템적인, 대규모 분열에 더욱 노출되게 한다. 실제로, 밀과 쌀 무역망에 대륙 규모의 충격을 추가한 시뮬레이션은 매우 실망스러운 결과로 이어진다. 광범위하고 집중적인 수준에서 세계 밀과 쌀 수출의 큰 손실이 예상된다. 더욱 걱정되는 것은 후진개발도상국들이 가장 큰 수입 손실을 입을 것으로 예상되는 점인데, 이는 대규모 충격으로 인해 주요 식품에 대한 수입 의존도가 더 높아지기 때문이다.

무역 네트워크, 경제 성장, 그리고 발전

무역이 국가 간 경제적 성과 변동의 잠재적 설명 요인 중 하나라는 것은 잘 알려져 있다(Frankel and Romer, 1999; Alcalá and Ciccone, 2004). 전통적으로 무역 성과 연계를 도출하기 위해 채택된 경험적 전략은 잠재적 내재성 편향endogeneity biases을 처리한 후 (GDP 대비 국가 수입과 수출의 비율로 규정된) 무역에 대한 개방성에 대한 국가 소득 또는 성장의 측정을 회귀분석하는 것이었다. 네트워크 전문 용어로 무역에 대한 개방성은 국제무역 네트워크의 국가 총 강도를 국내총생산GDP으로 나눈 것,

즉 one-step 연결성 또는 국지적 노드 중심성의 지표이다. 이 아이디어에서 한 단계 더 나아가면, 국제무역 네트워크에서 국가의 전반적인 통합이 예를 들어 국제적 중심성의 측면에서 무역 개방성과 같은 국지적 연결성의 척도를 넘어 그 성과를 설명할 수 있는지 물어볼 수 있다. 이것은 국제무역 네트워크에서의 간접적 연결과 단계별로 이어지는 사건들을 연결하는 고차 구조의 중요성을 강조하는 경험적, 이론적 증거로 보아 당연한 질문이다(위 참조). Kali and Reyes(2007)와 Duernecker 등(2012)은- 무역 개방성과 예를 들어 인적·물리적 자본 기여, 제도적 질, 지리 등에 대해 회귀분석하는- 표준 패널 회귀 분석틀을 채택하고, 그 분석틀을 국지적, 세계적 노드 연결성과 중심성의 네트워크 관련, 국가별 측정으로 강화해서 이 문제를 다룬다. 이러한 연구는 네트워크 기반 국가 척도가 대체로 통계적으로나 경제적으로 중요하고 전통적인 공변량만 사용하여 얻은 위 회귀 분석력을 증가시킨다는 점을 제시한다. 더욱이 누락변수 편중omitted-variable biases과 역의 인과관계 효과reverse-causation effects에 의해 야기된 무역 개방성과 잠재적 내재성의 효과 망, 국제무역 네트워크 내에서 국가의 전반적인 착근, 그에 따른 세계무역의 네트워크 내에서 통합은 국가의 성과를 현저하게 향상시키는 듯 보이고 경제 발전에 있어 상당한 함의를 갖고 있다. 유사한 통찰이 지난 수십 년간 높은 성과의 아시아 경제권HPAEs, high-performing Asian economies과 라틴 아메리카LATAM, Latin American 국가들의 발전 패턴을 비교한 레예스 등(Reyes et al., 2010)에서도 나왔다. 그들은 이 지역들의 경제적 성과에서 관측된 차이가 네트워크 관점에서 특징지어지는 국제적 경제 통합 과정의 진화에 의해 반영되고, 무역 개방성에 의해 그렇게 많이 반영되지 않는다고 주장한다. 실제로, 높은 성과의 아메리카 경제권의 중심에 대한 네트워크의 주변으로부터 핵심으로 이동해 오고 있고, 따라서 수년에 걸쳐 점점 더 세계 경제에 통합이 되고 있다. 반대로 라틴 아메리카 국가들은 국제무역 네트워크에서 더 높은 수준의 국제적 경제 통합을 이루지 못한 채 무역 개방 정도를 높였다. 따라서 통합으로 인한 이익(즉, 기술 확산과 경제 활동의 다양화)은 실현되지 않았다.

국제무역 네트워크에서 세계 국가들의 위치 또한 주식시장의 동조성 뿐만 아니라 금융위기에서의 차이를 잠재적으로 설명하는 것으로 나타났다. 영향력 있는 논문에서 Kali and Reyes(2010)는 특정 위기 기간 동안의 국가 주식 시장의 성과가 (통화, 은행 및 금융위기의 표준적인 거시경제의 결정요소에 더해) 국제무역 네트워크의 중심성과 위기 진원지의 국제무역 네트워크의 중심성의 영향을 어떻게 받는지를 연구하였다. 그들은 진원지가 국제무역 네트워크의 중심일수록 그만큼 위기가 더 증폭된다는 것을 보여준다. 그러나 국가가 위기에 봉착했을 때 보다 높은 중심성은 이득이 되는데, 이는 다양화 효과로 인해 영향을 더 넓게 잘 분산시킬 수 있기 때문이다. 게다가, Adarov 등(2009)은 국제무역 네트워크 내 국가 중심성이 세계 국가의 대부분, 전형적으로 대부분의 주변부에 대한 보다 큰 주식시장 동조성과 연계된다는 점을 보여준다. 그러나 중심성의 상위에 위치한 국가들(즉 영국, 독일, 프랑스, 이탈리아, 중국, 일본)은 한결같이 세계 금융 위기에 대한 민감성 측면에서 함의를 가질 수 있는 "분리decoupling"를 주장하는 비핵심 국가보다 금융 시장에서의 동기화가 덜 일어난다.

결론

이 장에서 우리는 국제무역 연구에 대한 복잡한 네트워크 접근법에 대해 논의하였다. 우리는 그래프 등을 사용하여 국제무역 흐름을 설명하는 것이 시각화 목적에서 유용할 뿐만 아니라 여러 경험적, 이론적 통찰을 제공한다고 주장하였다. 전반적으로 양국 관계에만 초점을 맞춘 전통적인 접근 방식으로부터 국가와 무역이 복잡한 관계 망에 포함된 것으로 간주되는 보다 전체적인 새로운 접근 방식으로 이동하는 것이 (1) 국제무역 네트워크의 고차원 질서 구조에 관한 부가적이고 중요한 경험적 특성을 식별하게 하고; (2) 이러한 고차원 구조들과 보다 일반적으로 국제무역 네트워크 내 국가들의 상대적 위치가 국가의 성과와 충격 확산에 상당한 함의를 갖는다는 점을 보여주게 한다.

따라서 확보해야 할 주요 메시지는 네트워크가 국제무역에서 중요한 역할을 한다는 것이다. 즉 양국 간 무역 흐름의 망web 내에 있는 모듈식 구조뿐만 아니라 국가 간 직·간접 연결이 실제로 국제무역 이슈뿐만 아니라 보다 일반적으로 거시경제 역학을 이해하는 것과 관련이 있다.

양국 무역은 국가 간 상호작용의 가장 중요한(그리고 가장 잘 측정된) 경로 중 하나이기 때문에, 국제무역 네트워크는 네트워크의 구조가 시간이 흐름에 따라 국가 경제 프로필 변화에 영향을 미치는 정도를 연구하기 위한 시험장으로 광범위하게 사용되어 왔다.

복잡한 네트워크 관점에서, 이러한 모든 상호작용 차원을 함께 고려하는 것은 다층 네트워크의 시간 순서를 구축하는 것을 의미한다(Kivelä et al., 2014). 다시 말해, 다층 네트워크의 모든 스냅숏은 서로 다른 상호 작용 경로(즉 무역, 재무, 이민 등)를 나타내는 여러 다른 유형의 연계로 연결될 수 있는 제한된 수의 노드들(즉, 국가들)로 구성된다.

시간이 지남에 따라 다층 거시경제 네트워크가 어떻게 발전하는지를 연구하는 것은 도전적인 연구 라인과 이 장에서 조사한 작업의 자연스러운 확장을 보여준다. 실제로, 이러한 모든 상호작용 층layers의 속성은 이민과 무역 네트워크 사이의 인과적 링크의 조사와 관련하여 몇 가지 예외를 제외하고는 서로 독립적으로 탐구되어 왔다(Fagiolo and Mastrorillo, 2014; Sgrignoli et al., 2015). 보다 일반적으로, 거시경제 네트워크에 대한 다층 접근법은 우리가 다른 상호작용 경로들이 어떻게 상호 연관되고 서로를 유발하는지를 더 잘 이해할 수 있게 해줄 것이다. 또한 노드 중요도의 표준 네트워크 지표(예를 들면 중심성)를 다층 네트워크(Boccaletti et al., 2014)의 경우로 확장하여 각 개별 계층뿐만 아니라 전체 다층에서의 국가의 위치를 특징지을 수 있다. 이것은 네트워크에서 국가의 역할과 경제적 성과 사이의 관계를 더 깊이 파볼 수 있게 해줄 것이다.

주석

1) "제1의 세계화 물결"(1800~1914)과는 전혀 달라서 1945년부터의 기간을 "제2의 세계화 물결"로 나타낸다. 두 물결은 전간기에 발생한 국제무역의 침체로 나뉘어진다.

2) 세계개발지표 온라인(WDI, World Development Indicators Online) 데이터베이스, http://data.worldbank.org/data-catalog/world-development-indicators.

3) 네트워크의 측면에서 무역 연구에 대한 보다 정량적인 접근은 사회학과 정치학을 따랐다. 예를 들어 Snyder and Kick(1979)의 영향력 있는 논문은 소셜네트워크 분석 기법을 사용해 "세계 시스템" 또는 "의존성" 이론의 일부 특색을 시험하는 목적으로 한 효과적인 문헌을 촉발하였다. 예를 들어 Nemeth and Smith(1985), Sacks 등(2001), Breiger(1981), Smith and White(1992), Kim and Shin(2002), Mahutga(2006)의 연구와 Fagiolo 등(2010, 3절)의 논의 참조.

4) 공간적 제약 때문에, 우리의 조사는 부득이 제한적이고, 대체로 완전하지 않다. 예를 들어 우리는 입력 - 출력 네트워크(Alatriste Contleras and Fagiolo, 2014; Cerina et al., 2015)와 세계 상품 사슬(Gereffi, 1999, 2014 및 Fagiolo)에 관한 문헌과 더불어 분쟁(Polacheck, 1980; Dorussen and Ward, 2010; Kinne, 2012)을 포함한 무역 네트워크 및 국제 관계에 대한 방대한 문헌(Wilkinson, 2002; Hafner-Burton et al., 2009)을 제대로 설명할 수 없다.

5) 이 장에서 우리는 주로 상품과 물품의 무역을 다룬다. 용역(service) 무역은 여전히 복잡한 네트워크 관점에서 제대로 분석되지 않고 있는데(De Benedictis et al., 2013), 이는 대부분 충분히 오랜 기간 동안 많은 국가를 포함한 신뢰할 수 있는 데이터가 부족하기 때문이다.

6) 예를 들어 국제연합(UN)의 국제무역통계 사이트인 COMTRADE(comtrade.un.org), 프랑스 국제경제연구소 CEPII(cepii.fr)의 BACI 데이터 세트 또는 국제연합(UN) 무역

개발회의 UNCTAD(unctadstat.unctad.org)의 상품 및 서비스 무역에 대한 데이터를 참조하라. 추가적인 데이터는 개별 연구자들 Andrew Rose(faculty.haas.berkeley.edu/arose/), Christian Gleditsch(private www.essex.ac.uk/~ksg/), Robert Feenstra(cid.econ. ucdavis.edu), Arvind Subramanian and Shang-Jin Wei(users.nber.org/~wei/data.vi)로 부터 얻을 수 있다.

7) 네트워크의 노드들 중 특정한 두 개가 방향성을 갖고 있는 엣지나 방향성이 없는 엣지의 경로로 연계된 경우를 네트워크가 연결되었다고 한다.

8) 다시 말해, 그들은 각 국가별로 새로운 제품을 수출하고 새로운 목적지로 수출할 확률은 기존의 관계의 수를 증가시킨다고 가정한다.

제13장 글로벌 거버넌스 네트워크

Mette Eilstrup-Sangiovanni

서론

1990년대 이래로, 정부 중심적인, 국가 간 관계가 좀 더 복합적인 글로벌 거버넌스 시스템으로 전환되는 것을 묘사하는 정치학 및 국제관계학 문헌이 증가해 왔다. 국가와 부문을 가로지르고, 다중적인 이해관계자가 관여되는 수많은 글로벌 거버넌스 이니셔티브의 특성은 또 글로벌 거버넌스가 점점 더 "네트워크화된 정치"networked politics와 동의어가 되고 있다는 것을 의미한다. 거버넌스 네트워크 개념에 매료된 것으로 보이는 이들은 정치학자들만이 아니다. 유럽연합EU, 유엔개발계획UNDP, 국제통화기금IMF, 세계은행WB과 같은 주요 정부 간 기구들IGOs은 정부 간 기구, 비정부기구NGOs, 그리고 민간부문 행위자를 한데 모은 '다중이해관계자 네트워크'multi-stakeholder networks라는 광범위한 제휴 프로젝트들을 출범시켰다. 이러한 네트워크의 목적은 글로벌 정책 프로그램의 설계, 계획, 실행에서 비정부기구와 기타 시민사회기구CSOs[1]의 자원과 전문지식을 이용해 좀 더 효과적이고 반응을 보이는 거버넌스를 확보하는 것이다.[2]

이 장에서는 네트워크화된 거버넌스의 개념을 명확히 하고 뚜렷한 글로벌 거버넌스 네트워크GGNs 확산의 동학과 결과를 심도 있게 살펴보고자 한다. 목표는 두 가지다. 첫 번째는 **네트워크화된 거버넌스** networked governance의 이론적 개념을 명확히 하는 것이다. 거버넌스 네트워크에 대한 학문적 관심이 증가하고 있음에도 불구하고, 그것을 어떻게 정의할 것인가, 네트워크 내부의 행위자들이 서로 어떤 관계를 맺는가, 그리고 서로 다른 유형의 글로벌 거버넌스 네트워크가 서로 어떻게 다른가에 관한 것들이 상당히 모호한 상태로 남아있다. 두 번째 목표는 네트워크가 수행하는 것과 성취하는 것에 관한 좀 더 비판적인 관점을 촉구하는 것이다. 이 장에서 뒤에 논하는 바와 같이 글로벌 거버넌스 네트워크는 종종 이론적 근거에서 복잡한 지구적 문제에 대한 혁신적이고 효과적인 해법을 제공하는 것으로 여겨진다. 그러나 글로벌 거버넌스 네트워크로부터 기대하는 성과물이 무엇인지가 대개 불분명하고, 그러한 성과의 산출을 위한 네트워크의 실행력을 실증적으로 검증하고 평가하려는 시도는 비교적 드물다.

이 장은 지속 가능한 발전과 환경 보호 분야의 글로벌 거버넌스 네트워크에 관한 논의를 설명한다. 학자들과 정책실행자들은 세계 발전과 환경문제의 복잡성이 서로 다른 부문과 지리 및 관할 경계를 가로질러 국제정책 입안자들과 지역의 이해관계자들을 연결하는 네트워크화된 해법을 요구하고 있다는 데 점차 동의하고 있다. 지난 수십 년 동안 환경 보호와 지속 가능한 발전의 목표를 증진하기 위해 정부 간 기구, 정부 기관, 사회 및 환경 관련 국제 (정부 간) 비정부기구, 그리고 다국적 및 지역 기업을 한데 묶는, 새로운 글로벌 거버넌스 네트워크가 빠르게 확산해왔다. 그러나 정규계약과 정보교환의 촉진을 넘어서, 이러한 기획들이 만들어내는 구체적인 이익이 무엇인지 그리고 누구를 위한 것인지가 대개 불분명하다. 따라서 "세계적으로 네트워크화된 정치"globally networked politics라는 이상을 무비판적으로 지지하기 전에, 글로벌 거버넌스 네트워크의 정치적 동학과 그것이 현장에서 내놓는 결과가 무엇인지를 좀 더 잘 파악할 필요가 있다.

이 장의 첫 번째 절에서는 거버넌스 네트워크 패러다임의 개념적 경계 확정을 시도한다. 두 번째 절에서는 네트워크화된 거버넌스의 주요 이론적 이익(과 문제점)을 검토한다. 세 번째 절은 네트워크 효과성의 핵심 모형에 대한 개요를 설명한다. 이는 현재의 네트워크 효과성network effectiveness 개념에 대한 비판적 시각으로 시작한다. 그 후 거버넌스 네트워크의 효과성에 영향을 미칠 수도 있는 구조 및 행위자 특유의 특성에 관한 몇 가지 가설을 제시한다. 이러한 가설에 대해 실증적 검증을 제공하는 것은 이 장의 범위를 넘어서지만, 지속 가능한 발전과 환경 보호의 영역에서 최근의 글로벌 거버넌스 이니셔티브에 관한 저자의 주장을 예를 들어 설명한다. 네 번째 절은 논의를 마무리한다.

거버넌스 네트워크 정의

이 책의 다른 부분에 설명된 바와 같이, "네트워크"network라는 용어는 상호 연결된 실체나 노드node의 불특정한 시스템을 나타내는 구조적 개념이다. 노드는 개인, 단체, 조직, 또는 국가일 수 있고, 노드 간의 연결은 물질 및 비물질적 자원(돈, 물품, 기술, 정보, 지식, 명성, 아이디어 등)의 교환을 위한 통로일 수 있다(Emirbayer, 1997; Hafner-Burton et al., 2009). 이러한 열린 정의는 – 구조적 측면에서 – 대부분의 정치 협력 시스템(위계적이든 시장에 기초하든, 공식적이든 비공식적이든)은 네트워크로 규정되고 또 그렇게 분석될 수 있다는 것을 의미한다. 그러나 글로벌 거버넌스의 맥락에서, 대다수의 학자들은 네트워크를 집단행동을 조직하는 특별한 방식으로 이해하는 월터 파월Walter Powell의 생각을 따르고 있다. 이러한 시각에서 보면, 네트워크는 위계 및 시장과는 구별되지만, 이 두 가지 요소들을 모두 포함하는 특정한 사회조직 형태다(Powell, 1990).

글로벌 거버넌스에 관한 연구의 핵심 전제는 세계화 과정이 세계정치와 경제 활동의 조정 수단으로서 순수 위계와 순수 시장 모두에 한계를 노출해왔고 좀 더 포괄적이고 융통성 있는 정책네트워크로의 전환을 자극해왔다는 것이다(Castells, 2008; Ansell and Gash, 2007; Newig et al., 2010). 이 과정은 두 가지 근원적인 동학이 추동했는데, 첫 번째는 국가들이 수십 년 동안 권력과 자원을 분산시켜, 필수적인 거버넌스 기능을 지방, 지역, 그리고 국제기구에 이양해온 것이다(Castells, 2008). 두 번째는 정치적 영향력과 집단행동 역량이 계속 증가해온 새로운 세계적 정치 행위자들 - 비정부기구NGOs, 다국적기업MNCs, 시민사회 행위자 등 - 확산이 있었다는 것이다(Young, 2008; Castells, 2008). 그 결과, 거버넌스 기능이 중앙정부로부터 새로운 정치 행위자로 이동하며 분산이 보편화되었다. 이러한 맥락에서, 글로벌 거버넌스 네트워크는 분산된 거버넌스 기능을 (다시) 통합하고 공동의 목표를 추구하는 정부, 비정부기구, 민간 행위자들의 자원을 통합하려는 시도로 볼 수 있다.

이러한 배경에서 글로벌 거버넌스 네트워크를 어떻게, 정확히, 가장 잘 정의할 수 있을까? Webber 등은 거버넌스를 "다수의 개별 당국에 의한 이슈의 조정된 관리와 규제, 공공 및 민간 행위자의 개입, (중략) 차례로 담론과 규범에 의해 구조화되고, 의도적으로 특정 정책 결과를 지향하는 공식 및 비공식적 체계"로 정의한다(Webber et al., 2004). 비슷한 맥락에서, 소렌슨과 토핑Sørensen and Torfing은 거버넌스 네트워크를 다음과 같이 정의한다.

비교적 제도화된, 때에 따라 언명된 규칙, 규범, 지식 및 사회적 창의

성의 틀 내에서 일어나는 교섭, 숙의 그리고 권력 투쟁을 포함한 협상을 통해 상호작용하는, 상호의존적이지만 자율적으로 활동하는 행위자들의 비교적 안정적인 수평적 접합이며, 외부기관들이 정한 한도 내에서 자율적이고 비전, 아이디어, 계획 및 규정과 같은 넓은 의미에서의 공공 목적 생산에 공헌한다.(Sørensen and Torfing, 2005)

전체적으로, 이러한 정의들은 네트워크화된 거버넌스의 다섯 가지 본질적인 측면들을 강조한다(Ansell and Gash, 2007).

- 글로벌 거버넌스 네트워크는 모두가 의사결정에 직접 참여하는, 공공 및 민간 영역에 걸친 서로 다른 행위자들을 한데 모은다(Ansell and Gash, 2007: 544).
- 글로벌 거버넌스 네트워크는 어느 정도의 지속성 또는 "제도화"로 인해 시장처럼 좀 더 임시적인 형태의 조정과는 구별된다.
- 글로벌 거버넌스 네트워크 참여자들은 비록 협력은 지속하지만, 공식적으로는 독립적이며 활동상 자율적이다.
- 글로벌 거버넌스 네트워크는 특정한 정책 결과의 달성을 겨냥한, 의도적인 (그리고 자발적인) 조정 및 협상의 과정을 포함한다(Kirchner, 2006).
- 글로벌 거버넌스 네트워크는 공공재라는 어떤 개념의 생산에 기여한다(Ansell and Gash, 2007, Huppé, Creech, and Knoblauch, 2012, p.2).

이러한 사항에 학자들 대부분은 동의하는 것 같다. 그러나 글로벌 거버넌스 네트워크의 구조적 특성을 정의하는 방법에 대해서는 합의가 적다. 다수의 학자는 거버넌스가 전적으로 **비공식적**informal이고, **비권위적**nonauthoritative이며 **비위계적**nonhierarchical인 관계를 수반하는 것으로 본다(Webber et al., 2004). 이렇게 볼 때, 거버넌스는 하향식 명령을 통해 공식적이고 규칙에 기초한 권위의 행사를 의미하는 통치government

와 극명하게 대조된다. 다른 학자들은 좀 더 넓은 관점에서, 거버넌스가 "공식적이거나 비공식적일 수 있고 수평적, 위계적이거나 이질 위계적인 heterarchical 상호작용의 유형을 포함할 수 있다"고 본다(Kirchner and Sperling, 2007, 43). 이 두 번째 정의는 네트워크에 꼭 위계질서나 공식적인 관계가 없는 것은 아니라는 소셜네트워크 이론가들의 이해와 좀 더 일치한다. 그러나 두 관점 모두를 통합하는 것은 거버넌스 네트워크는 대개 합법적으로 구성된 중앙명령 지점이 없다는 인식이다. 결정적으로, 이는 또한 글로벌 거버넌스 네트워크 대부분이 참여자들 사이에서 발생할 수 있는 어떠한 분쟁도 해결할 합법적인 조직적 권위가 없다는 의미이기도 하다(Podolny and Page, 1998).[3]

이 장은 네트워크 거버넌스가 공식 및 비공식적, 수평 및 수직적 관계를 모두 수반하는 것으로 광범위하게 본다. 수평적, 위계적, 이질 위계적 상호관계를 망라하도록 거버넌스 네트워크의 정의를 확대하면 네트워크 조직에 관한 문헌에서 모호해 보이는 부분들을 분명히 할 수 있다. 비록 네트워크는 대개 기본적으로 수평적이고 분산된 것으로 설명되지만, 현실적으로 많은 소셜네트워크는 집중화와 사실상의 위계 요소를 모두 포함한다. 실제로, 공식적인 네트워크 연구 대부분은 개별 네트워크의 구조를 설명하고 분석하기 위해 다양한 집중화 조치를 사용한다. 그러나 어떻게 네트워크가 동시에 수평적으로 분산되기도 하고 집중되기도 하며, 수평적이지만 위계적인 요소를 가질 수 있는가? 모순으로 보이는 이런 문제를 해결하기 위해서는 공식 및 비공식적 위계, 그리고 위계와 집중화를 구분해야 한다. 네트워크 용어로서 집중화centralization는 (1) 네트워크의 부분 집합 내 어떤 권력이나 자원의 사실상의 집중화를 의미하거나 (2) 네트워크 전체를 대신해 (그러나 보통 협의를 거쳐) 일부 노드들의 부분 집합이 수행하는 특정한 조직화 기능의 통합과 표준화를 의미할 수 있다. 중요한 점은, 네트워크 집중화는 공식적인 권위를 한 곳에 집중시키지 않고, 집단의 규칙을 정하거나 집행할 권한이 있는 단일 행위자에게 권위를 부여하지도 않는다. 만일 그렇다면, 그것은 조직적 위계 organizational hierarchy일 것이다.4) 마찬가지로, 권력과 자원의 집중화는 사실상의 위계 요소를 도입하는 데 반해, 조직 네트워크는 참여자들을 영구적인 우위와 하위의 관계에 가두는, 모든 것에 앞서는 공식적인 (또는 법률상의) 권위 구조가 없다. 그보다는, 사회적 위계는 비공식적이고 유동적인 상태로 남고, 권력 그리고/또는 기능적 직무의 집중화가 몇 개의 "네트워크 센터"network centers를 초래할 수도 있다. 글로벌 거버넌스 네트워크는 따라서 하향식의, 국가 주도적 통치와 관련된 "단일 – 중심적"uni-centric 체제에 반대되는, "다중 – 중심적"pluri-centric 거버넌스 형태라고 개념화할 수 있다.5)

이러한 조직 형태로부터 몇 가지 의미가 뒤따른다. 첫째, 관계를 통치하기 위해 권위적인 규칙과 법적 중재에 의지할 수 있는 공식적인 위계와 달리, 네트워크는 근본적으로 자체 집행적인 거버넌스 구조로서 주로 평판과 상호주의 규범을 통해 질서가 유지된다(Powell, 1990; Thompson, 2003; Podolny and Page, 1998). 이는 협력을 지속시키는 주요 수단으로서 대인 신뢰에 높은 중요성을 부여한다(Powell 1990, 304).

둘째, 집중화된 권위의 부재는 네트워크 거버넌스에서 의사결정과 조정이 하향식 명령보다는 상호 조절과 합의 추구에 기초하게 되는 경향이 있다는 것을 의미한다(Zaring, 1998; Thompson, 2003, p.43; Ansell and Gash, 2007).

셋째, 글로벌 거버넌스 네트워크 내 정책 조정의 자발적 성질은, 결정과 결과를 공동으로 책임지는 것으로 여겨지는 참여자들 사이의 개념적 평등을 의미한다(Thompson, 2003). 실제로, 글로벌 거버넌스 네트워크의 특징이 권력과 자원의 편향적인 분배일 수도 있지만, 그러한 네트워크에 강한 평등의 풍조가 있는 것으로 널리 알려져 있다. 이는 공식적인 정책

결정 권한이 있는 정부 당국이나 기타 공공 행위자들이 통제하는 네트워크의 맥락에서 특히 중요하다. 여기서 네트워크화된 거버넌스의 규범은 비국가 참여자들이 단순히 공식 당국이 "협의하는"consulted 대상이 아니라, 정책 결정 과정에 이들이 직접 포함되도록 강요하는 것으로 보인다 (Ansell and Gash, 2007). 이러한 기풍은 유엔개발계획UNDP의 "시민사회단체와의 협력 정책"Policy of Engagement with Civil Society Organizations 사례를 통해 분명해지는데, 이 정책은 다음과 같이 밝히고 있다.

> 시민사회단체와의 협력은 같은 개발 목표, 특히 지속 가능한 인간개발을 통한 빈곤의 감소를 촉진하는 데 있어, 제도적으로는 다르지만, 동등한 지위를 가진 당사자들 간 수평적 관계의 원칙에 기초한다. 이 관계는 양쪽 모두가 얻어야 하는 상호 신뢰를 전제로 한다.
>
> (UNDP, 2001)

이러한 공통의 특징 이외에도, 글로벌 거버넌스 네트워크는 크기, 형태, 실질적 초점, 그리고 운영 방법에서 크게 다르다. 이러한 차이를 더욱 자세히 알아보기 전에, 글로벌 거버넌스 네트워크를 초국적 옹호 네트워크TANs, Transnational advocacy networks 및 민간 규제 이니셔티브 private regulatory initiative와 같은 다른 유형의 초국적 정책네트워크와 간략하게 구별하는 것이 유용하다. Margaret Keck and Kathryn Sikkink는 자신들의 저서 '국경 없는 행동가들'Activists Beyond Borders에서 초국적 옹호 네트워크를 "형성 동기에서 원칙적 사상이나 가치의 중심성을 통해 주로 구별할 수 있는, 행동가들의 네트워크"로 정의했다(1998, 1). 그들은 초국적 옹호 네트워크가 "대의, 원칙적 사상, 규범을 촉진하기 위해 조직되고, 종종 자신들의 이익에 대한 이성적 이해와 쉽게 연결되지 못하는 정책 변화를 옹호하는 개인들을 포함한다"고 주장했다(Keck and Sikkink, 1998, 8-9). 비록 초국적 옹호 네트워크와 글로벌 거버넌스 네트워크는 많은 특징을 공유하지만 (또 비슷하고 중복되는 활동에 참여할 수도 있지만), 이 정의는 몇 가지 측면에서 이들을 구분한다. 첫째, Keck and Sikkink의 정의처럼, 초국적 옹호 네트워크는 원칙적principled 대의에 주요한 초점이 맞춰진 것으로 구분된다. 이와 대조적으로, 글로벌 거버넌스 네트워크 참여자들은 흔히 원칙적 및 이기적 목적을 모두 추진하며, 영리 목적의for-profit 활동이 거버넌스 네트워크에 대한 행위자의 공헌 중 필수적인 부분이 될 수 있다. 둘째, 초국적 옹호 네트워크 참여자들이 옹호advocacy를 통해 (예를 들면 새로운 규범이나 정책의 촉진 또는 국내 및 국제적 입법 변화의 추구를 통해) 정책 입안에 영향을 미치려 하는 데 비해, 글로벌 거버넌스 네트워크는 대개 기존 정책의 전달을 개선하는 데 초점을 둔다. 따라서, 정책 실행과 정책 평가는 규범적으로 추진된 정책 변화만큼 글로벌 거버넌스 네트워크에는 많은 경우 똑같이 중요하다.

여기서 제시한 글로벌 거버넌스 네트워크에 대한 이해는 글로벌 거버넌스 네트워크를 초국적 민간 규제 단체PTRO, Private Transnational Regulatory Organization와도 구분한다. 이 장에서 정의된 바와 같이, 글로벌 거버넌스 네트워크는 공공과 민간부문에 걸친 행위자들을 연결한다. 이 정의는 국제 표준의 개발과 보급을 위해 시장에 기초한 인센티브에 의존하고 정부 또는 기타 공적 행위자의 직접 참여가 없는 다수의 민간 이니셔티브를 주로 배제한다. 때로는 "민간 거버넌스"private governance로 불리는 이러한 이니셔티브는 국제 행동강령의 개발, 표준의 제정, 또는 민간 제품의 인증과 표시제도의 도입을 위한 기업 간 협력을 포함할 수 있다(Young, 2008, Vandenbergh 2013; Abbott, Green and Keohane, 2016). 환경영역의 사례를 들어보면, 자율적인 인증제를 통한 어업의 지속 가능성 개선을 위해 1997년 유니레버Unilever와 세계야생동물기금World Wildelife Fund이 런던에 설립한 해양관리협의회MSC, Marine Stewardship Council, 그리고 책임 있는 산림관리를 위한 기준을 설정하는 산림관리협의회FSC, Forest Stewardship Council가 있다. 주로 민간사업으로서, 이러한 이니셔티브는 이 장의 범위를 벗어난다.

네트워크 거버넌스의 역학

국제관계학에서 방대한 문헌이 거버넌스 네트워크의 이론적 이점을 탐구하는 데 전념한다. 여기서는 서로 다른 네트워크 구성의 잠재적 부가가치에 대해 논의하기 전에, 먼저 거버넌스 네트워크로 인한 주요 이점 (그리고 단점)을 간략하게 검토한다. 이러한 이론적 장단점의 대부분은 조직 네트워크 전반에 적용되며, 일부는 글로벌거버넌스 네트워크에 한정된다.

조직 네트워크의 장점

아마도 전통적인 정부 주도의 위계에 비해 거버넌스 네트워크가 갖는 것으로 알려진 가장 중요한 장점은 다양한 행위자들의 집합으로부터 지식, 자원, 정보, 그리고 전문기술을 흡수한다는 것일 것이다. 서로 다른 사회 부문과 계층의 역량을 통합함으로써 거버넌스 네트워크는 기존의 정치체제나 행정 영역의 경계를 초월하는 복합적인 문제를 해결하는 데 매우 적합한 것으로 평가된다(Huppé, Creech, and Knoblauch, 2012). 거버넌스 네트워크가 단순히 산재한 자원을 통합하는 것만은 아니다. Huppé 등에 따르면, 거버넌스 네트워크는 참가자들이 상승효과를 발휘함으로써 서로 다른 종류kinds의 자원과 전문기술을 가져온다는 사실을 이용하도록 특별하게 구조화되었다. 그들의 표현을 빌자면, 글로벌 거버넌스 네트워크는 "시민사회 영역의 자발적 에너지와 정당성을 기업의 재정 능력과 관심 그리고 국가와 국제기구의 집행 및 규칙 제정 권력과 결합한다"(Huppé, Creech, and Knoblauch, 2012, p.2).

다양한 자원을 통합하는 글로벌 거버넌스 네트워크의 이론적 역량은 다수의 실천 주체가 확인해 준다. 예를 들면 지속 가능한 무역 이니셔티브Sustainable Trade Initiative는 "기금, 기업가정신, 조달 권력, 입법, 법률, 규제, 노하우, 현지 전문성 및 신뢰를 들여오는, 우리와 일하는 공공 및 민간 협력자들"이 만들어내는 가치를 언급한다(IDH, n.d.). 이와 비슷하게, 유엔개발계획(2016)은 소외되고 취약한 단체들을 광범위하게 동원해 개발 개입의 유효성과 정당성을 강화하는 시민사회 행위자들의 역량을 강조한다. 유엔개발계획 시민사회기구 – 분과UNDP CSO-Division에 따르면, 시민사회기구들은 "정부정책과 조치의 참여자, 정당성 부여자와 지지자로서, 정권과 공공 당국의 행위 감시자로서, 그리고 국가적 개발 노력의 협력자로서 해야 할 필수적인 역할이 있다."(UNDP, 2001). 동시에, 유엔 체제 내에서 유엔개발계획의 조정 역할은 유엔개발계획이 다수의 시민사회기구 이니셔티브에 대한 재정과 행정지원의 중요한 원천 역할을 한다는 것을 의미한다.

조직 네트워크의 두 번째 이론적 장점은 신속하고 효율적인 의사소통과 정보교환이다. 전통적 위계 조직에서, 정보는 보통 중앙집중화된 처리 단위를 통해 전달되므로, 병목현상과 지체의 위험이 생긴다(Watt, 2003). 현장의 전문 지식이 없는 중앙의 의사결정권자에게 현지 문제에 관한 유용한 정보를 전달하기도 어려울 수 있다. 이와는 대조적으로, 분산되어 있으나 밀접하게 상호연결된 조직 네트워크의 구조는 현지 이해관계자들 사이에 직접적 의사소통이 가능하다는 것을 의미한다. 이론상으로, 이는 행위자들이 중앙집중화된 위계 조직에서보다 새롭고 다양한 정보를 더 빠르게 얻을 수 있다는 의미다(Scharf, 1993; Powell, 1990).

셋째, 조직 네트워크는 정보 공유 역량을 갖고 있어서 학습과 혁신을 촉진하는 것으로 널리 알려진다(Podolny and Page, 1998, Newig et al., 2010). 네트워크화된 조직은 정보와 지식의 신속한 교환을 촉진함으로써, 참여자들이 새로운 이벤트, 난제와 기회에 대해 학습할 수 있도록 해준다. 예를 들면 유럽연합 집행위원회 제6차 환경행동계획 참여자들은 네트워크 참여로 집단적 공감과 신흥 환경문제에 관한 논의가 가능했다고 전하고 있다. 동료 간 숙고와 아이디어의 교환에 기초한 수평적 상호작용도, 행위자들이 비교적 독자적으로 결정을 내릴 때나 공식적 위계 속에서 정해진 틀 안에 갇혀 있을 때보다, 더 창의적이고 혁신적인 정책 해법을 만들어내는 것으로 알려져 있다(Newig et al., 2010; Klijn et al., 2016). 끝으로, 네트워크화된 협력과 연관된 수평적 의사결정 구조로 중앙의 허가를 기다릴 필요 없이 새로운 아이디어와 방법을 현지에서 시험할 수 있어, 실험을 통학 학습을 장려하게 된다. 네트워크화된 협력의 이러한 역학은 다양한 글로벌 거버넌스 이니셔티브의 맥락에서 특히 중요하다. 글로벌 거버넌스 네트워크는 대개 우선순위, 가치, 의무, 자원이 서로 다른 행위자들을 한데 모은다. 이러한 맥락에서, 네트워크화된 조직을 통해 가능해진 직접적인 동료 간 의사소통은 지역사회, (정부 간) 비정부기구, 정부 당국의 대표들이 기능 및 지리적 구분을 넘어 지식과 경험을 공유하고, 다른 곳에서 재현할 수도 있는 성공적인 현지 관행을 찾을 수 있도록 해준다.

넷째, 연관된, 네트워크화된 조직의 장점은 현지 이니셔티브의 강화를 위한 잠재력이다. 거버넌스 네트워크는 정책 구상과 실행을 분권화함으로써, 중앙의 지시에 의한 "천편일률적인" 정책과는 달리, 현지 문제에 대한 다양한 해결책을 촉진한다. "현장 밀착적인" 정책의 설계와 시행의 관행이 거래비용을 줄이고 사람들의 요구에 직접 부응하는 맞춤형 정책을 촉진함으로써 능률을 올리게 할 수 있다(Paris, 2009). 글로벌 거버넌스의 맥락에서, 현지의 이니셔티브는 책임성과 정당성도 증진하는 것으로 인식된다. 예를 들면 국제통화기금IMF은 수혜국과 그 국민에 대한 책임성을 입증하는 방법의 하나로 현지의 비정부기구와 시민사회단체들과의 직접적인 협력을 강조한다.

네트워크화된 조직의 마지막 장점으로 알려진 것은 유연성과 적응성이다. 네트워크화된 조직의 구조와 경계는 일반적으로 공식적인 위계 조직들보다 조정하기 쉬우므로, 거버넌스 네트워크의 구조는 수요 변화에 맞춰 좀 더 쉽게 수정할 수 있다. 이러한 조직적 유연성은 이해관계자들이 대개 서로의 운영방식, 능력, 책무, 또는 평판에 관한 사전 지식이 거의 없는 상태에서 합동 프로젝트에 참가하는 글로벌 거버넌스 이니셔티브의 맥락에서 특히 가치가 있을 수 있다. 이러한 맥락에서, 네트워크 연결의 비공식적 특성은 서로 다른 행위자들이 특정 문제에 관해, 미리 정해진 책임이나 관할권의 분할에 따라서가 아니라, 문제의 본질에 따라서 협력할 수 있도록 해준다(Podolny and Page, 1998). 중요한 것은, 이것이 이해관계자들 간의 링크가 단절될 수 있고 보상이 없는 협력은 비교적 쉽게 버려질 수 있다는 것을 의미하기도 한다는 것이다.

조직 네트워크의 단점

거버넌스 네트워크의 이론적 이점은 파악하기가 쉽다. 그러나 이러한 이론적 이점을 현실화하는 것이 항상 쉬운 일은 아닐 수 있다.[6] 정보교환의 단순한 측면을 생각해보라. 이론 모형은 네트워크화된 조직이 정보에 쉽게 접근하도록 해준다고 주장한다. 그러나 실제로는 개별 노드가 중복된 정보를 생성하는 경우가 많고, 조직 네트워크가 정보의 수집과 배포를 담당하는 핵심점점이 없는 한, 분권화된 네트워크에서 관련 정보를 찾는 것은 복잡하고 시간이 걸리는 작업일 수 있다. 결과적으로, 네트워크가 개념적으로는 광범위한 정보에 접근하도록 해주지만, 현실적으로 각각의 새로운 정보를 획득하는 데에는 좀 더 집중화된 시스템보다 거래비용이 더 높을 수 있다(Watts, 2003; Eilstrup-Sangiovanni and Jones, 2008; Agranoff and McGuire, 2011). 따라서 네트워크 참여자들은 시간이 흐름에 따라 정보의 "지름길"shortcuts을 개발할 수도 있는데, 그 지름길이란 그들이 알고 있고 신뢰하는 협력자들로부터 정보를 구해 관련 전문 지식을 확보하는 것이다(Ward, Stovel, and Sacks, 2011; Eilstrup-Sangiovanni, 2014).[7] 예를 들면 Amanda Murdie는 국제 인권기구들HROs 간의 협력에 관한 연구에서, 북반구의 인권기구들은 남반구의 인권기구들보다는 북반구의 다른 인권기구들과 더 많고 더 긴밀한 관계를 더 많이 형성하는 경향이 있다는 것을 발견했다(Murdie, 2014). 이와 비슷하게, Moira Faul은 개발교육 원조의 전달 개선에 전념하는 글로벌 네트워크에 높은 수준의 **동종선호**homophily(즉, 자신과 비슷한 다른 행위자들과 링크되는 경향)가 있다는 것을 입증했다(Faul, 2015). 그러한 동종선호적 관계 - 형성은 새로운 정보와 아이디어 원천으로부터 참여자들을 차단하고, 네트워크 주변부에 있는 행위자들이 제공할 수 있는 잠재적으로 가치 있는 의견을 배제하게 되어 네트워크를 분열시키는 효과를 낼 지도 모른다.

느슨하고 수평적인 구조는 전략적 의사결정 능력을 저해할 수도 있다. 공통의 목표에 도달하려는 노력에서, 글로벌 거버넌스 네트워크 협력자들은 가끔 서로 다른 목표에 우선순위를 부여하고 희소한 자원을 어떻게 배분할지 결정해야 한다. 그러나 명목상 동등한 협력자들에 의한 합의 지향적 의사결정의 의지를 감안하면, 글로벌 거버넌스 네트워크의 의사결정은 과정이 느리고 거래비용이 높을 수 있다(Powell, 1990; Meyer and Baltes, 2004). 협력의 자발적 특성은 더 나아가 집단적 의사결정을 모든 참여자가 존중하지는 않을 수도 있다는 것을 의미한다. 유엔개발계획의

"시민사회단체와의 협력 정책"Policy of Engagement with CSOs은 "유엔개발 계획도 시민사회단체도 서로의 의제, 사건의 해석이나 방식을 수용하거나 지지할 필요는 없다. 각 당사자는 그 소유자나 유권자에 대해 자신의 행동을 개별적으로 책임진다"고 강조한다(2006). 이 원칙은 지역적 자치를 보장하지만, 글로벌 거버넌스 네트워크와 같은 조직적 네트워크에 분명한 집단적 목적과 공동의 목표 증진에 대한 책임의 배분이 없을 수 있다는 것을 의미하기도 한다(Powell, 1990; Thompson, 2003; Eilstrup-Sangiovanni and Jones, 2008).

집단적 학습은 네트워크화된 조직에 또 다른 난제를 제기한다. 조직은 보통, 스태프의 교체에도 불구하고, 여러 교훈을 정제하고 이를 타자가 쉽게 접근할 수 있는 방식으로 저장함으로써 학습한다(Levitt and March, 1988). 그러나 조직적 네트워크에 중앙의 권위가 없다는 것은 종종 조직적 기억을 구축할 수 있도록 정보를 통합하고 실질적인 지식을 정제할 책임을 지는 행위자가 하나도 없다는 것을 의미한다(Eilstrup-Sangiovanni and Jones, 2008). 중앙집권화된 권위의 부재는 또한 지역 프로젝트에 대한 적정한 평가를 방해할 수도 있다. 결과적으로, 행위자들은 현지 실험을 통해 배운 교훈을 집단적인 실천의 개선으로 전환할 수 없게 될지도 모른다.

끝으로, 교류의 관리를 위해 신뢰와 직접적인 상호주의(계약상의 규칙과 법적 중재와는 반대로)에 의존함으로써 네트워크의 기능성이 저해될 수 있다. 네트워크 학자들은 신뢰가 소셜네트워크의 원활한 작동을 위한 필요조건이라고 대부분 생각한다(Gulati et al., 2011; Provan and Kenis, 2008; Klijn et al., 2016; Powell, 1990; Thompson, 2003; Agranoff and McGuire, 2011). 학자들은 네트워킹의 자발적 특성을 고려할 때, 시간과 자원을 협력에 투자하도록 행위자를 설득하기 위해서도 그리고 뒤이은 기회주의적 행동을 제한하기 위해서도 신뢰가 필요하다고 지적한다(Klijn et al.,

2016). 그러나 대인 신뢰가 공동의 문화, 사회 또는 직업적 배경을 공유하는 개인이나 단체 간 계약상의 조항들을 성공적으로 대체할 수 있더라도 다수의 사회학적 네트워크 연구 결과가 밝혔듯이, 많은 경우 행위자들 간 지리적, 문화적, 직업적 거리가 넓은 지구적 맥락에서 그것을 끌어내기는 더 어려울 수 있다(Ansell and Gash, 2007). 따라서, Meyer and Baltes는 "네트워크를 통한 거버넌스는 … 신뢰의 생산에 필요한 비공식적이고 임무와 무관한 의사소통의 양 때문에 다소 비효율적이다"라고 결론짓는다(2004, 44).

여기서 강조한 장단점이 모든 조직적 네트워크에 똑같이 관련된 것은 아닐 수 있다. 아래에서는 특정 장점 또는 역기능을 감소 또는 악화시킬 수 있는 특정한 네트워크 구성의 구조적 측면(크기, 지리적 범위, 동질성과 같은)에 관해 논한다. 네트워크 구성원들은 비공식적인, 분산된 형태의 조직과 관련된 단점을 줄이기 위해 현실적인 조처를 할 수도 있다. 많은 글로벌 거버넌스 네트워크는 구성원들이 활동을 조정하고, 정보를 공유하고, 협력의 우선순위를 정하고, 집단적 학습에 참여하도록 돕기 위한 장치를 제도화했다(Betsill, 2014 참조). 예를 들면 유엔개발계획의 시민사회기구 - 분과는 지역사회 참여자들 사이의 동료 간 학습을 지원하기 위해 특정한 학습인가시설Learning Grant Facility을 설립했다. 참여자들은 먼저 이른바 학습 워크숍에 모여 경험과 아이디어를 공유하고 모범사례들을 찾는다. 이러한 초기 단계의 교류에 기초해, 세부계획, 일정, 추가적인 학습 교류를 위한 예산의 윤곽을 담은 학습협약이 작성된다. 어떤 학습협약에 자금을 제공할지에 관한 결정은 유엔개발계획 스태프와 시민사회기구 대표들로 구성된 운영위원회가 내린다(UNDP, 2006). 다시 말해, 중앙집권적 조정의 요소가 존재한다.

학습인가시설Learning Grant Facility과 같은 이니셔티브의 목적은 집단학습을 증진하는 것이다. 그러나 동시에 그러한 이니셔티브는 기존의 권력 불평등을 강화하고 그에 따라 필요와 아이디어를 상향 전달하는 중앙집권적 운영과 게이트키핑gatekeeping의 요소를 도입할 수도 있는데, 그것은 네트워크의 역량을 감소시킬 지도 모르는 것이다. 유엔개발계획 학습인가시설의 경우, 특정한 학습협약을 거부하거나 승인하는 운영위원회의 권력은 그것이 사실상 아이디어와 관행의 교환을 위한 의제를 "면밀하게 조사"하고 네트워크 자원에 대한 접근을 제한할 수 있다는 의미다. 이는 일부 아이디어를 배제하고 일부 행위자를 네트워크 내 주변부로 끌어내릴 수 있다. 다음 절에서는 이것과 함께 네트워크 관리와 관련된 다른 이율 배반성에 대해 좀 더 상세히 검토한다.

거버넌스 네트워크 성과 모델

앞에서 검토한 조직적 네트워크의 강점과 약점은 네트워크화된 글로벌 거버넌스의 효율성을 당연시할 수 없다는 것을 시사한다. 또한, 서로 다른 유형의 거버넌스 네트워크가 구체적으로 어떤 이점을 주는지의 문제도 제기한다. 그러나 글로벌 거버넌스 네트워크의 구조적 특성과 이론적 이점이 광범위한 연구의 대상이 되어온 데 비해, 네트워크화된 거버넌스의 현실적 결과물out-puts은 그만큼 연구되지 않았다. 서로 다른 정책 부분에 걸친 협력적 거버넌스에 대한 137개의 사례 연구를 검토한 후, Ansell and Gash(2007)는 거버넌스 성과를 실제로 평가한 연구가 거의 없다는 것을 발견했다.[8] 오히려 대부분의 연구는 네트워크 자체를 이익의 주요 산물이나 변수로 취급했다. 이 문제는 개발도상국들로부터 지속 가능한 대외구매를 증진하기 위한 목적으로 2008년 네덜란드 개발협력부, 경제부, 농산부가 민간 기업, 노동조합, 비정부기구들과 협력하여 설립한 대표적인 개발 네트워크인 국제무역 이니셔티브IDH, Initiatief Duurzame

Handel의 영향을 평가한 IOB(네덜란드 외교부 산하 정책운영평가실)의 2014 보고서가 적절하게 설명하고 있다. IOB 보고서는 국제무역 이니셔 티브가 세계의 투자자들과 지역의 소자작농들을 연결한 것을 높이 평가 했지만, "국제무역 이니셔티브 프로그램의 효과에 대한 적절한 연구가 부족하다. 대부분이 상당히 과정 지향적인 상태지만, 소득 개선이나 빈곤 감소와 같은 기대 효과에 관해서는 거의 언급하지 않고 있다"고 결론 내 렸다(Ministry of Foreign Affairs, Netherlands, 2014).

이 절에서는 글로벌 거버넌스 네트워크의 생산 논리와 성과 측정에 대 해 간략히 논한다. 공공정책과 공공행정학을 이용해, 글로벌 거버넌스 네 트워크의 성과를 측정하는 간단한 기준을 어떻게 마련할 수 있을지를 먼 저 검토한다. 그 후에 글로벌 거버넌스 네트워크의 성능에 영향을 미칠 수 있는 구조적 및 행위자 특정적인 특성을 강조한 예비적인 네트워크 효과성 모형의 윤곽을 제시한다. 이 모형은 거버넌스 네트워크 성능에 관한 완성된 이론으로 의도된 것은 아니다. 그보다는, 네트워크 성능에 영향을 미칠 수 있는 몇 가지 기본적인 요소들을 강조하고 추가 연구를 위한 몇 가지 방법을 제안하려는 것이다.

네트워크 효과의 개념화

네트워크 효과를 개념화할 때, 첫 번째로 고려할 점은, 글로벌 거버넌 스 네트워크가 구체적으로 어떤 결과를 내기를 기대하는가이다. Agranoff 의 지적처럼, 서로 다른 글로벌 거버넌스 네트워크는 서로 다른 목적에 서 만들어지므로 그에 따라 평가되어야 한다(Agranoff, 2007; Agranoff and McGuire, 2011). 출발점으로, 아그라노프는 정보교환의 촉진을 목적으로 하는 네트워크, 정보의 교환과 문제해결 능력을 배양하려는 노력을 결합 하는 네트워크, 그리고 집단행동을 촉진하려는 네트워크를 구분한다

(Agranoff, 2007; Agranoff and McGuire, 2011). 주로 정보의 교환을 목표로 하는 네트워크가 집단행동을 할 것으로 예상할 수 없겠지만, 그럼에도 불구하고 후속 단계에서 정책 결과에 명백한 영향을 미칠 수 있다.

글로벌 거버넌스 네트워크 효과성 모형은 네트워킹의 결과뿐만 아니라 비용도 고려해야 한다(Agranoff, 2007; Agranoff and McGuire, 2011). 앞서 논한 바와 같이, 네트워크에 기초한 의사결정은 높은 거래비용의 대상이 될 수 있다. 회의나 포커스 그룹에서 끝없는 시간을 쓰고 결국 연합 성명을 발표하는 것으로 끝날지도 모른다. Voets 등(2008)이 주장한 것처럼 글로벌 거버넌스 네트워크에 참여하는데 들인 시간과 자원이 다른 조직적 직무에서 빼낸 것일 수 있는 한, 글로벌 거버넌스 네트워크를 통한 네트워킹은 네트워크 효과성의 평가에 반영되어야 할 요소인 상당한 기회비용을 수반할 수 있다(Vandenbergh 2013).

글로벌 거버넌스 네트워크가 대처하려는 문제에 가시적인 영향을 미치는지에 대한 질문에 더해, 이상적으로는 다른 조직적 대안과 비교해 얼마나 성과를 잘 낼 것인가도 알 필요가 있다. 현재까지 학자들은 거버넌스 네트워크를 다른 조직적 대안과 비교해 평가하려고 한 경우가 거의 없었다(Kahler, 2009; Eilstrup-Sangiovanni 2009, Eilstrup-Sangiovanni and Jones, 2008). 실제로, 글로벌 거버넌스 문헌의 상당 부분은 다른 조직적 수단을 통해 문제에 대처하는 데 초기에 실패했기 때문에 네트워크화된 거버넌스 해법이 추동되고 있다고 암묵적으로 가정하는 것처럼 보인다(Ansell and Gash, 2007). 네트워크화된 해법의 우월성은 따라서 사실상 전제된다. 글로벌 거버넌스 네트워크가 부가하는 가치를 더 잘 이해하기 위해 학자들은 글로벌 거버넌스 네트워크의 강점과 약점을 대안적인 조직적 대응(하향식, 정부 주도의 거버넌스 또는 시장에 기초한 해법과 같은)과 대비해 좀 더 공개적이고 체계적인 비교작업을 수행할 필요가 있다.

이러한 사항들이 시사하듯이, 거버넌스 네트워크의 효과성을 적절하게 평가하려면 네트워크의 성과뿐만 아니라 네트워크의 상대적 효율성에 대한 평가도 포함되어야 한다. 그것은 누구를 위한 효율성이냐는 질문도 제기한다(Head, 2008). 특정한 글로벌 거버넌스 이니셔티브가 의도한 주요 수혜자들은 누구인가?

Voets 등(2008, 777)은 국내적 맥락의 행정 거버넌스 네트워크에 초점을 두고, 네트워크의 성능이 다음 세 가지 주요 수준에서 평가될 수 있다고 제안한다.

- 단일 참여자
- 전체 네트워크
- 보다 넓은 커뮤니티

첫 번째 수준은 개별 참가자의 관점에서 네트워크의 이익을 평가한다. 개별 참여자들은 가치 있는 정보나 다른 자원에 접근하게 되는가? 네트워크에 참가하면 존재감이나 평판이 증가하는가? 두 번째 수준은 개별 참가자들의 통합 목표 달성을 평가한다. 네트워크가 새로운 지식이나 집단적 문제해결 능력을 만들어 내는가? 행위자들의 행동 통합 효과가 개별 행위자의 행동의 합을 넘어서도록 네트워크가 시너지 효과를 내는가? 세 번째 수준은 네트워크 외부에 있는 목표단체나 커뮤니티 이해관계자에 대한 이익을 포착한다(Voets et al., 2008, 779). 네트워크가 목표 인구집단에 대해 구체적인 이익을 만들어 내는가? Voets 등이 주장하듯이, 한 수준에서의 목표 달성이 단순히 다른 수준에서의 목표 달성을 의미하지는 않는다. 네트워크 참여자들은 네트워크가 자신들의 개별 이익에 봉사하기 때문에, 네트워크 "외부"의 커뮤니티 이해관계자들이 거의 얻는 것이 없거나 심지어 부작용을 겪을 수도 있는데도, 네트워크가 잘 작동한다고 생각할 수 있다(Voets et al., 2008, 779). 게다가, 각 수준에서의 이익은 참여자들에게 불평등하게 분산될 수 있다.

글로벌 거버넌스 네트워크의 부가가치는 단일 참여자 수준에서 측정하는 것이 가장 직접적일 것이다. 이 수준에서는, 개별 참여자들로부터 그들이 네트워크를 유용한 정보나 자원에 접근하도록 해주는 것으로 보는지 아닌지를 비교적 쉽게 알아낼 수 있다. 그러나 글로벌 거버넌스 네트워크를 복잡한 세계 문제해결을 위한 도구로 평가하려 한다면, 네트워크와 커뮤니티 수준이 네트워크화된 거버넌스의 이익 측정에 좀 더 연관성 있는 기준을 제공하는 것으로 보인다. 결국, 글로벌 거버넌스 네트워크 대부분은 일종의 공공재 개념을 제공하는 것을 목표로 한다. 이러한 수준에서, 네트워크 성과를 측정하는 데에는 다음과 같은 질문에 대한 고려가 필요할 것이다.

- 네트워크가 아니라면 달리 참여자들이 이용할 수 없는 정보, 지식 또는 자원의 공유를 네트워크가 촉진하는가?
- 네트워크로 인해 참가자들이 새롭거나 개선된 관행을 채택하게 되었는가?
- 네트워크를 통해 공동 프로젝트가 실행되었는가? (그것이 집단적 행동을 촉진하는가?)
- 네트워크가 그 구성원들을 확대하거나 더 광범위한 문제들에 관여하게 되었는가?
- 참가자들이 공동 프로젝트의 결과에 대해 만족한다고 보고하는가?
- 더 넓은 커뮤니티의 이해관계자들이 공동 네트워크 프로젝트 결과에 대해 만족한다고 보고하는가?
- 네트워크 참여와 의사결정이 연관된 모든 이해관계자에게 열려 있는가? 즉, 네트워크가 포용적인가?

분명 이러한 질문들에 답하는 것이 항상 쉬운 일은 아니며, 네트워크 효과성에 대한 정확한 평가를 위해서는 정보교환이나 자원의 공유와 같은 결과를 계량화하고 측정하기 위한 구체적인 방법들을 학자들이 개발할 필요가 있다. 그러나 거버넌스 네트워크에 관한 실증적 연구 대부분이 사례 연구에 기초한 것임을 고려할 때, 설문지, 인터뷰, 개별 조직의 보고서 내용 분석, 그리고 반사실적 분석과 같은 단순한 기법의 사용을 통해 광범위한 효과의 측정이 가능해야 한다.

네트워크 효과 모형

앞에서 논한 바와 같이, 글로벌 거버넌스 네트워크는 복잡한 세계 문제에 대해 유연하고 혁신적인 해법을 제공하는 것으로 널리 긍정적인 평가를 받고 있다. 특히, 글로벌 거버넌스 네트워크는 분야 그리고/또는 지리적 경계를 초월하는 문제를 다루는데 매우 적합한 것으로 알려진다 (Klijn et al., 2016). 그러나 모든 거버넌스 네트워크가 국경을 초월하는 문제에 똑같이 효과적인 대응책을 내놓기는 쉽지 않다. 공공정책과 공공행정 문헌들은 글로벌 거버넌스 네트워크가 원하는 정책 결과를 성공적으로 만들어 낼 수 있는지 결정하는데 중요할 수 있는 다양한 변수들을 강조한다. 대부분, 이러한 변수들은 구조적 설계 특성(예를 들면 중심성, 밀도, 이질성), 리더십의 질, 그리고 노드 간 권력과 자원의 분포라는 범주로 그룹화된다(Huppe et al., 2012, p.11, Ansell and Gash, 2007). 아래에서는 글로벌 거버넌스 네트워크의 효과성에 관한 예비 가설을 도출하기 위해 각 범주에 대해 논의한다. 이러한 분석은 포괄적인 네트워크 효과성 모형을 구성하지 않는다. 여기서 목표하는 바는 단순히 글로벌 거버넌스 네트워크의 운영에 영향을 미칠 수 있는 그 자체의 몇 가지 기본적 특성을 강조하는 것이다. 지면의 제약으로 가설에 대한 실증적 검증을 할 수는 없지만, 본 주장을 명확히 하기 위해 몇 가지 실증 사례를 이용한다.

네트워크 효과성 결정요소로서의 구조적 네트워크 특성

소셜네트워크 이론의 핵심적인 통찰은 단순히 행위자 자체의 특성보다는 사회 행위자 간 관계의 구조가 사회적 상호작용의 질과 결과를 결정하는 중대 요소라는 것이다. 첫째, 그리고 가장 명백하게, 생산적인 교환의 증진을 위한 네트워크의 역량은 네트워크 크기size의 기능일 것이다. 복잡한 문제를 해결하는 글로벌 거버넌스 네트워크의 능력은 주로 서로 다른 행위자, 영역, 관할권에 걸친 다양한 자원 - 정보, 재원, 지식, 정당성 - 을 통합하는 능력에 달려있다. 참여자가 폭넓은 네트워크는 더 광범위한 자원과 지식에 원칙적으로 접근하도록 해주므로, 흔히 네트워크의 성과는 구성원의 증가와 함께 확대된다고 여겨진다(Voets et al., 2008, Huppe et al. 2012).

글로벌 거버넌스 네트워크의 정보교환 및 연합 문제해결 능력은 또한 네트워크 밀도density의 기능일 수 있다. 구조적으로 밀도가 높은 네트워크 즉, 개별 노드 간 다중적이고 강한 링크가 특징인 네트워크는 희박하게 연결된 네트워크보다 이론적으로 정보와 기타 자원의 교환을 더 많이 촉진한다고 생각된다(Smith-Doerr and Powell, 2005; Provan and Milward, 2001). 밀도 높게 연결된 네트워크와 관련된 광범위한 대면 대화는 "두꺼운 소통"thick communication을 가능하게 하여, 이해관계자가 다양한 문제에 걸쳐 공동 프로젝트를 위한 기회를 발견할 수 있도록 해주고 신뢰를 쌓을 수 있게도 해준다(Carlsson and Sandströem, 2008; Ansell and Gash, 2007).

네트워크의 기능성은 또한 네트워크의 동질성homogeneity 및 동종선호homophily의 영향도 받을 수 있다. 동질성은 네트워크가 몇 가지 특성 (예를 들면 지리적 또는 직업적 배경, 가치, 신념, 혹은 자원) 면에서 매우 유사한 참여자들을 연결하는 정도degree를 가리킨다. 동종선호는 네트워크 안에서 상호작용하는 행위자의 쌍이 어떤 특성과 관련해 유사한 정도extent를 포착한다. 원칙적으로, 수많은 다양한 행위자들로 구성된 네트워크는 매우 유사한 행위자들을 연결하는 네트워크보다 더 광범위한 능력, 지식, 전문성, 그리고 자원에 접근하도록 해 줄 가능성이 있다 (Carlsson and Sandströem, 2008). 따라서, 이질적 네트워크가 생산적인 교환의 기회를 더 많이 창출할 수도 있다. 그러나 이것은 이러한 네트워크도 이종선호heterophily에 의해 특징지어질 경우 - 즉, 네트워크 내 행위자들이 자신들과 그렇게 유사하지 않은 다른 행위자들과 아이디어를 소통 및 교환하는 경우에 한할 것이다. 이종선호의 상호작용은 행위자에게 새로운 아이디어와 지식을 노출시키고 분산된 자원의 통합을 촉진하는 역할을 한다. 동종선호가 기존의 협력 패턴을 강화하는데 봉사하는 반면, 네트워크의 이종선호는 달리 얻을 수 없었을, 협력을 위한 새로운 기회를 열 수도 있다.

그렇다면, 순수하게 이론적인 관점에서, 이상적인 네트워크는 거대하고 높은 수준의 이종선호의 상호작용으로 밀도 높게 연결되고, 높은 수준의 대인 신뢰로 다시 강화되는 것이다. 그러나 이론상으로는 최상이지만, 현실적으로 그런 구조적 환경은 성취가 불가능에 가깝다. 네트워크가 커지면 생산적 교환을 위한 기회를 찾는데 필요한 밀도 높은 연결을 유지하고 "두터운"thick 소통을 유지하는 비용도 늘어난다는 점을 생각해보라(Meyer and Baltes, 2004). 이것은 이질적 네트워크에서 특히 그러한데, 이러한 네트워크에서는 참여자들이 신뢰를 구축하고 공동의 관점에 도달하기 위해 대면 소통에 상당한 자원을 쏟아야 할 수도 있다. 또한, 밀도 높게 연결된 네트워크가 '빈번한 소통'을 촉진하기는 하지만, 그것은 불필요한 교환 중복으로 이어져 전반적인 특히 다수가 연관된, 상호작용의 비용을 높일 수 있다. 이러한 딜레마는 대형 소셜네트워크에 걸친 효과적인 협력을 확보하기 위해서는 중심성의 정도가 필요하다는 것을 시사한다. 특히 대형 네트워크는 정보교환과 프로젝트 평가를 위한 중앙집권적 메커니즘의 제도화를 통해 이득을 볼 수도 있다. 다수 간 합의에 이르는 내재적 어려움으로 인해, 규모가 큰, 이질적인 글로벌 거버넌스 네트워크도 공동 결정이 어떻게 내려질 것인가에 관한 투명한 운영절차로부터 이익을 얻을 수 있다. 중요한 것은, 그러한 중앙집권화가 전통적인 조직 위계를 의미하지 않는다는 것이다. 이미 논한 바와 같이, 네트워크는 단일 행위자에게 권한을 집중시키지 않고도 특정 조직 기능을 중앙 집중화할 수 있다.

거대한 분산된 시스템 내에서의 조정 및 교환과 관련된 높은 거래비용은 적어도 어떤 문맥에서는 더 작은 글로벌 거버넌스 네트워크가 더 큰 것보다 훨씬 더 생산적일 수 있는 것은 아닌지 의문을 제기한다. 일반적으로 상호 행동을 쉽게 감시할 수 있는 작은 단체 사이에서 신뢰를 구축하고 상호주의에 대한 기대를 안정시키기 더 쉽다. 공동의 의사결정 및 행동과 관련된 기회비용은 또 모든 참여자가 대면심의에 실질적으로 포함될 수 있는 작은 단체에서 더 낮은 경향이 있다. 끝으로, 이질적인 행위자들 간에 목표의 공동성을 성취하는 어려움은 숫자가 작으면 좀 더 쉽게 극복될 수도 있다. 비록 작은 네트워크는 구성원이 많은 네트워크가 가진 일련의 자원에 접근할 수 없을지라도, "작음"smallness은 서로 다른 자원과 능력 간의 시너지를 참여자들이 이용할 수 있도록 해주는 이질적 구성원과 이종선호의 상호작용으로 부분적으로 상쇄될 수 있다.

이상적인 글로벌 거버넌스 네트워크의 크기는 당연히 해결하고자 하는 문제(들)의 특성에 의해 주로 좌우된다. 그러나 서로 다른 구조적 네트워크 특성의 장단점은 크고 작은 글로벌 거버넌스 네트워크가 서로 다른 관계의 구성으로부터 이익을 얻을 수 있다는 것을 시사한다. 작은 네트워크에서 주요 난제가 다양한 자원(이질성과 이종선호를 성호)에 대한 접근성을 확보하는 것인데 비해, 큰 네트워크에서 주요 난제는 참여자 간 신뢰를 구축하고 효율적인 정보교환을 보장하는 것이다. 이것은 비교적 동질적인 멤버십과 동종선호적인 연결 형성이 생산성을 높일 수 있다는 것을 암시한다. 이에는 두 가지 이유가 있다. 첫째, 대형 네트워크의 모든 참여자 간 직접적인, 대면 소통은 불가능하므로, 멤버십이 동질적이라는 것은 신뢰 구축과 공동 목표의 규정에 쏟아야 하는 자원이 더 적다는 것을 의미한다. 둘째, 전체로서의 네트워크가 희박하게 연결되어 있다 하더라도, 동종선호적 상호작용이 참여자들의 하위 집합 간 '두터운' 소통을 가능하게 함으로써, 더 작은 단체들이 공동 프로젝트를 위한 기회를 찾도록 해줌과 동시에 더 큰 네트워크와의 "더 얕은" 소통을 통해 이익을 얻도록 해줄 수 있다.

요약하자면, 이론적 분석으로 이상적인 네트워크 디자인을 찾을 수 있을 것 같지는 않지만, 이론은 몇몇 구조적 네트워크 구성이 다른 것보다 더 좋은 성과를 내는 경향이 있을 것이라 시사한다. 특히, 본 저자는 성과가 높은 글로벌 거버넌스 네트워크는 다음 **둘 중의 하나**either를 특징으로 하는 경향이 있다고 제의한다.

(a) 밀도 높게 통합된 비교적 작고 이질적인 멤버십, 그리고 이종친화적 상호작용의 정도가 높은 것이 특징이다.
(b) 규모가 크고 동질적인 멤버십, 글로벌 수준에서는 희박하게 연결되어 있으나 동종선호적인 연결 – 형성으로 지역적 상호작용은 밀도가 높은, 그리고 기본적인 "조직 기능"organizing functions의 일부가 중앙집권화되어있다.

이러한 특징을 가진 네트워크는 다양한 자원에 대한 접근성을 높은 신뢰 구축 (또는 유지) 역량과 통합해, 상호주의에 대한 기대를 안정시키고 신속한 정보교환을 통해 집단행동과 학습을 가능하게 하는 동시에, 거래 비용은 낮게 유지한다.

구조적 네트워크 특성: 두 가지 성공 모형?

네트워크 크기	멤버십 특성	노드 간 링크	네트워크 밀도	네트워크 관리
대형	동질적	동종선호적	전반적으로 희박하지만 지역적으로는 밀집	집중됨
소형	이질적	이종선호적	밀도 높게 연결	분산됨

다양한 행위자 간 이종선호적 연결의 형성이 작은 크기와 자원에 대한 제한된 접근을 어떻게 부분적으로 상쇄할 수 있는지는 지중해에서의 불법 조업과 싸우기 위해 활동하는 소규모 환경주의 네트워크가 잘 보여준다. 이 네트워크의 중심에는 2010년 설립된 네덜란드 기반의 환경 풀뿌리 조직인 블랙피시Black Fish가 있다. 주요 기부자나 유료 회원이 없고 5개국에 흩어진 30명 미만의 직원들로 이뤄진 블랙피시는 국제 환경 단체 사이에서는 중요성이 떨어지는 활동단체다. 그러나 다른 민간 및 공공 행위자들과의 창의적인 협력을 통해 블랙피시는 매우 효과적이고 가시적인 몇 가지 프로젝트에 착수할 수 있었다. 블랙피시가 성공할 수 있었던 가장 중요한 요인은 협력 관계 구축에 대한 혁신적인 접근법인 것으로 보인다. 블랙피시는 특권적인 정치적 접근, 수적 강점, 상당한 캠페인 자원에의 접근성 모두 혹은 어느 하나를 의미하는 로비와 정치적 옹호에 초점을 두기보다는 일반인들을 "시민 어업 조사관"으로 양성한다. 시민 조사관들은 훈련 및 여비를 자비로 부담하고 대개 지역의 항구에서 활동하는데, 여기서 그들은 관광객으로 가장하고 불법 조업 도구와 의심

스러운 상륙 선박의 사진을 찍는다. 그 후 블랙피시가 증거를 수거해 지역 당국에 전달한다. 블랙피시 자체는 위법행위를 추적할 법적 또는 물리적 능력이 없기 때문에, 이탈리아 해안 경비대Italian Coast Guard와 양해각서를 체결하고, 이를 기초로 두 행위자는 정보와 자원을 공유하기로 합의했다. 이 협정의 근거는 수년에 걸쳐 형성된 상호 신뢰의 정도로, 이 기간에 블랙피시는 해안 경비대에 믿을만한 증거를 꾸준히 제공해왔다. 이 증거를 이용해 이탈리아 당국은 대량의 불법 어획물을 압수하고 불법 거래자들을 기소할 수 있었다. 요컨대, 이 프로젝트는 매우 다른 소수의 행위자들인 공공기관, 풀뿌리 조직, 그리고 각계각층의 다양한 수의 비상근 자원봉사자들과 링크를 만들고 이들은 각자 특유한 상호 보완 자원을 제공한다.

다른 행위자와 네트워크를 형성하는 블랙피시의 혁신적인 접근법은 다른 프로젝트에서도 분명하게 나타난다. 시민 조사관들은 지역의 항구에서 활동하지만, 많은 불법 조업이 바다 멀리에서 발생한다. 블랙피시 설립자인 Wieste van der Werf는 "배를 사는 데 필요한 더 큰 기부자와 기금이 없어, 해안에서 떨어진 곳에서 발생하는 일을 감시할 방법이 없다"라고 설명한다(저자 인터뷰, 2015.6.16.). 그렇지만 그는 조종사 훈련생이라는 미개발 자원을 발견했다. 훈련생이나 갓 면허를 딴 조종사들은 많은 경우 사전 비행 경험이 부족해 민간용 직을 얻기 위해 고군분투한다. 그들이 자연 보호에는 열정적이지 않을 수 있지만, 비행에는 열정적이며 비행시간을 쌓을 필요가 있다고 Wieste는 설명한다. "많은 수가 이미 우리가 일하는 지역에서 비행하고 있어서, 우리가 해야 했던 것은 우리 시민 조사관들을 비행기에 태우도록 그들을 설득하는 것이었다. 그건 서로 이익이다!"(저자 인터뷰, 2015.6.16.). 이 간단한 아이디어의 결과로, 네트워크 기반의 새로운 파트너십인 야생항공서비스Wildlife Air Service가 시작되었는데, 이는 블랙피시뿐만 아니라 다른 환경 관련 비정부기구와 풀

뿌리 단체에도 프로젝트 단위로 공중 감시 능력을 제공한다.[9]

블랙피시를 중심으로 떠오른 네트워크는 작을지도 모르지만 (이 글의 작성 시점에서 이 네트워크는 십여 개 이하의 단체들을 링크하고 있다), 이종선호적 행위자들 즉, 조직, 자원, 그리고 목표의 측면에서 매우 다양한 행위자들 간의 밀도 높은 연결이 어떻게 부가가치를 만들어 낼 수 있는지를 보여주는 좋은 사례. 또한, 다양한 행위자들 사이에 신뢰를 구축하기 위한 대면 소통의 중요성도 설명해준다. 네트워크 내 각 협력 관계는 아이디어를 교환하고 공동 프로젝트 기회를 조사하고 세부 조율한 진지한 대화와 대면 회의를 통해 생겨났다. Wieste는 다른 행위자들과 연결하는 블랙피시의 전략을 다음과 같이 요약한다. "우리가 사람들에게 돈을 지급할 여유가 없기 때문에, 대신 그들이 시간과 기술을 기부하도록 한다. 사람들이 이미 하고 있는 것을 자연 보호 목적으로 '용도 변경'repurpose하려고 노력한다." 중요한 것은, 이것이 네트워크 내 협력자들이 같은 비전이나 목표를 공유할 필요가 없다는 것을 뜻한다는 것이다. "우리와 일하는 단체들을 우리는 이슈issues보다는 기술과 능력으로 연결한다. 사람들이 이미 하고 있고 또 즐기는 것에 새로운 목적을 부여하려고 한다." 예를 들면 블랙피시는 네덜란드와 영국의 다이빙 스쿨과 협력해 시민 조사관들이 어업 범죄에 대한 수중 조사 활동을 할 수 있도록 훈련하는 데 도움을 받는다. 다이빙 강사들은 1년에 1주일 무상으로 자원봉사 조사관들을 훈련하는 데 동의했다. "그들은 시설과 강사들이 있어서, 자신들이 많은 것을 제공한다고 생각하지 않는다. 하지만 우리에겐 매우 가치가 크다"라고 Wietse는 설명한다(저자 인터뷰, 2015년 6월 16일).

네트워크의 크기와 구조의 측면에서 스펙트럼의 반대쪽 끝에는 민간 기업, 유엔 기구, 그리고 유엔 지속가능발전목표를 지지하는 시민사회단체 간의 협력 관계를 구축하려는 유엔 글로벌 콤팩트UNGC, UN Global Compact가 있다. 170개 국가에서 8천 개 이상의 기업, 8개 유엔 기구, 그리고 4백 개 시민사회단체가 참여하는[10] 이 협약은 세계 최대의 기업 지속가능성 이니셔티브다. 설립 5년이 지나 2004년 이 협약은 기업가, 노동자, 그리고 시민사회 지도자들이 참여하는 유엔 역사상 가장 큰 회의를 조직했다(Thérien and Pouliot, 2006). 그러나 글로벌 콤팩트가 원칙적으로는 기업과 시민사회단체 간 거대한 규모로 협력의 기회를 제공하기는 하지만, 실제 결과는 그다지 크지 않았고(UN Joint Inspection Unit, 2010; Arevalo and Aravind, 2010, and Hoemen 2013), 국제사면위원회Amnesty International, 옥스팜Oxfam, 국제인권감시기구Human Rights Watch를 포함한 주요 비정부기구들은 "진보의 실재적 증거가 부족"하기 때문에 유엔 글로벌 콤팩트에서 탈퇴하겠다고 공개적으로 위협했다(Amnesty International, 2003; Thérien and Pouliot, 2006; Rasche, 2009, Arevalo and Aravind, 2010).

유엔 글로벌 콤팩트를 비판하는 사람들이 언급하는 주요 문제 중에는 명확하게 규정된 임무가 부족해 초점이 흐려지고 효과가 감소한다는 문제가 있다(UN Joint Inspection Unit, 2010). 또 다른 문제는 실행에 대한 중앙집권화된 감시가 부족하다는 것이다. 이 협약은 민간부문이 "인권, 근로 기준, 환경, 그리고 반부패 분야에서의 핵심 가치들을 포용하고, 지지하며 시행할 것을…" 요구한다.[11] 유엔 글로벌 콤팩트에 참여한 기업들은 이러한 가치들을 진전시키도록 고안된 10개 원칙을 자발적으로 적용하기로 약속한다. 그러나 기업들이 이러한 구속력 없는 원칙들을 존중하도록 할 명확한 기제가 없고 준수율이 낮아 외부 관찰자들의 반복적인 비판을 초래해왔다(UN Joint Inspection Unit, 2010, Arevalo and Aravind, 2010, Thérien and Pouliot, 2006). 비평가들은 또 진행에 관한 보고가 부족한 것도 집단 학습과 신뢰의 구축을 저해하는 사례로 든다. 유엔 글로벌 콤팩트의 중대 목표는 아이디어와 모범사례의 교환을 촉진하고 이로써 집단 학습을 장려하는 것이다.[12] 이를 위해, 기업들은 협약 원칙 준수 활동과 노력의 세부사항을 담은 "성과이행보고서"Communication on Progress

Reports를 정기적으로 제공하게 되어있다. 그러나 진행에 관한 보고의 부족은 콤팩트가 탄생한 이후부터 계속된 문제였다(UN JIU, 2010). Thérien and Pouliot에 따르면, 2006년에 참여 기업의 60% 이하가 그들의 연례 보고서에서 유엔 글로벌 콤팩트의 원칙을 실행하기 위해 적게는 한 차례 행동을 취한 것으로 보고했고, 정책을 변경했다고 공표한 기업들 가운데 40%는 콤팩트 참여가 자신들의 결정에 아무런 중대한 영향을 미치지 않는다고 공개적으로 인정했다(Thérien and Pouliot, 2006). 따라서, 이 협약은 일부 기업에 기업 이미지를 개선하는 수단을 제공하는 데 비해 그들의 관행(이른바 '녹색 분칠'green-washing)에는 의미 있는 변화를 거의 주지 못하고 있는 것으로 보인다(UN JIU, 2010). 이런 문제들은 매우 크고 이질적인 멤버십으로 인해 목표의 공동성과 직접적인 일대일 감시가 어려워져 나타난 결과인 것으로 보인다. 유엔 합동감시단UN Joint Inspection Unit의 2010년 보고서는 글로벌 콤팩트가 참여자들이 콤팩트의 원칙에 진정으로 헌신하도록 보장하는 효과적인 구성원 선별 및 감시가 부족하며, 더 엄격한 가입과 제명 기준이 필요하다는 것을 발견했다(UN JIU, 2010). 이 보고서는 또 집단 학습과 관행의 개선을 촉진할 수 있는 집중화된 정보교환이나 이니셔티브의 평가를 위한 조항들이 약하다고 비판하고, 이 협약을 "비용이 많이 들고 효과가 의심스러운 거버넌스"의 사례라고 불렀다. 이번에도, 이러한 문제들은, 비록 추가적인 실증 조사가 필요하겠지만, 네트워크의 규모가 크고 매우 이질적인 데다가 중앙 집중식 네트워크 운영이 부족하다는 점이 겹친 결과인 것으로 보인다.

아마도 유엔 글로벌 콤팩트에 대한 가장 꼼짝할 수 없는 비판은 공동 프로젝트를 촉진하거나 실행에 대한 감시를 위한 일은 거의 하지 않으면서 협력자들이 모호하고 구속력 없는 일련의 원칙들에 서명하도록 하는 데 초점을 두는 것은 더욱 효과적인 거버넌스 대책을 수립하기 위한 노력을 저해한다는 비판일 것이다. Plaul Hoemen(2013)이 말하듯, "자발적 기업 책임제가 다 그렇듯이, 글로벌 콤팩트는 기업의 책임에 관한 법률과 보고가 필요하지 않다는 인상을 줌으로써 의무 조치를 향한 진전을 더디게 한다는 비난에 노출되어 있다". 이것은 글로벌 거버넌스 네트워크의 전반적인 영향, 즉 기존의 거버넌스 구조 및 다른 거버넌스 해결책의 등장 가능성에 대한 글로벌 거버넌스 네트워크의 영향 평가에서 중요한 요소를 강조한다(Vandenbergh 2013, 184). 글로벌 거버넌스 네트워크는 국가가 주도하는, 공공 거버넌스의 빈틈을 메우거나 의무적 규제의 틀을 보완할 수는 있을지 몰라도, 정부의 조치를 저해 또는 지연시킬 위험이 있거나 더 효과적인 규제 조치에 대한 지지를 약화시킬 가능성 역시 존재한다(Vandenbergh 2013).

리더십의 질

구조적 네트워크 특성에 더해, 네트워크에서 리더십의 질도 생산성에 영향을 미칠 수 있다. 공공정책 문헌은 거버넌스 네트워크가 효율적으로 작동하기 위해서는 중앙의 리더십이라는 요소가 필요하다고 광범위하게 결론지었다(Klijn et al., 2016; Agranoff, 2007; Meyer and Baltes, 2004). 비록 글로벌 거버넌스 네트워크가 행위자들을 보완적인 목표 및 자원과 약하게 연결하더라도, 협력을 촉진하기 위해 종종 적극적인 중재가 필요하다. 특히, 다음과 같은 운영 기능을 수행하기 위한 리더십이 필요할 수 있다.

- 이해관계자들 테이블에 불러내기(Ansell and Gash, 2007)
- 문제의 규정과 우선순위 부여(Carlsson and Sandströem, 2008)
- 공동 이익을 위한 기회 발굴
- 시너지 창출을 위해 다양한 협력자들 자원 통합(Gulati et al., 2011)
- 이해관계자들 사이의 잠재적 갈등 해결 지원(중개)(Huppe et al., 2012),

• 협력으로 얻은 이익 분배

이러한 배경에서, 저자는 다른 노드들(또는 이슈들) 사이에서의 구조
적 위치로 인해 그 위치가 아니었다면 분리되었을 아젠다를 연결하고 공
동 이익의 기회를 높이는 방식으로 다양한 행위자들의 자원을 결합하는
그런 위치에 놓이게 되는 하나 또는 그 이상의 노드를 네트워크가 가질
때 생산성이 향상한다고 제안한다. 저자는 이것을 "촉진적"facilitative 리
더십이라고 칭한다. 어떤 노드가 촉진적 역할을 하기 위해서는 다른 참
여자들로부터 높은 신뢰를 얻어야 한다. 그러나 촉진자들이 상호교류의
규칙을 정하거나 누가 어떤 조건으로 네트워크에 참여하게 될지를 결정
할 권한을 정식으로 부여받는다는 가정은 없다. 일반적으로 의결권이나
거부권의 정식 배분에 의존하는 조직적 위계에서의 리더십과는 대조적으
로, 촉진적 리더십은 단지 분산되고 자발적이었을 행동에 조향의 요소를
제공하는 것을 필요로 할 뿐이다. 그러나 네트워크 촉진자로서의 위치가
특정 문제를 아젠다에서 제외하거나 일부 유형의 협력적 해결책을 다른
해결책보다 우선시할 수 있는 구조적 또는 '관계적' 권력을 노드에 부여
할 수도 있다는 것을 인정하는 것이 중요하다.13)

이전 사례로 돌아가서, 지중해에서의 불법 조업에 맞서 싸우는 소규모
네트워크 안에서 블랙피시의 역할은 촉진적 리더십의 가치를 실례로써
보여준다. 비록 중앙 집중화된 정보교환, 공식적인 회의 일정, 또는 명확
한 공유 목표나 공동 의제조차 없지만, 블랙피시의 창업정신은 다른 행
위자들을 모으고, 이들이 정보와 아이디어를 공유하도록 장려하고 공동
의 이익을 위한 기회를 발굴하는 데 중요한 역할을 해왔다. 이 촉진적
리더십은 대부분 대면 소통으로 형성된 사적인 관계를 통해 발휘된다.
반면에, 유엔 사무국은 지속 가능한 발전의 원칙을 정의하고 기업의 개
별 이행보고서를 보관하는 공탁소의 역할을 함으로써 유엔 글로벌 콤팩

트에 중앙 조정의 요소를 제공하지만, 참여자 간의 공동 프로젝트를 촉진하는 데 적극적인 역할을 하는 것 같지는 않다.

자원 분배

글로벌 거버넌스 네트워크의 생산성을 결정할 수 있는 세 번째 특징은 행위자 간 권력의 분배다. 비록 행위자들은 개념상 동등한 이해관계자지만, 글로벌 거버넌스 네트워크 참여자들은 그들이 네트워크에 가져오는 자원과 공동 심의 과정에 전념할 수 있는 시간에서 흔히 많은 차이가 있다(Ansell and Gash, 2007). 만일 자원의 불균형이 극명하면, 더 강한 행위자가 거버넌스 과정을 조작하기 쉬워질 수 있다. 이는 다시 다른 이해관계자들이 참여할 유인을 감소시킬 수 있다(Ansell and Gash, 2007; McGuire and Agranoff, 2007). 지속 가능한 발전이라는 구체적 맥락에서, 대규모 다국적 기업과 더 작은 규모의 시민사회단체 사이에는 종종 상당한 자원의 불균등이 존재하며, 이는 직접적인 시민단체-산업 협력을 저해할 수 있다. 예를 들어 McCloskey의 한 연구에 따르면, 미국 환경단체들은 많은 경우 국내 차원에서의 공동 거버넌스에 회의적인데, 그들은 이런 거버넌스가 더 강하고, 조직적인 산업단체들에 유리하다고 느끼기 때문이다 (McCloskey, 2000, Ansell and Gash, 2007에서 인용). 이와 비슷하게, 많은 학자와 시민사회단체 대표들은 유엔 글로벌 콤팩트가 "지속 가능한 발전을 사유화"privatizing sustainable development함으로써 불평등을 악화시키고 북반구와 남반구 사이의 격차를 넓히고 있다는 우려의 목소리를 내왔다. 비평가들은 회원의 대부분을 차지하는 초국적 기업들이 자신들의 관점을 옹호하기 위해 유엔 기구를 포함한 다른 구성원들은 이용할 수 없는 인적 및 금융 자원에 접근하는 것에 반대한다(UN JIU, 2010 and Thérien and Pouliot, 2006). 이와 연관된 비판은 합의 심의의 규범은 "기업의 사회 및 환경적 책임에 관한 최소한의 의제"로 이어질 수밖에 없고, 따라서 재분배 정책이나 구속력 있는 행동강령을 포함할 수 있는 선택사항들을 배제하기 때문에 민간부문에 유리하다는 것이다(Fomerand, 2003; CorpWatch, 2000).

권력과 영향력의 불균형은 또한 거버넌스 네트워크에서 강력한 중심적 위치를 차지하는 정부 기구의 참여로 인한 결과일 수 있다. Agranoff and McGuire(2011)가 주장하는 것처럼, 정부는 자신의 목표를 촉진시키는 방식으로 다른 행위자들의 행동을 좌우할 수 있게 해주는 공식적인 의사결정 권한, 예산, 인력, 그리고 민주적 정당성과 같은 독특한 자원을 소유한다. 이는 다수의 정부 간 기구IGOs에 대해서도 마찬가지인데, 이들의 규제력은 시민사회단체 및 기타 민간 참여자들의 행동을 형성할 수 있다. Abbott and Snidal은 최근의 한 연구에서, 정부와 국제기구들IOs이 민간 행위자 및 기관과 협력함으로써 어떻게 자신들만의 성과를 높이려 하는지를 연구하고 있다. 그들에 따르면, 국가와 국제기구들은 종종 자신들의 규제 정책 목표를 달성하기 위해 민간 및 "혼합" 규제 표준 - 설정 체계의 신설과 운영을 (예를 들면 민간 협력을 소집하고 촉진하거나 기업과 업계가 자율적으로 규제하도록 설득하고 유도함으로써) '조율'한다(Abbott and Snidal, 2010). Klijn and Skelcher(2013)는 이것을 네트워크에 관한 "도구적 추측"instrumental conjecture이라고 부르는데, 이는 강력한 정부 행위자들이 거버넌스 네트워크를 도구적으로 사용해 공공정책을 전달하는 그들 자신의 능력을 강화하려 한다는 것이다.

도구적 추측은 순전히 학문적인 관심사는 아니다. 시민사회단체와의 주류 협력을 위해 유엔개발계획UNDP이 자체 착수한 글로벌 프로그램에 대한 2001년 평가는 이 프로그램이 "유엔개발계획의 목표 달성을 위해 직원들이 시민사회단체에 실용주의적인 접근을 하도록 강요하는 유인과 절차로 인해 지체되었다"라고 결론 내렸다(UNDP, 2001). 정부 행위자가 글로벌 거버넌스 네트워크를 조율하고 도구화하는 데 따른 명백한 위험성은 그것이 자원이 빈약한 행위자나 공식적인 정부 정책에서 벗어난 아젠다를 가진 행위자들을 배제할 수 있다는 것이다. 이는 다시 네트워크의 포용성, 혁신적 능력, 그리고 전반적인 가치를 떨어뜨릴 수 있다. 유엔 개발계획의 "시민사회단체 연계 정책"Policy on Engagement with CSOs에 대한 2006년 보고서는 "과거에, 국가 사무소는 그들의 파트너를 잘 알려져 있고 확립된 NGO로 제한하여, 그들의 개발 목표를 달성하는 데 기여할 다른 시민사회 행위자들의 잠재력을 간과했다"라고 지적했다(UNDP, 2006). 이와 비슷하게, 사실상 특정 시책에 대한 지원을 보류할 수 있는 권한을 가진 정부 기관에 의한 민간 규제 대응의 조율은 주변부 노드로부터 나오는 아이디어, 관점 및 요구를 배제하는 결과로 이어질 수 있다. 이러한 우려로 인해 일부 분석가들은 정부가 최소한의 역할만 수행하고 자원이 상대적으로 고르게 분산된 '자기 조직적' 또는 '상향식' 거버넌스 네트워크가 가장 생산적일 가능성이 크다고 제안하고 있다(Huppé, Creech, and Knoblauch, 2012).

결론

학자, 정책 입안자, 비즈니스 리더 및 비정부기구 대표들은 글로벌 거버넌스 네트워크를 전 세계 커뮤니티가 세계화의 도전에 대응할 수 있도록 하는 데 도움이 되는 도구로서 점점 더 많이 인용하고 있다. 글로벌 거버넌스 네트워크는 서로 다른 국가와 부문의 경계를 초월하는 복잡한 문제를 다루고 조정되지 않은 조치가 잘못된 결과를 초래할 수 있는 데서 특히 유용한 것으로 간주된다. 이 장에서 저자는 네트워크화된 거버넌스의 몇 가지 주요 장단점을 검토하고 글로벌 거버넌스 네트워크의 효과를 향상시킬 수 있는 구조적 네트워크 특징에 관한 몇 가지 일반 가설을 제시했다. 저자는 서로 다른 구조적 네트워크 구성이 서로 다른 협력의 역학으로 이어질 수 있다는 것을 논증하고자 했다. "이상적인" 네트워크 구조를 이론적 근거로 찾을 가능성은 없는 것 같다. 서로 다른 유형의 문제는 서로 다른 협력적 해결책을 요구하며, 구조적 네트워크 특성 대부분은 이율 배반성을 포함한다. 예를 들면 중앙 집중화의 정도는 대규모 네트워크에서 효율적인 정보교환을 보장하는 데 필요할 수 있으나, 동시에 네트워크의 포용성과 새로운 아이디어 생산 능력을 감소시킬 수도 있다. 반면에, 분권화는 포용성을 높이고 서로 다른 단체가 가진 더욱더 다양한 자원과 지식에 접근할 수 있도록 해준다. 그러나 분권화는 또한 중앙 집중화된 교훈의 해석 및 전파의 부족으로 인해 공감대의 형성을 지체시키고 네트워크의 집단 학습 역량을 감소시킬 수도 있다. 참여자들 사이의 비대칭적인 권력 분포는 어떤 조건에서는 효과적인 리더십을 위한 기초를 제공할 수 있지만, 다른 상황에서는 자원이 부족한 행위자들의 참여를 저해할 수 있다. 그러한 이율 배반성은 불가피할지 모르지만, 다양한 구조적 네트워크 구성의 장단점에 주의를 기울이면 행위자가 개선 조치를 취하는 데 도움이 될 수 있다.

집중화/분권화 및 동질성/이질성과 같은 구조적 네트워크 특성이 네트워크 성과에 미치는 효과를 규명하기 위해서는 추가 연구가 필요하다. 그러나 이론적 관점에서 다양한 네트워크 구성의 역학을 조사하는 문헌이 증가하고 있지만, 네트워크 성과에 대한 경험적 연구는 여전히 뒤처져 있다. 향후의 개념적 및 실증적 연구는 글로벌 거버넌스 네트워크의 산출물이 다른 형태의 제도화된 협업의 산출물과 대조해 어떻게 개념화되고, 측정되고, 또 비교될 수 있는지에 대해 세심한 주의를 기울여야 한다.

1) 유엔개발계획(UNDP, 2006)에 따르면, "시민사회단체"(CSO, civil society organ-ization)라는 용어는 시민사회 내 모든 범위의 공식 및 비공식 단체로 이뤄지며, 비정부기구, 지역사회 기반 단체, 토착민 단체, 학계, 언론협회, 신앙 기반 단체, 노동조합, 무역협회 등을 포함한다.

2) 예를 들면 다음을 참조. World Bank, "Defining Civil Society," http://web.worldbank. org/WBSITE/EXTERNAL/TOPICS/CSO/0,,contentMDK:20101499~menuPK:244752~ pagePK:220503~piPK:220476~theSitePK:228717,00.html; UNDP(2016).

3) 거버넌스 네트워크의 개념은 대부분 "서로 반복적이고 지속적인 교류 관계를 추구하며 동시에 교환 중에 발생할 수 있는 분쟁을 중재하고 해결할 합법적인 조직적 권한이 부족한 모든 행위자의 집합체(N > 2)"라는 Podolny and Page(1988)의 조직 네트워크에 대한 정의와 일치한다.

4) 여기서 저자는 계층 구조에 대한 Lake's(2015)의 정의에 기반을 두고 있다.

5) 이러한 용어들은 Kersbergen and Waarden(2004, 151)으로부터 차용했다.

6) 조직 네트워크의 한계에 관한 상세한 논의는 Eilstrup-Sangiovanni and Jones(2008)를 참조.

7) 예를 들면 Ward, Stovel and Sacks(2011)는 대규모 네트워크가 종종 지역화된 동종 선호성 – 즉, 노드가 유사한 속성을 공유하는 다른 노드와 연결되는 경향을 특징으로 한다는 것을 발견했다. Eilstrup-Sangiovanni(2014)도 참조.

8) 거버넌스 네트워크에 대한 실증적 평가의 부족에 대해서는 다음도 참조. Arevalo and Aravind(2010); Newig 등(2010); and Klijn 등(2016).

9) 다음을 참조. http://www.wildlifeair.org.

10) 민간 기업과 유엔 사무국 이외에도, 유엔 글로벌 콤팩트에는 6개의 유엔 전문기구(ILO, UNDP, UNEP, OHCHR, UNIDO, UNODC)와 다수의 비정부기구, 노동조합, 기업협회, 그리고 싱크 탱크가 포함되어 있다.

11) http://globalcompactfoundation.org/about-ungc.php; https://www.unglobalcompact.org.

12) http://globalcompactfoundation.org/about-ungc.php; https://www.unglobalcompact.org.

13) 사회적 또는 "네트워크 권력"(network power)에 대한 깊이 있는 논의는 Hafner Burton 등(2009)을 참조.

제14장 인권과 초국적 옹호 네트워크

Amanda Murdie AND Marc Polizzi

서론

2011년 아랍의 봄Arab Spring 동안, 바레인 시민들은 정치적 권리와 시민권의 확대, 궁극적으로는 군주제의 종식을 요구하며 시위를 벌였다. 봉기에 대응해 왕실 법령은 비상사태를 선포했다. 보안군이 거리로 나섰고, 평화적 시위대에게 종종 치명적인 공격을 가하기도 했다. 시민의 자유에 대한 제한은 정치적 살인, 투옥 및 고문을 포함한 광범위한 신체보전권 physical integrity rights 침해와 결합되었다.

봉기 이후에 다수의 인권단체가 인권상황을 개선하기 위해 노력해왔다. 바레인 내에서, 바레인 인권센터BCHR, Bahrain Centre for Human Rights 와 같은 현지 인권단체의 활동에는 엄격한 제한이 가해졌다. 2011년 이전에 이미, 이 센터는 정부에 반대하는 목소리를 냈다가 활동이 금지된 상태였다.[1] 2011년 시위에 대응해, 센터의 지도부 상당수가 투옥되고 고문을 당했다. 그중 일부는 여전히 감금되어 있다.

다행히, 봉기 당시 이 센터는 이미 규모가 더 큰 인권 커뮤니티와 잘 연계되어 있었다. 센터의 지도자들은 뉴욕에 본부를 둔 대형 조직인 국제인권감시기구Human Rights Watch와 저명한 인권기구 통솔 단체인 국제인권연맹International Federation for Human Rights의 고문 이사회에 참여하는 등 다른 인권단체들과 연관되어 있었다.2) 바레인 인권센터는 또 바레인에서 활동금지를 당한 뒤에 덴마크에 사무소를 설치한 상태였는데, 바레인의 상황이 악화하면서 이 사무소를 통해 국제적으로 계속 메시지를 전파할 수 있었다.

바레인 인권센터가 유지하고 있는 연결고리로 인해 바레인 사람들의 곤경은 잊히지 않았다. 더 큰 인권운동은 바레인 인권센터 지도부의 구금과 바레인의 인권상황이 국제적인 문제임을 확실히 했다. 예를 들면 2012년 유엔 자의적 구금 실무그룹United Nations Working Group on Arbitrary Detention은 바레인 인권센터의 설립자인 압둘하디 알-카와자 Abdullhadi Al-Khawaja의 즉각적인 석방을 요구하며, 그의 투옥을 "자의적"arbitrary이라고 규정하고, 바레인 정부가 보상과 함께 알-카와자의 "즉각 석방"immediate release을 보장함으로써 사태를 수습할 것을 요구했다(UN A/HRC/WGAD/2012/6). 2015년 4월, 당시 바레인 인권센터의 센터장인 나빌 라잡Nabeel Rajab은 감옥에서 뉴욕타임스New York Times 웹사이트를 통해 미국 대통령 버락 오바마Barack Obama에게 공개서한을 보냈다.3) 편지에서 그는 자신의 석방을 요구한 데 대해 오바마에게 사의를 표하고 바레인의 인권상황을 향후 바레인 및 다른 중동 국가들과의 교류에서 외교정책 문제로 만들어 줄 것을 오바마에게 요청했다. 뉴욕타임스 서한은 2015년 3월 여전히 바레인 교도소에서 단식농성 중이던 알 카와자의 석방을 촉구한 20여 개 인권단체의 공동성명이 발표된 후에 나온 것이다.4) 바레인 인권 개선을 위한 현재의 추진은 아직 성과를 거두지 못했지만, 옹호가들은 2015년 봄, 그랑프리 기간에 고조됐던, 바레인이 받았던 인권에 대한 관심이 지속적인 변화를 가져올 계기가 되기를 희망하고 있다.5)

안타깝게도, 바레인 인권센터 사례와 그 인권 지원 노력은 특별하지 않다. 인권 개선의 길은 종종 매우 길고 위험하다(Risse, Ropp, and Sikkink, 2013). 그러나 바레인 인권센터 사례가 보여주듯이, 인권 옹호가들의 활동은 고립적으로 이뤄지지 않는다. 옹호가들은 가끔 공식적으로 단결해 더 큰 인권 개선 운동의 일부가 되기도 한다. 매우 기본적인 의미에서, 인권 옹호는 **네트워크화된**networked 옹호다. 그것은 종종 행위자가 취하는 상호의존적 행동을 포함하며, 국경을 넘어선 관계를 만들어 낸다(Keck and Sikkink, 1998). 그 관계를 통해 옹호가들은 특정한 인권 규범의 지원으로 종종 정보와 자원의 흐름에 영향을 미칠 수 있다.

이 장은 인권과 옹호 네트워크에 관한 학문적 연구를, 주로 국제관계 내에서 개괄한다. 20년이 넘도록, 학자들은 인권 목표를 가진 운동가들의 상호적이고 상호의존적인 성격에 초점을 맞춰왔다(Brysk, 1993). Keck and Sikkink(1998)는 많은 인권 운동가들의 활동을 '초국적 옹호 네트워크'TAN, transnational advocacy network의 일부로 언급해 표준으로 만들었다. 이 용어는 인권 원칙의 실현을 위한 시민사회의 추진을 설명하기 위해 정부 및 비정부 행위자 모두가 일상적으로 사용하면서 인권 언어의 일부가 되었다.[6)]

인권 개선 연구에서 네트워크 용어 외에도, 네트워크 이론과 네트워크 방법이 이 연구 분야에 추가할 수 있는 것은 훨씬 더 많다. 현존하는 문헌을 검토한 후, 우리는 이 분야의 최근 네트워크 연구가 어떻게 확장될 수 있는지, 그리고 더 큰 네트워크 문헌에 더 많이 집중하는 것이 어떻게 인권 증진에 대한 우리의 이해를 더해줄 수 있는지를 설명한다.

초국적 옹호 네트워크

앞서 언급한 바와 같이, 인권 옹호에 관한 연구는 Keck and Sikkink

(1998)의 연구와 이들의 초국적 옹호 네트워크에 관한 논의에 상당 부분 빚을 지고 있다. 이 연구에 따르면, 지역 단체들은 종종 비슷한 생각을 하는 많은 외국의 단체 및 개인들과 관계를 맺게 된다. 이러한 행위자들에는 국제사면위원회Amnesty International, 국제인권감시기구Human Rights Watch와 같은 국제 비정부기구, 유엔 관계자, 성직자, 기부 재단, 제3국, 언론, 국제적 유명인사 등이 포함될 수 있으며, 이들은 지역 단체들이 인권 변화를 추진하는 데 도움을 준다. Keck and Sikkink(1998, 9)는 이러한 연결된 조직과 행위자를 그 자체로 하나의 행위자로, 즉 초국적 옹호 네트워크TAN, transnational advocacy network로 통칭한다. 초국적 옹호 네트워크가 새로운 것은 아니지만, Keck and Sikkink(1998) 이전에, 다수의 학자가 국제무대에서 정책 및 행동 변화에 유효할 수 있는 단일 유형의 행위자로서 국가에만 집중했던 국제관계IR에서 초국적 옹호 네트워크는 그다지 주목받지 못했다(Waltz, 1979).

초국적 옹호 네트워크에 대한 Keck and Sikkink(1998)의 논의는 정보, 재화, 그리고 궁극적으로 권력이 네트워크를 통해서 어떻게 전달되는가에 초점을 두고 있다. 지역 단체가 자체적으로 인권 변화를 끌어내기에는 무력할 수 있지만, 초국적 옹호 네트워크 내 단체들 사이의 "촘촘한 연결망"dense web of connections을 통해서 인권 개선은 가능하다(27).[7] Keck and Sikkink(1998)에 따르면, 초국적 옹호 네트워크는 전적으로 국내적인 집단행동의 실효성은 제한적이지만 국제적인 접촉이 가능한, 기존의 어떤 반향을 가진 이슈에서 등장할 가능성이 크다(12, 27).

Keck and Sikkink(1998)는 초국적 옹호 네트워크가 어떻게 형성되고 "부메랑" 패턴으로서 정치적 결과에 어떻게 영향을 미치는지 그 주요 과정 중 하나를 논한다(12).[8] 부메랑 모형 내에서, 정치적 변화를 달성하려는 노력이 좌절된 지역 단체는 국제사회에 도움을 요청한다. 국제사회는 보통 북반구의 민주주의 국가에 있는 국제 비정부기구들을 통해 이 요구에 반응하여 억압적인 정부에 대한 국내의 압력과 국제적 관심을 높이기 위해 노력한다(Brysk, 1993). 국제 비정부기구들은 인권 침해에 관한 정보의 전략적 이용(흔히 "이름을 거론해 망신 주기"naming and shaming라고 부르는)을 통해 국제언론, 정부 간 기구IGOs, 그리고 비슷한 생각을 하는 제3국 정부의 주목을 받을 수 있다. 그 후 이들 국제 행위자들은 억압적 국가가 인권 관행을 바꾸도록 압력을 넣는다. Rodríguez Garavito(2015)가 최근에 언급했듯이, 소셜 미디어의 증가와 남반구 조직의 성장으로 인해, 이제는 '다른 지리적 위치에서 오는 인권 변화에 대한 정치적 압력'과 함께, 동시에 동원되어 서로 다른 여러 대상을 향하는 '다수의 부메랑'이 존재할 수 있게 되었다. Risse, Ropp, and Sikkink(1999, 2013)는 이후에 부메랑 모형을 확장해, 옹호 네트워크의 압력이 증가함에 따라 억압적 정부가 직면하는 단계들을 개략적으로 설명했다. Keck and Sikkink(1998)는 초국적 옹호 네트워크가 모든 분야에서 효과적일 것이라고 주장하지는 않지만, 그들의 연구는 1990년대 멕시코에서 일어났던 것처럼 국제적 압력에 취약한 국가에서 '신체적 위해'와 '법적 평등' 문제에서 초국적 옹호 네트워크가 인권 개선에 어떻게 영향을 미쳤는지를 개략적으로 보여주고 있다(26-29).

네트워크 연구는 종종 "구조로서의 네트워크"network-as-structure와 "행위자로서의 네트워크"network-as-actor 두 가지 접근법으로 나뉜다(Elkins, 2009).[9] Elkins(2009)는 Keck and Sikkink(1998)의 연구를 "행위자로서의 네트워크" 접근법의 "실용적 사례"라고 부르는데, 이 접근법에서 "네트워크는 더는 단순히 행위자들 간의 관계를 설명하는 하나의 방법이 아니라, 그 자체로 행위자다(55-56). 이것은 초국적 옹호 네트워크에 초점을 맞춘 첫 번째 연구 경향 중 하나에 해당하는 사례일 수 있는데, 이는 많은 경우 초국적 옹호 네트워크가 성공적으로 인권 변화를 이끌어냈던 사례 연구에 초점을 두었다(Risse, 2002).

그러나 이러한 네트워크 구조에서의 변화와 그러한 차이가 초국적 옹호 네트워크의 효과에 어떻게 영향을 미칠 수 있는지를 이해하지 않고서 단순히 옹호 네트워크 결과를 탐구할 수는 없다. 최근의 많은 연구는 행위자들이 어떻게 연결되어 있는지, 그리고 이러한 관계가 인권 개선에 관한 연구에 중요한 수많은 결과에 어떻게 영향을 미칠 수 있는지에 대해, 초국적 옹호 네트워크 내부 탐색을 위한 발판으로 Keck and Sikkink(1998)의 틀을 사용해왔다(Bob, 2002; DeMars, 2005; Carpenter, 2007; Lake and Wong, 2009; Hughes et al., 2009; Paxton et al., 2015; von Bulow, 2009; Murdie and Davis, 2012a; Wong, 2012; Murdie, 2014; Bush, 2015).

"구조로서의 네트워크" 접근법은 이러한 네트워크가 어떻게 다른지에 대한 보다 완전한 그림을 개발하기 위한 노력으로 논쟁을 전환했다. 단순히 두 네트워크가 전반적으로 같은 목표를 갖는다고 해서, 그 목표를 성취할 수 있는 그 두 네트워크의 능력이 같다는 것을 의미하지는 않는다. 예를 들면 보이지 않는 아이들 운동invisible children movement은 전쟁으로 피폐해진 우간다에서 Joseph Kony와 그가 이끄는 반란군이 아이들을 병사로 이용하는 것을 끝내는 것을 목표로 한다. 국제사면위원회도 이와 같은 의제를 오랫동안 추구해왔다. 국제사면위원회는 국제적으로 활동하고, 다양한 인권 의제를 추구하며 기업과 유사하게 조직적으로 운영하지만, 설립한 지 10년이 안 된 2004년부터 보이지 않는 아이들 활동의 지구력에 대한 의문이 있었다.[10]

보이지 않는 아이들 운동은 정통한 소셜 미디어 캠페인을 통해 가치 있는 문제에 대한 화제를 불러일으키는 데는 성공했지만, 궁극적으로 좀 더 확립된 조직인 국제사면위원회가 소유한 구조와 영향력이 부족했다. 이는 한 단체의 노력이 다른 단체에 비해 "도덕적으로 우위"에 있다고 말하려는 것이 아니다. 이는 단지 행위자들의 구성으로 인해 이들 네트워크의 구조가 크게 달라지고, 일부 행위자들이 토론에 가져오는 자원과 기술적 전문성이 실제 인권 변화를 보는 능력을 획기적으로 변화시킬 수 있다는 것을 의미한다. Wong(2012)의 지적처럼, 이러한 내부 네트워크 구조는 이러한 네트워크가 사용할 수 있는 도구와 전략에 영향을 미치며, 궁극적으로 인권 문제를 세계무대에서 정치적으로 두드러지게 만드는 네트워크의 능력에 영향을 미친다. 그렇다면, 이러한 문제가 얼마나 두드러지는지에 따라 네트워크의 밀도가 결정된다.

이러한 연구의 대부분은 네트워크 이론과 방법을 기반으로 한다. 데이터 부족으로 인해, 본 연구의 대부분은 공식적인 인권단체의 네트워크에만 초점을 맞추고 있다. 다음 절에서는 본 연구의 일부와 본 연구가 다루는 연구 질문에 대해 간략하게 설명하며, 모두 권위가 인정된 Keck and Sikkink의 초국적 옹호 네트워크에 관한 연구(1998)를 기반으로 한다.

인권 활동가들에 대한 네트워크 연결의 이점

초국적 옹호 네트워크 접근법의 중심에는 초국적 옹호 네트워크를 구성하는 행위자들 간 연결이 옹호 결과의 개선에 도움이 된다는 생각이 있다. 이런 의미에서, 네트워크는 참여 행위자들에게 그들이 연결되지 않았다면 갖지 못했을 자원을 제공한다. 그들의 원칙적 동기에 따라, 이러한 자원은 인권 개선을 위한 추진력을 높이는 데 사용된다.

네트워크는 어떤 자원을 제공하는가? 초국적 옹호 네트워크에 관한 학제 간 문헌에서는 네트워크의 자원을 공공재로 본다(Shumate and Dewitt, 2008; Shumate and Lipp, 2008; Murdie, 2014). DeMars(2005)는 옹호 네트워크가 관련 조직 간의 "규범적 틀, 물질적 자원, 정치적 책임 및 정보"의 이전을 촉진한다고 주장한다(51). 규범적 틀과 정치적 책임에 대해, DeMars는 옹호 행위자들 사이의 상호작용에서 나올 수 있는 특정한 전술과 옹호 접근법의 확산을 언급하고 있다. 여기서 하나의 사례는 아마도 보건과 발전에 대한 "권리 기반"rights-based 접근법의 확장일 것이다. 조직들이 인권 프레임워크 내에서 인도주의적 목표였던 것을 프레임화하는 데 긍정적인 결과를 보기 시작하면서, 이 네트워크의 일부였던 조직들은 이 권리 기반 접근법을 사용하여 그들의 작업을 재구성했다(Uvin, 2007). 규범적 틀의 구성은 또한 네트워크의 전체 크기를 확장하는 데도 중요할 수 있다.

규범적 틀은 겉보기에 무관한 조직들까지도 연결하는 데 중요한 역할을 한다. 이러한 조직들이 함께 모이면서, 지역의 소외된 행위자들은 더 강력한 경쟁자에 대항한 연합과 집단적 힘을 증가시킴으로써 동원을 지속할 수 있다(Arce, 2014). 예를 들면 2000년대 초, 페루의 작은 농촌 마을인 탐보그란데(Tambogrande)의 농민들은 외국 광산업체들을 지역에서 추방하기 위해 국내 및 국제 비정부기구들과 함께 일했다. 단계마다 다양한 프레임이 사용되어, 서로 연관되어 있지만, 별개인 조직들의 네트워크를 형성했다(Arce, 2014). 지역 수준에서, 그 문제는 경제적 생계에 관한 것이었다. 광물 채굴은 농업 생계를 위협하게 되는 물을 대량으로 소비함으로써 지역 경제를 위협했다. 국가 수준에서, 단체들은 자원 추출이 페루의 민족 문화에 대한 위협이라는 프레임을 만들었다. 탐보그란데는 주로 레몬을 재배하는데, 레몬은 페루의 국민 음식인 **세비체**ceviche에 들어가는 중요한 재료다. 지역 차원의 시위는 지역 및 국가 NGO의 지원을 얻기 위해 "세비체를 구하라"*salvemos el ceviche*라는 주문을 중심으로 전개되었다(Paredes, 2008, 296). 이러한 지역 단체들은 메사 테니카Mesa Ténica를 결성해, 지역 저항세력에 법률 및 기술적 지원을 제공했다. 국제적 수준에서는, 완전히 다른 프레임이 사용되었는데, 탐보그란데 사람들의 민주적 권리라는 것이었다. 그 직후 옥스팜 인터내셔널과 옥스팜 영국은 미화 약 2만 달러를 제공하면서 지역 주민투표에 자금을 지원하고 공식적으로 이를 감독했다(Paredes, 2008, 295).[11] 이러한 프레임들은 경제적 기회에서 민주적 이상에 이르기까지 다양한 프레임을 사용하여 다양하지만 상호 연관된 행위자 네트워크를 성공적으로 조직하는 데 도움이 되었다.

초국적 옹호 네트워크 내에서 연결된 행위자들 사이를 흐르는 물질적 자원의 예도 매우 많다. 포드재단Ford Foundation의 글로벌인권기금Global Human Rights Fund이나 조지 소로스George Soros 같은 기부자나 기부단체들은 국제인권감시기구Human Rights Watch처럼 그들이 알고 있거나 함께 일했던 비정부기구들에 자금을 제공하고, 이 기구들은 다시 현지의 옹호가들이나 인권 피해자들에게 자원을 제공할 수 있다. 비평가들은 종종 다수의 초국적 옹호 네트워크 내 자원의 양에 남-북 괴리가 있고 자원의 흐름에 일종의 "자선 식민주의"benevolent colonialism가 있다고 논평했다(Sampson, 2002, 4). 기부자금은 주로 소수의 강력한 북부 NGO들을 통해 북반구에서 남반구로 흘러간다(Dieng, 2001; Fowler, 1992; Smith and Wiest, 2005; Shumate and Dewitt, 2008).

많은 단체와 기부자들은 이러한 비판에 대응하려고 노력해왔고, 남-남 비정부기구 대화와 학습을 늘렸다(Keeney, 2012). 이 문제는 아래에서 더 깊게 논의하고 있는 바와 같이, 초국적 옹호 네트워크에 여전히 문제가 되고 있으며 더 많은 네트워크 연구를 위한 유익한 영역으로 남아있다.

초국적 옹호 네트워크는 종종 강력한 국가 행위자가 심각하게 인권을 침해한다고 비판한다. 전통적인 군사력이 없는 행위자로서 초국적 옹호 네트워크는 행동을 바꾸기 위해 "정보의 힘, 아이디어, 그리고 전략을 사용해야 한다"(Keck and Sikkink, 1998, 16). 바레인 사례에서처럼, 네트워크 안에서 정보는 여러 방향으로 흐르며 행위자들을 추가로 네트워크 안으로 끌어들일 수 있다. Meernik 등(2012)과 Ron, Ramos, and Rodgers(2005)는 국가 내에 국제 비정부기구의 존재가 국가가 받는 인권 문제에 대한 국제언론의 관심과 국제적 옹호를 증가시킬 수 있다는 것을 보여준다. Davis, Steinmetz and Murdie(2012)는 인권에 관한 정보가 인권상황에 대한 의견을 바꿀 수 있다는 것을 보여준다. 이 정보는 궁극적으로 외교정책에 영향을 미칠 수 있다(Murdie and Peksen, 2013, 2014). 인권에 관한 정보를 증가시키는 네트워크의 역할에 대한 DeMars(2005)의 주장을 반복하며, Murdie(2014)는 네트워크 연결이 정보 생산에 어떻게 중요한가를 조사한다. Murdie(2014)는 국제기구연합UIO, Union of International Organizations이 비정부기구들을 위해 만든 자료집인 **국제기구연감**Yearbook of International Organizations 2001/2002년 판에 제공된 481개 인권기구 사이의 연결 관계를 살펴본다. 그녀는 전체 인권 네트워크의 중심에 있는 단체들이 로이터 글로벌 뉴스 서비스에서 그 단체를 다룬 이야기를 더 많이 갖고 있다는 것을 발견한다. 인권 네트워크가 공공재와 유사하다는 주장에 맞게, Murdie(2014)는 "무임승차 효과"free-rider effect의 증거도 찾는데, 여기서 상호적이지 않은 관계(즉, 자신은 어떤 조직에 연결되어 있다고 주장하지만, 그 조직은 연결되어 있다고 주장하지 않는)가 많은 조직은 정보와 자원의 측면에서 네트워크로부터 받는 이익이 제한될 수 있기 때문에 국제언론의 보도가 적다.

이러한 네트워크 자원들은 궁극적으로 초국적 옹호 네트워크의 목표에 성공적인가? 행위자로서의 네트워크 접근법에서, 초국적 옹호 네트워크의 결과로서 성공적인 인권 변화의 증거는, 비록 종속변수에 대한 사례선택의 문제가 좀 있지만, 분명 존재한다(Risse, 2002). Wilson, Davis and Murdie(2016)는 대규모의 국가 간 접근 방식을 사용해, 국제적으로 연결된 갈등 해결 조직들이 만든 네트워크의 특성이 갈등의 가능성을 어떻게 감소시키는지 조사한다. 이 연구는, 초국적 옹호 네트워크를 조사하려는 대부분의 연구와 마찬가지로, 국제 비정부기구들 사이의 연결에만 초점을 맞추고 있다는 점에 유의해야 한다. 이것은 아마도 이 영역에서의 데이터 연결이 어렵기 때문일 수 있다(Hafner-Burton, Kahler, and

Montgomery, 2009). 다른 비네트워크non-network 연구에서도 초국적 옹호 네트워크 접근법과 일치하는 결과를 발견했다. 예를 들면 Murdie and Davis(2012b)는 어떤 국가에 관해 생산된 인권정보("망신 주기" 보고서)는 그 국가 내에서 국제 인권단체의 존재 증가와 맞물릴 때만 인권 변화를 가져오는 데 효과가 있음을 발견했다. 이와 비슷하게, Neumeyer(2005)는 유엔 인권 체제가 한 국가 내에서 더 많은 국제 NGO와 결합할 때만 인권 개선과 관련이 있다는 것을 발견했다.

비록 불완전하지만, 궁극적으로 기본 인권을 향상시키는 데 있어 TAN의 역할에 대한 이 기존의 증거는, Keck이 '정보의 역설'information paradox이라고 부르는 것을 고려할 때, 다소 놀랍다. Fariss(2014)의 설명처럼, "역설은 억압적인 행동에 대한 설명을 수집하고 집계하는 데 처음부터 매우 성공적이었기 때문에 정보의 증가가 시간이 지남에 따라 옹호 캠페인의 효능을 평가하는 데 어려움을 초래할 때 발생한다"(299). 인권 관행에 대한 경험적 데이터는 많은 경우 초국적 옹호 네트워크가 생산한 정보에 의존하기 때문에, 초국적 옹호 네트워크의 바로 그 작업 자체가 그들의 궁극적인 유효성에 대한 평가를 더 어렵게 만들 수 있다. Fariss(2014)는 시간의 흐름에 따라 변화하는 '책임의 기준'standard of accountability을 설명하기 위한 통계적 절차를 개략적으로 설명한다. 위에서 요약한 실증적 연구는 모두 이러한 통계적 수정 없이도 인권 개선의 기본 부메랑 모형과 일치하는 증거를 발견한다.

인권 옹호에 대한 네트워크의 영향

일부는 Keck and Sikkink(1998)의 초국적 옹호 네트워크 묘사가 네트워크 내에서 그리고 초국적 옹호 네트워크 조직들 사이에서 발생할 수 있는 불평등과 위계 구조를 경시했다고 주장해왔다(Landolt, 2004; Bob, 2005; Carpenter, 2011). Carpenter 등(2014)에 따르면, 초기 연구는 흔히 초국적 옹호 네트워크가 "동질적인 행위자나 협업적 결과를 이끌어내는 밀도 높은 상호관계의 집단"으로 구성된다고 보았다(5). 초국적 옹호 네트워크가 수평적이고 상호적이라는 생각과는 달리, 최근의 많은 연구는 인권 네트워크에 종종 단지 소수의 중심 행위자들만이 있으며, 네트워크의 계층 구조는 인권 옹호의 특정 병리나 특이성과 링크될 수 있다고 강조해왔다(Bob, 2005; Carpenter, 2007, 2011; Lake and Wong, 2009; Murdie, 2014).

Carpenter(2011)의 말처럼, 초국적 옹호 네트워크는 "노드 사이에 경로가 많은 도로 시스템과 덜 비슷하고, 두 소도시 사이의 경로가 일반적으로 주요 허브를 통과하는 데 의존하는 항공 노선과 더 비슷하다"(73). 인권 국제 비정부기구에 초점을 맞춘 Murdie는 국제사면위원회가 주요 허브라는 사실을 알게 되었다. 다른 조직에서 이 조직으로 들어오는 연결의 수는 네트워크 내 다른 모든 조직의 거의 두 배다. 2001/2002 연감에 실린 481개 인권기구 네트워크에 대한 Murdie의 분석은 "많은 조직은 소수의 조직을 통해서만 전체 네트워크에 연결되며," 대부분의 인권단체는 더 큰 네트워크와 아무런 연계가 없다는 것을 보여준다(15). 이와 비슷하게, Carpenter(2011)는 무기 금지에 초점을 맞춘 인간 안보 기구들의 하이퍼 링크로 생성된 네트워크를 살펴보면서, 극소수의 조직들이 네트워크의 중심이며, 이들이 다른 조직들과 가장 많이 연결되어 있다는 것을 알게 되었다.

국제사면위원회에 관한 질적 연구에서, Lake and Wong(2009)은 척도 없는 네트워크scale-free network로서 초국적 인권 옹호 네트워크를 논하고 있는데, 척도 없는 네트워크는 네트워크 과학에서 몇 개의 중심 노드에 의해 지배되는 네트워크 구조를 가리키는 일반적인 용어로서, 새로운 행위자들의 꾸준한 흐름이 연결되기를 원하며, 허브와 스포크hub and spoke를 닮은 구조로 이어진다(Barabási and Albert, 1999; Barabási, 2009). 하이퍼링크로 생성된 민주주의 촉진 네트워크에 대한 Bush(2015)의 분석도 이 척도 없는 용어를 사용하고 있다. 단순한 NGO를 넘어선 네트워크를 살펴보면서, Bush는 다음을 발견한다.

> 민주주의 체제의 핵심은 대부분 기부국 정부, 다자간 기구, 그리고 그들 자체가 기부자로 활동하는 프리덤 하우스Freedom House와 미국 민주주의 연구소National Democratic Institute 같은 대규모 서구 비정부기구들로 구성된다.(136)

초국적 인권 옹호 네트워크의 척도 없는 특성의 결과는 무엇인가? 현존 문헌을 보면 허브와 스포크 구조의 결과는 적어도 세 개를 찾을 수 있다. 많은 경우 이러한 초국적 인권 옹호 네트워크의 척도 없는 구조의 결과에 관한 논의는 부정적인데, 척도 없는 구조가 인권 증진에서 Keck and Sikkink(1998)가 보는 좀 더 이상적인 관점에서의 초국적 옹호 네트워크에는 없었을지도 모를 몇 가지 문제를 일으킨다는 것이다. 척도 없는 네트워크에 관한 전체적인 네트워크 과학 문헌과 함께, 이러한 문헌을 직접 읽어보면, 척도 없는 네트워크 구조는, 비록 중심 노드로부터 정보가 빠르게 확산하는 데에는 좋지만, 글로벌 인권 증진에는 분명 몇 가지 한계를 만든다는 생각이 맞다는 것을 알 수 있다.

첫째, 많은 학자가 네트워크 내 소수의 강력한 수문장들gatekeepers이 어떤 인권 문제가 옹호의 관심을 받을지 통제한다고 강조해왔다(Bob, 2005; Carpenter, 2007, 2011; Lake and Wong, 2009; Wong, 2012; Carpenter et al., 2014). 예를 들면 Lake and Wong(2009)의 국제사면위원회 분석은, 그 자체가 척도 없는 네트워크로 조직된 위원회의 내적 구조가, 전체 네트워크에서 중심 허브로서의 역할과 함께, 어떻게 위원회에 어떤 인권 규범이 가장 많은 관심을 받을지 결정하는 데 특유의 수문장 역할을 부여하느지에 초점을 맞추고 있다. 다양한 인간 안보 네트워크에서 이슈의 등장과 비등장에 관한 Carpenter의 많은 연구는 또한 조직 관계와 중앙 조직이, 더 큰 네트워크에서 어떤 이슈가 채택되고 언제 이슈가 채택될지 모두에 중요하다는 것을 알려준다(2007, 2011; Carpenter et al., 2014).

이슈 채택에 관한 Bob(2005)의 연구는 또한 수문장 조직들이 이들에게 자신을 마케팅하려는 국내 단체와 인권 피해자들이 제시한 다량의 인권 문제 중에서 어떻게 인권 문제를 선택할 수 있는지를 부각시킨다. 수문장들은 자신들의 구체적인 필요에 맞고 자신들의 조직적 목표에 가장 효과적일 것으로 생각되는 문제들을 선택한다. Bob(2005)의 연구는 초국적 옹호 네트워크의 행위자들이 각자 매우 다른 자원을 갖고 있다고 강조한다. 강력한 수문장의 관심과 지원을 얻는 능력은 다양한 국내 단체의 노련함에 따라 다르다. Keck and Sikkink(1998)와 달리, 초국적 옹호 네트워크에 대한 Bob(2005)의 논의는 "네트워크 운영의 기반이 되는 상호적이지만 불평등한 가치와 필요성"에 집중하고 있다. Bob(2005)의 사례 연구들은 이미 네트워크의 중심에 있는 단체들과 연결되기를 원하는 새로운 국내 단체들을 사례로, 초국적 옹호 네트워크 내 연결이 어떻게 우선적 연결 속성을 따르는지를 되풀이해 강조한다. 그러나 Bob(2005)의 질적 분석은 척도 없는 네트워크에서의 성장에 대한 고전적인 생각과는 분명 다르다(Barabási and Albert, 1999). 즉, 새로운 국내 단체와 옹호자들이 계속해서 만들어지고 있지만, 이들은 전체 네트워크의 일부가 될 자원이 부족한 경우가 많다. 이러한 역학에 대해서는 초국적 옹호 네트워크 내부의 불평등에 관한 아래의 논의에서 다시 다룬다.

수문장 역할은 논쟁의 본질을 효과적으로 통제하는 데 있어 이러한 중심적 행위자들이 가진 장기적인 힘을 보여주었다. 확립도가 낮고 고립도가 높은 행위자들은 특정 문제를 두드러지게 하는 등 네트워크 내에서 중요한 기능을 수행할 수 있지만, 이 효과는 단기적으로만 발생한다.

Meriläinen and Vos(2014)의 연구가 보여주었듯이, 이러한 행위자들은 더 크고 더 많은 중심적 비정부기구들이 주목하도록 만들어 특정 문제를 부각되게 할 수 있다. 비교적 확립도가 낮은 비정부기구인 보이지 않는 아이들Invisible Children은 풀뿌리, 소셜 미디어 기반의 Kony 2012 캠페인 탐사 과정에서 일시적으로 아젠다를 바꾸어 국제사면위원회와 국제인권감시기구를 포함한 인권 네트워크 내 주요 행위자들의 주의를 끌 수 있었다. 이전의 학자들이 지적한 바와 같이, 네트워크 내에서 지배적인 행위자들은 여전히 수문장 역할을 하고, 그에 따라 아젠다를 다시 되돌리기 위해 네트워크에 지배적인 압력을 가한다. 이 사례는 현대 네트워크에 관한 두 가지 중요한 사항을 지적한다. 소셜 미디어가 제시하는 신기술은 새로운 행위자들이 네트워크에 상당한 변화를 일으킬 수 있는 문턱을 낮출 수도 있지만, 이는 또한 수문장들이 여전히 최종 의제가 어떻게 될지에 대해 많은 힘을 발휘한다는 것을 보여준다(Meriläinen and Vos, 2014).

초국적 옹호 네트워크의 척도 없는 네트워크 구조의 두 번째 결과는 중심 조직의 전술과 관리 관행이, 특히 중심 조직이 기부 조직일 경우, 네트워크에 빠르게 침투해 "스포크"spoke 위치에 있는 조직들에 의해 채택될 수 있다는 것이다. 척도 없는 네트워크가 초국적 옹호 네트워크 내 행위자들 사이에서 모범사례 확산의 자산이 될 수도 있지만(Appe, 2015), 이 네트워크 구조는 혁신을 제한할 수도 있다. 예를 들면 Bush(2015)는 지난 수십 년 동안 비정부기구에서 민주주의 증진 "길들이기"taming가 있었다고 지적한다. 체제 변화를 추구하는 프로그램의 다양성 대신, 민주주의 증진 네트워크의 중심 노드들은 "독재자와 맞서지 않는 기술적인 프로그램들"을 권장했다(i). 계속해서 네트워크의 일부로 남아 재정적 이득을 얻고자 하는 조직들이 이러한 전술을 채택했다. 비록 Bush(2015)는 이러한 전술의 변화가 민주화에 미치는 전반적인 영향에 대해서는 여전히 불가지론적인 태도를 유지하고 있지만, 네트워크의 구조가 이러한 조직의 전술 선택에 영향을 미쳤다는 것은 분명하다.

척도 없는 네트워크 구조의 세 번째 함의는 척도 없는 네트워크를 구축하면 "부자가 더 부자가 되는 과정을 관찰"할 수 있다는 Barabási (2009)의 말이 가장 잘 요약한다(412). 수많은 연구가 북반구 단체와 남반구 단체 간 극심한 자원의 불균형을 지적해왔다(Fowler, 1992; Dieng, 2001; Smith, 2002). 남반구의 단체들은 자원의 부족으로 네트워킹이 흔히 일어나는 국제회의에 참석하기가 어려울 수 있다. 자원의 부족은 또한 남반구의 조직이 다른 조직과 연결될 수 있는 통신 기술을 제한할 수도 있다. 결과적으로, 남반구의 단체들은 초국적 인권 옹호 네트워크 전반에 연결될 가능성이 작다(Murdie, 2014). 예를 들면 남미의 무토지 운동 landless movements은 복합적인 초국적 옹호 네트워크를 형성하는 데 필요한 국제적인 관심을 끄는 데 실패한다(Bob, 2005). 연결되었을 때조차도, 척도 없는 네트워크의 우선적 연결 속성은 인권 행위자들이 새로운 네트워크 연결을 구축할 때 남반구 단체들을 무시하고 초국적 옹호 네트워크의 핵심을 구성하는 북반구의 기성 단체들을 선호할 가능성이 더 크다는 것을 의미할 수 있다.

이러한 역학이 인권 증진에 의미하는 바는 무엇인가? 남반구의 단체들로부터 흘러나올 수 있는 이슈와 전술을 잠재적으로 제한하는 것에 더해, 네트워크 내 북반구와 남반구 단체들 사이의 이러한 불균형은 남반구 인권운동 전반의 정당성을 제한할 수 있다. 다뤄진 인권 문제가 남반구의 필요와 욕구를 반영하는 대신 '서구' 또는 북부로 간주되는 만큼, 전반적인 운동은 잠재적인 옹호 행위자와 동맹을 잃는다(Leech 2013). 이러한 배제는 다양한 관점, 자원, 프레임, 그리고 노동력을 시스템에서 제외하기 때문에 네트워크 내에서의 무기력으로 이어진다.

기술의 진보에 대한 장밋빛 시각은 비정부기구의 확산이 방해받지 않고 국경을 넘을 수 있게 될 것이라는 흥분을 자아냈다(Falk, 1995). 그러나 이러한 도구를 채택한 많은 단체가 여전히 더 광범위한 청중에 다가가는 데 실패하고 있다. 인도네시아의 자유 서파푸아 운동Free West Papua Movement 지도자 Moses Werror는 다음과 같이 적고 있다. "우리는 30년 넘게 투쟁했고, 세상은 우리의 대의를 무시했다"(Bob, 2005, 3에서 인용). 이러한 단체들이 채택한 틀은 북부의 비정부기구들과 만들 수 있는 연결 관계에 매우 중요하다. Bob(2005)은 티베트 독립운동이 전 세계 활동가 커뮤니티에 다가가는 데 성공한 반면, 그 북서쪽 이웃인 위구르족은 국내외 시위를 이용했음에도 불구하고 같은 청중에게 다가갈 수 없었다는 데 주목한다.

또한, 앞서 언급했듯이, 인권 네트워크는 공공재로, 네트워크의 일부인 행위자들에게 자원을 제공한다(Murdie, 2014). 척도 없는 구조와 남-북 불균형으로 인해 일부 단체들이 네트워크의 일부가 되어 네트워크 연결을 확장하기 어려운 만큼, 새로 형성된 남반구 단체에 대한 그 네트워크의 잠재적 이점은 다소 제한될 수 있다. 게다가, 북반구 조직과 네트워크 연결을 강화하고 자원을 확장할 필요성은 조직 간의 의존성을 창출하여 관계를 복잡하게 하고 "종종 남반구 조직에 대한 국내적 책임의 상실을 초래"할 수도 있다(Murdie, 2014, 8).

남-남 네트워크 연결을 형성하려는 노력은 확대되어왔다. 여기서 아이디어는 기존 네트워크 구조의 이러한 일부 문제와 조직 간 자원의 불균형에 맞서 싸우는 것이다(Hill, 1996; Keeney, 2012). 예를 들면 Lim and Kong(2013)이 말했듯이,

> 한국의 인권단체들은 아시아 인권단체들 사이의 연대를 발전시켜, 남-남 비정부기구 협력을 강화할 필요성을 깨달았는데, 초국가적 공공 영역에서 북반구의 소수 인기 있는 비정부기구들이 과잉 대표되는 것에 지쳤기 때문이다.(53)

이러한 시도에도 불구하고, 다수의 남반구 비정부기구들은 토론에서 쉽게 밀려난다. 비록 이것이 인권 네트워크에 불이익을 주는 실질적인 결과를 가져오긴 하지만, 경험적 자료는 이들 단체가 그저 자신들의 목소리를 북반구 비정부기구들의 목소리보다 크게 낼 수 없다는 것을 보여준다(Carpenter et al., 2014; Murdie, 2014).

초국적 옹호 네트워크 문헌의 진전

Hafner-Burton, Kahler, and Montgomery(2009)처럼, 우리는 이 연구 영역에 "초국적 활동가 네트워크와 비정부기구 분석가들이 이제 네트워크 분석을 적용하기 시작했다"고 생각한다(576). 위에서 논한 연구들은 초국적 옹호 네트워크의 엄격한 연구에 네트워크 이론과 방법론을 적용할 가능성을 보여준다. 첫째, 이러한 도구는 기존의 이론적 연구에 방법론적 엄격함을 활용한다. 일부 기존 연구들은 그러한 네트워크의 구조나 특성에 대한 분석 없이 네트워크를 주어진 것으로 가정해왔다. 이미 논했듯이, 이 구조는 의제가 어떻게 설정되고 어떤 전술이 사용될지에 극적인 결과를 가져올 수 있고, 네트워크 내 행위자들 간 기존의 자원 불균형을 악화시킬 수도 있다. 위계적 네트워크 유형은 네트워크 전체에 걸친 신속한 정보의 흐름에 필요할 수 있는데, 조직이 인권 침해에 빠르게 대응하는 데 도움을 줄 수 있다. 그러나 좀 더 위계적인 네트워크(중심성이 높은 소규모 행위자들을 중심으로 전개되는)는 일부 행위자들을 선호해 다른 행위자들에 자원과 정보를 제공하지 않고 이들을 주변화시키면서 남반구의 관점을 무시할 수 있다. 이러한 구조가 합의에 기반을 더 두면 의사결정이 더 평등해질 수 있으며, 이때 이 구조는 좀 더 다양한 행위자들의 관점을 통합할 수 있게 된다.

둘째, 그리고 첫째와 관련된, 이러한 방법론은 이전에 묻지 않은 질문을 제시하고 분석할 기회를 제공한다. 예를 들면 우리는 남반구의 인권 단체들이 전체 국제 비정부기구 인권 네트워크의 일부가 될 가능성이 작다는 것은 알고 있다(Murdie, 2014). 그러나 우리가 잘 모르고 있는 것은 남반구 단체들이 그 네트워크의 일부가 되려는 성향에 차이가 있느냐는 것이다. Keck and Sikkink(1998)의 핵심 가정은 특정한 억압적 국가가 국제적 접촉을 허락할 때 그 국가에 대해 초국적 옹호 네트워크가 형성될 가능성이 있다는 것이다(27). 향후 연구는 결사의 권리를 심각하게 제한하는 국가의 조직과 행위자들이 전체 네트워크의 일부가 될 가능성이 적은지 여부를 테스트할 수 있다. 최근 일부 억압적인 정부가 외국 비정부기구들의 존재를 제한하려는 움직임을 보이는 것을 고려할 때, 인권 행위자가 더 큰 네트워크의 일부가 되는 능력에 출신 국가가 어떻게 중요한지를 실증적으로 조사하는 것이 분명히 필요하다. 이는 북반구의 조직 내 차이를 조사하는 Stroup(2012)의 연구를 기초로 확장될 것이다.

Murdie(2014)는 또한 유엔 행위자들과의 연결 그리고 그들이 종교적인지 세속적인지와 같은 조직의 다른 특성들이 네트워크의 특정 조직과 연결될 가능성에 어떻게 중요한지를 개략적으로 설명한다. 네트워크에 관한 더 광범위한 문헌은 동종선호적인 행위자들이 서로 결속할 가능성이 더 크다는 아이디어를 펼친다(McPherson and Smith-Lovin, 1987). 이런 맥락에서, 초국적 옹호 네트워크 내 행위자들의 속성과 이러한 속성이 그들의 연결 성향에 어떻게 영향을 미치는지를 보는 향후의 작업은 초국적 옹호 네트워크가 어떻게 발전하고 어떤 행위자들이 초국적 옹호 네트워크의 불가결한 일부가 될 가능성이 큰지를 이해하는 데 매우 중요할 것이다. 예를 들면 Murdie and Davis(2012a)는 4천 개 이상의 인권, 개발, 환경, 보건 기구들에 대한 표본 조사를 통해, 하나 이상의 이슈 영역("혼종")을 포함한 사명 선언문이 있는 조직들이 서로, 그리고 네트워크 내 다른 조직들과 연결될 가능성이 더 크다는 것을 발견했다. 이들 조직은 또한 국제 비정부기구 네트워크 전반에서 "가교"의 역할을 할 가능성도 더 크다. 초국적 인권 옹호 네트워크 영역 내에서, 혼종성hybridity이 초국적 인권 옹호 네트워크 내에서의 조직의 위치에 중요한지를 조사해 보는 것도 흥미로울 것이다. 특정한 이슈 영역에서 조직이 혼종이라는 것이 그 조직에 부정적인 결과를 가져오는가? 혼종적 조직은 자원을 얇게 분산시켜, 두 네트워크 중 하나의 의제를 설정하는 데 있어 조직의 효율성을 희석시키고 있는가?

초국적 옹호 네트워크 연구에 네트워크 분석을 적용하는 데 있어 한 가지 핵심적인 한계는 데이터의 가용성이다(Hafner-Burton, Kahler, and Montgomery, 2009). 그러나 이는 여러 흥미로운 방식으로 빠르게 변화하고 있는 것으로 보인다. 앞서 언급한 바와 같이, 초국적 옹호 네트워크에 관한 현존 연구 대부분은 공식적인 비정부기구에만 초점을 맞추고 있고, 많은 경우 조직 정보의 출처로 국제기구연감을 사용한다. 비록 이 데이터 출처에 한계가 없는 것은 아니지만, 연감의 기존 데이터조차도 초국적 인권 옹호 네트워크를 조사하는 데서 확대될 수 있다. 예를 들면 국제관계에서 정부 간 기구IGO 네트워크에 관한 다수의 프로젝트는 전체 네트워크에서 국가 수준의 임베디드 측정값을 작성하기 위해 연감의 데이터를 이용한다(Dorussen and Ward, 2008). 비슷한 분석이 인권 분야 내에서도 현재 진행 중이다(Wilson, Davis, and Murdie, 2016). 인권단체에만 초점을 맞추도록 확장할 수 있는 연감 네트워크 데이터의 또 다른 흥미로운 사용은 국제 비정부기구 네트워크 국가 점수INGO Network Country Score에 초점을 맞춘 Paxton 등(2015)에 의해 사회학에서 수행되었다.

양적 인권 연구에 대해 제기된 주요 비판은 활용되는 데이터, 특히 인권단체 자체에서 나오는 데이터의 잠재적인 편향이다(Fariss, 2014). 이러한 데이터의 입수 방법에 대한 새로운 개선과 제공된 정보 상세는 이러한 비판 중 일부를 극복하는 데 도움이 될 수 있다. 예를 들면 국제사면위원회는 최근 현지에서의 실제 박해를 보여주기 위해 위성 영상을 사용하고 있다. 간접적인 말이나 보고서에서 나온 수치보다 이러한 시각 데이터가 인권단체의 망신 주기 캠페인의 결과를 분명하게 볼 수 있도록 돕는다. 예를 들면 2015년 1월 초 뉴욕타임스는 국제사면위원회와 국제인권감시기구가 보코하람이 북부 나이지리아에서 행한 유린 행위를 알리기 위해 위성 영상을 사용했다고 보도했다.[12] 유린의 모습을 담은 원본 영상은 무장단체가 통제하는 분쟁지역에 접근하기 어려워 검증할 수 없었다. 이는 보코하람의 사례에만 해당하는 특별한 문제는 아니다. 많은 인권단체가 언제든 총을 든 범인들이 나타나 무차별적으로 민간인들을 겨냥할 수 있는 그런 현장에서 정보를 입수하는 데 어려움을 겪고 있다. 위성 영상은 민감한 정보에 좀 더 정확하고 안전하게 접근할 수 있게 해주며, 위성 영상에서 얻은 데이터는 향후 인권 연구에 매우 유용할 수 있다(Min, 2015).

많은 초국적 옹호 네트워크 데이터 수집 프로젝트는 이슈 크롤러Issue Crawler[13]와 관련 기술을 이용해 조직 및 행위자에 걸친 하이퍼 링크를 사용하여 네트워크 데이터를 생성한다(Carpenter, 2007, 2011; Bush, 2015). 물론, 인권 문제를 다루는 페이스북이나 트위터가 만든 네트워크를 검토할 가능성은 있다. 유럽연합 비정부기구에 관한 Hennicke(2014)의 연구가 나타내듯이, 하이퍼링크 방법은 비 이진non-binary 네트워크 데이터 생성에 사용될 수 있으며, 이는 인권 영역에서의 네트워킹 역학에 대한 우리의 이해를 넓히는 데 유용할 수 있다. 이러한 기술의 가장 큰 장점은 공식적인 국제 비정부기구에만 맞춘 전통적인 초점을 넘어 그 이상으로 확장된 행위자들의 표본에 사용할 수 있다는 것이다. 인권 연구자들에게 유용할 수 있는 또 다른 관련 기술은 텍스트와 서사로부터의 네트워크 분석에 초점을 맞추는 것이다(Franzosi, 2010). 이는 특정한 억압적 사건이나 봉기에 대응해 네트워크가 어떻게 발전하고 변화하는지를 이해하는 데 특히 유용할 수 있다. 네트워크 분석에 놀라울 정도로 유용할 수 있는 또 다른 데이터 출처는 초국적 비정부기구 인터뷰 프로젝트Transnational NGO Interview Project와 이 프로젝트가 미국의 조직 지도자들을 대상으로 한 이들의 네트워킹 파트너에 관한 조사다(Hermann et al., 2010; Mitchell, 2014).

결론

이 장에서는 초국적 인권 옹호에 관한 기존 연구에 네트워크 이론과 방법론의 적용이 갖는 중요성을 개략적으로 설명했다. Keck and Sikkink (1998)의 획기적 연구는 "행위자로서의 네트워크" 접근법을 사용해 비국가 행위자들이 어떻게 인권상황 개선에 큰 역할을 할 수 있는지를 강조하면서, 인권 옹호에 대한 이해의 토대를 마련했다. 이 연구는 이후 초국적 옹호 네트워크가 국가 차원을 넘어서는 인권 변화 과정에 대한 우리의 이해에 어떻게 정보를 제공할 수 있는지 조사하는 것으로 확장되었다. 이제, 네트워크 이론과 방법론이 국제관계 분야로 발전하고 이러한 네트워크에 관한 데이터가 점점 더 많이 이용 가능해지면서, 학자들은 네트워크의 구조 자체가 인권 결과에 어떻게 영향을 미칠 수 있는지에 대해 새롭고 흥미로운 질문을 할 수 있다.

우리는 이러한 방법론과 이론이 문헌에 중요한 기여를 한 몇 가지 중요한 영역을 개괄했다. 입증된 바와 같이, 강력한 중앙 행위자들이 있는, 척도 없는 초국적 옹호 네트워크는 인권 의제를 형성하고 자원, 정보 및 자금의 분배에 영향을 미치는 데 중요한 역할을 했다. 앞선 연구는 북반구와 남반구 사이에 가용 자원의 심각한 불균형이 존재한다는 것을 보여주었다(Fowler, 1992; James, 1994; Dieng, 2001; Smith, 2002). 남반구의 행위자들은 더 강력한 수문장들에 의해 의제 설정 과정에서 대부분 배제되고 인권 침해를 완화하기 위한 자원과 국제적 관심도 덜 받는다. 이는 궁극적으로 인권 옹호 내부의 불신과 편향을 초래할 수 있다. 네트워크 분석을 통해 우리는 초국적 옹호 네트워크의 구조가 어떻게 이러한 불균형을 발생시켰는지 뿐만 아니라, 이러한 부정적인 결과 중 일부를 어떻게 극복할 수 있는지도 이해할 수 있게 되었다.

향후의 연구는 네트워크의 특성과 구조가 인권 결과에 어떻게 영향을 미칠 수 있는지 탐구할 수 있을 것이다. 예를 들면 네트워크의 의사결정 방식은 좀 더 효율적인 자원 사용과 노동 분업을 촉진해 인권 결과에 실질적인 성과를 가져올 수 있다. 더 나아가, 비정부기구 및 정부 간 기구와 같은 다양한 행위자 그룹 간의 연결에 초점을 맞추면, 인권 개선 뒤의 인과 과정과 특정 초국적 옹호 네트워크의 일부 시도가 다른 시도보다 효과적인 이유를 분석함으로써, Keck and Sikkink(1998)의 부메랑 모델의 골칫거리를 이해하는 데 도움이 될 수 있다.

인권 문헌은 최근에야 네트워크 방법론을 채택했으며 이미 이러한 구조의 결과에 대한 풍부한 이해를 발전시켰다. 데이터 수집의 증가와 네트워크 방법론 지식의 진화로 제시된 가능성은 기존 연구에 경험적 엄밀성의 기회를 제공할 뿐만 아니라, 이전에는 물을 수 없었던 완전히 새로운 질문들을 명확히 한다. 지속적으로 증가하는 국제사회의 연결성을 고려할 때, 이러한 네트워크는 전 세계의 인권상황에 실질적인 영향을 미칠 수 있다.

주석

1) http://www.bahrainrights.org/en/about-us.

2) 다음을 참조. https://www.fidh.org/International-Federation-for-Human-Rights/north-africa-middle-east/bahrain-end-reprisals-against-leading-human-rights-defender-nabeel.

3) http://kristof.blogs.nytimes.com/2015/04/10/open-letter-from-nabeel-rajab-to-presi-

dent-obama/?_r=o.

4) https://www.fidh.org/International-Federation-for-Human-Rights/north-africa-middle
-east/bahrain/bahrain-human-rights-groups-express-grave-concern-as-imprisoned.

5) https://www.amnesty.org/en/articles/news/2015/04/bahrain-hopes-of-reform-crushed-
amid-chilling-crackdown-on-dissent/.

6) 예를 들면 Keck and Sikkink(1998)는 사람들의 국제 연대권에 관한 유엔 선언(UN
declaration on the rights of people to international solidarity)의 최근 예비본문에서
언급되었다(UN General Assembly 2014, A/HRC/26/34/Add.1). 콜롬비아의 인권단
체 Dejusticia도 이전의 캠페인에 대한 논의에서 Keck and Sikkink(1998)를 언급했
다(Rodríguez Garavito 2015).

7) 여기서 초점은 인권 영역 내 초국적 옹호 네트워크에 맞춰지지만, Keck and Sikkink
(1998)는 환경 정치의 사례들도 개괄했다. 좀 더 최근에, 학자들은 또한 환경 옹호
네트워크에 관한 연구를 확대했다(Hadden 2015).

8) 최근 브라운대학교 Keck and Sikkink(1998) 15주년 기념 강연에서 부메랑 모형
은 초국가적 옹호 모형의 하나일 뿐이라고 거듭 강조했다는 점은 주목할 필요
가 있다. 다음을 참조. http://watson.brown.edu/events/2015/15-years-transnational
-activism-what-difference-has-it-made.

9) Sikkink(2009)는, Elkins (2009)와 같은 책의 한 장에서, 이 두 가지 접근법이 연속체
(continuum)에 가깝다고 본다.

10) 워싱턴 포스트(Washington Post)는 2014년 12월 30일, "보이지 않는 아이들은
왜 해산했을까?"라는 제목의 기사를 실었다. 이 단체 설립자들은 "전환기를 거치
고 있다"고 말했지만, 이 단체가 제공한 데이터의 정확성에 대한 의문이 제기되면
서 그런 단체가 가질 수 있는 실효성에 관해 우려를 낳고 있다. 게다가, 그들의
소셜 미디어 캠페인은 수만 명의 개인에 미치지만, 이들 중 다수는 사회경제적으로
중산층과 상류층의 배경을 가진 미국 청소년들과 같은 인구통계집단에 속한다.

11) Arce(2014)가 지적하듯이, 주민투표의 합법성이 국가 차원에서 논의되고 있음에도
불구하고, 국제 네트워크라는 기반이 없었다면 이러한 민주적 메커니즘은 불가능
했을 것임을 깨닫는 것이 중요하다.

12) Nossiter(2015).

13) www.issuecrawler.net.

제15장 민주주의와 협력 네트워크

Zeev Maoz

서론

민족 국가들은 수많은 부문에서 상호작용한다. 이러한 상호작용 중 일부는 협력적이고 일부는 갈등적이다. 두 국가는 동시에 갈등적 상호작용과 협력적 상호작용을 할 수 있다. 그러나 협력의 빈도와 정도가 갈등의 빈도와 정도를 능가한다. 예시로서 그림 15.1을 고려해 보면, 그림 15.1은 2014년 6월부터 2015년 2월까지 기간 동안 전 세계 갈등 및 협력 사건의 흐름을 보여준다.

이 그림에서 알 수 있듯이 갈등과 협력 사건은 높은 음(-)의 상관관계 (r = -0.931)에 있는데, 뉴스거리가 많은 날에는 갈등과 협력 모두에 관한 보도가 많은 날임을 보여주고 있다. 반대로 뉴스거리가 적은 날에는 갈등과 협력 모두 대체로 부진하다. 그러나 대부분의 날의 협력 비율은 평균 갈등 발생 비율의 약 1.5배에 달한다. 이것은 협력 대 갈등 비율의 보수적 추정치이다. 이러한 불균형은 그러한 사건 데이터 세트에 대한 원천 미디어에서 협력적 사건보다 갈등 사건 보도에 대한 강한 편견이 있음을 감안할 때 특히 의미가 있다. 중요한 점으로는 그것이 학술 문헌에

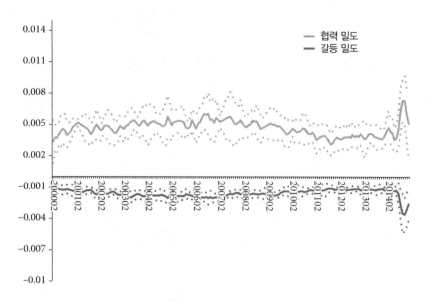

그림 15.1 국제적 갈등과 협력 패턴 추세.

설명: 2000-2015년 데이터는 갈등과 협력 네트워크의 평균 밀도에 대한 3개월 이동 평균. 점선은 95% 신뢰구간.

출처: 원본 데이터는 2가지 이벤트 데이터 세트 결합: 통합 위기 조기 경고 시스템(ICEWS - https://dataverse.harvard.edu/dataverse/ICEWS)과 피닉스 이벤트 데이터(the Phoenix Events Data Set(http://phoenixdata.org/).

서 갈등 행위보다 협력 행위에 훨씬 적은 관심을 보인다는 국제 협력 학자들의 지속적인 불만을 정당화한다는 것이다(Mansbach and Vasquez, 1981; Blainey, 1988).[1]

협력은 항상 그리고 상대적으로 높은 빈도로 일어난다. 협력적 국제 행태의 일부 측면은 협정agreements, 조약treaties 또는 조직organization으로 제도화된다. 이러한 공식화된 활동은 국가 정부의 정책에 의해 통제되거나 규제될 수 있다. 다른 형태의 협력은 대체로 비공식적이며 정부의 통제나 개입이 거의 없거나 혹은 전혀 없다. 여기에는 공식적 개입 없이 개인, 집단, 혹은 기관이 국경을 넘어 협력적으로 상호작용하는 것이 포함될 수 있다. 이 절에서 초점을 맞춘 것은 제도화된 협력이다. 이러한 협력 행태는 정부의 결정이나 국가 정부의 동의와 승인에 의해 이루어지기 때문에, 문헌에서의 핵심 질문은 협력 협정의 출현, 지속, 종결에 영향을 미치는 요소들에 관한 것이다.

이러한 간략한 검토의 목적은 국제협력 연구에 대한 네트워크 분석의 기여를 평가하는 것이다. 이를 위해 국제협력의 핵심 이론에 초점을 맞추는데, 그 이론은 공식적으로는 네트워크 분석과 연관되어 있지 않다. 네트워크 개념이 그러한 연구에서 매우 자주 사용될 수도 있겠지만, 네트워크 분석의 핵심 통찰은 국제 협력에 관한 연구에서 많은 부분을 차지하지는 못했다. 네트워크 분석적 관점에서 국제 협력을 연구하는 것은 비교적 새로운 활동이며, 따라서 이러한 접근방식의 기여는 이제 겨우 이 분야에 영향을 미치기 시작하고 있다.

본 검토의 핵심 주제는 3가지이다.

1. 네트워크 분석의 근본적인 가정에 의존하지 않았던 협력 행태에 대한 연구는 유의미한 실질적, 방법론적 이슈에 시달려왔다. 국제 협력의 원인과 과정을 이해하는 데 있어 네트워크 분석 연구의 핵심적 기여는 이전 연구에서 이러한 내재적 문제를 식별하고 이러한 문제 중 많은 부분을 해결하기 위해 중요한 진전을 이루었다는 점이다.

2. 협력에 대한 네트워크 분석 연구는 이전 연구의 일반 이론적 프레임워크 내에서 매우 효과가 있었고; 그래서 새로운 협력 이론을 개발하지 않았다. 그러나 네트워크 분석 연구가 제공하는 방법론적 및 개념적 발전은 분야 내 핵심 논란 중 일부를 명확히 하고 (경우에 따라서는 해결하며) 국제 협력의 결정요인에 대한 다른 결과를 확증하는데 도움을 준다.

3. 그러나 협력에 대한 네트워크 분석은 아직 이 접근법의 잠재력을 충분히 활용하지 못하고 있다. 전통적인 연구와 최근의 네트워크 분석 연구 모두 아직 채우지 못한 중요한 공간이 있다. 본 장은 이 중 일부를 지적하고 협력 연구에 네트워크 분석 접근 방식을 채택할 수 있는 미래의 가능성을 제시한다.

국제 협력에 관한 통념

국제 협력에 관한 전통적인 문헌의 핵심 주장은 한 영역에서 협력을 결정하는 요소들이 다른 영역에서 협력을 결정하는 요소들과 다를 수 있다는 것이다. 예를 들어 동맹 행태에 대한 모형은 위협이나 세력에 대한 균형 유지의 필요성(Walt, 1988)과 같은 안보 관련 요소에 초점을 맞추는 데 반해, 무역 협력의 공통 모형 - 중력 모형 - 은 경제체제의 구조에 초점을 맞춘다(Helpman, Melitz and Rubinstein, 2008). 일부 연구는 서로 다른 협력 영역(예를 들면 무역과 동맹) 사이에 - 잠재적으로 인과적 - 관계가 존재한다고 주장한다. 하지만 그러한 연계의 존재나 인과 관계causal arrow 방향과 관련하여, 판단은 아직 시기상조다.[2]

국제 협력 이론은 일반적으로 국제 관계의 자유주의적 패러다임과 관련이 있다(Keohane and Nye, 1987; Keohane, 1984, 1986; Moravcsik, 1997). 이 패러다임은 다음과 같은 여러 가지 주요 가정에 기초한다(Maoz, 2010, 158-159; Moravcsik, 1997, 516-521):

* 정치 행위자들Political acotrs(개인, 집단, 조직)은 합리적인, 효용 극대화 자들maximizers이다. 자유주의자들은 정치 행위자들이 자신들의 이익을 극대화하기 위해 이성적이라는 현실주의자들의 말에 동의한다.

그러나 자유주의자들은 - 국가가 상대적 이익relative-gains 극대화자들이라고 주장하는 공격적 현실주의자들과 달리 - 이 행위자들이 절대적 이익absolute-gains 극대화자들이라고 주장한다. 그 의미는 대부분의 국제적 상호작용이 고정합 게임fixed-sum games보다는 혼합동기 게임mixed-motive games을 반영한다는 것이다.

- 국내 구조와 과정은 국가의 대외 정책에 영향을 미친다. 국가는 단일 행위자가 아니고; 정치 지도자들이 외부 행위자들을 마주하고 결정하는 선택은 여러 사회 부문의 이익 표현 과정의 순 결과이다.3)
- 국가의 국제적 행태는 다양한 동기에 의해 주도된다. 국가의 국제적 행태가 주로 (혹은 배타적으로) 안보 우려나 권력 추구에 의해 주도된다고 주장하는 현실주의 이론가들과 달리, 자유주의자들은 국가의 행태가 경제, 사회, 심지어 정치 지도자들의 개인적 야망을 포함한 여러 가지 목표에 의해 주도된다고 제안한다.
- 국가 행태는 (적어도 부분적으로) 국제적 상호의존에 의해 결정된다. 한 국가의 선호는 다른 국가들의 선호와 상호작용한다. 이는 국가가 다른 국가들의 선호를 고려하지 않고서는 바람직한 결과를 달성할 수 없다는 것을 의미한다. 그것은 또한 많은 환경에서 국제 협력이 국가 목표를 달성하는 데 유익하다는 것을 의미한다.
- 제도institutions는 집단재collective good 딜레마를 극복하기 위해 고안되었다. 국제관계에서 상호의존의 본질적인 구조 때문에 집단재 문제가 발생할 수밖에 없다. 결과적으로 각 국가는 투명성을 높이고 분배 문제를 관리함으로써 이러한 문제를 완화하도록 제도institutions를 설계했다.

몇 가지 검증 가능한 아이디어들은 이러한 가정들에서 비롯된다. 첫 번째는 국내 정치 체제나 사회 과정의 구성 차이로 인한 각 국가들의 대외 정책 전략 간 차이와 관련이 있다. 아마도 이러한 맥락에서 일련의 핵심적 통찰은 갈등과 협력에 관한 한, 민주주의 국가들과 권위주의 국가들 사이의 체계적 차이와 관계가 있다. 이러한 맥락에서 일반적인 주장은 민주 국가가 독재 국가보다 싸우는 경향이 적고 협력하는 경향이 (특히 민주 국가 간에 서로)더 강하다는 것이다. 이러한 통찰은 광범위한 연구에서 입증되었다. 가장 강력한 일련의 결과들은 소위 민주평화안에 관한 것이다. 민주주의는 전면전을 서로 벌이지 않고 저강도 군사 분쟁을 벌일 가능성도 훨씬 낮다는 문헌은 경험적 연구에서 압도적 지지와 확증을 받았다(Small and Singer, 1976; Maoz and Abdolali, 1989; Maoz and Russet, 1992, 1993; Russet and O'neal, 2001). 이는 여러 다른 관점에서 도전받았지만(Spiro, 1994; Farber and Gowa, 1995; Oren, 1995; Rosato, 2003; Gartzke, 2007; Mousseau, 2013; Gibler, 2012), 일반적으로 국제 관계 연구에서 가장 강력한 결과 중 하나로 유지되는 듯하다(Maoz, 1998; Dafoe, O'neal, and Russett, 2013; Ray, 2013).

민주주의 국가와 다른 체제 국가 간의 차이는 다른 형태의 "긍정적인" 즉, 협력적인 상호 작용으로 확대된다. Siverson and Emmons(1991)와 Maoz(2000; 2002)는 민주주의 국가들이 다른 정권 결합보다 훨씬 더 서로 동맹을 맺을 가능성이 높다는 것을 보여준다. 여기에서도 민주주의와 동맹국 사이의 인과관계가 도전을 받았지만(Gibler and Wolford, 2006), 대체적인 결과는 상당히 견실한 것으로 보인다.

국제무역 분야에서 민주주의 공유joint democracy 역시 무역의 존재와 규모에 대한 강력한 결정 요인으로 작용하고 있는 것으로 보인다(Mansfield and Milner, 2012; Mansfield, Milner and Rosendorf, 2000; 2002; Rosendorff and Milner, 2001). 마지막으로 민주주의가 국제기구 참여의 강력한 동기라는 중요한 증거가 있다(Mansfield and Pevehouse, 2006).

이러한 주장의 또 다른 중요한 함의는 상호의존성과 갈등 간 관계이다. 이에 대해서도 중요한 논쟁의 문헌이 존재한다. O'neal et al.(1996); Russett, Oneal, and Davis(1998); 그리고 Russett and O'neal(2001)은 콩트 August Comte, 스미스Adam Smith, 칸트Emmanuel Kant와 같은 경제 및 정치 철학자들의 정신으로 경제적 상호의존이 갈등의 가능성에 유의미한 부정적 영향을 미친다는 것을 보여주었다. 민주평화안의 타당성에 의문을 제기하는 "자본주의적 평화"에 관한 문헌(Gartzke, 2007; Mousseau, 2013)도 경제적 관계가 국가 간 평화관계를 증진시키는 경향이 있음을 시사한다.

"칸트의 삼각구도"Kantian Tripod(Russett and O'neal, 2001)의 세 번째 요소는 국제 기구가 평화에 미치는 영향이다. 이에 대해 증거는 덜 견고하지만(Russett, Oneal, Davis, 1998; Pevehouse and Russett, 2006), 그럼에도 불구하고 잠재적인 관계를 시사한다. 그러나 이 관계는 선택 효과의 증거로 인해 도전받아왔다. 즉 국가는 서로 싸울 이유가 없기 때문에 (따라서 그럴 것 같지 않기 때문에) 동일한 국제기구에 참여했다는 것이다.

대체로 국내 정치구조와 국제협력의 관계뿐만 아니라 정치·경제협력 지표와 평화의 관계에 대한 자유주의적 패러다임의 일부 핵심 명제가 경험적 근거에 의해 뒷받침되고 있다는 강력한 증거가 있는 것으로 보인다. 표면적으로는 이 연구가 꽤 설득력 있는 것으로 보인다. 이에 여기에서 중요한 질문은 네트워크 분석이 이러한 통찰에 어떻게 기여할 수 있느냐이다.

이 질문에 대답하기 위해서는 우선 자유주의적 이론, 특히 민주주의와 협력의 효과에 초점을 맞춘 협력 이론의 경험적 분석이 실질적 및 방법론적인 잠재적 편향을 어느 정도 다루었는지를 확인해야 한다. 이것은 갈등과 협력에 대한 전통적인 연구에 대한 네트워크 분석가들의 핵심 공격 노선이다. 특히, 국제협력의 결정요인과 결과에 대한 대부분의 분석은 암묵적으로든 명시적으로든 쌍dyads이 서로 독립적이라고 가정한다. 방법론적으로 위에서 논의한 대부분의 분석에서는 한 쌍의 해dyad-year를 분석 단위로 사용하고, 추정 방법은 독립 동일 분포IID, independent identically distributed 오차의 가정에 의존한다. 그러나 수많은 분석이 제시하듯이(Cranmer and Desmarais, 2011; Cranmer, Desmarais, and Menninga, 2012; Ward, Siverson and Cao, 2007; Cranmer and Desmarais, 2016), 두 국가 사이의 협력 확률과 규모는 각 국가가 제3의 국가와 협력하는 정도에 영향을 받는다. 협력과 규모는 전체적으로 시스템 내 협력의 정도와 성격에 영향을 받을 수도 있다. 이는 쌍의 관측치가 서로 독립적이지 않음을 나타낸다. 오히려 그 관측치는 "네트워크 효과"network effects의 영향을 받을 수 있다. 여기에서 핵심 주장은 네트워크 연결의 구조가 쌍의 협력에 영향을 미치는 방식을 추정하면 민주주의나 상호의존성 같은 외생적 변수가 국가 간 협력 수준이나 갈등 수준에 영향을 미치는 방식에 대한 우리의 추론이 상당히 달라질 수 있다는 것이다.

네트워크 효과를 통제하는 것 외에도, 네트워크 구조가 어떻게 협력에 영향을 미치고 네트워크 구조의 어떤 특정 측면이 협력에 영향을 미치는지 이해하는 것은 유의미한 통계적 추론을 제공할 필요성과 관계없이 실질적으로 중요하다. 이는 네트워크 구조가 협력 사업의 파트너를 찾거나 유지하기 위한 쌍의 선택에 영향을 미칠 수도 있기 때문에 중요하다. 또한 그것은 한 네트워크에서 다른 네트워크로의 확산 과정에도 영향을 미칠 수 있다. 그것은 쌍을 넘어 협력적 구조의 출현에 영향을 미칠 수 있다. 마지막으로, 그것은 시스템 내 전반적인 갈등과 협력의 정도에 영향을 미칠 수 있다.

국가 간 쌍의 상호작용은 이해하고 모형화 하는 데 흥미롭다. 그러나 국가 쌍 내에서의 상호작용은 고립되어 발생하는 것이 아니고; 쌍의 구성원과 다른 국가들 간의 상호작용에 의해 영향을 받기도 하고 영향을 주기도 한다. 한 영역(예를 들면 안보)에서의 상호작용을 위한 파트너의 선택이 다른 영역(예를 들면 무역, 환경)에서의 상호작용을 위한 파트너의 선택에 의해서 영향을 받을 수도 있다. 마지막으로, 국가의 상호 선택의 의미는 협력을 위한 개별 파트너 혹은 갈등 행동의 대상을 선택하는 것 이상이다. 특히, 이러한 선택들은 상위higher-order의 중요성과 새롭게 부상하는 중요성 모두를 갖는다. 이들은 네트워크 분석의 핵심 통찰이고, 최근까지 국제관계IR에서 연구 수준이 매우 낮은 분야이다.

이러한 두 가지 통찰은 국제 협력의 원인과 결과를 이해하는 데 있어 네트워크 분석 연구의 주요한 기여를 형성한다. 이것이 다음에 다룰 내용이다.

갈등과 협력에 대한 네트워크 분석 연구

검토를 용이하게 하기 위해, 먼저 국제 협력의 네트워크 관련 결정요인에 초점을 맞춘다. 다음으로 행태, 주로 국제적 갈등의 발생과 정도에 대한 국제 협력의 네트워크 관련 함의를 조사한다.

국제 협력의 네트워크 결정 요소

첫 번째 네트워크 연구 집단은 서로 다른 유형의 네트워크 의존성이 협력 행태에 영향을 미치는 방식에 초점을 맞췄다. Hoff and Ward(2004; Ward, Hoff and Lofdhall, 2003)는 갈등과 협력 사건에 대한 2순위, 3순위 효과의 영향을 조사했다. 이들은 쌍의 갈등과 쌍의 협력 모두에 대한 네트워크(1순위, 2순위, 3순위)의 영향이 현저히 유사하다는 것을 발견했다.

Maoz(2010)는 내재적 노드의 속성과 협력 네트워크 위치 사이의 관계를 연구했다. 그는 한 국가의 체제 평가 점수가 동맹과 무역을 포함한 수많은 협력 네트워크와 다른 네트워크 위상의 지표에 걸쳐 있는 그 중심성의 가장 강력한 예측요인 중 하나임을 파악했다. (-100으로부터 +100까지에 이르는 연속 척도로 측정되는) 민주주의 공유는 이러한 협력 네트워크에 걸쳐 있는 공동 집단 구성원 자격의 중요 예측요인이기도 했다.

일부 네트워크 분석 연구는 민주주의 공유, 주요 세력 지위, 거리 등과 같은 보다 전통적인 결정 요인 외에도 네트워크 효과를 강조하는 동맹의 결정 요인에 초점을 맞췄다. Warren(2010, 2016)은 동맹 형성 패턴을 검토하기 위해 확률적 행위자 지향 모형(SAOMs; Snijders, 2001, 2005)을 사용하였다. 그는 삼자 완결구조triadic closure와 공동의 적들이 쌍의 동맹 협력에 강한 영향을 미친다는 것을 발견했다. 쌍의 동맹 협력의 결과는 마오즈 등의 연구(Maoz et al., 2007)를 입증한다. 그러나 이는 쌍의 동맹협력 연구에서 일부에 불과하다(더 자세한 내용은 아래 참조). Warren(2016)은 이 분석을 동맹, 갈등, 민주주의의 공진화 연구로 확장했다. 그는 민주주의 국가들이 다른 민주주의 국가들을 동맹국으로 선택하려는 중요한 경향을 발견하였다. 그는 또한 민주주의 동맹국들과 동맹 관계를 맺고 있는 국가들이 민주주의가 되거나 민주적 제도를 유지할 가능성을 크게 증대시킨다는 것을 알아냈다.

Cranmer et al(2012)은 폐쇄된 삼각 네트워크의 일반화, 즉 기하학적으로 가중치를 부여한 엣지를 공유한 파트너GWESP가 동맹 형성에 상당한 영향을 미친다는 것을 발견하였다. 그들은 또한 지수 랜덤 그래프 모형 ERGM을 통해 네트워크 효과를 제어하면서 민주주의 공유가 동맹 관계에 강력한 영향을 미친다는 것을 확인하였다. Kinne(2014)는 주로 국방문제에 관한 양자 협력 협정을 검토하면서 이러한 협정에서 3자 완결구조의 강한 경향을 발견하였다. 그러나 Kinne와 Warren은 모두 안보 협력 네트워크에서 선호적 연결preferential attachment 또는 인기 효과popularity effects의 상당한 경향도 발견하였다.

Ward 등(Ward et al., 2013)은 국제무역의 전통적인 중력 모델에 대해 강력한 비판을 가한다. 그들은 무역관계가 경제 전문가들이 무역의 핵심 예측요인으로 사용하는 경제 규모와 거리라는 전통적인 요소 외에 상호주의와 (삼자 완결구조에 가까운) 클러스터 경향clusterability의 영향을 상당히 받는다는 것을 보여준다.

어떤 네트워크 관련 중요 연구도 Maoz(2010)의 정부간 기구IGO 집단 공동 참여 분석 이상으로 정부간 기구IGO 구성원 결정 요인에 초점을 맞추지 않았다. 따라서 내생적 네트워크 구조가 공유하는 정부간 기구 구성원의 정도에 영향을 미치는 정도를 정립해야 한다.

국제 협력에 대한 네트워크 분석 연구의 핵심 결과는 네트워크에 전반에 걸친 확산의 존재이다. 이는 Maoz(2010)의 많은 분석의 핵심 결과 중 하나였다. 그러나 이러한 분석들은 확산의 엄격한 상관지표에 기초하였다. Maoz는 동맹 관계가 무역 관계에 미치는 상호효과와 무역 관계가 동맹 관계에 미치는 상호효과를 발견하였다. 그는 또한 이 네트워크들 사이의 시스템 수준의 확산 효과도 발견하였다. 유사한 결과가 네트워크 공진화에 대한 보다 최근의 연구(Warren, 2016; Haim, 2016)에서도 등장했으며, 그 연구들은 커뮤니티 간 확산을 발견하였다. Vijayaraghavan 등 (2015)은 복수의 다중 네트워크 계층 간의 시간 경과에 따른 변화를 감지하기 위해 다중 마르코프 연쇄 모형Markov chain model을 개발하였다. 이 모형을 사용하여, 그들은 동맹에서 무역으로, 그리고 -그보다 적은 범위로- 무역에서 동맹으로의 상당한 확산을 발견하였다. 그들은 동맹과 무역 관계를 모두 가진 쌍이 단지 우연히 그럴 것이라는 기대보다 그 관계의 어느 하나라도 깨뜨릴 가능성이 낮다는 것을 발견하였다. 이는 1950년부터 2000년에 걸친 무역관계의 전략적 성격을 유의미하게 확증한다는 것을 시사한다. 네트워크 공진화에 대한 Warren(2016)의 연구는 갈등이 동맹 형성에 미치는 영향에 대한 중요한 증거를 발견했는데, 이는 Maoz(2010)의 초기 연구결과를 지지한다.

종합하면, 세계 정치에서의 협력 역학의 네트워크 분석 연구에서 몇 가지 관찰 결과가 나왔다. 첫째이자 가장 중요한 것으로 이 연구가 협력 관계에 영향을 미치는 요소를 이해하는 데 있어 기여한 주요 요인은 중요한 내생적 과정, 주로 삼자 완결구조와 그보다 적은 범위의 선호적 연결이 협력 행태에 상당한 영향을 미친다는 사실이다. 그러한 내생성의 증거 대부분은 쌍의 분석 수준을 사용하는데, 그 분석 수준은 이러한 결과의 일반화 가능성을 다소 제한한다.

둘째, 이러한 분석들은 협력에 대해 네크워크 개념을 적용하지 않은 연구 결과들을 확증하지만, 부문 내 핵심 논쟁 일부를 해결하는 데에도 도움이 된다. 대부분의 경우 네트워크 분석 연구는 협력에 대한 네트워크 개념 적용 이전의 연구가 산출한 핵심 결과를 뒷받침 한다. 즉 민주주의는 협력 네트워크에 걸쳐 국가의 중심성을 높인다. 민주주의 공유는 안보, 경제 및 제도 네트워크에서 가장 강력한 협력 결정 요소이다. 셋째, 네트워크 연구들은 협력 관계의 확산 효과에 대한 문헌에서의 중요한 논쟁을 해결하는 데 도움을 준다. 특히 그 연구들은 안보 협력이 경제와 제도적 협력의 원인이 되지만, 경제나 제도적 협력이 안보 협력을 유도하는 역의 과정은 덜 강고하다는 것을 매우 설득력 있게 제시한다.

이러한 연구들의 주요 약점은 쌍의 분석에 맞춘 초점을 비판하고 내생적인 네트워크 효과를 명시적으로 모형화 하는 것을 지지하며 네트워크 내 쌍들 간의 독립성 가정 포기를 강력하게 주장하면서, 쌍의 분석도 압도적으로 수행한다는 것이다. 네트워크 수준에서 협력에 대한 분석이 몇 안 된다는 것(Maoz, 2012, 2010; Cranmer et al., 2015; Haim, 2016)은 쌍을 넘어 연구할 것이 많다는 것을 시사하며, 이들 소수의 분석 결과는 국제관계IR의 진화에 대한 흥미로운 통찰을 제공한다.

쌍의 상호작용에 초점을 맞춘 연구는 네트워크 관점에서 협력을 촉진하는 특정 요인에 대한 기존 가설을 기본적으로 다시 시험한다. 이와는 대조적으로, 체계적 과정에 초점을 맞춘 네트워크 분석 연구는 보다 전통적인 협력 문헌에서 포착하지 못했던 통찰을 더해준다. Maoz(2012)는 네트워크 수준에서 동맹의 동종선호homophily 모형에 대한 중요한 증거를 알아냈다. 네트워크 형성의 동종선호 모형(McPerson et al., 2001)은 유사성에 이끌린다는 점을 시사한다. 서로 다른 속성의 노드들보다 유사한 속성을 가진 노드들이 관계를 형성할 가능성이 높다. 결과적으로 동맹 네트워크가 (a) 공통의 적이 있고 (b) 공동으로 민주적이며 (c) 문화적으로 유사하다는 국가의 경향에 의해 형성될 가능성이 높다는 꽤 강력한 증거가 존재한다(Maoz and Joyce, 2016). Haim(2016)은 동맹과 무역 관계가 일관성 있는 커뮤니티를 형성하는 경향이 있음을 발견한다. Maoz(2012)는 또한 선호 연결 과정의 중요한 증거를 발견하여, 무역 관계 형성에 있어 강력한 인기 효과popularity effect를 제시한다. 이러한 결과에서 중요한 통찰은 개별 국가의 속성- 국가 간 관계의 네트워크에 있어 외생적인 속성과 그러한 네트워크에 대한 내생적인 속성 모두-을 쌍의 분석 수준을 훨씬 뛰어넘는 구조에 연결할 수 있다는 것이다. 더 자세한 내용은 다음과 같다. 이제 갈등 행태에 미치는 네트워크 구조의 영향에 대해 논의한다.

Maoz and Joyce(2016)의 연구는 충격shocks이 국제 네트워크에 어떤 영향을 미치는지 조사하려는 첫 시도 중 하나다. 그들은 행위자 기반 모형 ABM, agent-based model 기법과 동맹 네트워크의 경험적 분석을 결합하여, 국제적 갈등으로 인해 (동맹 관계에 있어 핵심 결정요인인) 공동의 적의 정체성이 급격히 변화하는 것으로 규정되는 큰 충격이 동맹 네트워크의 구조 변화에 영향을 미치는 방식을 조사한다. 그들은 공동의 적을 가진 국가들의 수의 증가처럼 공동 이해의 정도가 증가하는 긍정적인 사건과 공동의 적의 현저한 감소와 같이 공동의 이해의 정도가 감소하는 부정적인 충격을 구분한다. 그들은 무작위네트워크 데이터를 갖고 있는 행위자기반 모형ABM의 결과와 실제 네트워크 구조의 변화 간에 유의미한 유사점을 발견한다. 구체적으로 동맹의 에고 네트ego nets와 전반적인 네트워크의 연결성과 일관성(이행성)이 긍정적인 충격과 국가들의 동맹(인접국가들)을 작동시키는 긍정적인 충격에 따라 증가하고, 부정적 충격에 따라 감소한다. 국가들이 경험하는 충격뿐만 아니라 인접국가들(잠재적으로 인접국가의 인접국가)이 경험하는 충격에 대한 대응으로 국가들이 동맹을 변경한다는 것은 의미 있는 결과다. 여기에서도 결과는 네트워크 수준에 걸쳐, 즉 특정 국가의 개별 에고 네트에서 시스템 전체에 이르기까지 일반화될 수 있는 것으로 보인다.

국제 갈등의 네트워크 결정 요인

언급한 바와 같이, 갈등에 대한 네트워크 개념 적용 이전의(또는 비네트워크non- network) 연구는 국가 간 갈등의 확률이나 규모를 증가시키거나 감소시키는 국가, 쌍 또는 시스템 속성에 초점을 맞추는 경향이 있었다. 협력 네트워크 연구의 경우와 마찬가지로, 국제 갈등 연구에 대한 네트워크 분석 프레임워크의 핵심적인 기여는 일반적으로 협력적인 다양한 네트워크의 구조와 갈등 행태 간의 관계에 대한 통찰력을 제공하는 데 있다. 더 중요한 사례들 중 일부는 이러한 기여를 예시한다.

Hafner-Burton and Montgomery(2006)는 쌍의 갈등 행태에 대한 정부간 기구 관련 중심성centrality과 정부간 기구의 클러스터링clustering의 영향을 조사한다. 그들은 그러한 클러스터에 구조적으로 동등한 쌍이 존재하면 갈등의 확률이 증가하는 데 반해, 중심성의 측면에서 쌍의 구성원 간의 불일치는 갈등의 확률을 감소시킨다는 것을 발견한다. 그들의 분석은 클러스터링이 갈등에 미치는 구조적 영향과 관련해 민주주의 공유가 강고하다는 점을 시사하며 민주 평화 결과를 계속 입증하고 있다.

칸트의 평화 개념을 수용한 Dorussen과 Ward(2008)는 쌍의 갈등에 미치는 정부간 기구의 간접적 관계의 영향에 초점을 맞춤으로써 정부간 기구 공동 참여와 평화 사이의 연계를 확장한다. 그들은 그와 같은 관계가 쌍의 갈등 경향을 감소시키고, 이러한 효과는 안보 관련 정부간 기구를 넘어서며; 그 효과가 정부간 기구의 경제적, 행정적 멤버십에도 적용된다는 것을 알아냈다.

Hafner-Burton과 Montgomery는 세력(중심성) 불균형과 제재 행태에 대한 결과를 확장한다(2008). 그들은 또한 발신자의 체제 평가가 제재 성향을 증가시키는 데 반해, 대상자의 체제 평가(민주주의)는 제재 성향을 감소시킨다는 것을 발견한다. 이는 국가 간 우선 무역 협정PTA이 쌍의 회원국 간 제재 가능성을 높이는 세력의 종속을 만든다는 것을 제시한다. 이들은(Hafner-Burton and Montgomery, 2012) 우선 무역 협정이 세력의 종속을 만든다는 연구 결과에 기초하여 우선 무역 협정이 세력의 위계를 만드는 경향이 있고, 그 결과로 국가 간 불신이 커지기 때문에 갈등의 가능성을 증가시킨다는 것을 발견하였다. 그들의 결과는 또한 의존성, 중심성, 공유하는 우선 협정 무역 멤버십과 같은 네트워크 관련 변수를 통제하는 경우에도 민주평화안에 대한 지지를 지속하고 있다. 이 결과는 우선 무역 협정 회원 자격이 쌍의 갈등 확률을 낮추는 경향이 있다고 제시한 이전의 결과를 문제 삼게 된다(Mansfield, Pevehouse and Bearce, 1999, Mansfield and Pevehouse, 2000).

Maoz(2010)는 또한 네트워크 프레임워크 내에서 민주평화안에 대한 주요 테스트를 수행하였다. 그는 민주평화의 규범적 모형을 네트워크 틀로 확장하면서 이 모형이 "민주적 네트워크"의 개념, 즉 민주적 국가들이 지배하는 내생적으로 한정된 집단에 초점을 맞춤으로써 복합적 분석 수준으로 확장될 수 있다고 주장하였다. 이 모형의 초점은 Maoz가 "전략적 준거 집단SRGs, strategic reference groups"이라고 규정했던 개념이었다. 전략적 준거 집단은 각 국가에게 있어 "국가 안보에 즉각적이고 직접적이며 심원한 영향을 미치는 국가들의 집합"이라고 규정된다. 운영상 국가의 전략적 준거 집단은 적들의 동맹을 비롯해 현재와 과거의 적성 국가들로 구성된다. 이러한 개념을 통해 그는 전략적 준거 집단 네트워크를 개발할 수 있었고, 그 네트워크 내에서 각 엣지는 여러 벌의 국가들 간의 실제적 또는 잠재적 경쟁을 나타낸다. Maoz는 민주국가들의 전략적 준거 집단이 민주화될 때, 중요한 국가의 갈등 연루의 수준이 현저히 떨어진다는 것을 보여주었다. 마찬가지로, 전략적 준거 집단이 더 많이 민주화되면 될수록, 시스템 전체의 갈등 수준도 그만큼 더 현저히 감소한다. 이는 분석 수준 전반에 걸쳐 민주주의와 평화 사이의 일관된 링크를 확립한 첫 번째 연구이다.

네트워크 분석은 또한 상호의존과 갈등에 대한 작업을 명확히 하는 데 도움이 된다. Maoz(2009)는 노드, 쌍, 네트워크 분석 수준에 적용되고 다른 네트워크에 걸쳐 일반화될 수 있는 상호의존의 네트워크 이론 지수를 개발하였다. 이러한 척도를 사용하여, Maoz는 서로 다른 네트워크에서의 상호의존성이 갈등 행태에 영향을 미치는 정도를 테스트하였다. 그는 - 동맹 네트워크와 국가 역량을 결합하여 측정한 - 전략적 상호의존이 평화에 일관된 영향을 미치지 않는다는 것을 발견하였다. 전략적 상호의존은 국가 갈등의 비율을 감소시키기는 하지만, 쌍의 갈등에는 큰 영향을 미치지 않는다. 이와 대조적으로, 전략적 상호의존은 체제적 갈등을 줄여준다. 반면에 경제적 상호의존은 국가, 쌍 및 시스템 분석 수준의 갈등에 상당히 저해하는dampening 영향을 미치는 것으로 보인다.

Dorussen과 Ward(2010)는 또한 쌍의 평화에 미치는 간접적인 무역 연계의 영향에 대한 주장을 확장해, 경제적 상호의존과 평화 사이의 연결을 다룬다. 여기에서도 경제적 상호의존이 쌍의 갈등에 일관되게 저해하는 영향을 미친다는 주장에 대한 지지를 확인한다. 그러나 그들은 무역 네트워크의 밀도가 증가함에 따라 갈등에 대한 간접적인 무역 연결의 영향이 줄어드는 데 반해, 네트워크에서의 쌍의 착근이 점차 평화롭게 하는 효과를 갖는다는 점을 발견한다. 이는 또 다른 네트워크 관련 결과와 통합된다. 즉, 경제단체 공동멤버십(예를 들면 소집단 공동참여 혹은 커뮤니티 공동clique comembership, community은 쌍의 갈등에 일관되게 저해하는 효과를 가져온다(Maoz, 2010). 이러한 결과들은 칸트의 삼각구도의 경제적 측면에 상당한 신뢰를 더하는 것으로 보인다. Maoz(2009, 2006)와 Cranmer 등(2015) 모두 칸트의 파벌주의 즉, 여러 [복합적인] 네트워크에 걸쳐 결합된 모듈 계수에 의해 측정된 체제적 상호의존이 체제적 갈등의 수준에 상당히 저해하는 영향을 미친다는 것을 제시한다. 그러나 그들은 체제적 민주주의가 무역과 국제기구의 저해 효과에 미치는 영향은 거의 없다는 것을 발견했다.

여러 연구는 협력과 갈등의 네트워크를 병치해 구성한 네트워크와 협력과 갈등 모두의 관계 사이에 초점을 맞춘다. Maoz 등(2007)은 네트워크 분석을 사용하여 균형 잡힌 관계(나의 동맹의 동맹은 나의 동맹, 나의 적의 적은 나의 동맹, 나의 적의 동맹은 나의 적)가 동맹 연결과 갈등 관계에 미치는 영향을 검토하였다. 그들은 나의 적의 적 유형의 균형 잡힌 관계가 동맹 형성(균형 잡힌 삼각형을 완결하는 것, 즉 나의 적의 적은 나의 동맹)에 영향을 미치는 경향이 있다는 것을 알아냈다. 하지만 국제관계IR의 현실주의적 시각에서 비롯된 직관과는 달리, 그들은 하나 이상의 공통의 적을 가진 두 국가가 우연히 적이 될 가능성이 예상하는 것보다 더 높다는 것을 발견하였다(불균형 삼각형. 즉 나의 적의 적이 나의 적). 그들은 다양한 유형의 불균형 관계가 쌍의 갈등의 가능성을 상당히 증대시킨다는 것을 발견하였다.

이와는 대조적으로, Lerner(2015)는 그러한 네트워크의 균형과 불균형을 시험하기 위해서는 상호작용의 가능성에 대한 조정이 필요하다고 주장하였다. 그는 균형이나 불균형의 가능성을 결정할 수 있는 네트워크 효과에 대한 통제가 도입되면, 균형 잡힌 관계가 갈등의 가능성을 감소시키는 경향이 있음을 발견한다. Lerner의 분석은 또한 다른 네트워크 분석 연구의 핵심 결과의 일부-즉 주로 상호작용 가능성과 네트워크 효과를 통제하는 경우에 있어서도 갈등에 미치는 민주주의의 저해 효과-를 뒷받침한다.

Maoz와 San-Akca(2015)는 균형과 불균형의 새로운 척도를 이용해 중동의 관계 불균형이 어느 지역보다 훨씬 더 흔하고 광범위하다는 것을 알게 됐다. 그들은 또한 중동 지역의 이어지는 갈등 수준에 대한 관계 불균형의 영향에 대한 중요한 증거를 발견한다.

전반적으로 네트워크 분석 연구가 갈등과 협력의 이해에 기여하는 것은 이러한 연구가 협력적 국제 행태 연구에 기여하는 것과 유사하다. 국제 갈등에 대한 네트워크 분석 연구의 핵심 의의는 네트워크 개념 적용 이전에 이루어진 핵심 연구의 일부, 주로 민주 평화 결과의 상대적 강고함을 확인하는 데 있다. 갈등 연구의 경우에도 네트워크 분석 연구는 "상호의존이 갈등을 감소시킨다"는 주장과 같은 주요 논쟁의 일부를 명확히 하는 데 도움을 주었다.

그러나 네트워크 분석 문헌은 더 전통적인 문헌에는 없는 국제 상호작용의 원천과 과정을 이해하는 데 있어 중요한 구분layer을 추가한다. 즉 관계 불균형에 대한 초점과 갈등과 협력에 대한 그 영향이 그것이다. 이 작업은 아직 초기 단계에 있고 그런 새로운 관심사에는 흔한 일이다. 여전히 일관된 결과를 도출해야 하지만, 국제적인 상호작용을 모형화 하는 새로운 차원을 제시한다. 이것은 우호와 적대 관계의 결합, 그들이 구체적이고 일관된 레짐으로 분해되는 즉, 친구들이 공동의 적에 맞서 함께 모이는 정도 또는 그들이 상당한 불일치 정도, 즉 긍정적 관계와 부정적 관계를 동시에 갖는 친구, 또는 "나의 친구의 친구는 적"과 같은 불균형한 삼각구도를 수반하는 지에 초점을 맞추는 것이다. Maoz와 San-Akca(2015)는 일부 지역이 관계 불균형의 발생 경향이 보다 더 현저하고, 또한 갈등이 재발하고 중요한 현상인 곳이라는 것을 보여준다. 이는 세계 정치의 갈등과 협력 관계를 새롭게 조명하는 중요한 결과이다.

갈등의 쌍을 분석하는 것으로부터 벗어나지 못하는 것도 네트워크 분석과 비네트워크non-network 문헌 모두의 약점이다. 내생성 집단에 초점을 맞춘 일부 연구는 중요한 패턴을 보여준다. 예를 들어 Maoz(2010)의 민주 평화에 관한 연구는 실제의 적들 또는 잠재적 적들의 네트워크인 전략적 준거 네트워크SRNs, strategic reference networks에 초점을 맞추고 있다. 그는 그러한 네트워크가 민주화될 때 전통적으로 높은 수준의 집단 내 갈등이 현저하게 감소한다는 것을 보여준다. 마찬가지로, 증거는 민주화하는 전략적 준거 네트워크 집단의 비율이 증가하면, 체제적 수준의 갈등은 감소한다고 제시한다. 이는 체제적 민주 평화의 증거를 발견한 다른 연구와 일치하며 그 연구를 강화한다(Kadera, Crescenzi, Shannon, 2003; Kadera and Mitchell, 2005).[4]

다음 절에서는 네트워크 분석을 채택하여 쌍의 분석 수준을 넘는 갈등과 평화 관련 문제를 검토하는 몇 가지 가능성을 설명한다.

협력적인 국제 커뮤니티

국가 간 협력 협정을 수반하는 공식적인 제도적institutional 구조와 달리, 협력 커뮤니티는 새로운 구조이다. 그것들은 국가 간의 관계의 패턴에서 생겨난다. 커뮤니티는 필연적이지는 않지만 집단 협력을 암시하는 공식적인 제도 구조에 부합할 수 있다. 이를 설명하기 위해 그림 15.2는 2010년 제휴 커뮤니티를 보여준다. 이 그림에서 사각형은 커뮤니티 식별자이다. 원circles은 전쟁관련 요인 분석COW, Correlates of War에서 분류된 국가 번호를 가진 국가들이다. 즉 회색 원은 민주 국가이고 검은색 원은 비민주 국가이다. 모듈화 계수(Girvan과 Newman, 2004 부록 참조)로 측정한 것처럼 커뮤니티 검출 솔루션의 질은 상당히 양호하다(Q = 0.721, T = 68.04, p < 10^{-15}). 주목할 것은 일부 국가들(예를 들면 20번 캐나다와 625번 수단)은 두 커뮤니티가 겹친다. 커뮤니티 R4(주로 NATO 회원국)에서의 강한 민주적 클러스터링과 커뮤니티 R3(전적인 것은 아니지만 주로 아랍 연맹)에서의 권위주의적 클러스터링이 존재하는 것으로도 보인다. 또한 눈여겨 볼 것은 커뮤니티가 지리적 근접성과 중복되는 경향이 있지만, 일부 커뮤니티는 다른 지역의 국가를 포함하고 있다는 것이다.

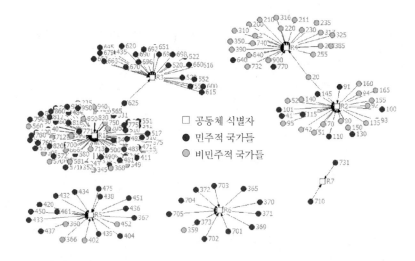

그림 15.2 동맹 네트워크와 동맹 커뮤니티 2010

출처: Alliances, COW alliance data set(Giber, 2008), POLITY Ⅳ(Marshall et al., 2014)
　　　숫자는 COW 국가 코드임.

커뮤니티의 탐지는 전적으로 내생적이다. 즉 국가들 간 동맹 관계의 구조는 커뮤니티의 멤버십 자격을 결정한다. 하지만 커뮤니티 멤버십 자격을 결정하는 외생적 요인에 대해 의미 있는 말을 할 수 있을까? 그 질문에 대답하는 한 가지 방법은 커뮤니티 응집에 대해 질문하는 것이다. 구체적으로, 다음과 같은 질문을 할 수 있다. 협력 커뮤니티에서 민주주의 국가들이 단지 우연히 그럴 것이라는 예상보다 함께 클러스터링 가능성이 더 높은가? 협력 커뮤니티에서 문화적으로 유사한 국가들이 그럴 수도 있을 것이라는 기대보다 클러스터링 할 가능성이 더 높은가?

그러한 질문에 대한 답변은 민주주의와 협력에 대한 전통적인 비네트워크 연구와 민주주의와 협력에 대한 네트워크 분석 연구 모두에서 제시된 것보다 더 엄격하고 까다로운 일련의 경험적 테스트를 수반한다. 이것은 우리가 엄격한 쌍의 수준에서 확실히 새롭게 등장하는 수준으로 이동하기 때문이다. 쌍dyads은 분석 단위로 외생적으로 정의된다. 커뮤니티는 쌍의 관계 구조에 의해 정의된다. 민주주의 공유나 종교적 유사성과 같은 속성에 의한 클러스터링 경향이 강하다고 판단될 경우, 이것은 국제 협력 연구에 있어 상당히 중요한 시사점이 된다. 그것은 네트워크 분석가들이 전형적으로 확인한 동맹의 정의로 내재된 상호성, (통계 소프트웨어 k-star 도출) 인기, 삼자 완결구조triadic closure와 같은 관계 형성의 내생적 결정 요인 외에도 클러스터링을 정의하는 중요한 요소가 있음을 시사할 수 있다.

협력 커뮤니티의 출현에 대한 외생적 요인의 영향을 판단하기 위해 저자는 응집 계수cohesion coefficient를 개발하였다. 응집 계수의 도출에 대해서는 이 장의 부록에서 논의한다. 여기서는 이 통계의 일반적 직관을 제시한다. 응집 계수는 분석 단위로서의 커뮤니티 멤버십에 초점을 맞춘다. 이 계수는 일부 속성의 측면에서 커뮤니티 내 응집(또는 특정 커뮤니티를 구성하는 회원 간의 유사성)이 해당 속성의 측면에서 커뮤니티 간 응집성(또는 한 커뮤니티 내의 구성원들과 다른 커뮤니티 구성원들 간의 유사성)보다 더 높은 정도를 측정한다. 예를 들어 그림 15.2에서는 커뮤니티 R4와 그보다 적은 범위로 커뮤니티 R2에서 민주국가들의 클러스터링을 볼 수 있다. 마찬가지로, 커뮤니티 R3에서 권위주의 국가들의 유의미한 클러스터링을 볼 수 있다. 반면에 커뮤니티 R1과 R5는 상당히 혼합되어 있다. 앞서 언급한 바와 같이 응집성 계수는 주어진 외생적 속성의 클러스터 내 및 클러스터 간 차이를 측정한다. 이 값은 정규 평균 차이의 T-검정을 사용하여 우연과 상당하게 차이가 있는지 여부로 추정할 수 있다. 커뮤니티 응집의 일부 패턴을 설명하기 위해, 그림 15.3에서 1946년부터 2010년까지 기간 동안 동맹 커뮤니티의 응집성 계수 및 T 점수를 보여준다. 조사된 외생적 요인은 민주주의와 종교적 유사성이다.

보다시피 동맹 커뮤니티에서 민주주의와 종교의 유사성의 클러스터링이 두드러지게 존재한다. 종교적 클러스터링이 민주적 클러스터링보다 훨씬 높다. 이는 민주적 속성이 이진적binary이고 종교적 유사성이 연속적인 기간에 측정되었다는 사실에도 불구하고 그렇다(Maoz and Henderson, 2013). 그러나 통계적 의미의 수준은 상당히 높다. 민주적 클러스터링은 해당 기간 동안 체제 내 민주주의의 비율이 0.21에서 0.40(평균 민주주의 = .268) 사이였다는 점에서 더욱 두드러지며, 이는 한 쌍의 국가가 공동으로 민주적일 확률이 0.07임을 의미한다. 안보 협력 네트워크의 민주적 응집력의 통계적 의미에서도 약간의 상승 추세가 나타나는 것으로 보이지만; 실제 계수 크기에서는 이러한 추세가 감지되지 않는다. 이는 두 민주주의 국가가 같은 커뮤니티에 속할 확률이 커뮤니티 수의 함수로 실제로 하락하기 때문이다.

동맹 커뮤니티의 종교적 유사성 클러스터링은 보다 더 두드러진다. 이것은 문화적 유사성의 동종선호 패턴을 시사한다. 동맹 커뮤니티는 구성원의 종교적 특성 측면에서 종교적 유사성을 갖는 커뮤니티 간 다른 결합보다 훨씬 더 유사하다.

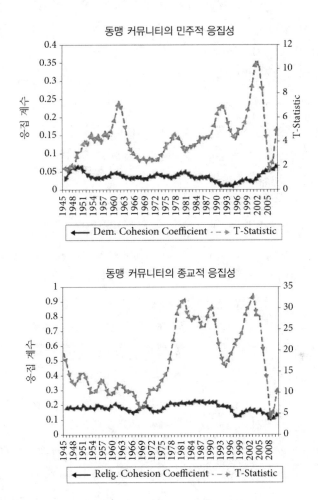

그림 15.3 동맹 커뮤니티의 민주적 및 종교적 응집

설명 : 위의 그래프panel는 동맹 커뮤니티의 민주적 응집을 보여주고 아래의 그래프
는 동맹 커뮤니티의 종교적 응집을 나타낸다.

결론

국제 갈등 및 협력에 대한 네트워크 분석 연구에 대한 일반적인 비판은 "그래서 어떻게 하라는 것이냐"라는 질문이다. 즉 네트워크 분석이 이러한 현상의 실질적 이해에 미치는 제한적 기여는 무엇인가?이다. 이 질문에 대한 답은 간단하지 않다. 이론적인 차원에서, 네트워크 분석 연구는 갈등과 협력의 구조에 대한 새로운 이론적 통찰을 개발하지 못하였다. 언급한 바와 같이, 그러한 연구의 핵심적 기여는 네트워크 전체의 구조에 대한 쌍의 협력 및 갈등 행태의 복잡한 의존성에 대한 우리의 관심을 끌어낸 것이다.

네트워크 구조가 갈등과 협력에 대한 개별적인 쌍의 선택에 영향을 미친다는 개념은 중요하다. 그러나 그것이 모형화 되는 방식은 실질적 관점에서 아쉬운 점이 많다. 지수 랜덤 그래프 모형(EGRMs, Cranmer and Desmarais, 2011) 또는 확률적 행위자 지향 모형(SAOMs, Snijders, 2005; Warren, 2016)은 유용한 통계 도구이지만, 이러한 모형에서 비롯된 결과는 갈등과 협력의 역학에 대한 의미 있는 실질적 통찰을 제공하지 않는다. 예를 들어 안보 협력이 삼자 완결구조 역학의 기능이라는 결과는 매력적으로 보이지만, 실질적인 관점에서는 많은 것을 알려주지 않는다. 삼자 완결구조는 동종 선호의 기능일 수 있다. 유사한 레짐이나 문화적/종교적 유사성과 같이 비슷한 속성을 가진 국가들이 공통의 이해관계를 가지고 있고, 이러한 유사성이나 이해관계가 그들을 NATO, 바르샤바 조약, 아랍 연맹과 같은 집단 안보 구조를 형성하도록 만든다면, 연맹은 삼자 완결구조의 영향을 받는다는 것을 알게 될 것이다. 그래서 삼자 완결구조는 일부 외생적 요인 때문이며 동맹 형성에 독립적인 영향을 미치지 않는다.

마찬가지로, 쌍의 관계에서 k-star 통계량이 강하게 미친 영향의 결과인 인기 효과는 그들을 인기 있는 동맹 파트너로 만드는 일부 노드(예를 들면 역량)의 특정 속성 때문일 수 있다. 지수 랜덤 그래프 모델 또는 확률적 행위자 지향 모형SAOM 추정에서 인기 효과를 발견한다는 사실은 네트워크 형성 및 네트워크 진화 과정에 대한 실질적 이해 개선 측면에서 의미가 거의 없다.

갈등과 협력에 대한 네트워크 분석 연구는 국제 커뮤니티 및 네트워크 특성과 같은 부상하는 단위들의 구조와 속성을 설명하기 위해 비판하지만 포기하지 않는 쌍의 분석을 넘어서면 중요한 새로운 통찰을 제공할 수 있다. 이러한 분석 단위에 초점을 맞춘 몇 가지 연구(Maoz, 2006, 2009, 2010; Cranmer et al., 2015; Haim, 2016)는 이 분야가 네트워크 분석 연구가 가장 기여할 수 있는 영역임을 시사한다.

일반적으로 경험적 국제관계IR 문헌에서 균형과 불균형의 문제에 대해서는 거의 관심이 주어지지 않았다. 이와는 대조적으로 이론적 문헌은 이러한 문제에 많은 관심을 쏟는다(예를 들면 균형화balancing에 대한 신현실주의자의 관심, Waltz, 1979; Mearsheimer, 2001). 현실주의 이론의 균형화 개념과 네트워크 분석의 관계적 균형 개념은 중요한 이론적 방법과 흥미로운 경험적 패턴을 제공한다. 국제관계IR에서의 우호와 적의 사이의 관계를 이해하기 위해서는 더 많은 연구가 필요한데, 왜냐하면 수많은 연구가 이 관계가 단순하지 않다고 제시하고 있기 때문이다(Barbieri and Levy, 1999; Maoz et al., 2007; Maoz and San-Akca, 2015).

전반적으로, 네트워크 분석 연구는 국제적 갈등과 협력을 이해하는 데 몇 가지 중요한 기여를 하였다. 그러나 이 접근법의 잠재력이 완전히 이용되기에는 아직 멀었다. 그러한 과정에 대한 중요한 이론적 일반화를 활용하기 위해 네트워크 분석을 적용할 기회는 많이 있다. 이 분야의 데이터 혁명은 네트워크 분석이 IR에 진출(또는 재진출)하기 시작하였던 15년 내지 20년 전에는 존재하지 않았던 많은 연구 기회를 제공한다. 국제관계IR에서 네트워크 학자들의 커뮤니티가 성장하는 것은 기본

틀이 정치학을 넘어 이미 학계의 주목을 받았음을 시사한다. 국제관계IR 학자들과 수학자들이나 물리학자들 간의 협업(Macon et al., 2012, Vijayaraghavan et al, 2015, Cranmer et al., 2015)은 모델링과 경험적 통찰의 중요한 길을 열어준다. 지식과 이해의 유의미한 도약을 위한 조건은 무르익었다. 그것들이 실현될지 지켜볼 필요가 있다.

민주주의와 협력 네트워크: 방법론 부록

데이터 소스

다음의 데이터 소스가 논문에서 사용되었다. 사건 데이터는 두 가지 출처로부터 결합되었다. 즉 통합 위기 조기 경고 시스템ICEWS, Integrated Crisis Early Warning System(https://dataverse.harvard.edu/dataverse/ICEWS)와 피닉스 사건 데이터 세트Phoenix Events Data Set(http://phoenixdata.org). 통합 위기 조기 경고 시스템ICEWS 데이터 세트는 2000년부터 2014년까지 범위를 다룬다. 피니스Phoenix 데이터는 2014년부터 2016년까지의 기간을 다룬다.

네트워크 복구를 위한 원시 데이터와 R 알고리즘은 http://spins.faculty.ucdavis.edu에서 확인할 수 있다.

네트워크의 노드들은 국가들이다. 네트워크의 엣지는 일주일 동안 국가 i와 국가 j 간의 골드슈타인Goldstein의 갈등과 협력 척도에 상응하는 상호작용의 합으로 규정된다. 갈등 데이터는 모든 갈등의 상호작용을 합하고, 협력 네트워크는 모든 협력의 상호작용을 합한다. 이는 두 개의 장기적인, 가중의, 방향성 네트워크 세트를 형성한다. 각 네트워크는 국제 체제 내 모든 주간weekly 상호 작용을 확보한다.

커뮤니티 부문에 사용되는 데이터는 다음의 출처에서 가져왔다.

- **동맹**Alliances : 데이터는 2004년까지 거슬러 올라가는 동맹조약 의무 및 규정ATOP, Alliance Treaty Obligations and Provisions(Leeds, 2005) 데이터 세트와 2010년까지 올라가는 COW 제휴 데이터 세트(Gibler, 2008)를 결합한다. 두 데이터 세트는 상관관계가 높다(Chi-squared = 4.7e + 05; tau-b = 0.824, Yule's Q = 0.999). 동맹 네트워크의 엣지는 t 년에 두 국가가 동맹을 맺으면 1점, 그렇지 않으면 0점이 부여된다. 이것은 가중치가 부여되지 않은, 방향성이 없는 네트워크이다.

- **민주주의**Democracy : 데이터는 POLITY IV 데이터 세트에서 도출된다 (Marshall et al., 2014). 민주주의는 Maoz and Russett(1993)의 민주주의 점수가 30점 이상이면 1점으로, 그렇지 않으면 0점으로 정의된다.

- **정치적으로 관련된 쌍**Politically relevant dyad : 데이터는 COW 인접성 데이터 세트로부터 도출된다(COW, 2006; Stinnett et al., 2002). 쌍은 직접적으로 인접하거나, 150 해리 이내의 수역으로 분리되거나, 회원국의 식민지 소유로 인접하거나, 혹은 한 국가가 지역 강대국이거나 주요 강대국인 경우, 정치적으로 관련이 있다(Maoz and Russett, 1993).

- **종교적 유사성**Religious similarity : 데이터는 세계 종교 데이터세트에 기반한다(Maoz and Henderson, 2013). 종교 유사성 점수는 종교 데이터 세트의 두 가지 모드를 한 가지 모드로 변환한 것이다. 이 점수는 0 (두 국가가 완전히 다른 종교 집단을 포함함)으로부터 1(한 국가의 인구에서 종교 집단의 분포가 다른 국가 인구에서 종교 집단의 분포와 정확하게 동일함)까지 다양하다.

방법론 Methods

커뮤니티 도출Derivation of Communities : Girvan and Newman(2004)의 빠르고 열의에 찬 알고리즘과 방향성 네트워크에 대한 Leicht and Newman

(2008)의 모듈성 극대화 절차에 기초한 수정된 커뮤니티 검출 알고리즘을 사용한다. 이러한 알고리즘의 경우와 마찬가지로 커뮤니티 검출 과정은 모듈성 극대화를 기반으로 한다. 모듈화 계수는 네트워크의 주어진 분할이 커뮤니티 내 밀도를 최대화하고 커뮤니티 간 밀도를 최소화하는 정도를 나타내는 척도이다. 게다가 이 분할은 우연으로만 예상되었던 것과 크게 다르다. 구체적으로는 다음 식과 같다.

$$Q = \frac{1}{2m} \sum \left(A_{ij} - \frac{d_{out(i)}d_{in(j)}}{2m} \right) \delta c_i c_j \qquad [1]$$

A_{ij}가 노드 i와 j의 인접 점수이고; $d_{out(i)}$와 $d_{ijn(j)}$ 그리고 이들 노드의 내향 연결정도in-degrees가 각각인 경우에; m은 네트워크 내 엣지의 수이며, $\delta c_i c_j$는 다음과 같이 정의되는 크로네커 델타Kronecker delta이다.

$$\delta c_i c_j = \begin{cases} 1 & if\ c_i = c_j \\ 0 & otherwise \end{cases} \qquad [2]$$

주목할 것은 수량 $\frac{d_{out(i)}d_{in(j)}}{2m}$ 는 우연한 엣지의 기대되는 값이다.

이 커뮤니티 검출 알고리즘은 Q가 최대값이 될 때까지 반복된다. 그런 다음 네트워크의 분할을 이산형 커뮤니티로 만든다. 그러나 상당히 많은 학자들이 지적했듯이(Lancichineti et al., 2011; Shen et al., 2009; Macon et al., 2012), 커뮤니티를 가로질러 중복이 허용될 경우 이러한 분할은 커뮤니티의 모듈성을 개선할 수 있을 것이다 - 그리고 보다 현실적으로 만들 수도 있을 것이다. 따라서 그 절차는 다음과 같다.

첫째, 분리 계수(S)라고 부르는 수정된 모듈화 척도를 사용한다. 이는 k 크기(여기에서 k는 커뮤니티의 수임)의 커뮤니티 밀도CD 매트릭스를 생성해 얻을 수 있고, 그것은 $cd_{qr} = \dfrac{\sum_{i \in q,\, j \in r} A_{ij}}{n_q n_r - n_{qr}}$ 로 정의된 참가자를 갖고 있으며, 여기에서 n_q, n_r은 커뮤니티 각각 q와 r의 노드 수이고 n_{qr}은 두 커뮤니티에 공통되는 노드 수이다. 주목할 것은 커뮤니티 밀도CD 매트릭스의 항은 커뮤니티 내 밀도를 반영하고, 항 밖의 참가자들은 커뮤니티 q의 노드와 커뮤니티 r의 노드 사이의 엣지를 반영한다. 여기서 우리는 다음과 같은 S를 얻는다.

$$S = \frac{\sum_q \sum_r \left(cd_{qq} - cd_{qr} \right)}{k(k-1)} \qquad [3]$$

둘째, 위에서 설명한 모듈화의 극대화를 바탕으로 커뮤니티 구조를 형성한다. 이 커뮤니티 구조에서는 다음과 같은 각 노드와 각 커뮤니티 사이의 외부 밀도out-density와 내부 밀도in-density를 계산한다.

$$d_{iq} = \frac{\sum_{j \in q} A_{ij}}{n_q^*}, \quad d_{qi} = \frac{\sum_{j \in q} A_{ji}}{n_q^*} \qquad [4]$$

여기에서 $i \in q$ 의 경우, $n_q^* = n_q - 1$이고, $i \notin q$ 의 경우, n_q이다. 이렇게 하면 자신만으로 된 관계self-tie를 셈에 넣지 않을 수 있다.

셋째, (1) $i \notin q$, (2) $\min(d_{iq}, d_{qi}) > cd_q$의 조건을 충족시키는 노드가 존재하는 경우 노드를 커뮤니티 q에 추가한다(동시에 이전 커뮤니티에서도 노드의 자격을 유지한다). Q와 S를 재계산한다. 다음 조건 (1) $Q_t \geq Q_{t-1}$과 (2) $S_t > S_{t-1}$(여기에서 t는 검출 과정에서의 반복을 나타냄)를 모두 충족하는 경우 새 커뮤니티 구조를 유지한다.

다시 말해, 두 개의 커뮤니티에 걸쳐 있는 노드의 중복은 (1) 모듈화를 감소시키지 않고,5) (2) 분리를 엄격하게 증가시킨다면, 정당화된다. 이 과정은 (조건 (1)에 충족하는 것에 종속되어) 조건 2가 최대화될 때까지 반복된다.

이산형 커뮤니티 검출 과정에 대한 이 절차의 장점은 여러 커뮤니티에 걸쳐 노드의 일부 중첩을 허용한다는 것이다. 그렇게 함으로써 커뮤니티 내 밀도를 높이는 동시에 커뮤니티 간의 분리를 극대화한다. 동시에 최대 모듈성 점수를 유지한다.

1946년부터 2010년까지의 기간 동안 안보 커뮤니티를 생성하는 동맹 네트워크를 사용한다. 매년이 네트워크이고; 그래서 매년의 커뮤니티 구조를 도출한다. 매년의 커뮤니티 구조를 통해 커뮤니티 형성의 내생적 과정에 대한 외생적 변수의 영향을 탐지할 수 있는 새로운 분석 단위를 사용할 수 있다.

응집 추정 Estimating Cohesion : 노드 또는 쌍의 속성은 커뮤니티 구조에 어느 정도 영향을 미치는가? 이 질문에 답하기 위해, 우리는 어떤 외생적 변수에 대해 커뮤니티가 내부적으로 어느 정도 동질적인지를 조사할 필요가 있다. 민주주의와 같이 주어진 외생 변수가 나타나는 커뮤니티 유형에 영향을 미친다면, 우리는 커뮤니티 내 - 즉, 동일한 커뮤니티에 속한 국가 간 - 민주주의의 밀도가 커뮤니티 간 (즉, 하나의 커뮤니티를 구성하는 국가들과 다른 커뮤니티를 구성하는 국가들에 의해 형성된 집단화한) 민주주의의 밀도보다 훨씬 더 높을 것으로 예상할 것이다.

다음의 네트워크는 분리 및 응집 계수의 계산을 보여준다. 그림 15.4의 가상 네트워크를 고려해 보자. 이 네트워크는 세 개의 커뮤니티로 분할된다(이 커뮤니티들은 이산적일 수도 있음). 네트워크를 표 15.1로 제시한 커뮤니티 순서 매트릭스로 분할한다.

가장 왼쪽의 매트릭스 - 분할된 인접 매트릭스 - 는 커뮤니티에 의해 배열된 본래의 네트워크이다. 커뮤니티 Ⅰ는 노드 2, 5, 7로 구성되고; 커뮤니티 Ⅱ는 노드 1과 3으로 구성되며; 기타 등등이다.[6]

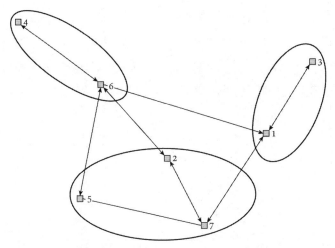

그림 15.4 7노드 가상네트워크의 커뮤니티

표 15.1 커뮤니티 분할 인접매트릭스와 커뮤니티 밀도매트릭스

Partitioned Adjacency Matrix								Community Density Matrix(CD)				Between Community Differences				Sum
Node	2	5	7	1	3	4	6		COM I	COM II	COM III		COM I	COM II	COM III	
2	1	0	1	0	0	0	1	COM I	*0.777*	0.167	0.333	COM I	0	0.61	0.444	1.054
5	0	1	1	0	0	0	1	COM II	0.167	*1*	0.25	COM II	0.833	0	0.75	1.583
7	1	1	1	1	0	0	0	COM III	0.333	0.25	*1*	COM III	0.667	0.75	0	1.417
1	0	0	1	1	1	0	1									3.833
3	0	0	0	1	1	0	0								S=	**0.676**
4	0	0	0	0	0	1	1								Q=	**0.148**
6	1	1	0	1	0	1	1									

중심 매트릭스인 CD 매트릭스는 이러한 블록들의 밀도를 측정한다. 위의 방정식 3에서처럼 분리 계수 S를 계산한다(커뮤니티 간 차이 매트릭스 참조). 이 경우 점수가 매우 높다. 그러나 커뮤니티 내 밀도와 커뮤니티 간 밀도 사이의 이러한 차이가 중요한지 여부를 평가하기 위해 다음의 절차를 사용한다.

우선 우리는 커뮤니티 내 및 커뮤니티 간 가중 평균 밀도를 계산한다. 커뮤니티 내 평균은 다음과 같이 주어지고,

$$w_m = \frac{\sum_{qq} g d_{qq} n_{qq}^2}{\sum_{qq} n_{qq}^2} \qquad [5]$$

커뮤니티 간 평균은 다음과 같이 주어진다.

$$b_m = \frac{\sum_{q \neq r} g d_{qr} n_q n_r}{\sum_{qr} n_q n_r} \qquad [6]$$

다음으로 분할된 인접 매트릭스를 기반으로 커뮤니티 분산 매트릭스를 계산한다. 이 매트릭스는 표 15.2에 나와 있다.

표 15.2 커뮤니티 분산매트릭스(CV)

	COM	COM II	COM III
COM I	*0.17284*	0.138889	0.222222
COM II	0.138889	*0*	0.1875
COM III	0.222222	0.1875	*0*

우리는 가중 커뮤티니 내 및 커뮤티니 간 차이를 다음과 같이 도출한다.

$$w_v = \frac{\sum_{qq} gv_{qq} n_{qq}^2}{\sum_{qq} n_{qq}^2}$$

[7]

$$b_v = \frac{\sum_{q \neq r} gv_{qr} n_q n_r}{\sum_{qr} n_q n_r}$$

마지막으로, 우리는 평균 검정의 차이를 다음과 같이 계산한다.

$$T = \frac{w_m - b_m}{\sqrt{\dfrac{w_v}{\sum_{q=r} n_{qq}^2} + \dfrac{b_v}{\sum_{q \neq r} n_q n_r}}}$$

[8]

이제 이 네트워크에서 쌍의 특징을 나타내는 속성이 있다고 가정한다. 이것은 이념적 유사성 점수일 수도 있다. 이 유사성 속성은 표 15.3에 표시된 매트릭스로 지정된다고 가정한다. 이 매트릭스의 정보는 두 노드가 이념적으로 유사한 정도를 반영한다.[7]

표 15.3 쌍의 유사성(가정적)

Dyadic Ideological Similarity Score							
Node	1	2	3	4	5	6	7
1	1	0.857	0.429	0.714	0.857	0	0.143
2	0.857	1	0.571	0.857	1	0.143	0.286
3	0.429	0.571	1	0.714	0.571	0.571	0.714
4	0.714	0.857	0.714	1	0.857	0.286	0.429
5	0.857	1	0.571	0.857	1	0.143	0.286
6	0	0.143	0.571	0.286	0.143	1	0.857
7	0.143	0.286	0.714	0.429	0.286	0.857	1

다시 우리는 유사성 매트릭스를 커뮤니티 기반의 유사성으로 분할하고 C 점수를 계산한다. 이는 표 15.4와 표 15.5에 제시되어 있다. 응집 계수와 그 중요성의 계산은 분리 계수와 동일하다. 이 경우 $T = 1.22$인데, 이는 통계적으로 유의미하지 않다.

표 15.4 커뮤니티 응집 계수

	2	5	7	1	3	4	6		COM I	COM II	COM III		COM I	COM II	COM III	Sum
	Partitioned Cohesion Matrix							Community Cohesion Matrix(CD)								Sum
2	1	1	0.286	0.857	0.571	0.857	0.143	COM I	0.683	0.619	0.548	COM I	0	0.063	0.135	0.198
5	1	1	0.286	0.857	0.571	0.857	0.143	COM II	0.619	0.714	0.5	COM II	0.095	0	0.214	0.31
7	0.286	0.286	1	0.143	0.714	0.429	0.857	COM III	0.548	0.5	0.643	COM III	0.095	0.143	0	0.238
1	0.857	0.857	0.143	1	0.429	0.714	0									0.746
3	0.571	0.571	0.714	0.429	1	0.714	0.571								C =	**0.124**
4	0.857	0.857	0.429	0.714	0.714	1	0.286									
6	0.143	0.143	0.857	0	0.571	0.286	1									

이러한 접근 방식은 소규모 네트워크와 대규모 네트워크 모두에서 잘 작동한다. 주목할 것은 지금까지 커뮤니티 검출에 대한 대부분의 작업이 커뮤니티가 검출되면 중단되었다는 점이다. 그러한 커뮤니티의 속성에 대한 논의는 서술적 수준에서 중단되었다. 커뮤니티의 속성의 분석적 측정이 누락되었기 때문에 노드(또는 쌍)의 특성 측면에서 커뮤니티 속성의 의미 있는 가치를 파악하기 어려웠다. 예를 들어 Macon 등(2012)은 UN 총회 투표를 기반으로 한 국제 커뮤니티를 검출하는 데 많은 노력을 기울였다. 그러나 그들은 경제 발전 측면에서 이들 커뮤니티가 응집력이 있는지는 조사하지 않았다. Zhang 등(2008)은 미국 상원 내 공동 후원 네트워크의 모듈화를 검토하였다. 그들은 상원 내 양극화를 검토하기 위해

공동 후원 매트릭스의 선도적인 고유 벡터를 기반으로 모듈성을 계산한 다음 정당 정체성IDs을 기반으로 한 모듈성을 다시 검토하였다. 그러나 그들은 이 둘을 구별하는 분석적 방법을 가능하게 하지 않았다.

표 15.5 커뮤니티 분산 매트릭스(CV)

	COM1	COM2	COM3
COM1	0.125876	0.058916	0.104776
COM2	0.058916	0.08151	0.086658
COM3	0.104776	0.086658	0.127449

위에서 설명한 방법의 장점은 이제 노드 또는 쌍의 속성 측면에서 커뮤니티의 구조를 검사하여 유사한 속성을 기반으로 커뮤니티의 노드 클러스터 여부를 검사할 수 있다는 것이다. 응집 계수는 모듈화 방법보다 더 까다로운 커뮤니티 속성 테스트를 반영한다. 이는 이전 계수가 커뮤니티 내 응집력에서 커뮤니티 간 응집력을 빼기 때문이다. 이와 반대로 모듈성 기반 응집(Girvan and Newman, 2004; Zhang et al., 2008)은 커뮤니티 내 응집에만 초점을 맞춘다.

주석

1) "전쟁의 원인에 대해 출판된 수천 페이지에 비해, 평화의 원인에 대한 직접적 논지는 한 페이지도 되지 않는다"는 Blainey의 관찰(1988, 3)은 특히 시사하고 있다.

2) Gowa(1995); Mansfield and Bronson(1997); Gowa and Mansfield(2004); 그리고 Long and Leeds(2006)는 국가 쌍 간의 동맹 관계가 그들 사이의 무역 흐름 수준을 증가시킨다는 것을 발견하였다. Keshk 등(2004)은 무역이 "국가를 따른다"는 점을 발견한다. 즉 무역 흐름이 경제 및 안보 요소 모두에 대해 예측된다. 그러나 Morrow, Siverson, and Tabares(1998)는 무역에 대한 동맹의 강력한 효과를 발견하지 못한다. 이와 반대로, Fordham(2010) Maoz(2010)와 Vijayaraghavan

등(2015)은 무역과 동맹이 서로 영향을 미친다는 사실을 발견하였다.

3) 이러한 가정은 또한 정치 지도자들이 권력을 유지하는 승리 연합이 계속 그렇게 할 수 있도록 공공재나 민간재를 제공해야 한다는 정치적 생존 이론(Bueno de Mesquita et al., 2003)의 기본 가정과 일치한다.

4) 이러한 연구의 문제점 중 하나는 "민주적 커뮤니티"를 언급하지만 이러한 커뮤니티를 외생적으로 도출한다는 것이다. 이와 대조적으로, Maoz는 내생적으로 파생된 집단들에 초점을 맞추고 이들이 민주화할 때 어떤 일이 일어나는지 살펴본다.

5) 주목할 점은 모듈화에는 분리를 극대화하는 몇 가지 국부적 최대값이 있을 수 있다는 것이다. 다시 말해 네트워크의 여러 다른 분할이 동일한 모듈성 점수를 생성하는 커뮤니티 집합으로 존재할 수 있다. 따라서 분리는 증가하지만 모듈화는 감소하지 않는 일부 교차 커뮤니티 중복을 발견할 수 있다면 이 해결책이 이산 분할보다 더 선호된다.

6) 주목할 점은 본래의 네트워크에는 자신만으로 된 관계(self-ties)가 없지만 분할된 인접 매트릭스에는 모든 노드에 대한 자신만으로 된 관계가 있다. 이것의 목적은 실제 커뮤니티 구조가 비교되고 본래의 네트워크의 정도 분포와 동일한 정도 분포를 갖는 무작위 커뮤니티 구조를 만드는 것이다. 이것은 우리가 자신만으로 된 관계를 가정해야만 가능하다.

7) 국제관계(IR) 문헌에 익숙한 사람들은 이를 S(Signorino and Ritter, 1999)로 측정된 또는 tau-b(Bueno de Mesquita, 1981)로 측정된 또는 구조적 동등성으로 측정된 (Maoz et al., 2006) 동맹 포트폴리오 유사성 점수로 생각할 수 있다.

제16장 무기의 공급과 확산 네트워크

David Kinsella and Alexander H. Montgomery

서론

소형 무기 및 경화기SALW, Small Arms and Light Weapons, 주요 재래식 무기MCW, Major Conventional Weapons, 대량살상무기WMD, Weapons of Mass Destruction - 그리고 이러한 무기 생산에 쓰이는 부품들 - 의 이전은 여전히 안보학 분야에서 학문적 초점의 중심에 있으며 정책 입안자와 정치 활동가들에게 긴급한 문제로 남아있다.[1] 그런데도, 무기 이전에 대한 네트워크 분석적 접근은 놀라울 정도로 드물다. 네트워크 언어와 이미지는 무기 및 관련 밀수품의 이전을 조사하는 이들이 자주 사용하지만, 소셜네트워크 이론도 소셜네트워크 분석SNA 도구도 현재 문헌에서 두드러지게 나타나지 않는다. 그러나 세계 및 지역적 무기 흐름, 대량살상무기의 확산, 그리고 국제 안보 불안과 범죄 관련 문제에 관한 질문들은 이러한 분석 방식에 매우 적합할 것이다.

현재 네트워크 분석 방법이 정치학에서 널리 쓰이고 있기는 하지만, 네트워크 분석 방법을 이러한 문제에 적용하는 데 있어 몇 가지 주요 난제는 가용 데이터에 한계가 있다는 데서 기인한다. 대부분 합법적인 국가 간 주요 재래식 무기 거래에 관한 정보는 잘 개발되어있다. 그러나 법이나 정책에 의해 국가 간 상거래에서 제한되는 소형 무기 및 경화기와 대량살상무기 밀거래 관련 데이터는 누락되거나 왜곡되는 경우가 많다.[2] 당연히, 행위자 (개인 및 조직 실체 모두)의 비밀 네트워크는 이러한 무기 흐름의 특성 대부분을 규정하고 있으며, 이는 또한 그들의 활동과 연결을 추적하기가 쉽지 않다는 것을 의미한다. 따라서 이러한 네트워크의 구조적 특징까지 설명하는 것은 상당한 난제다.

그러나 현존 문헌에는 네트워크 분석을 사용하여 탐구하거나 테스트할 수 있는 암묵적이거나 명시적인 가설이 다수 포함되어 있다.

예를 들어 비밀 행위자들이 네트워크 형태의 조직을 사용한다는 주장은 무기 이전의 네트워크 구조에 대해 주목할 만한 함의를 지닌다. 비슷하게, 사회 또는 문화적 네트워크가 불법 이전을 촉진한다는 주장은 이러한 잠재적 구조를 실제 무기 네트워크와 비교함으로써 테스트할 수 있다. 중개 위치가 특히 중요하다는 가설은 경쟁 중개인이 구조적 허점을 막는 것을 방지함으로써 영향력을 유지 또는 확장하려는 중개인의 행동에 반영되어야 한다. 그리고 네트워크 구조는 이전을 위한 기술적 요건뿐만 아니라 법 및 정치적 환경의 다양한 적대감을 반영해야 한다.

이 장은 먼저 이러한 많은 연결의 불법적 및/또는 은밀한 특성과 무기 거래에서의 분석 및 기술 수준에 따른 막대한 차이를 살펴보면서, 공급과 수요를 통해 이러한 네트워크를 형성하는 주요 요인들을 개괄한다. 그런 다음, 이러한 네트워크의 구조적 특성을, 그 안에 구현된 보안과 효율성 사이의 절충, 어느 정도 중앙집중화된 형태를 채택해야 하는 네트워크에 대한 압력, 그리고 어떻게 네트워크의 여러 다른 계층이 서로 관련되고 지리와 같은 다른 제약 조건에 적응하는지에 중점을 두고 논한다. 마지막으로, 일부 기존 데이터 세트와 네트워크 분석(놀랍게도 현재는 거의 없음)을 검토하고 무기 이전 네트워크 연구에 정보를 제공할 네트워크 분석의 잠재력에 대한 논의로 마무리한다.

공급과 수요

무기 이전을 추동하는 공급과 수요 요인에 대한 분석은 네트워크보다
는 단항monadic 및 이항dyadic 고려로 시작하는 경향이 있다. 그러나 이러
한 고려는 가능한 네트워크 메커니즘을 암시한다. 무기와 군사 기술 이
전은 경제와 정치적인 거래 모두로 이해해야 한다. 결과적으로, 이전은
경제 및 정치네트워크와 상호관계가 있어야 한다. 국가가 승인한 이전,
특히 주요 재래식 무기 체계와 관련된 이전은 종종 지속적인 정부 간 정
치 - 군사 관계의 요소다. 그러한 이전은 수령국의 군사 능력을 향상시키
기 위한 목적으로 수행되지만, 공급국이 수령국에 대해 어느 정도 정치
적 영향력을 행사할 수 있도록 해주기도 하며 (비록 예상보다 적은 경우
가 많지만) 공급국이 수령국의 군사 안보에 어느 정도 관심이 있다는 신
호를 제3자에게 보낼 수도 있다.

무기 이전의 '정치적 내용'이 낮은 경우 예를 들어 공급국의 어떠한 안
보 약속도 수반하지 않을 때 무기 이전은 공개 시장에서 이뤄지는 다른
유형의 경제 거래와 더 유사하다. 주로 규모의 경제를 달성하기 위한
수단으로 관할권 내의 무기 생산자가 상품을 수출할 수 있도록 허용하
는 정부는 수령국의 안보적 의미에 거의 관심이 없을 수도 있다. 군 해
산 후 잉여 무기를 판매하는 정부도 마찬가지다. 그러나 일반적인 경제
거래조차도 네트워크 메커니즘의 영향을 강하게 받기 때문에(Ward,
Ahlquist, and Rozenas, 2013; Ward and Hoff, 2007), 결과적으로 우리는 순수
하게 경제적인 무기 이전도 네트워크 메커니즘의 영향을 받을 것으로 예
상해야 한다.

다른 국가로 이전하려는 무기와 군사 기술의 유형은 그러한 거래의 상대적인 정치적 대 경제적 내용에 관한 무엇인가를 암시한다. 포괄적으로 말하자면, 소형 무기 및 경화기 이전의 정치적 내용은 주요 재래식 무기 이전보다 낮다. 그런 이전은 높은 수준의 군사력 이전을 수반하지 않으며, 수령국의 안보에 대한 공급국의 중요한 약속의 척도를 나타낼 필요가 없다. 스펙트럼의 다른 쪽 끝에서 보면, 수령국과 밀접한 정치, 군사적 관계가 없는 경우, 국가는 국제법에도 불구하고 탄도 미사일, 미사일 방어 시스템, 대량살상무기를 이전 또는 개발을 지원하려 하지 않을 가능성이 크다. 게다가, 이러한 유형의 이전은 광범위한 정치적 억제 및 신호 네트워크의 맥락에서 이루어진다(Spindel, 2015). 따라서 공급국의 안보 이익은 시장 메커니즘, 정치 세력 또는 이 두 가지의 다양한 혼합이 세계의 무기 흐름을 지배하는 정도를 규정한다. 관련된 많은 정치적 관계들은 그 자체가 네트워크이며, 공식적인 군사 동맹이 가장 명백하다.

수요 측면에서, 국가와 비국가 실체 모두 기능 및 상징의 혼합적 이유로 무기를 찾는다. 안보 수요는 흔히 무기를 구하는 가장 명백한 동기지만, 이러한 수요조차도 무기를 찾는 측의 특정 전략과 무력 사용 레퍼토리에 따라 달라질 수 있으며, 이는 다시 더 광범위한 정치적 네트워크 포지션에 따라 달라질 수 있다. 무기 공급원과의 명시적 혹은 묵시적 안보 관계는 무기 자체만큼 또는 그보다 더 중요할 수 있다. 다른 두드러진 정치적 동기는 상징적으로 중요한 무기의 구매를 통해 위신을 추구하거나 중요한 내부 또는 외부 유권자들을 만족하게 하는 것을 포함한다(Eyre and Suchman, 1996; Kinsella and Chima, 2001; Suchuman and Eyre, 1992). 위신 추구는 실제 네트워크 위치와 열망하는 지위 사이에 차이가 있을 때 종종 발생하며, 외교 (및 기타) 네트워크가 국가의 위신을 결정하는 데 핵심적이다(Kinne, 2014). 마지막으로, 무기 이전은 독립 지부가 있는 군대의 상호 서비스 경쟁과 같이 자원을 위한 내부의 조직 경쟁으로 형성될 수도 있다(Buzan and Herring, 1998).

불법 무기와 네트워크

불법 무기 네트워크는 상당히 분명한 이유로 실현된다. 세계 무기 시장은 국가들이 외교정책과 법으로 제한하여, 자유롭게 작동하지 않기 때문에, 무기 수요 일부는 불법적인 경로를 통한다. 암시장과 회색시장은, 거래 대상이 무기이든 다른 어떤 것이든, 위험에도 불구하고 공급과 수요가 행위자 집단 간 수익성 있는 거래를 유지하기에 충분할 때 형성된다. 합법적 시장에서와 마찬가지로, 거래는 불법시장 참여의 비용이 거래에서 발생한 순이익으로 상쇄될 때 발생한다. 그러나 불법 시장 거래와 관련된 거래비용은 합법적 시장에서보다 항상 더 높다. 비록 합법적인 무기 조달에 익숙한 누구라도 그것이 실제 시장과 단지 모호하게 유사하다는 것을 알겠지만 말이다. 상품의 교환이 정책에 어긋나거나 법에 의해 금지되기 때문에 상품을 보이지 않게 거래해야 할 때 가용성, 가격, 품질 및 기타 문제에 대한 정보에는 프리미엄이 붙는다. 마찬가지로, 거래가 불법적이고 따라서 위험하기 때문에 협상과 계약 유지비용이 더 높다. 거래 당사자들은 재산권 및 계약 조건을 집행하기 위해 정부 당국에 의지할 수 없다. 여기에 금지된 거래에 참여하는 데 따른 벌칙의 위험과 일부에게는 그에 수반되는 도덕적 비용이 추가된다. 그러나 많은 상품과 서비스의 경우, 많은 곳에서, 불법 시장은 번성한다.

비록 정부와 무기 회사가 때때로 불법 거래에 참여하는 행위자로 간주되는 경우가 분명 존재하지만, 이는 종종 그러한 조직 내의 불량한 개인이나 실체에 기인한다. 위계 구조로 구성된 공식 정부 및 비즈니스 조직은 불법 시장에서의 거래와 관련된 추가 거래비용을 상쇄하는 데 필요한 효율성을 달성하기에 그다지 적합하지 않다. 이는 이들이 불법시장의 기능을 혐오하는 공공정책과 법의 감시를 받기 때문이다. 핵심 - 주변 core-periphery 또는 세포cell 네트워크 구조를 가진 덜 공식적인 조직이 이런 종류의 감시를 더 잘 피하고 불법 거래가 노출되거나 노출될 수도 있을 때 더 잘 적응할 수 있다. 따라서 우리는 불법 무기 및 확산 네트워크가 이러한 유형의 구조를 채택하는 것으로 봐야 한다.

네트워크 이론의 함의는 이러한 조직들이 채택하는 구조를 넘어선다. 소셜네트워크는 지하에 머물며 공개 시장 거래에 연결된 법적 계약 및 기타 메커니즘의 규제를 받지 않아야 하는 활동에 종사하는 사람들에게 중요하다. 공통된 민족성 및 종교 등 공통의 관행을 기반으로 형성되는 가족적 연결, 개인적 우정, 그리고 네트워크는 대인간의 충성심과 공식적인 법치주의를 이용할 수 없을 때 거래비용을 줄이는 신뢰를 만들어 낼 수 있다. 이런 종류의 사회적 자본은 공개 시장에서의 상거래에 없는 것은 분명 아니지만, 다중 교차 연결을 통해 불법적이거나 은밀한 상품과 서비스를 움직이는 데에는 좀 더 필수적인 것이 된다(Kleemans and Van De Bunt, 1999; Lampe and Johansen, 2004; Murji, 2007; Parkinson, 2013). 적어도, 공급책, 밀매상, 그리고 소비자는 그 합작 기업을 정부 기관의 감시로부터 숨긴다는 약속을 공유한다는 확신을 그 자신들 사이에 심어줘야 한다. 불법 무기 거래에 대해 Naylor(2004, 129)는 이렇게 지적한다. "분별 discretion은 자신의 사업뿐만 아니라 다른 모든 사람의 사업에 대해서도 격언이다. 불문율로 보면, 총기밀매업자들은 아무리 서로의 상업적인 목을 베고 싶어도, 마약상들이 일상적으로 하는 방식으로 서로를 밀고하는 경우는 거의 없다."

무기 네트워크 구조

비록 언뜻 보기에는 불법적이고/또는 비밀스러운 조직들은 그렇지 않은 조직들과는 다른 네트워크 구조를 채택할 것처럼 보이지만, 네트워크 이론은 대체 구조에 대해 결정론적이지 않다. 실제로, 네트워크 이론은 이 두 가지 특성이 서로 다른 방향으로 나아갈 수 있으며 조직이 목표 달성을 위해 네트워크를 구조화할 때 효율성과 보안 사이의 상충에 직면할 수 있다는 것을 모두 인정한다.

네트워크에 서로 다른 구조적 압력을 가하고 다른 행동 특성을 생성하기 때문에 이러한 두 가지 특성, 즉 불법the illegal과 은폐the concealed를 구별하는 것이 중요하다. 그들은 종종 "검은 네트워크"dark networks라는 용어로 함께 묶인다. 결과적으로, 이 용어는 반란을 수행하는 잘 발달된 호전적인 정치 단체부터 다양한 형태의 밀수품을 밀매하는 범죄 네트워크에 이르기까지 모든 범위에 이른다. 그것은 목표가 있거나, 수단을 쓰거나, 또는 불법적이거나 비밀스러운 거래를 수행하는 조직 내부 또는 조직 간의 네트워크에 적용될 수 있다(비록 전자는 종종 후자의 일부를 필요로 하지만).

소형 무기 및 경화기 이전 네트워크와 대량살상무기 확산 네트워크는 모두 불법적이고 은밀한 경향이 있지만, 양적으로는 같지 않다. 둘 다 밀수 무기의 확산을 촉진한다. 소형 무기 및 경화기의 경우, 이는 항상 그렇지는 않지만 종종 국가에 적대적인 비국가 행위자들의 이익을 위한 것이다. 대량살상무기의 경우, 수혜자는 일반적으로 국제사회에서 가장 지배적인 국가가 부과한 제약에 직면하는 "불량 국가"다. 특히, 법 집행 기관과 국가 안보 정책 입안자들은 변화하는 환경에 적응할 수 있게 해주는 불법 네트워크의 자체 특성을 이해하는 데 관심이 있었다. 이에는 그들의 활동을 무력화하고 그 조직을 해체하려는 경찰과 군대의 노력이 포함된다. 사회학, 경제학, 범죄학, 정치학 분야의 학문적 지식은 이러한 이해에 기여하고 있으며 이러한 네트워크의 탄력성과 취약성을 설명하기 위한 일련의 분석 도구를 제공하고 있다(Bakker, Raab, and Milward, 2012; Enders and Su, 2007; Hämmerli, Gattiker, and Weyermann, 2006; Klerks, 2001; Koschade, 2006; Milward and Raab, 2006; Perliger and Pedahzur, 2011; Raab and Milward, 2003; Sageman, 2004). 그러나 적어도 정치적 맥락에서, 일부 분석가들은 알려진 취약점을 확인하고 표적으로 삼기 위해 네트워크 분석을 경솔하게 사용하는 것은 궁극적으로 역효과를 낳을 수도 있다고 경고한다(Mac Ginty, 2010).

효율성/보안 상충

비록 허용되는 환경에서 작동하거나 통제되지 않는 공간을 이용하는 불법 네트워크는 제한을 덜 받지만, 불법 네트워크는 일반적으로 효율성과 보안 사이의 상충 문제에 직면한다(Lindelauf, Borm, and Hamers, 2009). 이미 논한 바와 같이, 구성원들은 다중 네트워크 연결에 의존하는 조직을 통해 집단행동 – 무기, 가스 원심 분리기, 약물 등의 생산 및 유통 – 에 대한 장벽을 극복하고 참여자들을 위한 집단 및 사적 이익을 창출할 수 있다. 그러나 이러한 네트워크들은 보통 위험한 환경에서 작동하며, 참여자들은 위부 위협에 대한 노출에 주의해야 한다. 내부적으로, 재정적, 정치적으로 이익이 되는 은밀한 기업에 대한 신뢰와 상호 헌신은 네트워크 보안에 필요한 은폐 유지에 충분할 수 있다. 그렇지 않은 경우, 폭력의 위협으로 충분할 수 있다.

효율성과 보안 사이의 상충 관계가 존재하는 이유는 활성 네트워크가 군사 및 법 집행 기관의 파괴적인 노력에 노출되어 희생될 가능성이 더 크기 때문이다. 불법 네트워크는 일반적으로 효율성보다 보안을 우선시한다고 생각할 수 있지만, Morselli 등(2007, 145)은 이것이 특정 유형의 목표를 가진 네트워크에만 해당한다는 의견을 제시한다.

목표가 금전적 결과와 관련된 경우, 참가자가 네트워크 참여에 대한 보상을 기대하기 때문에 범죄 기업 맥락에서의 행동은 시간의 측면에서 더 제한되며, 결과적으로 행동은 합리적으로 짧은 시간 내에 수행되어야 한다. 목표가 정치적일 때, 시간은 더 광범위한 자원이며 행동은 연장될 수 있다 - 정치적 원인은 어떠한 일시적인 행동보다도 우선시되며, 결과적으로 네트워크는 낮게 깔려 행동할 적절한 순간을 기다릴 수 있다.

이 주장의 한 가지 함의는 서로 다른 네트워크 구조가 목표의 우선순위에 따라 진화한다는 것이다. 예를 들어 경제적 목표는 가장 중심적인 요소를 보호하면서 위계적 비즈니스와 더 밀접하게 유사한, 비교적 효율적인 핵심 주변 구조를 채택하도록 네트워크를 추진할 수 있는 반면, 정치적 목표는 장기적인 목표를 추구할 수 있도록 보안을 극대화하는 세포 구조에 인센티브를 제공할 수 있다.

소형 무기 밀매

일부 불법 무기 밀매 네트워크는 장기적인 정치적 목표, 특히 그들의 조국에서 활동하는 무장단체를 지원하는 디아스포라와 연관된 장기적인 정치적 목표가 있다. 그러나 불법 무기 거래의 공급측 참여자 대부분은 경쟁력 있는 암시장에서 이익을 내려고 한다. 결과적으로, 소형 무기 밀매 네트워크는, 다른 모든 조건이 같다면, 보안을 절충하는 방식으로 구조화될 가능성이 더 크다. 일부 공급책, 중개인이나 수송책들은 특정한 지리적 지역에 부속되어 있을 가능성이 커서 거의 경쟁에 직면하지 않는 시장 틈새에서 영업할 수 있지만, 다른 일부는 고객 확보를 위해 자신들의 일부 에너지를 쏟아 다른 사람들을 능가해야 한다. 그들은 또한 공급 및 유통망 위아래에서 그들이 다루어야 하는 이들을 짜내어 자신들의 몫을 늘린다. 그러한 필요는 합법적인 시장에서 활동하는 경쟁 세력과 본질상 다르지 않지만, 이탈하고 '서로를 방기하려는' 유혹은 의심의 여지 없이 존재하며 궁극적으로 불법 네트워크의 기능에 필수적인 상호 신뢰와 호혜성에 훼손의 위협을 가할 수 있다. 이러한 긴장이 어떻게 해결되는지는 특정 네트워크의 구조적 특성과 사업에 참가하는 사람들의 속성에 달려있을 가능성이 크다.

이러한 네트워크 내의 경쟁 역학은, 일반적으로 많은 양의 소형 무기 밀매 활동과 함께, 은폐에 대항 작용을 하고 취약성을 만들어 낸다. Bruinsma와 Bernasco(2004)는 지하 운영의 필요성 외에 불법 소형 무기 밀매와 활동상 공통된 두 가지 중요한 특징을 가진 세 개의 범죄 단체를 조사했다. 헤로인 밀수, 인신매매, 도난차량의 초국가적인 거래는 시장에 기여하고 불법 상품과 서비스의 장거리 이동을 포함한다. Bruinsma와 Bernasco는 더 높은 수준의 범죄 및 금융 위험을 특징으로 하는 활동에는 상당한 상호 신뢰를 기반으로 하는 협업이 필요하다는 것을 발견했는데, 이는 일반적으로 그들을 뒷받침하는 응집력 있는 소셜네트워크 구조를 가진 범죄 사업의 특징이다. 조사한 세 개의 범죄 사업 중 가장 위험한 헤로인 밀수 사례에서, 그 응집력은 인종 및 기타 인구통계학적 동질성에서 비롯된다. 터키 단체들은 적어도 Bruinsma와 Bernasco 연구의 초점인 네덜란드의 헤로인 거래에서 두드러진다. 처리 과정의 서로 다른 단계에서 가장 긴밀하게 협력하는 이들은 비슷한 연령대와 사회적 계층인 경향이 있으며 같은 지역 출신이다.

범죄와 재정적 위험 측면에서, 불법 소형 무기 거래가 헤로인 밀수와 더 많은 공통점이 있는지, 아니면 덜 위험한 것으로 알려진 인신매매나 도난 자동차 밀매와 더 많은 공통점이 있는지 말하기는 어렵다. 그러나 합리적인 가설은, 고위험 환경, 예를 들면 강력한 경찰이나 군대가 있거나 둘 모두가 있는 지리적 지역, 또는 잠재적 취약점이 있는 여러 장소에 길게 걸쳐 있는 지역에서 운영되는 불법 무기 네트워크가 효과적이고 탄력적이려면 밀도 있는 소셜네트워크 구조에 기초해야 한다는 것이다. 민족적, 종교적 또는 이념적 유대로 만들어진 사회적 응집력은 이탈 가능성을 감소시키고 따라서 법외 환경에서 노출될 위험을 감소시킨다.

응집력을 만드는 밀도 있는 사회적 관계에 더해, 네트워크 내부에서 정보 전송과 더 효과적인 조정을 촉진하기 위해 이러한 네트워크에 임시 "지름길"을 만들 수 있다(Krebs, 2002). 그러나 안보와 관련해서도, Montgomery(2005, 170)가 지적하듯이, 분산형이지만 연결 밀도가 높은 네트워크에는 자체의 취약점이 있다.

> 네트워크에서 어떠한 단일 노드도 중요한 위치를 차지하지 않는 밀도가 높은 분산형 네트워크는 어떤 의미에서는 종료하기가 더 쉽다. 네트워크 내에서 추가 노드와의 연결은, 비록 네트워크를 해체하기 위해 제거해야 하는 노드 및 연결 수에 의해 균형을 이루지만, 발견하기가 더 쉽다.

대량살상무기 밀거래

탄도 미사일과 대량살상무기 확산 네트워크는 소형 무기 밀매 네트워크보다 장기적이고 훨씬 더 어려운 목표를 중심으로 형성된다. 확산 네트워크가 국익에 부합할 경우, 목표는 상대적으로 소수의 다른 국가가 보유한 무기를 개발하는 데 필요한 자원과 노하우를 제공함으로써 그 국가의 군사적 능력과 위신을 크게 높이는 것이다(Kroenig, 2010). 공급의 부족(부품, 기계, 지식 등)과 확산 방지를 위한 규제의 엄격함은 더 오랜 기간 인내와 끈기를 요구한다.

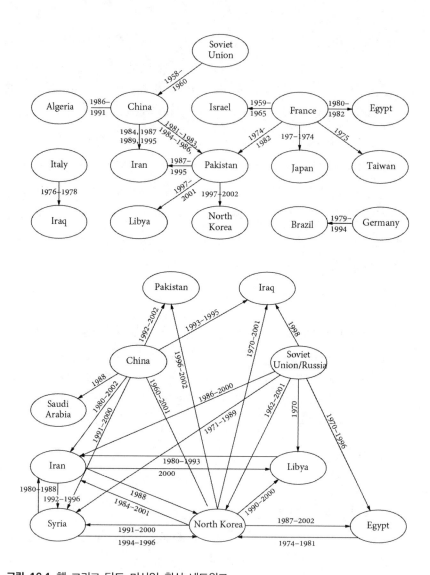

그림 16.1 핵 그리고 탄도 미사일 확산 네트워크

출처 : 위 Kroenig(2010), 아래 Montgomery(2008)

역사적으로, 전문 지식, 재료, 기술, 또는 조립 무기의 이전은 불법이라기보다는 부도덕한 것으로 여겨져 왔다. 비록 암묵적 지식 요건이 핵확산 네트워크를 보다 밀도 높고 호혜적인 미사일 확산 네트워크가 아닌 허브의 집합으로 구성하면서 이러한 이전의 효과를 제한했음에도 불구하고, "민감한"sensitive 지원은 오랫동안 핵무기 확산의 주요 요소였다.

대량살상무기에 대한 수요와 효과적인 운송 수단은 무기 유형과 잠재적인 수령자의 특수한 동기에 따라 달라진다. 핵, 화학, 생물학 무기는 국가들이 그러한 능력을 추구할 때 대체로 보완물이었지만(Horowitz and Narang, 2014), 실제로 핵무기 획득에 성공한 국가들은 일반적으로 다른 무기에 대한 추구를 기꺼이 포기할 의향을 보여 왔다. 무장조직은 동맹 구조에 포함되어 있고 세계화된 세계와 상대적으로 강하게 연결된 권위주의 국가에 기반을 둔 경우 일반적으로 대량살상무기를 추구한다. 그러나 대중의 예상과는 달리, 종교적 이념과의 상관관계를 시사하는 증거는 거의 없다(Asal, Ackerman, and Rethemeyer, 2012).

확산 네트워크가 비국가 행위자를 대신하여 작동하는 경우 예를 들어 방사능 더티밤[3]용 방사성 물질 또는 사린용 화학적 전구체前驅體를 획득하려는 목표는 그 집단에 지속 가능한 대량살상무기 또는 탄도 미사일 능력을 제공하는 것보다는 그 집단이 적을 공격하고 테러할 수 있는 능력을 강화하는 것이다. 그럼에도 불구하고, 그러한 엄청난 공격에 착수할 수 있는 능력을 추구하는 단체들은 장기적인 정치적 목표에 의해 동기화될 가능성이 크며, 이는 이러한 네트워크 역시 국가에 서비스를 제공하는 무기확산 네트워크처럼, 목표를 달성하는 데 있어 효율보다 보안을 우선시할 가능성이 크다는 것을 시사한다.

불법 네트워크에 대한 대응

네트워크 형태의 조직은 불법적인 경제, 정치, 군사 활동에 종사하는 사람들에게 뚜렷한 이점을 제공하는 것 같다. Kenney(2007, 203)가 설명하듯이 일반적으로 그들에 대항하는 – 정보기관, 사법기관, 또는 군사기관 등 위계적으로 조직되고 관료적인 국가기관들과 비교했을 때, 불법 네트워크는

> 신속한 의사결정 주기와 빠른 정보 흐름을 촉진하는 비교적 평평한 권한 구조를 포함한다. 그들은 참가자와 정보를 흔히 가족, 우정, 그리고 지리적 유대에 따라 별도의 반半 자율 세포들로 분류한다. 그들은 여러 그룹에 중요한 기능을 부여함으로써 운영에 중복성을 구축하며, 느슨하게 연결된 노드와 네트워크 사이의 "구조적 허점"을 메우기 위해 브로커 및 기타 중개자에 의존한다.

이러한 조직 구조와 관행은 비밀주의를 조장하고 업무수행에 필요한 정보와 기타 자원의 유통을 보장한다. 국가기관들은 강압적인 힘과 정보수집 능력의 우위에 있다. 그러나 이러한 역량을 사용해 불법 네트워크에 침투하고 활동을 추적하는 그들의 능력은 복잡한 의사결정 절차, 조직의 견제 및 기타 책무에 의해 제한될 수 있다. 또한, 국가기관이 성공적일 때 – 예를 들어 마약왕이나 테러 주동자를 체포하거나 살해하고 결과적으로 불법 사업의 일부를 해체하는 경우 일시적인 것으로 판명되는 경우가 많은데, 다른 사람들이 다시 모여, 다시 조직을 만들고, 다시 새로운 구성원을 모집해 더 확산된 네트워크 구조로 재구성되기 때문이다 (Johnston, 2012; Jordan, 2009, 2014). 따라서 네트워크 구조를 채택하면 우수한 자원이 있지만 관료적이고 계층적인 조직의 제약 내에서 운영되는 적에 대해 배치할 수 있는 조직적 이점이 있다(Williams, 2001).

그러나 이러한 네트워크 구조는 명령과 제어, 정보 전송, 역할 복제, 그리고 중요한 브리징 노드가 제거되거나 구조가 분산되어 있지만 여전히 밀도가 높은 경우에는 공격에 대한 견고성 측면에서까지도 큰 단점을 가질 수 있다. 또한, 국가들은 이에 따라 자체 방법을 조정함으로써 네트워크 구조에 대응할 수 있고 또 실제로 대응하고 있다. 예를 들어 대량살상무기 확산 네트워크에 대한 대응에는 확산방지구상Proliferation Security Initiative에 따른 반半 제도화된, 비공식적인 일련의 규범과 원칙이 포함되어 있다(Caves, 2006). 그러나 공식적인 조직이나 단순한 양자적 노력과는 대조적으로 네트워크화 된 실체로서 확산방지구상의 전반적인 효과는 불분명하며(Valencia, 2007), 공식화된 관계는 특히 금융 분야에서 확산 방지에 상당히 유용하다(Schlumberger and Gruselle, 2007).

무기 네트워크의 중심성과 집중화

효율성과 보안의 다양한 균형을 맞추기 위해 네트워크 형태의 조직을 채택하는 전반적인 장점과 단점 외에도, 사회과학자들은 그 안에서 행위자의 상대적인 힘, 네트워크 전체의 전반적인 중앙 집중화의 정도, 그리고 대부분의 네트워크를 구성하는 다중 중첩 레이어에 관심이 있다. 특정한 중심적 위치를 점유하는 행위자는 개인 및 집단 이익을 추구하기 위해 이용할 수 있는 자원에 접근할 수 있다(Hafner-Burton, Kahler, and Montgomery, 2009; Kahler, 2009). 공급 업체, 중개인, 운송업자, 그리고 불법 무기 이전과 관련된 다른 사람들이 이용할 수 있는 자원은 물질적이며 사회적이다. 우수한 군비 재고, 재정, 운송 및 기타 물질적 자원을 보유하거나 모을 수 있는 이들은 그렇지 않은 이들보다 네트워크 내에서 권력을 행사하기에 더 나은 위치에 있다. 그러나 접근 또한 영향력과 성공의 핵심 원천이다. 상품 및 유통 서비스의 가용성을 공개적으로 홍보하는 것이 위험한 사업이 아닌 합법적 무기 시장과 비교하면, 불법 시장에서 생존하고 번영할 수 있는 능력에 대한 사회적 연결의 기여는 상대적으로 더 중요하다. 더 많은 수의 관계가 수익성 있는 거래를 위한 더 많은 기회를 제공하지만, 올바른 유형의 관계도 마찬가지다. 무기 중개인들이 아니었다면 지하 환경에서 접촉하지 않았을 당사자들을 모으는 무기 중개인들의 중추적인 활동은 불법 무기 네트워크에서 사회적 자본이 하는 역할을 전형적으로 보여준다(Amnesty International, 2006; Cattaneo, 2004; Wood and Peleman, 2000).

독특한 네트워크 구조는 개인이든 집단이든 네트워크 행위자 간의 상호작용 빈도와 강도에서 비롯된다. 그러한 구조는 재화와 정보가 네트워크의 한 부분에서 다른 부분으로 이동하는 효율성에 대해서 뿐만 아니라, 이러한 흐름의 중단에 대한 취약성에 대한 특정 사항들을 시사한다. 2단계 핵확산 네트워크 – 1967년 이후 확산국가들을 연결하고 그러한 국가의 핵 프로그램에 서비스를 제공한 다소 중앙 집중화되는 경향이 있는데, 고도로 연결된 몇몇 노드들은 허브로 위치하고, 더 많은 수의 노드들은 중심 노드들과 링크되지만, 그들 사이에 직접적인 연결은 거의 없다 (Braun and Chyba, 2004; Gruselle, 2007; Montgomery, 2005, 2008). 2004년에 완전히 드러난 A. Q. Khan 네트워크는 이런 종류의 성형星形 구조를 보여주었다. 물론, 네트워크의 허브는 파키스탄에 있는 Khan 자신(그리고 칸 연구소Khan Research Laboratories)이었으며, 이란, 북한, 리비아 등의 다른 노드들과 링크되어 있었다.

탄도 미사일 기술도 북한과 이란을 허브로 성형 구조를 보여주며 2단계 네트워크를 통해 확산되었지만, 핵확산 네트워크보다는 덜 집중화되는 경향이 있다(그림 16.1 참조). 심지어 "1단계" 핵 지원도 종종 중앙 집중화되는 것처럼 보였는데, 각 핵 프로그램은 스파이활동을 통해 이전 또는 동시 핵 프로그램을 이용하려고 시도했지만(Reed and Stillman, 2009),

이러한 지원 대부분이 얼마나 유용했는지는 여전히 논쟁 중이다(Kroenig, 2010; Montgomery, 2013). A. Q. Khan 네트워크는 확산에 대한 네트워크 구조의 장단점을 모두 보여준다. 처음에는 파키스탄, 그다음에는 이란, 리비아, 북한이 Khan의 확산 보급망을 이용할 수 있도록 했지만, 정보 커뮤니티가 네트워크를 가동하기 전에 먼저 네트워크를 지도화할 수 있도록 풍부한 지표와 경고를 생성하기도 했다(Albright, Brannan, and Stricker, 2010; Corera, 2006; Montgomery, 2005, 2013). 이와 비슷하게, 옴진리교 습득물은 도쿄 지하철 사린가스 공격에 앞서 그 의도를 초기에 보여주는 지표를 제공할 수 있었을 것이다(Picarelli, 1998).

대량살상무기 확산 네트워크가 더 중앙 집중화되고 성형 구조를 보이는 경향이 있는 한 가지 이유는 핵과 (그보다 적은 정도의) 탄도 미사일 능력 개발에 있어 암묵적 지식의 중요성 때문이다(Montgomery, 2005, 2008). 핵폭탄과 로켓 생산에 필요한 부품 및 정밀 기계는 습득이 어렵지만, 무기 설계부터 완성된 시스템 작동에 이르기까지 중간 단계를 수행하는 데 필요한 지식과 경험은 더 큰 걸림돌이 될 수 있다. 그러나 이러한 두 유형의 네트워크조차도 현저하게 다르다. 미사일 기술에는 협력을 가능하게 하는 작은 암묵적 지식 문제가 많지만, 핵무기의 경우에는 공학적 문제가 지식 전달에 상당한 장벽으로 작용한다. 암묵적 지식을 보유하고 이를 기꺼이 제공하려는 사람들은 이 수준의 무기 개발에서 성공하기 위해 함께 모아야 하는 다른 요소들보다 그 수가 훨씬 적고, 확산 네트워크의 몇 안 되는 허브와 결부되어 있을 가능성이 크다. 그러나 확산자는 민간 핵기술의 이전을 통한 역량 획득을 모색함으로써 "합법화하는"street-legal 확산 경로를 택할 수도 있는데, 이는 때때로 핵무기 의도를 나타내는 지표가 될 수 있다(Fuhrmann, 2012; Morstein and Perry, 2000).

따라서, 핵 및 탄도 미사일 확산 네트워크의 중앙 집중적 특성은 이러한 유형의 무기 개발에 필요한 고급 지식, 부품 및 제조 기술의 부족, 그리고 국가의 오랜 규제 노력을 반영한다. 이 중 어느 것도 소형 무기 및 경화기에는 적용되지 않는다. 제조가 어렵지 않고, 잉여가 풍부하며, (2014년 무기 무역 조약에도 불구하고) 유통은 면밀하게 규제되지 않는다. 따라서 이 영역에서 작동하는 불법 네트워크가 좀 더 분산적인 구조를 보이는 경향이 있다는 것은 놀라운 일이 아니다. 이러한 네트워크의 참가자 수는 훨씬 더 많고, 훨씬 더 많은 국가에 퍼져 있다. 비록 불법 소형 무기 거래에 연루된 개인과 단체가 항상 다른 행위자들과 많은 관계를 맺고 있는 것은 아니지만, 일부는 그렇다. 이러한 네트워크는 대량 살상무기 확산 네트워크보다 더 분산되어 있으며, 노드가 허브를 통해 간접적으로 연결되지 않고 서로 직접 연결되는 클릭clique 구조와 좀 더 유사하다. 그러나 항상 그런 것은 아니며, 국가가 분석 수준일 때, 일부 국가의 지방은 불법 무기의 발생지와 목적지뿐만 아니라 환적지로서 훨씬 더 활동적이다. 예를 들어 구소련 블록의 국가들은 아프리카 분쟁지역으로의 불법적인 군비 유입에 있어서 더 중심적인 노드로서 두드러지며, 따라서 그렇지 않았다면 밀도가 높았을 글로벌 네트워크에서 지리적 허브를 형성한다(Kinsella, 2006, 2014).

다중 네트워크 구조와 지리학

확산 및 소형 무기 네트워크는 단순히 사회적 또는 정치적 네트워크가 아니다. 그것들은 물리적 네트워크 – 또는 물리적 네트워크와 결합된 네트워크 – 이기도 하다. 이러한 네트워크에는 또한 여러 계층layer이 포함되어 있다. 국가 간 직접 지원을 나타내는 계층은, 예를 들어 구성요소를 조달하는 중개인, 구성요소 자체의 이동을 촉진하는 운송업자(Hastings, 2012), 그리고 자금 조달을 주선하는 브로커(Group d'action financiere, 2008;

Gruselle, 2007)와 관련된 계층과는 매우 다르게 보인다. 각국의 내부 및 외부 확산 네트워크는 정치 구조, 국제 장벽 및 활동적인 디아스포라와 같은 기타 요인에 따라 다르다(Boureston and Russell, 2009). 다른 물품을 위한 기존의 밀수 네트워크도 비 재래식 무기의 획득과 이전을 위해 국가와 비국가 행위자 모두가 재사용할 수 있다(예를 들면 북한에 관해서는 Chesnut[2007] 그리고 라틴 아메리카에 관해서는 Frost[2014]를 참조).

확산 및 소형 무기 네트워크는 밀수품을 한 장소에서 다른 장소로 옮기기 때문에, 그 공간의 물리 및 정치적 지리학은 불법 행위자의 행동과 그들의 네트워크 구조를 설명하는 데 도움이 될 수 있다. 예를 들어 러시아 및 기타 구소련 블록 지역의 개인과 조직이 불법 무기 이전 네트워크에 적극적으로 참여하는 데는 여러 요인이 겹쳤다. 가장 일반적인 설명은 군사 및 안보 병력의 역할, 특히 냉전 종식에 수반된 정치적, 경제적 전환과 관련된 인센티브와 기회에 초점을 맞춘다(Gerasev and Surikov, 1997; Holloway and McFaul, 1995; Turbiville, 1996). 잉여 무기 외에도 그들은 군사 수송 시설을 이용할 수 있거나 물류 전문 지식을 갖추고 은밀하게 화물을 이동한 경험이 있는 다른 사람들과 공동의 목적을 발견했다. 잘 발달한 교통 인프라와 공산주의 이후의 불확실성(동유럽과 중앙아시아에 지리적으로 클러스터링된 여러 국가 지역의 특징)은 불법 무기 공급 네트워크의 중추적 노드로서 그들의 등장을 설명하는 데 도움이 된다.

확산 네트워크와 관련하여, Hastings(2012, 431)는 "네트워크 행위자의 특성 그리고 이들이 사용하는 기술 및 운송 인프라의 공간적 분포, 이 확산 네트워크의 구조를 형성하는 방법, 그리고, 보다 구체적으로, 그것이 물리적으로 전 세계에 걸쳐 배열되는 방법"에 초점을 맞춘 지리적 접근 방식을 제안한다. 이러한 네트워크의 구조와 지리적 배치는 국가가 불법 거래, 금융 거래, 상품의 물리적 이동에 얼마나 적극적으로 관여하느냐에 따라 달라진다. 어떤 경우에는, 핵 물질, 기계 및 기타 필요한 구성요소의 이전을 조정하는 사람들이 주권 국가의 자원, 즉 운송 인프라, 통제된 국경 및 외교 특권에 접근할 수 있다. 대량살상무기 확산 네트워크는 일반적으로 국가를 포함하며, 따라서 그들을 대신해 불법 활동에 종사하는 사람들은 국가 자원에 접근할 수 있다. 1970년대부터 본국 정부를 대신해 일하는 동안, A. Q. Khan 네트워크는 파키스탄의 외교 전초기지와 군사 수송에 접근할 수 있었고, 일단 외국에서 조달된 재료가 파키스탄 영토나 항구에 도착하면, 그것이 예정된 목적지에 도착하지 못하도록 정부 당국이 막을 것이라는 우려를 할 필요가 거의 없었다.

비국가 기반의 대량살상무기 확산 네트워크는 자유 에이전트에 좀 더 가까우며 국가 자원에 거의 또는 전혀 접근할 수 없다. 불법 거래와 이전을 수행할 때, 그들은 국가의 후원이나 특권의 혜택 없이, 이용 가능한 가장 우호적인 환경을 찾아야만 한다. 따라서 이러한 네트워크는 상업적 교통 인프라를 이용해야 하며, 그렇게 하는 과정에서 그들은 자신들의 활동이 노출과 중단으로부터 가장 안전한 지리적 장소로 끌리게 된다. 그런 곳이 네트워크 허브가 형성되는 장소다. Hastings(2012)는 따라서 (반半독립 요원으로서) A. Q. Khan4)이 1990년대에 리비아가 핵을 개발하려는 것을 돕기로 했을 때, 더는 고국의 자원에 의존할 수 없었다고 본다. 이 네트워크의 주요 허브는 아랍 에미리트 연합국UAE에 형성되었는데, 이곳은 많은 수의 외국인(그리고 외국 기업)을 끌어들이고 있고, 그 지리적 위치와 선진 항만 시설로 인해 많은 국제 교역이 일어나고 있다.

대량살상무기 확산 네트워크 구조에 대한 함의는 두 가지다. 첫째, 국가 자원에 접근할 수 없는 네트워크는, 희소하지만 그럼에도 불구하고 정치 및 경제적 조건이 불법 이전을 허용하기 때문에 사용할 수 있는 무기 구성요소를 찾기 위해 글로벌 영역을 개발할 가능성이 더 크다. 이것은 강점이 아니다. 네트워크가 국가 자원을 사용할 수 없을 때, 네트워크

보안을 최대화하는 것이 필요하다. 그리고 이에는 효율성의 희생이 뒤따른다. 둘째, 이러한 네트워크는 세계적으로 얇게 확산될 수 있지만, 불법 거래는 상업 인프라를 활용하는 데 필요한 노드에 집중된다. 이러한 측면에서, 이런 네트워크는 국가가 지원하는, 다수의 외교 전초 기지와 국가가 통제하는 운송 인프라를 물류에 활용할 수 있어 영토적으로 분산된, 2단계 대량살상무기 확산 네트워크보다 중앙 집중화되어 있다. 비록 후자는 노드가 국가의 장소로 운영될 때 성형 구조를 갖는 것처럼 보이지만, 노드가 더 정밀하게 지정된 지리적 위치에서 작동하는 네트워크 행위자를 나타낼 때 훨씬 덜 중앙 집중화된 구조를 나타낼 가능성이 있다.

탄도 미사일 확산 네트워크의 지형, 그리고 어쩌면 불법 소형 무기 네트워크 지형까지도 Hastings(2012)가 핵확산 네트워크 사례에서 관찰한 것과 같은 패턴을 보여야 한다. 그러나 핵 및 탄도 미사일 확산에 비해, 전체 불법 소형 무기 밀매 활동 중 훨씬 적은 부분이 국가에 의해 지원된다. 이는 국가가 이런 종류의 무기를 획득하고 싶을 때 불법 네트워크에 의존할 필요가 훨씬 적기 때문인데, 이것은 일반적으로 항상 그렇지는 않지만 국가의 합법적인 활동이자 공급자의 수가 많다는 점을 고려할 때 달성하기 쉬운 활동이다. 국가가 불법 소형 무기 네트워크에 관여할 때, 이것은 대개 반란이나 다자간 무기 금수 조치 위반을 감행할 비밀 무기 공급자로서의 역할을 할 때다. 따라서, 국가 공급자와 연결되는 불법 무기 네트워크는, 국가 통제 자산 및 기반시설에 접근할 수 있기 때문에, 영토적으로 분산되고 덜 중앙집중화될 것이다. 국가가 관여하지 않고 국가 자원이 무기 밀매업자들에게 제공되지 않는 경우, 불법 소형 무기 네트워크의 지형은 상업 교통 인프라를 구성하는 노드 및 경로와 더 밀접하게 일치할 수 있다. 따라서, 그런 네트워크는 더 중앙집중화된 구조를 보여야 한다.

무기 데이터와 네트워크 분석

무기 밀매 및 확산 네트워크에 대한 논의에는 이들이 집단행동에 참여하는 목적 있는 조직이라는 개념이 함축되어 있다. 즉, 이러한 네트워크는 은밀하고 안전하지 않은 환경에서 무기, 핵 물질, 처리 장비 등의 이전에 어느 정도 도움이 되는 방식으로 조직 형태가 진화한 집단 행위자다. 이러한 네트워크의 모든 참여자가 불법 무기나 구성품이 의도된 목적지에 도착하는 상품에 신경을 쓰는 것은 아니며, 많은 이들은 오로지 기회주의 그리고 그들이 그 과정에서 어떤 역할을 하든지 간에 얻는 개인적 이익에 의해서만 동기를 부여받는다. 그러나 총체적으로 볼 때, 이러한 네트워크는 목적적 조직체와 유사하다. 그들에 대항하여 배열된 것은 법 집행 기관이나 그들을 붕괴시킬 책임을 지는 다른 국가기관과 같은 목적적 행위자들이다.

Cosa Nostra나 al-Qaeda와 같은 다른 "검은 네트워크"는 말할 것도 없이, A. Q. Khan의 확산 네트워크 또는 Viktor Bout와 동료들이 구성한 무기 - 수송 네트워크의 활동과 구조에 대한 실증적 조사에서는 종종 이러한 실체들이 네트워크화된 조직의 형태를 취한다고 가정한다. 그런 다음 소셜네트워크 분석을 적용해 이러한 네트워크의 구조적 특징, 네트워크 내 핵심 플레이어, 조직의 강점과 취약성 등을 발견할 수 있다. 이러한 누가 네트워크의 일부인지, 누가 그렇지 않은지 조직의 외부 경계는 명확하게 식별할 수 있을 수도 그렇지 않을 수도 있지만, 이러한 네트워크는 행위자로서 합리적으로 개념화될 수 있다.

그러나 네트워크 개념과 분석 방법의 적용은 특정 노드 집합이 이 장에서 불법 무기 및 확산 네트워크에 대해 우리가 논의해 온 의미에서 목적적 조직을 구성한다고 가정할 필요는 없다. 실제로, 국제관계 분야의 소셜네트워크 분석은 다른 방법론이 놓칠 수 있는 경험적 통찰력을 얻기 위해 분쟁이나 무역과 같은 국제관계의 구조를 자주 검토하지만, 국가가 집단행동을 위해 조직된다(네트워크화 된다)는 어떠한 가정도 없다 (Hafner-Burton, Kahler, and Montgomery, 2009; Maoz, 2011). 군사 동맹이나 자유 무역 협회에서의 국가들처럼, 그럴 수도 있지만, 국제적 상호작용은 좀 더 일반적으로 네트워크 같은 패턴을 보일 수 있다. 여기서 "네트워크"는 집단적 행동 그 자체를 암시하지 않고 상호작용의 구조를 설명한다.

행위자로서의 네트워크 대 구조로서의 네트워크에 관한 이러한 관찰은, 아래에서 설명한 것처럼, 무기 거래 연구와 특히 관련이 있다. 예를 들어 불법 소형 무기 이전은 흔히 밀매 네트워크(행위자)에 의해 촉진되는 반면, 글로벌 무기 흐름은 합법이든 불법이든 일반적으로 네트워크화된 조직 형태(구조)와 관련된 패턴을 나타낸다. 현재까지, 네트워크 분석 연구는 두 분석 수준 어느 쪽에서도 거의 없었다.

데이터 출처와 연구

양적 네트워크 분석은, 최소한, 노드 그리고 노드를 잇는 링크의 존재나 부재를 확인하는 데이터가 필요하다. 이상적으로는, 확산 및 무기 네트워크의 경우, 우리는 교환되는 것(무기, 농축 기계, 현금 등)의 유형과 양뿐만 아니라, 이전과 관련된 개인(딜러, 브로커, 금융업자 등) 및 집단 주체(제조업체, 운송 회사, 정부 기관, 반란군 등)에 대한 정보를 원한다. 또한, 이러한 네트워크의 행동과 구조에 영향을 미치는 지리적 요인을 고려해, 이러한 행위자들의 위치와 그들의 거래에 관한 데이터도 입수하고자 한다. 말할 필요도 없이, 이 정도 세부적인 수준의 체계적이고 신뢰할 수 있는 정보는 우리가 논의한 것과 같은 불법 네트워크에서 쉽게 이용할 수 없다. 체계적이고 합리적으로 포괄적인 데이터가 존재하는 경우,

국가(또는 그 대리자)가 네트워크 행위자 자체가 아니라 단순히 행위자가 활동하는 지리적 지역일 뿐일 때에도, 그 데이터는 국가에 의해 통합될 가능성이 크다. 종종 법 집행 활동이나 수사 저널리즘의 결과물인 더 세밀한 정보는 많은 네트워크에서 이용할 수 있지만, 이러한 데이터는 그다지 포괄적이지 않고 체계적인 방식으로 수집하기가 어렵다.

무기 거래에 대한 양적 및 질적 정보의 가장 권위 있는 출처는 SIPRI (스톡홀름국제평화연구소, Stockholm International Peace Research Institute)에서 발행하는 연감 *Armaments, Disarmament and International Security*다.[5] SIPRI는 데이터를 오픈 소스에만 의존하며, 대중이 꾸준히 이용할 수 있는 종류의 정보, 즉 주요 재래식 무기MCW 시스템에 관심을 집중한다. 여기에는 항공기, 장갑과 대포, 유도 및 레이더 시스템, 미사일, 그리고 함정이 포함된다. SIPRI는 수령인에게 물리적으로 이전된 품목 외에도 면허를 받은 수령인이 제조한 무기를 포함한다. MCW 데이터는, 모형별로 분류된 이전된 군사 하드웨어(F-16 항공기, M-60 전차, 패트리어트 지대공 미사일 시스템 등)의 "거래 등록"trade registers 그리고 달러화 가치 총계의 두 가지 형태로 제공된다. 후자는 지불한 무기대금이 아니라, 이전된 무기의 성능 특성에 기초한 "군사 자원 가치"military resource value를 나타낸다.[6]

주요 재래식 무기 거래에 대해 네트워크 접근법을 취하는 소수의 연구는 모두 SIPRI 데이터를 이용한다. 일부는 소셜네트워크 분석SNA을 주로 설명 목적으로, 특히 시각화를 위해 사용하며(Kinsella, 2003), 표준 계량 경제학적 방법을 사용해 쌍의 관계를 모델링하려는 경우에도 마찬가지다(Akerman and Seim, 2014). 즉, 무기 거래에서 네트워크 수준의 프로세스가 갖는 중요성은 이러한 연구에서 인정되지만, 가설 검증을 위해 추론 모형에 실제로 통합되지는 않는다. 최근 두 가지 예외는 Willardson(2013)과 Thurner 등(2015)이다. 두 연구 모두 글로벌 무기 시장의 구조적 특징을 고려하면서 무기 거래의 공변량covariates을 식별하기 위해 지수 랜덤 그래프 모델을 사용한다. 위의 논의에서 그러한 연구는 네트워크를 주로 행위자가 아닌 구조로 취급한다. 우리는 SIPRI 데이터가 이러한 방법과 갈수록 더 정교해지는 네트워크 분석 방법을 사용해 계속 검토되어, 글로벌 무기 거래에 관한 광범위한 정량적 문헌에서 우리가 이미 알고 있는 것(또는 알고 있다고 생각하는 것)에 새로운 통찰력을 가져다줄 것으로 기대한다(Kinsella, 2011 참조).

학계와 정책 커뮤니티의 관심이 갈수록 소형 무기 및 경화기로 쏠리면서, 무기 거래의 이런 측면에 대한 체계적인 (질적, 양적) 정보의 수집 및 배포에 많은 관심이 있었다. 소형 무기 및 경화기 거래는 주요 무기 거래보다 국가 당국의 규제가 훨씬 덜하고, 무기 자체가 더 작은 데다가 그 움직임을 기록하려는 기자나 다른 사람들이 관찰하기가 더 어려워, 신뢰할 수 있는 정보를 일관성 있게 수집하기가 매우 어렵다. 그러나 연구자들은 이제 관련 데이터를 축적하고 공개하기 시작했다.[7] 네트워크 분석에서 가장 유망한 데이터는 오슬로Oslo의 국제 평화 연구소 International Peace Research Institute에 자리 잡은 노르웨이 소형 무기 이전 이니셔티브NISAT, Norwegian Initiative on Small Arms Transfers에서 수집한 데이터다. 노르웨이 소형 무기 이전 이니셔티브는 문서 라이브러리 외에도 소형 무기 및 경화기 이전에 관한 온라인 데이터베이스를 관리하고 있으며, 일부 기록은 1962년으로 거슬러 올라간다. 이러한 데이터는 향후 학술 및 정책 연구에서 중요한 역할을 할 가능성이 크며 네트워크 분석 및 시각화에 매우 적합하다.[8]

실례로서, 그림 16.2는 1998-2005년의 노르웨이 소형 무기 이전 이니셔티브 데이터를 바탕으로 소형 무기 및 경화기의 글로벌 거래를 지도화한 것이다. 노드는 국가이며, 세 글자 국가 코드로 표시되어 있고, 수도의 지리적 좌표에 따라 정렬되었다. 임의의 두 노드를 연결하는 선은, 이 기간에 소형 무기 및 경화기 이전이 총 1백만 달러 이상임을 의미하며, 더 두껍고 어두운 선은 이전의 양이 더 많음을 나타낸다. 노드의 크기는 네트워크에서 그 국가의 중심성에 해당하며, 여기서는 외향 연결정도 outdegree로 조작된다. 즉, 해당 국가가 수출한 소형 무기 및 경화기를 수령한 다른 국가들의 수다. 이 네트워크에서 가장 중심적인 노드는 미국, 몇몇 서유럽국가들, 러시아, 그리고 브라질이다.

소형 무기 및 경화기 거래의 가치는 연간 약 40억 달러에 달하며, 이 중에서 아마 10~20%가 암시장과 회색시장에서 발생한다. 노르웨이 소형 무기 이전 이니셔티브는 합법적인 소형 무기 및 경화기 거래에 대한 정량적 데이터의 수집 외에도 불법 무기 거래에 관한 뉴스 기사와 조사 보고서의 모음인 암시장 파일 아카이브Black Market File Archive를 관리하고 있다. 비록 노르웨이 소형 무기 이전 이니셔티브에서 수집한 기사와 보고서는 포함된 유용한 정보의 양에서 크게 다르지만, 이 자료는 네트워크 분석용으로 코딩할 수 있다(Kinsella, 2012 참조). 일부 기사에는 참여 중간 딜러, 브로커 및 운송 대리인들의 수를 포함해 제조업자에서 구매자로의 무기 운송에 대한 자세한 설명이 포함되어 있다. 다른 보고서에는 코드화할 수 있는 이벤트 정보가 전혀 없다. 일부 보고서는 진행 중인 무기 공급 관계의 이전 사건과 같은 풍부한 배경 정보를 제공한다. 그 밖의 다른 것들은 첫 번째 단체가 무기를 어디서 획득했는지에 대한 아무런 표시 없이, 한 무장단체가 다른 단체에 공급할 때와 같은, 특정 화물의 흐름 중간을 포착한다. 보고서가 완전한 정보를 포함할 때도, 사건들 자체는 광범위한 형태를 보인다. 불법 이전에 관여하는 중개인의 수와 유형, 관련 불법 행위의 성격 (위조된 최종 사용자 증명서, 무기 절도 등), 그리고 이전이 국가 당국에 의해 가로채였는지 아니면 의도된 수령인이 아닌 다른 사람에 의해 가로채였는지에는 상당한 차이가 있다.

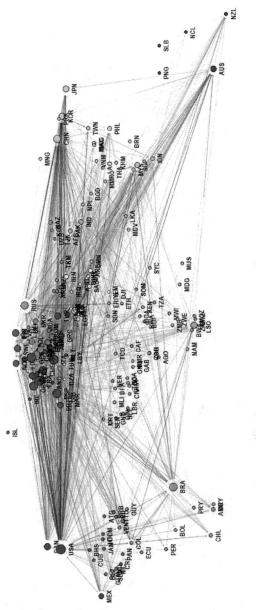

그림 16.2 합법적 소형 무기 거래: 외향 중심성outdegree centrality 노드 크기

이러한 한계에도 불구하고, 이 정보는 이진 네트워크 데이터를 생성하는 데 사용될 수 있으며, 이 데이터를 조사해 지역 및 글로벌 수준에서 불법 무기 거래의 윤곽을 설명할 수 있다(Kinsella, 2006, 2014). 예를 들어 그림 16.2의 형식을 따라 그림 16.3은 이러한 데이터를 사용해 국가 간 불법 무기 이전을 지도화하고 있다. 여기서 노드를 연결하는 선은 1998-2005 기간 동안 불법 무기가 한 국가에서 다른 국가로 적어도 한 번은 유입되었음을 나타낸다. 비록 정부가 때때로 이러한 이전에 연루되기는 하지만, 대개는 그렇지 않기 때문에, 이 네트워크의 노드는 국가의 지역, 즉 불법 무기 거래 참여자들이 활동하는 지리적 공간이다. 노르웨이 소형 무기 이전 이니셔티브NISAT 아카이브의 보고서에서 확인된 불법 무기 이전 사건이 더 많으면 노드를 연결하는 선은 더 두껍고 더 어둡다. 이러한 선은 충분히 문서화 되지 않은 무기 흐름의 볼륨을, 수량이나 값으로 나타내지 않는다. 불법 무기 거래에서 구소련－블록 국가들이 두드러진 것은 주목할 만하다. 외향 중심성이 가장 높은 세 개 지역은 러시아, 체코 공화국, 그리고 불가리아이며, 구소련 블록은 전 세계적으로 가장 중심적인 20개 노드 중 절반을 차지한다. 그림 16.4는 그림 16.3에 나타난 650개 링크 중 1/3을 차지하는 사하라 이남 아프리카의 구소련－블록 국가들과 지역들 사이의 링크를 더욱 강조한다. 이 중, 40% 이상이 구소련 블록에서 사하라 이남 아프리카로의 유출 링크를 나타내는 한편, 40% 미만은 사하라 이남 아프리카 내의 링크다. 그림 16.4는 구소련－블록 지역 간 상당수의 링크도 보여준다.

그림 16.2에서처럼, 그림 16.3과 6.4에 표시된 데이터의 분석은 목적적 행위자가 아닌 주로 구조로서 네트워크를 개념화하는 데에서 출발한다. 다른 범죄 조직과는 대조적으로, 불법 무기 밀매 네트워크에 대한 소셜 네트워크 분석은, 그러한 단체에 대한 상당히 발달된 학문적 및 정책 지향적 문헌에도 불구하고 거의 없다. 비록 네트워크 시각화의 사용과 중

그림 16.3 불법 무기 거래: 외향 중심성outdegree centrality 노드 크기

그림 16.4 불법 무기 거래: 구소련 블록과 사하라 이남 아프리카

심성과 같은 기술적 통계의 계산에 국한되어 있지만, 1999년과 2002년 사이에 라이베리아로 무기를 이송하는 데 관여한 공급업자, 중개인, 금융가, 그리고 운송업자들의 불법 네트워크에 대한 Curwen(2007)의 연구는 하나의 예다. 공간과 시간에 걸쳐 이러한 유형의 행위자로서의 네트워크 분석을 확대하려는 시도는 상당한 데이터 수집 장애에 직면할 것이다. 그러나 노르웨이 소형 무기 이전 이니셔티브NISAT의 암시장 파일 아카이브Black Market File Archive에는 많은 원재료가 존재하며, 네트워크 데이터 추출을 위해 설계된 텍스트 마이닝 알고리즘은 이를 체계화하는 데 유용할 수 있다(Carley, Columbus, and Landwehr, 2013).

마지막으로, 적은 수의 사례로 인해 대량살상무기 이전도 네트워크로서 정량적으로 분석되기보다는 주로 그래픽으로 분석된다. 민감한 핵 이전(Kroenig, 2010)과 민간 핵 이전(Fuhrmann, 2012)에 관한 데이터 세트가 존재하며, 미사일 이전(Montgomery, 2008) 관련 데이터는 핵 위협 이니셔티브Nuclear Threat Initiative 국가 보고서에서 수집할 수 있다. 그러나 화학 및 생물학 무기 이전에 관한 정보는, 다행히도 두 가지 사건 모두 비교적 드문 것으로 보이지만, 거의 또는 전혀 체계적으로 수집되지 않았다.

결론

소형 무기 및 경화기SALW, 주요 재래식 무기MCW, 그리고 대량살상무기WMD의 이전에 관한 연구에 네트워크 이론과 방법론을 이용할 때가 되었다. 그러나 지금까지 이러한 네트워크에 대한 양적 또는 질적 네트워크 분석은 거의 없었다. 오히려, 연구 대부분은 이러한 이전을 위한 특정 유형의 네트워크 구조의 장단점에 관한 가설로 구성되었다. 이는 부분적으로 신뢰할 수 있는 데이터 세트가 부족하기 때문이며, 이는 다시 부분적으로 이러한 관계 및 거래 대부분이 불법적이고 은밀한 특성을 갖기 때문이다. 우리는 논의 대부분을 주요 재래식 무기보다는 소형 무기 및 경화기와 대량살상무기에 집중해왔는데, 이는 네트워크 구조와 관련하여 후자의 두 가지에 관한 문헌이 더 광범위하기 때문이다. 그러나 (전통적인 중력 모형 한 쌍의dyads 집합으로서가 아닌) 네트워크로서의 전자에 대한 분석이 부족하다는 것은 데이터의 가용성이 더 크고 추가적인 교란 요인이 없다는 점을 고려할 때 다소 당혹스럽다.

우리는 분명히 이 연구 영역에서 네트워크 구조에 관한 가설이 부족하지 않다. 단지 분석이 부족할 뿐이다. 따라서, 이 영역은 네트워크 방법을 사용해 현존하는 데이터 세트에 네트워크 이론을 적용하고 네트워크 분석을 위한 새로운 데이터를 수집할 시기가 분명히 무르익었다. 안보 연구와 정책 모두에 대해 이러한 네트워크가 갖는 일반적인 중요성을 고려할 때, 우리는 무기 공급 및 확산 네트워크 연구에서 르네상스를 보게 될 것으로 기대한다.

주석

1) 소형 무기 및 경화기(SALW)는 "개인적인 사용을 위해 고안된 무기이고 경무기는 단원(crew)으로 복무하는 몇몇 사람들에 의해 사용되도록 고안된 무기다."(United Nations, 1997, 11); 대량살상무기(WMD)는 "높은 수준의 파괴가 가능하거나 대량 사상자를 발생시킬 수 있는 화학, 생물학, 방사능, 또는 핵무기로, 무기에서 분리 및 분할 가능한 경우 무기를 운반 또는 추진하는 수단은 제외한다"(United States Department of Defense, 2014, 17-18); 주요 재래식 무기(MCW)는 그 중간에 있는 모든 것이다(항공기, 장갑차, 미사일 시스템 등).

2) 문헌에서, "확산 네트워크"는 일반적으로 대량살상무기(WMD)나 관련 운송 수단을 가리키며, "무기 거래 네트워크"는 주요 재래식 무기(MCW)를, 그리고 "불법 무기 거래"는 보통 소형 무기 및 경화기(SALW)를 가리키지만, 이러한 용어 중 어떤 것도 다른 용어에 적용될 수도 있다. 여기서 우리는 관례를 따르되, 어디든 가능한 경우에는 구체화하고 일반적인 현상을 언급할 때는 "무기 이전"으로 언급한다.

3) 여기서 가장 관련성이 있는 현존 사례는 여전히 체첸이 1995년 모스크바 공원에 방사성 물질과 다이너마이트를 배치한 것이다. 재료가 어디서 왔는지는 아직도 불분명하지만, 체첸인들이 내부적으로 획득했을 가능성이 크다. Pokalova(2015, 51)를 참조.

4) A. Q. Khan 또는 그의 조직이 파키스탄 정부의 지식을 가지고 행동했는지는 아직도 불분명하지만, 둘 중 어느 쪽이든 가능성은 떨어진다. 비국가적 실체도 정부 모르게 확산할 수 있거나, 정부가 확산을 적극적으로 지지하고 있었다(이 관찰에 대해 Scott Sagan에게 감사한다).

5) 원래 World Armaments and Disarmament라고 불렸던 SIPRI 연감은 1969년부

터 출판되었다. 현재와 과거 데이터는 SIPRI Arms Transfers Database(www.sipri.org/databases/armstransfers)에서 온라인으로도 검색할 수 있다.

6) 재래식 무기 이전에 관한 정량적 정보를 얻기 위해 흔히 사용하는 다른 두 개의 출처가 있다. 미국 국무부의 군비통제, 검증 및 준수국(US Department of State's Bureau of Arms Control, Verification and Compliance: AVC)은 양자 간 연간 군비 흐름이 포함된 세계 군비지출 및 무기 이전(World Military Expenditures and Arms Transfers: WMEAT)을 발표하는데, 이는 네트워크 분석에 가장 유용하지만, 주요 공급자들(미국, 프랑스, 독일, 이탈리아, 영국, 러시아, 그리고 중국)만 포함한다. 데이터는 www.state.gov/t/avc/rls/rpt/wmeat/에서 온라인으로 이용할 수 있다(United States Department of State, 2015). 미국 의회의 연구 기관인 의회조사국(Congressional Research Service: CRS)도 정기 보고서인 개발도상국으로의 재래식 무기 이전(Conventional Arms Transfers to Developing Nation)에 무기 거래 데이터를 발표하고 있다(Theohary, 2016). 이러한 데이터는 주요 공급자가 개발도상국으로 이전하는 것만으로 제한되지만, 무기의 계약과 무기의 인도를 구별하는 데 주목할 만하다.

7) 국가들은 유엔 재래식 무기 등록부(UN Register of Conventional Arms)에 그들의 재래식 무기 이전 정보를 제공할 것을 요청받았고, 유엔 등록부는 원래 주요 무기 이전만을 기록했지만, 보고하는 국가들은 현재 소형 무기 및 경화기 이전 정보도 제공하고 있다. 그러나 이 보고는 전적으로 자발적인 것이며, 데이터베이스에서 소형 무기 및 경화기 수출입의 어떤 부분이 기록되었는지는 명확하지 않다. Holtom(2009)과 UN, Department for Disarmament Affairs Staff (2002)를 참조.

8) Small Arms Survey와 NISAT이 수집하고 배포한 자료 대부분은 유엔의 상품 무역 통계 데이터베이스(Commodity Trade Statistics Database [Comtrade])의 세관 정보 에서 추출한 것이다. NISAT 소형 무기 거래 데이터베이스(NISAT Small Arms Trade Database)는 nisat.prio.org/trade-database/에서 접근할 수 있으며, 데이터의 시각적 지도는 nisatapps.prio.org/arms-globe/index.php에서 이용할 수 있다. 기타 소형 무기 및 경화기 데이터는 제네바의 국제대학원(Graduate Institute of International Studies)에 있는 Small Arms Survey에 의해 수집된다. 이곳의 담당자는 법적 및 불법적 소형 무기 및 경화기의 다양한 차원에 초점을 맞춘 심층적인 국가 연구 와 기타 분석을 수행하며, 그중 많은 부분이 제한된 양의 정량적 데이터와 함께 연례 검토에서 보고된다. 이 정보는 다음 링크를 통해 이용할 수 있다. www.smallarmssurvey.org/?small-arms-survey-2015.

제**4**부

비교정치학에서의
네트워크

제17장 비교정치학과 네트워크

Armando Razo

서론

 네트워크는 비교정치의 모든 측면에 존재한다. 사회적 연결social tie은 개인의 정치적 행동에 영향을 미친다(John and Cole, 2000; Zuckerman, 2005; Huckfeldt, 2009). 개인 간의 연결관계는 시민사회 사회적 구조의 기초이며, 개인이 정치조직과 연계됨 따라 더욱 강화된다(Tilly, 2005; Freidenberg and Levitsky, 2006). 민간기관이나 공공기관이나 공동목표를 추구하기 위해 자신들의 활동을 조절해 나간다(Prakash and Gugerty, 2010). 그리고 개인과 조직은 각각 여러 목적을 실현하기 위해 복잡한 방식으로 국가 및 공공기관 각각 관련이 되어 있다(Knoke, 1993, 1996; Migdal, 2001). 따라서 정치적 과정은 다양한 참여자들의 상호작용으로 이루어지기에 본질적으로 관계적이라고 할 수 있다(Knoke, 1990). 사실상 권력과 자원의 분배와 관련한 대부분의 정치적 과정은 그 자체가 종종 사회적, 경제적 연결 관계에 따라 달라진다.(Padgett and Ansell, 1993; Collins, 2002).

 비교정치에서 관련 네트워크에 대한 이렇듯 충분한 인식에도 불구하고 네트워크가 왜, 어떻게 중요한지에 대한 분명한 이해가 부족했다. 비교정치학자들이 네트워크를 정치학에 도입하는데 선구적인 역할을 했다는 것을 생각할 때 이는 당혹스럽게 여겨진다(Knoke, 1990; Padgett and Ansell, 1993; Tarrow, 1998). 그렇기에 비교정치학에서 네트워크와 관련된 초기 연구는 예상대로 세부적인 분야에서 큰 반향을 일으키지 못했다. 그 중요한 요인은 첫째 다른 경험적 연구의 세부 분야와 달리 비교학자들은 고유의 네트워크 데이터를 수집하는데 있어 어려움이 있다. 또 다른 이유는 네트워크를 비교분석의 주요 대상으로 하는데 있어 필요한 이론적 접근법이 없다는 점인데, 전반적으로 기존의 비교학적 접근법을 네트워크적 관점과 접목할 수 있는 방법이 명확하지 않았다.

이 장에서는 비교정치학에서 네트워크 연구와 관련된 오래된 장애물이 서서히 사라지고 있다는 점을 제시하고자 한다. 필자는 세 가지 주요 연구성과들, 즉 집단행동과 논쟁정치collective action and contentious politics, 제도의 정치경제political economy of institutions, 그리고 후견주의clientelism 맥락에서 직접적으로 네트워크에 관심을 갖는 최근의 연구를 검토하고자 한다.[1]

이러한 연구성과들이 갖는 특징들을 포착하기 위해서는 Ward 등(2011)이 제시한 유추적analogical, 서술적descriptive, 추론적inferential이라는 세 가지 주요 범주로 정치네트워크 연구들을 분류하는 것이 유용하다. 먼저 유추적 연구는 네트워크의 관계적 측면을 매우 높은 수준의 일반성으로 인식한다. 네트워크는 사회 시스템을 나타내는 전체 대상이며, 사회관계를 표현하는 은유이자 암시이다. 둘째, 서술적 연구는 기존의 소셜네트워크 분석의 툴을 활용하여 네트워크 구조의 속성을 시각화하고 요약한다. 셋째, 추론적 연구는 전체 네트워크 구조 또는 잠재 네트워크를 추정하기 위해 통계 모델을 사용한다. 현존하는 비교정치학에서의 대부분의 연구는 추론적 통계 방법과 관련된 몇 가지 사례를 제외하고 주로 서술적 연구이다.

이 장의 두 번째 절에서는 비교정치학에서 다루고 있는 큰 질문들을 표본으로 삼아 어떻게 관계적 사고를 적용할 수 있는지를 설명하고자 한다. 필자는 측정measurement 이전단계에서 비교학자들이 관심을 가지고 있는 매우 중요한 현상에 대해 네트워크가 현실적 모델을 제공할 수 있도록 어떻게 정확하게 표현할 것인가라는 근본적 문제를 강조하고자 한다. 그리고 마지막으로 네트워크의 비교 분석을 위한 방법론적 과제에 대한 간략한 논의하고자 한다.

집단행동과 논쟁정치

논쟁의 여지는 있지만, 집단행동에 대한 연구는 비교정치학이 연구의 중심 위치를 차지하고 있다(Ostrom, 1998). 집단행동은 참여와 경쟁, 그리고 민주주의의 질에 영향을 미친다(Olson, 1965; Van Cott, 2005; Prakash and Gugerty, 2010). 집단행동 연구영역 내 사회운동에 대한 연구는 특별한 주의를 기울여야야 하는데, 사회운동은 선진국 역사에서 중요한 정치적 변화를 가능하게 했다(Tarrow, 1998; Tilly, 2004). 또한 최근 사회운동 관련 연구는 전 세계적으로 논쟁정치 범위가 확대됨에 따라 최근의 사회운동의 성격과 범위가 확장되고 있음을 시사한다(Tarrow, 2005, 2011). 그러므로 현대의 사회문제와 관련한 사회운동 연구는 현재뿐만 아니라 앞으로의 연구의 비옥한 토양이 된다.

사회운동 관련 연구문헌에 대한 전체적인 검토는 이 장의 범위를 벗어난다.[2] 다만 이 장은 네트워크의 개념적 정의부터 시작하여 사회운동의 주요 측면으로써의 네트워크를 알리는데 초점을 맞추고자 한다. 사회운동에 대한 전통적인 정의는 "국가기관, 권력자에 대한 집단적, 조직적, 지속적, 비제도적 도전 또는 그러한 문화적 신념이나 관행"이라고 규정한다(Goodwin and Jasper, 2005, 3). 따라서 사회운동에 대한 기본적인 이해는 개인과 조직이 어떻게 모이고 논쟁의 여지가 있는 어떤 목적을 위해 스스로를 조직하는지에 대한 주의 깊은 고려가 필요하다. 여기에서 "함께 한다는 것"Coming together이라고 할 때에는 연결connections이나 네트워크networks의 체계적인 연구의 대상으로서 주의를 끌게 된다.

사회운동 연구에는 세 가지 주요 패러다임이 있다. 첫째, "헤게모니" 접근법으로 관련 학자들은 정치과정에 내재된embedded 정치적 기회구조의 중요성을 강조한다(Kriesi, 2004; Tilly, 2004). 둘째, 성공적인 집단행동은 비용이 많이 들기 때문에 적절한 자원을 확보하는 것의 중요성을 강조한다. 예를 들어 Edwards and McCarthy(2004)는 사회운동 조직을 성공하게 하는 다섯 가지 유형의 자원을 구분한다. 정당성을 획득하고 연대solidarity 지원을 얻는 '도덕적 자원'; 전문 지식 및 개념 도구와 같은 '문화적 자원'; 재산 및 장비와 같은 '물질적 자원'; 네트워크를 구축하고 연합을 형성하는 '사회조직적 자원'; 새로운 회원 충원 능력을 포함하는 '인적 자원' 등이다. 마지막으로 세 번째 영향력 있는 접근법은 물질적 기반의 구조적 제약이나 조직적 차원의 자원 보다는 주관적, 문화적 요인에 관심을 갖는다(Williams, 2004). 이러한 연구의 맥락에서는 사회운동이 '의미있는 대상'meaningful objects이라는 점이 강조된다. 그리고 개념정의에 따르면, 사회운동은 지속적인 집단행동이라고 할 수 있는데(Snow et al., 2004b), 여기에서의 '지속적'이라는 의미는 지속적인 정당성을 필요로 한다는 의미이므로 사회운동과 사회운동의 외부자(즉, 수사적인 도전자) 사이의 다이나믹한 담론과정의 여지를 열어둔다.

네트워크는 사회운동이론 어휘의 일부였지만, 최근에 와서 그 자체로 연구의 대상이 되었다(Diani, 2003a). 한 가지 주요한 개념적 혁신이라고 한다면 사회운동의 물질적 측면과 주관적 측면을 조화시키는 네트워크 접근법의 통합적 잠재력이라는 점이다. 예를 들어 Broadbent(2003)는

2003년 일본 환경정치 연구에서 사회적 관계social relations가 물질적 관심사와 주관적 관심사 사이의 중간 인식론적 역할을 제공한다고 주장한다. 물질적, 문화적 관심사와 구별될 수 있는 사회적 패러다임에서, Broadbent는 사회구조가 사회운동의 문화적, 물질적 측면을 모두 형성하는 두 가지 형태(네트워크와 사회적 역할)로 나타난다고 주장한다. 첫째, 밀집된 사회적 관계나 지역사회와 이웃 차원의 두터운 네트워크는 개인을 사회 영향력에 더 쉽게 순응하게 만든다. 이와 더불어 자신보다 더 높은 사회적 권위에 대한 존중을 요구하는 수직적 차원에서의 사회적 역할은 사회운동을 확장하는데 필요한 집단적 사고방식을 더욱 용이하게 한다. 둘째, 두터운 네트워크와 사회적 역할의 상호 작용은 권력과 물질적 자원 활용가능성의 불평등한 분배로 해석됨으로써 개인에 대한 사회적 영향력을 강화할 수 있다. 비교 관점에서 두터운 네트워크와 엄격한 사회적 역할을 가진 일본과 같은 사회가 사회운동을 일으키기 위한 정당한 수단으로 인식되기 쉽지 않은 얕은 네트워크와 느슨한 사회 구조를 가진 미국과 같은 사회보다 더 명확하게 사회운동을 표현할 가능성이 있다고 Broadbent는 주장한다.

소셜네트워크는 주관적이고 물질적인 관심사를 조화시키기 위해 지배의 위협적인 도구가 아닌 지원aid 수단으로 인식되어야 하지 그렇지 않으면 사회운동 참가자들은 지배의 도구인 네트워크에 도전하기 위해 결사할 동기를 가질 수 있을 것이다. 실제로 네트워크가 실제로 참가자들에게 위협적이지 않고 그들에게 유용한 수단이 될 수 있다는 사례가 있다. 이탈리아 환경단체에 대한 연구에서 Diani(2003b)는 사회운동 내에서 강력한 조직의 역할을 명확히 하기 위해 네트워크분석을 적용한 바 있다. Diani는 '내향연결 정도 중심성in-degree centrality 점수'를 활용하여 다른 제3자와의 관계를 구축하는 주요 역할을 하는 중심 플레이어로 운동지도자를 식별해 내고, 이러한 지도자들이 지배하기보다는 외부 지지자들에 대해 운동의 대표자로서 활동하고 정치적 참여를 촉진하는 한편 목표달성을 앞당기기 위해 화합적인 소통전략을 취한다는 점을 발견했다. 또한 다양한 중개역할에 대한 측정을 통해 Diani는 필요한 자원을 생산하기 위해 다수의 커뮤니티에 걸쳐 연결을 형성하는 데에는 중요하게 작용하지만, 사회운동 내에서는 비교적 덜 중요한 역할을 하는 다른 조직의 존재도 기록하였다. 그에 따르면 네트워크의 구조가 "권한을 부여"하거나 두드러진 역할을 하는 특정 행위자를 만들어 내지만, 역으로 그 행위자는 이러한 역할을 맡게 됨으로써 집단행동을 강화하고 전체 운동에 힘을 부여한다고 주장한다.

사회운동의 성격을 구별해 내는 능력은 체계적인 네트워크 연구의 토대를 마련하는 데 중요하다. 사회운동을 정의하는 데 있어 네트워크가 중요하다는데 대한 합의는 있다. 특히 Tarrow(2011)는 사회운동은 기본적으로 소셜네트워크에 의해 구별되는 논쟁정치의 특별한 유형이라고 생각했다. 같은 맥락에서 Diani(2003c, 301)는 사회운동은 "비공식적인 상호작용의 네트워크a network of informal interactions"를 구성한다고 주장하기도 한다.

어떤 네트워크가 중요한가? 이 핵심 질문에 대한 대답은 사회운동이 어떻게 성장하는지, 그리고 충원이 개인의 사회적 연결에 의해 매개된다는 것을 잘 보여주고 있는 연구를 통해 알 수 있다(Diani, 2004). 신입 회원은 사회운동에 참가하고 있는 가까운 친구나 친척이 있으면 그 운동에 동참할 가능성이 높다. 그러나 McAdam(2003)은 이러한 통상적인 관념이 사회운동의 성장을 완전히 설명할 수는 없다고 지적한다. 신입회원의 충원을 포함하기는 하되 여기에 국한하지 않고 사회운동의 라이프 사이클의 여러 단계에서 사회적 유대가 어떻게 작동하는가 하는 메커니즘을 설명해 줄 수 있는 추가 연구가 필요하다는 것이다.

개인의 사회적 연결ties을 넘어 사회운동의 확대에도 조직 간 연대가 필요하다. 자원이 제한된 조직은 성공을 위해 다른 조직과의 전략적 교류에 의존하는 경향이 강해 다른 조직과의 조직적 연대는 중요하다. 마지막으로, 조직은 배타적으로 물리적 자원을 독점하지 않기 때문에 적절한 분석틀이 없다면 관찰되지 않거나 측정되지 않는 관념상의 연대도 존재한다. 예를 들어 Diani(2003a)는 이벤트 및 관념(아이디어)과 같은 눈에 보이지 않는 연대를 그려내는데 학술적 관심을 보였다. 그의 이러한 작업은 개념 개발의 초기단계에 있기는 하지만 이러한 그의 맵핑연습은 새로운 연구 질문에 대한 건전한 기초를 구축하고 있다는 점에 건설적이다. 하나의 예를 들자면, 인지 구성에 있어 사회적 또는 조직적 연결과는 질적으로 다른 서로 경쟁하는 사회운동이 추종자들 사이에게 공명을 이끌어내는 접착성이 강한 관념을 만들어 내는 방법이나, 큰 그룹으로 묶여질 때까지 인지하지 못하지만, 인지 네트워크 지향을 통해 사회운동의 발전 초기 단계에서의 일어나는 사회적 인지와 관련된 다음의 경험적 질문을 던질 수도 있다. 즉, 개인이 전념한 특정 메시지가 시간이 지남에 따라 정제되어 다수에 확산될 수 있는 잠재성을 갖는 대규모 메시지 세트가 될 수 있는가? 성공적인 운동과 실패한 운동을 구별 내는 초기 인지구조는 분명한 차이를 보이는가? 같은 맥락에서 운동 내 정보제공자의 분배와 조정에 초점을 본다면 조직 내 잠재적으로 화해를 어렵게 하는 메시지 세트 개발하거나 향후 운동성공을 가로막는 내부 이데올로기 갈등을 조장하는 것이 가능한가?

이러한 예시적 질문을 통해 사회운동에서 네트워크에 대한 기존 지식과 그 성격과 영향에 대해 제기되는 새로운 질문을 모두 정리하기 위한 일반적인 틀이 필요하다는 점을 보여준다. Diani(2003c, 2004)는 지금까지 행위자와 사건을 연결하는 네트워크의 다중성을 인지하고 이를 연구해 왔으며, 그러한 틀을 개발하기 위한 가장 포괄적인 윤곽을 제공해 왔다. 그는 행동, 아이디어 및 사건을 정확하게 연결할 수 있는 동적 네트워크 과정, 즉 다양한 네트워크가 내부적으로 그리고 다른 사람들과 관련하여 시간에 따라 어떻게 변화하는지에 대한 동적 이론 개발에 특히 주의를 기울인다. 특히 동종선호의 과정이 초기 네트워크 구조를 정초하는 것뿐만 아니라 구조적으로 유사한 참여자들 사이의 부가적인 연결을 촉진하는데 더욱 중요한 역할을 한다고 보았다. 또한 그는 동적 네트워크 분석적 관점 하에서는 개인과 그룹을 포함하는 네트워크과정의 이중성을 인식되어 네트워크 과정의 다단계 분석을 용이하게 한다고 주장했다.

최근의 기술 발전은 사회운동과 다른 형태의 논쟁정치의 영역을 더욱 확장했다. 첫째, 새로운 정보통신기술ICT의 도래는 사회운동의 환경을 급격하게 변화시켰다. 사회운동의 영역은 물리적 공간에 국한되지 않는다. 메시지의 확산과 행동참여를 용이하게 하는 접근이 쉬운 온라인 공간이 형성되었다. 예를 들어 2011년 아랍의 봄은 인터넷이 중대한 정치적 변화를 위한 매개체가 될 수 있다는 현실을 보여주었다. 그러나 이러한 에피소드 이전에 이미 시민들이 정부에 도전하고 정부를 교체하기 위해 대규모로 정보를 공유할 수 있는 방법을 이해하기 위한 학계의 많은 관심이 있었다(Kalathil and Boas, 2003; Chadwick, 2006). 그러나 '아랍의 봄'은 소셜미디어가 이전보다 훨씬 더 큰 규모로 시민들이 온라인 집단행동 참여 기회를 확대했다는 학문적, 대중적 인식이 널리 퍼져 있다(Castells, 2007; Agarwal et al., 2014).

정치 커뮤니케이션 및 정보학과 같이 여러 분야를 포괄하는 학제 간 연구는 소셜미디어 사용에 특히 관심을 기울이고 있으며 관련한 연구문헌도 지속적으로 증가하고 있다. 튀니지 혁명과 같이 민주주의 전환과 관련한 '아랍의 봄' 사례에 대해 성공적으로 분석하고 있는 Breuer 등(2015)는 Twitter 데이터를 분석하여 ICT 보급률이 낮은 튀니지와 같은 국가에서 시위대가 소셜미디어 사이버 행동주의를 신중하게 활용하여 자신의 대의를 홍보할 수 있었던 방법을 이해할 수 있었으며, 새로운 민주주의 운동의 현 정부에 대한 지속적인 도전 과정에서 전문기술자는 시위대가 정부의 과거 검열 메커니즘을 깰 수 있도록 통신 네트워크 아키텍처를 재정의하는 데 중심 역할을 했다.[3] 관련한 유사한 연구에 따르면, 2011년 스페인의 "분노하는 사람들Indignados 운동"은 참여자들의 효과적인 의사소통을 위해 많은 양의 유사한 메시지의 확산뿐만 아니라 관련된 메시지의 네트워크과 네트워크 간 매개가 이루어졌다. 스페인 젊은이들을 강타한 심각한 경제 위기는 스페인 전역의 주요 도시에서 지속적인 거리 시위를 야기시켰고, 시위는 곧 시민 불복종 행위로 발전했다. 스페인 당국이 물리적 장소에서 시위를 제한하면서, 온라인 통신 공간으로 운동이 옮겨가 온라인 활동이 확대되었다. 그 과정에서 소셜 미디어, 특히 트위터의 사용은 네트워크 분석이라는 관점에서 보면, 공공 이용 가능한 방대한 양의 데이터를 생성하게 되어 여러 연구를 촉발시키는 계기가 되었다. 초기 연구결과 중 González-Bailon 등(2011)의 연구는 트위터 사용자 중심성user centrality이 운동을 시작하는데 중요하지 않다는 것을 발견했다. 그러나 일단 운동이 시작되면 정보 확산에 중심성이 중요하다는 것을 발견했다. 후속 연구는 이러한 온라인 네트워크는 높은 클러스터링과 평균 수준 이하의 "작은 세계small world" 특징을 보여주며, 또한 운동과정에서 특별한 역할을 하는 도구로 발전하게 되었다 (Borge-Holthoefer et al., 2014; Gonzales-Bailon et al., 2014).

이렇듯 연이은 활발한 연구는 온라인 사회운동의 구조와 영향에 대한 우리의 이해를 확실히 제고해 왔다. 예를 들어 새로운 정보의 확산에 정보중개자brokers의 중요성이 학술적으로 잘 확립된 것처럼 보였지만 (GonzalesBailon, 2013), 모든 중개자가 온라인을 통해 활동하는 것은 아니었다. 예를 들어 Romanos(2016)는 스페인 이민자들이 개인적, 조직적 인맥을 통해 "Indignados 운동"과 "월가 점령 운동Occupy Wall Street movements"

사이에서 중개 역할을 했다고 주장했다. 아울러 이렇듯 동일한 정보가 서로 다른 유형의 네트워크를 거쳐 갈 수 있다는 묵시적 가정은 향후 더 풍부한 정보구성을 허용하고 있는 사례에 대한 경험적 검토와 이론적 개발이 필요하다는 과제를 제기했다. 예를 들어 Bennett and Segerberg(2012)는 디지털 미디어가 두 가지 분명한 커뮤니케이션 논리를 수반한다고 지적하고 있는데, 하나는 대규모 집단행동에 도움이 되는 것이고(아마도 모든 참여자가 동일한 정보를 받고 사용하기 때문일 것이다), 다른 하나는 참가자들은 더 개인화된 메시지를 받는다는 것이다. 개인이 완전하게 커뮤니케이션의 작동과정을 인지하는 것은 불가능하기 때문에, 실제로 방송채널보다 개인화된 정보에 가까울 수 있다. 이러한 분야의 새로운 연구 질문들은 학자들이 동일한 기술영역에 공유되지만 통신수단이 구별되어 있다는 점을 동시에 주의할 필요가 있다.

한편 기술발전은 비국가 행위자들의 중요성 증대와 국경을 쉽게 초월하는 관계의 새로운 연결과 맞물려 있다(Tarrow, 2005). 소셜미디어의 인기는 소셜네트워크의 영역이 전자 환경에 국한되어 있다는 것을 암시할 수 있지만, 전혀 그렇지 않다. 우리가 소셜미디어에서 가장 많이 보는 것은 사회운동을 위한 다양한 목적을 제공하는 커뮤니케이션 네트워크이다. 그러나 동원의 성격과 목적에 따라, 관련 네트워크는 대중의 시야에서 숨기거나 필요에 따라 비동기화될 수 있다. 이러한 가능성은 레바논에 있는 팔레스타인 무장조직의 조직기반에 대한 최근 연구에서 잘 드러나는데, 또한 비국가 행위자들의 중요성이 증가하고 있음을 역시 강조하고 있다. Parkinson(2013)은 1982년 이스라엘 방위군의 레바논 침공으로 해체된 팔레스타인 해방기구PLO가 어떻게 작전을 재건할 수 있었는지에 대해 알고자 했다. 그녀는 전현직 PLO 회원들과 신뢰를 쌓기 위한 민족지리학 연구ethnographic research를 기반하여 공식 군사적 위계질서를 대체하기 위해 체계적으로 "쿼티디언"quotidian 또는 일상 네트워크를 사용하여 정보를 교환했다. 이 네트워크는 다양한 기밀활동사항이 오고가는 평범한 가족 및 우정 관계를 포함하며, "사회적, 군사적 역할"을 모두 맡은 여성들에게 중요한 역할을 제공하는 네트워크였다(Parkinson, 2013, 425). 비록 이것들은 개인적인 그리고 지역화된 네트워크였지만, 그들의 광범위한 사용은 자원을 동원하고 박해받는 무장세력들에게 안전한 통로를 제공하기 위한 국가 간 유대관계를 가능하게 하는 도구였다. Parkinson은 이러한 일상적인 네트워크의 활성화가 PLO의 반등 능력을 설명한다고 결론짓는다. 시사한 바와 같이, 일상적 네트워크과 명시적인 동원 노력의 결합은 양쪽 모두를 변화시키는 역동성을 만들어냈다. 여성의 역할이 더욱 두드러지고 군사작전을 넘어 일반 네트워크를 통용하면서 무장조직의 성격이 바뀌었다. 그러나 여성과 가족의 사회적 관계도 바뀌었고, 그들은 은밀한 반란의 한 갈래가 되었다.

이러한 유형의 사례연구는 두 가지 측면에서 온라인 집단 행동 연구와 극명한 대조를 이룬다. 첫째, 데이터 수집이 본질적으로 훨씬 어렵다는 점이다. 돌출행위와 인지도가 가치 있는 화폐인 공개 온라인 시위와 달리 Parkinson의 연구에서는 참여자들이 참여 사실을 밝힐 유인이 없다. 계획 수립은 고사하고 관련 연결을 확인하는 데만 세심한 작업과 참여자의 신뢰가 필요하다. 더욱이 그러한 데이터가 수집될 때에도 정보제공을 제한하는 사람에 대한 보호에 관한 윤리적 우려가 있다. 둘째, 이러한 연구규모는 소셜미디어 네트워크에 대한 연구보다 훨씬 작다. 이러한 방식으로 지식을 축적하려면 더 집중적이고 광범위한 연구가 필요하다.

행위자 간 상호작용과 새로운 행위자를 위한 기술적 기회의 확산은 전반적으로 사회운동연구에 전망을 밝게 하고 연구에 도전해볼 만하며 현대 사회운동의 사회적 기초와 역동성에 대한 새로운 질문을 풀어가는 데에도 긍정적 기여를 할 것이다. 그러나 극복해야 할 중요한 개념적, 방법론적 과제가 남아 있다. 우선 단지 소셜네트워크에만 초점을 맞추는 것은 사회운동의 경계가 어디인가에 대한 질문을 낳는다. 사회운동에 참여하는 사람들은 형식화에 저항하는 동시에 더 많은 추종자를 필요로 한다. 따라서 이런 순환과정으로 인해 사회운동은 쉽게 봉쇄되지 않는다. 그런데 연구자들은 이를 연구하기 위해 더 많은 이질적인 노드를 사회운동에 통합함에 따라, 사회운동은 사회운동과 그 환경 사이의 경계를 흐리게 하는 더 많은 비정형적인 특성을 갖게 된다.

이러한 현상은 소셜네트워크와 사회운동의 이론적 역할을 뒤집는 새로운 연구노선을 제시한다. Gould(2003)는 사회운동에 참여하는 것이 시간이 지남에 따라 이전의 우정의 의미를 이미 변화시킬 수 있다고 주장한 바 있다. 또한 Parkinson(2013) 연구에 따르면, 반항적인 활동에 참여함으로써 일상 네트워크의 의미와 사용도 크게 변화했다. 하나의 운동이나 여러 개의 운동이 현존하는 사회적 공간에 적합할 정도로 사회운동의 장기적인 영향은 특정한 불만을 해결하는 것을 넘어 확장된다. 시간이 지남에 따라, 우리는 소셜네트워크와 사회운동의 공진화를 보게 되는데, 이는 인과적 추론을 위한 것뿐만 아니라 사회운동이 어떻게 사회 구조를 변화시키는지에 대한 더 나은 이해에 접근하게 한다.

정치경제

정치와 경제는 공적 행위자와 사적 행위자 사이의 다양한 상호작용을 만들어 낸다. 공적 행위자와 사적 행위자의 이러한 연결이 이루어지는 방식과 그 특징은 경제적, 정치적 결과에 영향을 미치고, 이와 관련해 규범적인 측면에서 관심을 가진 여러 연구가 생겨났다. 이 절은 관계적인 시각relational perspective을 공히 가지고 있는 3가지 영역에서의 관련 문헌을 간략히 검토하고자 한다. 그것은 부패, 제도의 정치경제학, 그리고 후견주의다.

부패

부패는 사적 이익을 위한 행해지는 공직 남용을 말한다. 특히 많은 개발도상국에서 만연해 있는 세계적인 현상인 부패의 전형적인 사례는, 가치 있는 공공 서비스에 대한 접근을 제한하는 공무원에게 뇌물을 주는 것이다. 관계적 시작에서 부패를 분석한 뛰어난 이론적 접근법이 몇 가지 있다. 이러한 이론들은 앞으로 경험적 조사의 바탕이 될 수 있다. 먼저 Shleifer와 Vishny(1993)의 부패에 대한 정치경제에 관한 연구는 뇌물수수의 조직적 맥락이 부패와 경제적 효율성의 정도에 큰 영향을 미친다고 주장한다. 또한 중앙집중화된 정치체제일수록 부패거래의 사회적 수준은 낮아진다고 주장한다. 이러한 주장은 아직 직접 검증되지 않은 다분히 이론적인 주장이라고 할 수 있다. 그러나 모든 뇌물은 그 사회적 맥락을 가지고 있다는 통찰력을 제공하고 있다. 이들은 대체로 정치권 내 최고 수준에서 뇌물이 받지 않았을 경우, 여러 행위자들이 사회적, 정치적 네트워크를 통해 뇌물을 공유하게 된다. 부패 네트워크는 사실상 불법적인 지대공유rent-sharing 네트워크이다. 그리고 이러한 부패 네트워크는 뇌물의 공여와 수뢰라는 양자 차원의 상호작용dyadic interactions을 넘어서 글로벌한 관점에서 관찰하고 이해할 필요가 있다고 주장한다.

한편 조직에 관심을 가지고 연구해 오고 있는 Rose-Ackerman(1999)은 공적 행위자와 사적 행위자의 차이에 따른 부패유형이 차이를 발견하고 이를 비교 설명하기 위한 이론을 발전시켰다. 그녀는 뇌물을 주는 입자에서 정부 권한이 집중적인가 또는 분산적인지에 따라 부패유형이 달라지고, 뇌물을 요구하는 입장에서 뇌물공여자가 조직인지 비조직적인지(또는 잠재적 수뢰자 수를 제한하고 있는지)에 따라 뇌물의 공급과 수요의 조합은 네 가지 다른 패턴으로 나타나게 된다고 주장한다. 예를 들어 정부가 중앙집권적이고 잘 조직되어 있을 경우, 최고 정치지도자가 뇌물

수수의 전 과정을 주도하고 부패로부터 얻는 모든 이익을 독차지한다. 반대로 이른바 '마피아'와 같이 민간 행위자들이 정부보다 더 강할 때 민간 행위자가 주도하고 통제하는 부패의 패턴이 나타나며, 뇌물 제공자나 수뢰자가 모두 조직화 되어 있는 경우에는 쌍방 모두 독점 상황이 발생한다. 그리고 마지막으로 뇌물 제공자와 수뢰자 모두 비조직적이라면 다수의 뇌물 요구자와 공급자가 존재하게 되어 "경쟁적인" 부패 상황이 되는데 이 과정에서 더 많은 뇌물이 오갈 수도 있지만, 더 적어질수도 있다.

이러한 경제적 접근법은 거시적 관점에서 한 사회의 조직적 특징을 보여주고 있다. 그러나 제한된 수준이다. 여기에 더해 뇌물을 둘러싸고 구축된 네트워크에 대한 분석이 추가될 필요가 있다. 네트워크 분석법은 뇌물에 대한 분석의 주요 단위로써 한 명의 사적 행위자와 한 명의 공적 행위자 사이의 사실상의 이질적 거래를 파악한다. 그리고 이러한 거래를 설명할 수 있는 개념적 중간고리로서 집합적 부패 패턴을 여러 쌍의 양자관계dyads들로 구성되어 있는 네트워크 구조로 포착한다. 관련하여 부패와 관련된 노드 세트node set는 사회 모든 개인을 포괄하고 노드의 성격이 사적 행위자인지 아니면 공적 행위자인지 여부는 외부 속성으로 처리한다. 그리고 부패 현상을 모델링하기 위해 수요(뇌물 요구) 측면과 공급("공식적" 협력에 대한 댓가) 측면 모두를 설명할 수 있는 두 방향을 갖는 네트워크로 구분하여 설명한다. 이러한 관점에서 볼 때, 부패 현상은 본질적으로 사적 행위자와 공적 행위자 사이의 성공적인 거래가 이루어지는 전문화된 교환 네트워크라고 할 수 있다. 부당한 거래와 교환의 부패의 양자관계를 그림으로 그려 간략하게 요약할 수가 있다. 그리고 이를 통해 전체 네트워크 구조의 일반적인 특징을 설명할 수 있다. 그리고 Rose-Ackerman의 4가지 유형과 비교하여 평가할 수도 있다. 부패에 대한 이러한 관계론적 접근이 갖는 한 가지 주요한 장점은 거시적 수준에서 부패의 잠재적인 패턴과 집합을 확장할 수 있다는 점이다. Rose-Ackerman 4가지 분석 프레임과 함께 네트워크 분석은 부패와 관련한 분석방법에 대한 이론적 또는 실증적인 검토를 가능하게 함으로써 부패 구조를 잘 파악할 수 있게 한다.

부패에 대한 많은 연구문헌들이 존재하지만 직접 관련증거를 수집하는 것은 여전히 어려운 작업이다(Treisman, 2007). 그 이유를 이해하는 것은 그다지 어렵지 않다. 부패 과정에 참여한 사람들은 자신의 불법적인 행동이 알려지는 것을 원하지 않기 때문이다. 따라서 부패와 관련된 자료는 관련 데이터 수집해야 한다. 이와 관련한 2가지 주요한 접근 방식이 있다. 엄밀히 말해 두 가지 중 하나만 네트워크분석에 활용 가능한 관계 데이터이다. 관련 자료 중 먼저 가장 일반적인 자료라고 할 수 있는 여론과 전문가 조사 등을 기초하여 작성한 국가별 지표이다. 대표적으로 세계은행World Bank에서 작성하고 있는 "부패인식지수"Corruption Perceptions Index와 "부패통제지표"Control of Corruption Governance Indicator 등이다 (Kaufmann et al., 2005; Svensson, 2005; Transparency International, 2014). 이러한 방식의 부패 측정은 국가 간 비교를 가능하게 할 수 있음에도 불구하고 주관적인 성격을 갖을 뿐만 아니라 미시적 수준에서의 모호한 집계 프로세스로 인해 자료로써 제한적이다. 두 번째 접근 가능한 부패관련 자료는 기업 수준에서 만들어진다. 기업들은 글로벌 차원에서 해당 사업에 소요되는 비용을 산정하게 되는데, 때때로 해당 국가에 뇌물을 주거나 사업추진과 관련해 부패 등과 관련된 리포트를 작성한다. 이와 같이 부패관련 직접적인 자료들은 학술적 연구결과로 밝혀지기보다는 해당 국가의 정치과정에서 나오게 될 가능성이 높다. 예를 들어 새로 집권하는 정부는 전임자들의 잘못을 폭로하기 위해 부패관련 증거를 수집한다. 예를 들어 Khwaja와 Mian(2005)의 연구는 과거 파키스탄에서는 정치적 조사를 통해 밝혀진 부패 증거를 활용하고 있는데, 1996년과 2002년 사이

파키스탄에서 이루어진 비효율적 공적 대출이 정치적 연줄을 가진 기업에 대한 편중된 특혜가 있었다는 것을 밝혀냈다.

부패의 직접적인 증거자료가 공개된 정치적 조사 사례는 2000년대 초 페루에서의 사건이다(McMillan and Zoido, 2004). 페루는 안데스 3개국 중 하나로 원주민 인구 비율이 높고 경제발전 수준이 낮다. 1990년 10년간의 극심한 경제위기가 있었다. 더불어 정당체제가 무너져 정치적 아웃사이더인 알베르토 후지모리Alberto Fujimori가 대통령으로 선출되었다. 후지모리는 2000년까지 집권하면서 페루 사회가 좋아하지 않은 신자유주의 개혁을 실행했을 뿐만 아니라, 1992년 의회를 비민주적 정치행태를 보이며 친위 쿠데타self-coup를 단행했다. 그리고 명목상의 민주적인 절차를 거쳐 재선했다. 또한 자신의 오른팔인 블라디미로 몬테시노스Vladimiro Montesinos에게 보안부대를 맡겨 정적과 비판자들에 대한 정치적 보복을 가하였다. 몬테시노스는 특히 수백만 달러의 불법 거래에 관여하기까지 하였다. 그런데 그와 관련한 부패 네트워크 내에 있던 작은 케이블 회사가 같은 기간 동안 모든 거래의 영수증을 보관하고 있었고 그와 관련된 거래를 담은 영상을 녹화하여 공개했다. 이렇게 공개된 부패자료에 근거하여 몬테시노스와 후지모리 대통령의 부패범죄혐의에 대한 수사가 진행되었다. 후지모리는 2000년 기소를 피하기 위해 해외로 도망했다.[4] 페루의 사례 연구를 일반화하고 벤치마킹하기는 조금 어렵다. 그렇지만 부패와 관련한 이러한 자세한 자료 데이터가 존재함으로써 그동안 밝혀내기 어려웠던 두 가지 사실들을 McMillan과 Zoido는 밝혀냈다. 먼저 네트워크 형성Network formation이 엄격한 경제 논리에 따라 이루어졌다는 점이다. 거래와 뇌물의 제공은 다양한 직책의 공직자에게 이루어졌는데 뇌물거래 액수는 철저히 정치권력에 비례하였다. 마찬가지로 언론매체 관계자들에게 제공한 뇌물 역시 언론시장 권력에 비례하여 지불되었다. 둘째로 부패와 관련된 모든 관계 증거가 문서화되었다는 점이다. 부패

관련 양자 사이의 영구적인 관계를 유지하고 불법활동의 비밀을 유지하기 위한 안전장치로 문서화documentation를 전략적으로 활용하고 있다는 점이다.

제도의 정치경제

부패 연구는 국가 – 기업 관계에 간명하게 파악할 수 있는 좋은 기회를 제공한다. 부패 연구 그 자체가 전 세계 많은 국가의 정치경제를 파악하는 렌즈가 되기 때문이다. 경제 행위자들은 일반적으로 정부와 밀접한 관계를 맺는다(Evans, 1995; Maxfield and Schneider, 1997; Schneider, 2004). 그리고 국가와 기업 간의 연결은 부패하기 쉽다. 기업의 이익은 대중들의 이익과 일치하지 않은 특수 이익으로 간주되기 때문에 국가와 기업의 연결 관계가 의심스러울 수밖에 없다. 그러나 국가와 기업 간에 맺고 있는 관계가 갖는 성격과 그 결과에 대해 보다 충분한 검토가 필요하다. 예를 들어 정치경제 및 경제사를 종합해 보면 경제 발전을 촉진하기 위한 사적영역과 공적영역 간 파트너십이 어떤 조건 하에서 생겨나는지를 살펴보면 대체로 관련한 두 가지 접근법이 있다.5)

발전 정치경제학 연구에서 중요한 질문 중 하나는 사회적 갈등을 겪고 있는 불안정한 국가가 어떻게 경제발전을 촉진할 수 있는가 하는 점이다. Haber 등(2003)은 1910년 멕시코 혁명의 영향에 대한 연구를 통해 이 문제를 풀고자 했다. 이들은 조직이론과 기업이론을 바탕으로 하여 공동의 경제적 목표를 추구하기 위해 협력하는 정치 및 경제 행위자의 인센티브가 무엇인지를 파악하기 위해 "수직적 정치통합"VPI, vertical political integration 이론을 발전시켰다. 이 이론에 따르면 정치와 경제 행위자 간 협력을 방해하는 요소는 불확실성에 있으며, 이러한 이들 국가에서의 정치의 불안정은 정치적 재간과 자원을 많이 소유한 경제 행위자들 간 서로를 잘 감시할 수 있도록 하는 배타적인 정책결정방식을 만들어낸다고 주장한다. 이들은 네트워크 분석적 용어network-analytic terms로 엄밀하게 제시하지는 않지만, 이들이 주장하고 있는 이론 속에는 두 가지 주요 관계론적 함의를 갖는 주장이 있다. (1) 정치적으로 불안정한 국가들에서의 정치네트워크는 공적 정치행위자와 사적 행위자간 독점적 지대공유 계약에 의해서만 유지될 수 있으며, (2) 특정 정책에 대한 양자 간 특정 합의에도 불구하고, 수직적 정치통합(VPI) 시스템 전반의 신뢰도를 높이기 위해 이 네트워크에 대한 접근은 정부에 의해 철저히 제어된다. 따라서 공적 행위자와 민간 행위자 간 지대공유와 관련된 계약 체결과 유지에는 비용이 매우 많이 들어간다. 그런데 이러한 막대한 비용에도 불구하고 20세기 초 멕시코에서 공적 행위자와 민간 행위자 네트워크는 탄력적으로 잘 작동하였다. 멕시코 혁명 이전 구축된 수직적 정치통합 VIP 체계 하의 정치적 네트워크는 혁명 이후 발생한 여러 사건을 겪은 후에도 그 정치적 네트워크 구성원의 재산권이 잘 보호될 수 있도록 하는 장치로 작동하였다.

발전중인 국가에서 이러한 유형의 정치적 네트워크는 견고하게 구성되어 있을 뿐만 아니라 한편으로는 정부를 견제할 마땅하고 적절한 수단이 부재한 사회에서 경제발전을 위한 정치적 토대가 될 수 있다. Haber 등의 연구를 좀 더 확대하여 관련된 연구들이 제시한 주요한 문제를 풀기 위해 Razo(2003)는 보다 분명하게 네트워크 분석틀network-analytic framework을 발전시켰다. 기존 이론이 정부가 민주적 제도를 제한하고 경제성장을 촉진하는 비민주적 정부의 능력에 대해 규정하고 있었다고 한다면(North and Weingast, 1989) 네트워크적 관점에서는 기존의 이론을 넘어서 비민주적 정치체제의 정책결정과정에서의 관계를 사실상의 네트워크라고 정의하는데 훨씬 더 유용한 틀을 제공하고 하고 있다. 일반적으로 비민주적 정권들은 권력을 선별적이고 특별한 권한을 제공하기 위해 전략적으로 이용되는 경향이 있기에 강한 관계적 특징을 보인다. 이러한 경향은 그 자체로 경제 행위자들의 이익을 정부의 이익과 직접 결부하려고 하는데 단지 여기에 끝나는 것이 아니라 정부정책의 신뢰성의 문제가 남는다. 비민주적인 정부는 민간에 선택적 특권을 공여하기 때문이다. 신뢰성 악화를 방지하기 위해서 이들 정부는 민간 행위자들과의 한 번의 약속에 머무는 것이 아니라 부차적으로 다른 여러 약속을 해야만 한다. 이와 관련하여 사적 보호네트워크 이론이 발전해 왔다. 경제행위자들은 자신의 특권을 보장받기 위해 어느 정도 독립적인 힘을 가진 영향력 있는 정치 행위자들을 네트워크 내로 충원하려 한다는 이론이다. 충원 과정은 주로 개별적으로 이루어지고 분산적인 성격을 갖는다. 네트워크에 참여하는 행위자들은 경쟁자를 희생시킴으로써 가능한 한 많은 지대를 획득하고자 한다. 따라서 서로의 이익을 조정하는 과정에는 참여하려고 하지 않지만, 각자의 특권을 보호하기 위해서는 구축되어 있는 네트워크를 이익커뮤니티로 인식해야 한다. 이러한 이유로 인해 분산적인 성격을 갖는 행위자들이 효과적으로 네트워크를 구성할 수 있는 것이다. 특히 민간 참여자가 여러 경제적 이익을 보호받고자 할 때 이해관계가 상호 겹치게 되는데, 이런 상황이 발생할 경우 제3의 영역에서 이익조정의 강제집행 권한을 줄 수 있는 능력을 가진 소수의 행위자에게 권력이 집중될 수가 있다. 이렇게 생성된 새로운 네트워크는 정부가 명시적으로 약탈적 행동predatory behavior에 나서도록 하는 두 가지 관계 메커니즘을 구축하게 한다. 그 중 억제 메커니즘은 정치 행위자가 이익커뮤니티라는 공동의식을 위반한 행위자에 대한 집단적 보복이다. 그리고 다른 하나인 강화 메커니즘은 네트워크에 연결된 모든 경제 주체를 대상으로 하는 약탈이 있을 수 있다는 위험 인식을 확산하는 것이다. 이는 행위자 간 연결성을 높이는 반면 민간 기업들을 좀 더 약하게 하지만 규율을 벗어난 과도한 약탈적 정부에 대해 대규모의 대응을 이끌어 낼 수도 있다.

『제한된 독재의 사회적 기초』Social Foundations of Limited Dictatorship에서 Razo(2008)는 정치적 행위자와 경제적 행위자 간의 네트워크가 경제발전이라는 목표 달성을 위해 민주적 정치제도 하에서 실행가능한 대안을 제공할 수 있는지에 대한 일반이론과 이와 관련된 구체적인 연구를 제공하고 있다. Razo는 19세기 후반과 20세기 초 멕시코에서의 데이터를 활용해 정치적 안정과 경제성장에 중요한 역할을 했던 다양한 네트워크 구조를 재구성했다. Razo의 이 이론이 중요한 점은 비민주적 정권하에서 성장을 위한 필수조건으로 Olson(1993)이 발전시킨 네트워크 작동을 규정하는 역할을 하는 개념인 '중첩된 사적 보호네트워크'a network of overlapping private protection의 존재이다. 이 연구는 추론적 네트워크 통계를 활용한 비교정치학에서 처음으로 시도된 연구였다. 특히 Razo는 정치 행위자들이 경제 행위자들의 재산권을 보호를 위해 상호 중첩된 보호 네트워크 형성에 결정적 역할을 했다는 가설을 검증하기 위해 "지수 랜덤 그래프 모형"ERGM, Exponential Random Graph Model을 활용하였다.

이와 관련된 구체적인 네트워크 데이터를 수집하는 어려운 작업에도 불구하고 이론적 지침과 방법론적인 틀을 갖춘 이러한 작업은 조건과 환경이 다른 연구에서도 충분히 활용 가능하다. 이를 통해 특정 국가의 정치와 경제 간 네트워크의 관계 데이터를 더 많이 수집할 수 있을 뿐만 아니라 비록 연구가들이 직접 현지에서 이들 국가를 연구하지 않는다 할지라도 어떤 특정 국가의 경험을 넘어서 이론적 경험적 두 차원에서 만족할만한 답을 찾을 수 있는 연구 질문을 제기할 수 있도록 해 준다. 민주주의가 약한 국가 또는 비민주적 통치 조건에서의 국가 간 정치-경제 네트워크 구조 차이variation가 존재하는가? 정치 - 경제 네트워크는 일반적으로 존재하는데 비교를 통한 정치체제 구별이라는 어려운 문제에 네트워크 차원을 개입하여 과연 이 문제를 해결할 수 있을까? 다시 말해 민주적 정치체제와 비민주 정치체제 사이에 정치 - 경제 네트워크의 형태와 운영에 있어 의미 있는 차이가 있는가?

후견주의

　분배정치distributive politics에 대한 연구는 관계론적 접근법에 적합하다. 왜냐하면 정부가 다양한 서비스와 혜택을 국민들에게 제공하기 때문이다 (IDB and Harvard University, 2005; Robinson, 2010). 때때로 정치 행위자들은 그러한 서비스의 전달을 교환, 즉 (사회적) 합의 또는 정치적 지지를 조건으로 간주한다. 실제로 시민과 정치인 간에는 다양한 연계linkage를 맺고 있다(Kitschelt and Wilkinson, 2007). 그들 간 맺고 있는 다양한 교류 패턴을 구별하자면, 일반적으로 차별 없이 정책을 제시하는 이른바 프로그램 정책과 특정 국민과의 관계를 조건으로 하는 비프로그래밍 정책 등으로 분류할 수 있다. 여기에서 후자는 때때로 후견주의clientelism로 정의되기도 한다. 이 개념은 후견－피후견인 관계patron-client relationship, 후견 네트워크, 혹은 민간 행위자가 권한을 가진 정치적 행위자와 맺고 있는 의존방식 등을 식별해 내는 많은 관계적 유산relational heritage을 갖고 있다(Szwarcberg, 2012; Stokes et al., 2013).

　후견주의에 대한 최근 연구는 정치인과 일반 시민 간의 교류를 중개하는 매개의 역할에 특히 주목하고 있다. Stokes 등(2013)은 어떤 정당으로부터 정책적 지원을 받았음에도 불구하고 다른 정당을 지지하거나 기권하는 유권자들의 잠재적 기회주의를 어떻게 줄일 것인가 하는 차원에서 "매개 중개자 분포"broker-mediated distribution 이론을 발전시켰다. 이 이론에는 3가지 주요 행위자가 존재하는데 정당 엘리트, 중개사 그리고 유권자이다. 정당 엘리트는 중개자들을 모집하고, 중개자들은 유권자를 동원한다. 이들의 모형에는 어떤 네트워크 구조도 직접적으로 포함되어 있지 않지만 적어도 두 개의 다른 네트워크 구조를 전제로 하고 있음을 알 수 있다. 첫째, 정당 지도자와 중개인 간의 '본인 – 대리인 관계'principal-agent relationship는 현재 또는 미래의 중개인이 특정 정치 조직에 충성을 맹세함에 따라 독자적으로 존재할 수 있는 일종의 당파적 네트워크이다. 둘째, 중개자가 잠재적 유권자와의 사회적 연결 네트워크이다. 이러한 연결에는 정당에 대한 그들이 동의하는 잠재된 가치가 배경이 된다. 실제 네트워크 상에서 경쟁하고 있는 활동가 중에서 중개자를 누구로 선택할 것인가 하는 문제는 당 엘리트들의 전략적인 선택에 달려 있다. 그리고 중개자의 선택은 충성도가 높은 추종자 그리고 유권자와 정당에 잘 연결시켜 줄 수 있는 능력을 고려하게 된다. "중개자"라는 용어는 매개라는 개념에 가장 잘 부합하지만, 시민 – 정치인 연결이라는 전체적인 관점에서 본다면, 중개자는 당 엘리트와 대중 사이에서 이를 연계하는 역할을 하는 것으로 보는 것이 적절하다.

당의 엘리트와 대중 사이를 연계하고 있음에도 불구하고 당 엘리트와 중개자는 상반된 목표를 가지고 있다. 당 엘리트는 일반적으로 선거에서 이기려는 목표가 강하기 때문에 부동층swing voters에 대한 관심이 많고 이를 획득하려고 하는 경향이 강하다. 반면에 중개자는 자신의 권한과 지위를 충분히 활용하여 상대적으로 비용이 적게 들고 관리가 가능한 충성심이 강한 유권자inexpensive loyal voters들을 대상으로만 실리를 추구하려 한다. 하지만 중개자의 실리는 선거결과에 달려 있다. 그리고 당에 의해 이루어지는 중개자에 대한 활동모니터링, 그리고 선거결과의 불확실성 등으로 인해 중개자는 일부 부동층을 대상으로 하는 활동과 연계의 필요성을 인식하게 된다.

후견주의 이론을 검증하기 위해 여러 라틴 아메리카 국가들의 분배정치를 연구했고 특히 아르헨티나의 사례를 더욱 세밀하게 그리고 주의 깊게 관찰했다. 아르헨티나에서는 정치 중개자들을 대상으로 하는 설문조사를 실시하기도 했는데, 이 조사에서 아르헨티나의 사회적, 당파적 인맥의 수 등에 대한 관계 데이터를 포함하여 당 활동가의 인맥 정보를 수집하였다. 그리고 추가 설문을 통해 중개자들의 행동이 어떻게 "매개 중개자 분포 이론"에 부합하는지 검증하기 위해 전략 미적분strategic calculus을 적용하여 이해하고자 했다. 수학적 검증 결과 중개자들은 전체적으로 그들 후견인과의 사회적 연결과 깊은 상호이해를 실제로 가지고 있다는 점을 발견했으며, 중개자들이 신뢰할 수 있는 유권자 풀을 정당 엘리트들에게 전달하고 있다고 판단했다.

후견주의 연구를 통해 비록 정치 중개자가 많은 관심을 받기는 했지만, 중개자와 관련한 상세한 네트워크 분석을 통해 그 중요성과 활성화 메커니즘에 대해 더 파악할 필요가 있다. 부에노스아이레스 지역 노동자 거주지역 주변에 대한 연구에서 Szwarcberg(2012)는 후견주의 관계에서 구성되어 있는 "문제해결 네트워크"problem-solving networks의 역할의 중요성을 지적한다. 그녀는 그 지역에서 식량 배급 프로그램에 참여한 20명의 여성[만자네라manzaneras]을 대상으로 한 설문 조사와 광범위한 현장 조사에서 수집된 자료를 통해 정치 상담, 탁아 서비스, 자금 대출 및 상담 등 지역의 요구를 만족시키는 문제 해결 전문 네트워크를 식별해내고 이를 매핑한 바 있다. 그녀는 중심성 분석centrality analysis을 사용하여 정치적 및 비정치적 네트워크 모두에서 중심적인 '만자네라'를 판별하고, 중심성이 높은 이 여성이 효과적인 정치 중개자가 될 수 있음을 밝혔다. 이 연구가 시사하는 중요한 점은 후견주의 연구에 있어 특정 중개자와의 후견적 관계를 맺으려는 유권자를 넘어서는 전체 사회적 맥락의 이해를 포괄해야 한다는 것이다. 이러한 사회적 맥락에 대한 중시는 '문제해결 네트워크' 상에 네트워크의 중심성이 결여되어 있고 네트워크 상에서의 연결의 정치적 효과가 크지 않은 여러 정치적 중개자를 판별해 낼 수 있도록 중개자를 평가할 수 있도록 해준다.

Szwarcberg(2013)는 후속 연구를 통해, 정치인은 항상 일반 유권자에 대해 후견주의 전략을 선택한다는 기존의 관념에 대해 도전했다. 그녀는 수백 건의 인터뷰에서 얻은 자료를 통해, 정치인들이 후견주의를 선거 전략으로 삼기 위한 필요조건으로 자신의 주요 공략을 배포하는데 필요한 정당의 인적 자원과 네트워크에 모두 접근할 수 있어야 하고, 프로그램적인 접근방식보다 후견주의 접근방식을 활용하는데 있어 인센티브가 있어야 한다는 것을 보여주었다.[6] 그리고 그녀는 이러한 후견주의 인센티브는 그 정당 전체 차원에서 경력에 관심을 갖는 유권자를 동원하고자 할 때 강력해지며, 이러한 후원주의는 후보뿐만 아니라 정당 지도자의 권력유지 열망과 능력을 보여주는 신호등 같은 역할을 한다고 주장했다.

이러한 선행연구를 기초로 Szwarcberg(2015)는 후견주의 네트워크의 기반과 아르헨티나와 같은 나라에서 후견주의가 지속적 현상이 되는 인센티브 구조에 대한 보다 일반화된 주장을 발전시켰다. 첫째, 그녀는 일반적인으로 후견주의가 한 명의 일반 시민과 정치인 사이의 이원적(그리고 독립적인) 관계라고 정의되는 개념이 아니라, 후견주의는 계층적 조직에 내장된 다양한 네트워크의 통합 시스템으로 이해되어야 한다고 주장한다. 일반 시민 간을 연결하는 비정치적 사회적 또는 일상적 네트워크는 가장 낮은 수준에서 작동한다. 평범한 시민들이 일상적 필요를 충족시키기 위해 특정 지역 정치 행위자에 의존하게 될 경우 이러한 일상적 네트워크 중 일부는 정치적 목적으로 사용된다. 그런데 앞에서 언급했듯이 사회적 중개자는 정당 중개자 또는 활동가가 될 수 있기 때문에 소셜네트워크를 정치네트워크에 연결할 수도 있다. 그 과정에서 중개역할을 맡은 정당 활동가는 선출직 또는 정당 지도부 직책을 맡을 수 있는 정치 경력을 쌓을 수 있다. 둘째, 더 높은 지위에 오르기 위해 정당 중개자는 더 많은 유권자를 확보함으로써 지속적으로 자신의 가치를 입증해야 한다. 이는 선거에 필요한 자원을 제공하기 위한 정당 네트워크를 지속적으로 활용해야 하는 반복적인 작업이다. 그런데 이러한 과정을

Szwarcberg는 역설적으로 "뒤틀린 인센티브의 논리"a logic of perverse incentives라고 간주한다. 즉 후견주의가 정당 활동가가 정치 경력을 한층 업그레이드하고 기존 정당에게는 다수의 유권자를 확보하는데 활용할 수 있는 가장 효과적인 방법이기 때문이다.

후견주의에 대한 대부분의 연구작업은 설명적이나 몇몇 연구는 높은 수준의 통계적 추론을 사용하는 주목할 만한 성과를 내놓았다. Calvo와 Murillo(2012)는 유권자의 소셜네트워크 규모와 당파적 네트워크 간의 연관성을 추정하는 방법론을 개발했다. 이들은 아르헨티나와 칠레에서 독자적으로 개발한 설문조사 도구를 활용하였다. 특정인에 대한 개별적 지식을 기반으로 한 응답자들의 지인 수를 추정했다. 그리고 응답자의 활동가 및 정치 후보자에 대한 지식을 추가 설문을 활용하여 정보를 수집하여 정당 활동가의 수와 유권자와 정당 활동가의 상대적 근접성을 추정했다. 정책, 후원관계, 보조금 등 유권자의 분배에 대한 선호도가 어떻게 정당 활동가와의 근접성에 영향을 미치는지를 이해하는 것이다. 칠레 응답자는 대부분 프로그램 분배정치를 선호하는 경향이 더 크다는 것을 발견했다. 대조적으로 아르헨티나 응답자는 특히 주요 정당과 관련이 있는 경우 보다 후견적인 분배를 선호한다는 점을 발견했다.

위에서 언급한 바와 같이, 후견주의는 정치적 의존관계 형성과 유지를 수반하고 있다. 이는 정치적 후견인(또는 중개자)이 제공하는 자원 없이 일반 유권자들이 그들의 요구를 안정적으로 충족시킬 수 없다는 것을 의미한다. 후견주의 이론을 활용한 연구대상을 긴 역사를 가진 아르헨티나의 정의당(또는 페론주의자) 정당 내부까지 확대할 경우 발견할 수 있는 것은 아르헨티나의 일반 유권자는 이들 정당들의 후견주의 전략에 저항할 수 있는 능력이 크게 제약되어 있다. 그리고 멕시코 사례에서 보이듯 후견주의는 도시의 정치환경에만 국한된 현상도 아니다(Fox, 1994; Diaz-Cayeros and Magaloni, 2003). 더욱이 후견인-피후견 네트워크는 정치적 문제를 넘어서 경제문제에 기본적으로 영향을 미친다. 예를 들어 Shami(2012)는 파키스탄 4개 농촌마을에서 외부경제와 연결된 도로건설 과정이 후견주의에 어떤 영향을 미치는지에 대한 연구했다. 여기에서 그녀는 파키스탄 농촌에서 정치적 후견주의의 지나친 의존성이라는 부정적인 점이 건설과정에서 외부경제와 연결성이 확대되면 더 완화되었다는 것을 발견했다.

관계론적 비교정치학을 향하여

이 절에서는 비교정치학에서 제기되어 왔던 많은 큰 질문들이 본질적으로 관계론적 성격을 갖는 것이었으므로 네트워크 분석 접근법과 체계적으로 통합 가능하다고 주장하고자 한다. 관계론적 접근법과의 이론적이고 그리고 경험적인 통합 가능성을 설명하기 위해, 비교정치학에서 두 가지 주요 주제에 초점을 맞추고자 한다. 첫째, 국가 – 사회관계이며 둘째, 정치조직과 정치적 정체성이다. 필자는 먼저 이들 각 주제에 관련된 필수 개념 그리고(또는) 질문을 먼저 강조한 다음 각 주제에 대한 관련된 네트워크를 설명하는 방식으로 설명하고자 한다. 여기서는 정치적 현상을 설명하는 하나의 모형으로서의 네트워크를 최초로 활용하는 방법에 초점을 맞출 것이며, 본 장의 범위를 벗어난 연구 설계 및 데이터 분석 등과 관련된 사항을 여기에서는 다루지 않을 것이다.

국가 – 사회 관계

국가 – 사회 관계를 이해하기 위해서는 먼저 이 복합 용어를 구성하고 있는 구성 요소에 대해 정의하는 것이 필요하다. 정치학에서 핵심 개념은 '국가'라는 개념이다. 베버의 고전적 정의에 따르면 "폭력의 독점"이라는 시각에서 국가를 분명히 규정하고 있지만(Weber, 1965), 일반적으로 국가는 주권과 같은 외부 기준뿐만 아니라 관료제와 같은 내부기준을 포함하는 훨씬 복잡한 조직들로 이루어진 복합적인 요소로 구성되어 있다(Bates, 2010; O'Neil, 2012, ch. 2). 또한 공공재 제공과 같이 국가가 가지고 있는 주요 기능의 측면에서 국가를 정의하는 것도 보편화되어 있다(Hardin, 1997; Morris et al., 2004). 특히 가장 눈에 띄지만 필요불가결의 요소라고 할 수 있는 관료에 초점을 맞추게 되면 국가의 관계적 토대 relational foundation가 바로 드러난다. 국가 관료제는 '전문화'와 '노동분업'이라는 관계적 사고에 잘 적용될 수 있는 두 가지 의미체계를 가지고 있다. 관료제에 속한 '전문화된 개인'은 하나의 노드node 세트로 구성될 수 있고, '노동분업에 따른 업무'(또는 근무처 또는 소속조직) 역시 다른 노드 세트를 구성할 수 있다. 이 두 가지를 연결하면 "2-모드 네트워크" 구조로 모델링될 수 있다. 그리고 이렇게 여러 직무에 배치된 개인들 간의 관계는 네트워크 내에서 업무를 효과적으로 완수할 수 있도록 하는 책임을 부과한다. 관료제 내에서의 이루어지는 인사상의 네트워크는 다른 개인과 연결되는 잠재적인 노드 세트로 제한된다. 결과적으로 개인은 "A - 보고 - B"라고 하는 형식의 보고 관련 관계나, "B - 감독 - A"라는 형식의 지휘체계 관계에 속하지 않을 수가 없다. 관료의 이러한 인적 관계는 전형적인 조직적 계층차트에 상응한다.[7]

국가 - 사회 관계에서 사회를 정의하는 것은 조금 더 복잡하다. 왜냐하면 사회라는 개념은 개인의 집합보다 훨씬 더 많은 것을 포괄하고 있기 때문이다. 기본적으로 사회라는 개념에는 사회질서의 유형이나 사람들을 통합하는 어떤 메커니즘이 포함되어 있다. 이 메커니즘은 개인이나 집단 대표자나 모두 공통의 규칙에 구속되는 이른바 '사회적 규약'의 유형이 될 수 있다. 그러나 공유된 이해를 기초로 하여 사회구성원을 하나의 커뮤니티로 모으는 근거가 반드시 공식적으로 또는 자발적일 필요는 없다

(Tilly, 2005). 그런 메커니즘과 관계없이 사람들은 주어진 목적을 위해 함께 모인다는 것이 명백하기 때문이다. 따라서 사회라는 개념은 본질적으로 관계적이다.

더욱이 제대로 된 사회라면 모든 개인은 다른 모든 개인과 관계를 맺는 것을 필요로 한다. 네트워크 분석 용어를 활용하자면 사회는 가능한 모든 연결이 존재하는 완전한 네트워크 구조이다. 이를 개인들이 명백하게 서로 협력하고 각 개인이 다른 개인들과 협력하기를 기대할 것으로 해석할 수 있으나, 이는 넓은 범위의 사회 개념에 도전하는 비현실적이다. 그러나 네트워크 접근법에서는 사회를 실제 협력관계라기보다는 잠재적 협력관계로 보고자 한다. 즉 기회가 있을 때 두 개인이 협력하게 되면 개인들 간 모든 연결이 실현될 가능성이 있다고 본다.

협력과 같은 실제행위(또는 사회계약에 대한 공적인 인정)가 아닌 비슷한 신념이라는 관점에서 사회를 보는 입장도 있다. 이러한 관념은 사회를 인지적 관점에서 정의하고 있는데, 만일 어떤 두 사람이 자신이 속해 있는 결사체나 사회에 대한 신념을 공유하고 있다면 이들은 관련이 있다고 본다. 이러한 인지 관계를 빌딩을 건설할 때 사용하는 블록과 같이 두 사람과 상호 연관된 제3자를 하나 둘 추가하게 되면 행위자들 더 할수록 사회의 규모가 커진다고 간주한다. 이는 다소 추상적인 방법이기는 하지만 관계적 접근법을 통하여 사회의 부재를 즉시 경험적으로 검증할 수 있게 해준다. 일단 분석 대상인 개인들로 구성된 집단을 대상으로 우리는 그들이 실제로 관련이 있는지 여부를 확인할 수 있다. 만약 서로 관련이 없다면 우리는 그 집단을 '사회'라고 정의하지 않는다.[8] 이러한 인지론적 관계적 접근법은 한 공간에 공존하고 있는 것을 통해서가 아니라 상호 연결의 패턴patterns of ties을 통해 사회의 존재를 정의하는 것이다.

이렇듯 나름대로 사회에 대한 관계론적 정의를 제안함으로써 사회가 그들이 속한 국가와 어떻게 관련되는지를 살펴볼 수 있다. 행위적 관점에서 본다면 일반 시민들은 사회적, 정치적 공백 상태가 아닌 공통적으로 광범위한 상호의존성을 가지고 있으며, 그들의 모든 정치적 행동은 네트워크 내에서 작동한다고 할 수 있다(Huckfelt, 2009). 또한 네트워크 내에서의 사회적 상호작용을 통하여 각 정치체계의 특성에 대한 학습을 크게 촉진할 수도 있다(Zuckerman, 2009). 물론 이러한 학습에는 국가 - 사회 관계와 관련해 개인이 국가에 기대하는 것에 대한 학습도 포함된다. 개인은 국가라는 실체에 참여할 수 있는 여러 가지 방법이 존재하는데, 여기에서는 세 가지 국가 - 소셜네트워크 참여모형을 제시하고자 한다.

첫째, 가장 간단한 모델로 국가가 유일하고 고유한 실체인 모델이다. 국가들로 구성된 집합을 $N1$이라고 하고, 개인으로 구성된 두 번째 집합을 $N2$로 정의하여 국가 - 사회 관계를 시민과 국가를 연결하는 국적 네트워크로 모델링한다. 시민과 국가를 자동적으로 연관시키는 구조를 내포하고 있다고 문제제기할 수 있지만, 그렇다고 이 모델의 작동에 방해받지 않는다. 반면 이러한 네트워크 모델은 특정 시민이 특정 국가와 맺는 관계의 조건을 구별해 내는 작용을 한다.[9] 개인이 국가와 맺고 있는 관계를 단순히 시민권에 의해 만들어진 자동적인 연결 관계를 넘어 최근 많은 민주주의 이론에서 주요 관심사가 되고 있는 개인의 국가에 대한 실제적인 접근이나 개인 권리보호에 초점을 맞춘다고 한다면, 국가 - 시민 관계에 대한 이러한 대안적 새로운 정의를 통해 각 국가 - 사회 관계의 차이를 관찰할 수 있을 것이다. 어떤 사람은 개인과 국가 연결이 획일적이지 않는 점이 곧 모든 사람이 "국가"와 동일시되지 않다는 것을 암시하기 때문에 국가 - 사회 관계 연구의 필요성이 제기된다고 주장하는데 네트워크 접근법의 유용성은 다양한 요약을 활용하여 국가 간의 구조적 차이를 확인할 수 있게 한다는 것이다. 특히 네트워크 구조의 차이를 통해 비민주적 정권에서 공직자에 의해 접근이 제한되거나 또는 통제되는 정치체제를 분별할 수 있다(Razo, 2013).

둘째, 국민 개인의 노드가 중첩되어 있는 경우 개인 노드 수를 병합하여 줄이기보다 이를 쉽게 관리할 수 있게 하는 모델링이다. "2-모드 제휴 네트워크"two-mode affiliation network라고 할 수 있는데 이는 국가를 하나의 노드 세트로 간주하고 관련된 행위자들의 조직을 작은 사회로 간주할 경우 이 두 노드 세트 간 제휴의 네트워크를 구성할 수 있다. 이러한 구조는 조직 내에서 중복된 구성원 자격이나 계층적인 형태의 사회조직형태를 구성된다.10) 마지막으로 단일 국가에 대한 가정을 완화하고 국가 노드 세트를 확장하게 하여 국가와 개인의 연결이 보다 "유연한 2-모드 네트워크" 구조를 가질 수도 있다. 이러한 유형의 구조는 둘 이상의 국가가 한 개인과 직접 관련되는 상황(예를 들면 이중 국적 또는 초국가적 정치 참여)을 모델링할 수 있다.11)

요약하자면 국가-사회관계를 모두 설명할 수 있는 모델이나 네트워크 구조를 제시하는 것이 이 절의 목표는 아니다. 단순 네트워크나 제휴 네트워크의 개념을 활용하여 국가-사회관계 네트워크 관점에서 파악하는 방법을 설명하고자 한 것이다. 앞에서 제시된 모델링의 예는 설명의 가능성만을 보여주는 것으로써 전 세계에 걸쳐 광범위한 형태 국가-사회관계가 존재하고 있다는 것을 보여주는 것이라 할 수 있다.

정치조직과 정치적 정체성

모든 정치 시스템에는 지도자가 집권할 수 있도록 하는 어느 정도 조직을 필요로 한다(Linz, 2000; Haber, 2006). 실제로 현대 민주주의는 대의제 정부를 통한 실행되며, 개인은 정부의 하급 공무원과의 구체적인 상호작용을 넘어서는 국가의 대리인과 직접 상호 작용하는 경우는 드물다. 네트워크의 관점에서 볼 때, 공식 정당 또는 기타 조직을 통해 관리되는 정치조직은 모두 '관계적 현상'relational phenomenon이라고 할 수 있다. 여기에서 생각해야 할 점은 개인이 다양한 정당에 가입하고 참여하는 이유를 이해하는 것이다(Scarrow, 2007). 네트워크 관점에서 볼 때 사실상 정치참여라고 하는 것은, 정치조직이 설정한 정치적 목표를 추구하기 위해 자신의 시간과 노력을 투입하여 참여 네트워크participatory networks를 구축하는 것을 말한다. 물론 정치조직이 처음 어떻게 구성되고 존재하게 되었는 지에 대해 궁금해 할 수도 있다. 그러나 이러한 질문은 정당이 지속적으로 지지하거나 참여하는 구성원으로 구성되어 있다는 가정을 배제하고, 정당이 어떻게 창당되고 지속될 수 있는지에 대한 조직 역학과 관련한 질문이다. 실제로 소속이 같다고 해서 그룹 간 협력이 이루어지거나 조직 내 화합이 이루어지지 않는다(Olson, 1965; Ostrom, 1998). 앞에서 말한 사회에 대한 정의와 유사하게, 조직 네트워크 구조의 측면에서 바람직한 행동(협력, 조화, 조합 등)을 통해 조직 내 효과적인(공유된) 소속감의 기초가 될 수 있는 집단행동을 모델링할 수 있다.

사회운동에 대한 논의에서 언급했듯 특정 조직 출현은 그 조직에 대한 의미 있는 참여를 동반한다. 의미 있는 참여라는 관점에서 본다면 시민들은 공동의 이익과 공동 목표를 실현할 수 있는 사회 내의 다른 네트워크를 찾고 있다고 이해할 수 있다. 다시 말해 한 국가의 정치조직을 이해하기 위해서는 다양한 형태의 정치적 연결과정을 이해해야 한다는 점이다. 지금 정치적 정체성과 관련된 질문을 하고 있는 것이다. 물론 민족이라든가 다른 유형의 정체성의 기원에 대해 토론하자는 것이 아니다. 개인이 자신의 정체성을 선택할 수 있는 여지를 열어주는 구성주의적 접근법에 대해 많은 관심이 있다는 것을 인식하기 위한 것이다(Chandra, 2012). 정체성 형성은 네트워크 형성의 과정과 유사하다. 개인(하나의 노드 유형)은 특정 정체성(두 번째 노드 집합)과의 연결된다. 후자 정치적 정체성은 통제된 정치적 조작을 통해서 뿐만 아니라 개인의 자발적인 활동에 의해서 형성될 수도 있다. 관계적 접근법의 관점에서 보면 개인의 정체성이 일단 고정되면, 참여자의 행동을 설명할 수 있는 특성집합이나 커뮤니티 구조를 식별할 수 있는 다양한 소재를 더 많이 제공한다. 그리고 정체성이 정해지면 공통의 유대가 어떻게 긍정적이거나 부정적인 행동으로 바뀔 수 있는지 더 파악할 수 있게 한다. 예를 들어 긍정적 측면에서 정체성(소속) 네트워크가 국가의 실패 및 한정된 공공재의 제공 등의 문제를 완화했다거나(Cammett and MacLean, 2014), 부정적 측면에서 민족성이라는 정체성이 배타성, 노골적 차별 및 갈등의 기초가 될 수도 있다(Laitin, 2007; Arriola, 2013; Cammett, 2014). 네트워크를 통해 정치적 정체성에 대한 모델링은 독립적으로도 가능하지만 기존 정당을 대상으로 삼아 진행할 수도 있다. 이렇듯 정치조직과 정체성에 대한 네트워크 접근법은 비공식 및 공식 정치조직이 사회에 어떤 긍정적 또는 부정적 영향을 미칠 수 있는지를 더 많이 파악할 수 있도록 해준다.

결론

네트워크 분석은 비교정치학자들에게 이미 확인되었거나 아직 확인되지 않은 정치와 관련된 모든 네트워크의 다양성을 설명하기 위한 체계적인 접근법을 제공한다. 또한 네트워크는 후견주의 연구문헌을 통해 아직은 체계적으로 측정되지 않았지만 이미 많이 알려진 연결connections에 대한 지식을 발전시킬 수 있는 조직원리로써 역할을 할 수 있다. 그리고 네트워크는 비슷한 사회적 연결 또는 연줄을 식별해 내어 다른 영역에서의 연구성과를 새로운 연구 질문과 연결할 수 있도록 한다. 예를 들어 다음과 같은 질문이다. 비슷한 과정인 자발적인 사회운동이나 정치엘리트에 의해 통제된 동원에서 사회적 연대가 활성화될 수 있는 조건은 무엇인가?

비교정치학자들은 "관계 현상"에 대해 오랫동안 많은 관심을 보여 왔다. 그러나 일반적으로 네트워크와 관련이 있을 경우에만 거기에 집중하고 다른 요소에는 주의를 기울이지 않는 배타적인 경향을 보여 왔다. 분명 네트워크 분석은 많은 비교학자와 정치학자들에게 익숙한 것이다. 그런데 기존에 익숙한 데이터와 다른 데이터를 필요로 하기에 네트워크 방법이 기존의 양적 또는 질적 방법과 다소 단절된 것처럼 보일 수 있다. 그렇다고 해서 관계형 데이터를 수집했다고 기존의 속성 기반의 데이터를 폐기해야 하는 것은 아니며 본질적으로 관계가 없는 변수들까지 포함하여 모든 관련 요소를 통합하는 통합 접근방식이 필요하다. 네트워크 분석방법은 통합 기능을 제공한다. 그리고 이 기능을 통해 더 좋은 이론으로 발전할 수 있도록 한다.

비교정치학자들이 네트워크 분석방법을 자신의 연구에 통합했을 때, 다음과 같은 주요한 세 가지 장점이 있다.

- 기존 프레임워크과 사회구조의 시스템적 통합
- 비공식 구조에 대한 자연스러운 모델링
- 관계형 데이터의 체계적 분석 능력

보다 좋은 이론을 위해서는 "관계적 현상"에 대한 분명한 네트워크 구조 표현이 필수적이다. 이것은 물론 명백한 주장일 수도 있지만 또한 약간의 주의도 필요하다. 네트워크는 "관계적 현상"을 모델링하는 자연스러운 방법을 제공하지만, 네트워크 구축에 필요한 개념적인 요구사항은 적은 편이다. 노드의 집합과 노드들이 어떻게 연결될 수 있는지만을 제시하기만 하면 되는데, 이는 사실상 매우 단순한 수학적 구조이다. 수학에서의 집합보다 조금 더 복잡할 뿐이다. 따라서 관련 노드 및 가능한 연결을 자유롭게 선택할 수 있기에 복잡한 구조를 간단하게 설명할 수 있는 장점이 있다. 그러나 주의해야 할 점이 있다. 일반적으로 네트워크 구조는 비교정치적 현상을 사실적으로 모델링(즉, 표현)하는 작업에 적합하지만, 모델링 이후 추가된 사실들은 나중에 분석하기 어려울 수 있을 만큼 많은 복잡성이 제기될 수 있다. 따라서 연구자들이 풀어야 할 과제는 형식이론formal theories이 되었건 설명이론verbal theories이 되었건 사실적 관계모델링과 처리 불가능한 복잡성 사이의 균형을 관리하는 방법을 개발하는 것이다.

비교정치학자들은 네트워크의 영향(독립 변수) 또는 네트워크의 형성 방법(종속 변수)을 기술하는데 많은 관심을 보였다. 따라서 이를 위한 이론과 함께 네트워크 구조 측정 방법론 구축 둘 다 필요하다. 이를 위한 적절한 추론적 방법과 결합된 경험적 측정이 필요한데 이러한 양적 네트워크 관점을 비교정치학에 추가하는데 있어 문제가 전혀 없는 것은 아니다. 기존의 탐색적 연구를 넘어 대규모 네트워크 접근법으로 통합을 위한 표준이 아직 마련되어 있지 못한 개발 초기 단계에 서 있기 때문이다. 표준이 마련되지 못한 이유는 네트워크가 만연해 있다는 사실에 있다. 분석할 네트워크가 하나만 있는 것이 아니기 때문에 여러 국가는 고사하고 한 국가 내에서의 데이터를 수집하는 자체가 어렵기 때문이다. 또 다른 장애물은 연구 질문에 따라 다양한 네트워크 데이터 유형이 필요하다는 점이다. 실제 비교 네트워크 분석에서는 네트워크에 대해 정확하게 식별하는데 대단히 큰 주의력이 필요하다. 이론적 안내가 부재하여 특정 연구 질문에 대해 잘못된 네트워크를 측정하거나, 소셜미디어와 같은 일반적인 채널을 활용한 다양한 네트워크와 결합하는 오류를 범하기 때문이다. 여기서 강조하고자 하는 바는 많은 다양한 네트워크들이 연구되지 않고 문헌으로 존재하지 않는데, 문헌으로 현존하는 것이 자신의 연구질문과 양립할 수 있고 그렇지 않을 수도 있기 때문에 네트워크 분석을 수행하기 위해서는 비교분석을 할 수 있는 데이터의 수집과 개발에 노력해야 한다.

마지막으로 자신의 연구에 네트워크 분석을 넣으려고 하는 정치학과 대학원생들의 훈련에 여전히 큰 장애물이 남아 있다. 정치학에서 정치네트워크 연구가 새로워 관련 교과과정을 쉽게 찾을 수 없다는 점이다. 그러나 비교정치에 관계적인 관점을 추가하는 것은 새로운 수단, 이론, 방법이 필요하다. 따라서 이를 위한 강화된 교육이 반드시 필요하다.

감사의 글

Amy E. Smith, Jennifer Victor, Alex Montgomery, 그리고 2015년 6월 오리건주 포틀랜드에서 열린   the Handbook Authors Workshop and Panel on Clientelism and Governance of the 8th Annual Political Networks Conference, Portland, Oregon, June 2015 참가자의 초안에 대한 피드백에 감사한다.

주석

1) 필자는 여기에서 비교정치행태학과 관련된 문헌은 다루지 않는다. 해당 문헌에 대한 리뷰는 이 책 2권의 20장을 참고하기 바란다.

2) 관심 있는 독자는 Diani와 McAdam(2003) 및 Snow 등(2004a) 참고.

3) Wolfsfeld 등(2013) 정치적 환경이 가능하게 하는 조건을 제공한다는 점에 주목함으로써 소셜 미디어에 기인한 영향에 대해 주의했다. 사실상 시위는 소셜 미디어가 유용한 도구가 되기 전에 일정 규모에 도달할 필요가 있다.

4) 후지모리는 조상들의 땅인 일본에서 5년간의 망명 생활을 마치고 2005년 칠레 여행 중 체포됐다가 페루로 송환됐다.

5) 실제로 학자와 정책 입안자들은 이러한 파트너십이 공적 또는 사적 솔루션에 비해 이점을 제공할 수 있음을 인식했다(World Bank, 2003).

6) 아르헨티나의 사례를 연구하는 Weitz-Shapiro(2014) 역시 정치인들이 경쟁 환경에서 중산층 유권자와 마주할 때 후견주의를 거부한다고 주장한다. 이 연구는 정당이 유권자와 연결하는 방법을 선택한다고 본다. 실제로 사용 가능한 네트워크 구조 중에서 정당이 선택한다.

7) 그러나 실제로 작업을 수행하는 데 중요한 내부 조직 관계에 대한 반대 견해에

대해서는 Cross and Parker(2004)를 참조. Thompson(2003)도 참조.

8) 완전한 네트워크 구조를 요구하는 것은 실용적인 측면에서 사회에 대한 정의가 너무 엄격할 수 있지만 이러한 요구가 네트워크의 효용성을 훼손하지 않는다. 개인이 사회에 적합하다고 볼 만큼의 충분히 높은 연결성의 가변 임계값을 가진 사회라는 개념이다.

9) 어떤 사람들은 비교정치 연구가 국제영역과 분리될 수 없다고 주장한다(Solingen, 2009). 비교정치학자로서 우리는 국가(및 국가 내의 사람들)가 외부 실체와 연결되어 영향을 받는 복잡한 네트워크 구조를 연구해야 한다고 주장한다. 실제로 정치 및 경제 발전에 대한 연구는 종속이론에서와 같이 이러한 유형의 연결에 대해 오랫동안 주목해 왔지만 지금은 큰 신뢰를 받지 못하고 있다(Packenham, 1992).

10) 네트워크 분석에서는 일반적으로 사용되지 않지만, 이 논리를 쉽게 확장하여 협동 조합주의 개념을 나타내는 "3-모드 네트워크 구조"를 구성할 수 있다. 조합주의 이론에는 통합된 기업집단을 가진 권력의 중심이 있다. 이러한 기업들은 결국 개인의 이익을 통합하는 역할을 한다. 따라서 3모드는 개인, 기업, 국가이다.

11) 국가가 반드시 독립적이고 사회로부터 분리된 실체가 아닌 덜 제약되어 있다는 표현도 가능하다(Migdal, 2001). 이 보다 유연한 접근 방식은 "국가" 부분과 사적 시민 사이의 연결 지점을 식별하기 위해 여러 가지 네트워크 측면에서 국가를 재개념화해야 하기 때문에 국가에 대한 보다 복잡하고 다층적인 관점이 필요하다(Migdal, 2009). 다층적 정치의 맥락에서 중첩된 시민의 개념에 대한 Anderson(2009)도 참조. 복잡성에도 불구하고 네트워크 분석 접근 방식은 질적 평가를 넘어 이러한 경쟁적 정의 간 경험적 판별을 위한 통합 프레임워크를 제공한다.

제18장 민주 제도와 정치네트워크

David A. Siegel

서론

정치 행위는 고립된 상태에서 일어나지 않는다. 투표에 대한 우리의 유인, 또는 누구에게 투표할 것인지는 우리의 친구와 가족들이 우리의 결정에 대해 어떻게 생각할 것인지, 그리고 선거제도에 우리의 결정이 얼마나 중요한지에 달려 있다. 결정을 내리기 위해 사용하는 정보는 우리에게 도달하기 전에 복잡한 경로를 거치며, 우리가 그 정보를 얻기 위해 채택한 사회적, 제도적 출처에 의해 반향을 일으키고 왜곡된다. 우리가 행동할 수 있는 바로 그 기회도 제도적으로 허용되는 것으로 제한될 뿐만 아니라 우리가 아는 사람에 의해서도 제한되어 있다. 간단히 말해, 민주주의 제도와 사회 및 정치네트워크는 우리의 정치적 선택을 근본적으로 구조화하기 위해 함께 작동한다.

학자들이 정치 행태에 있어 제도와 네트워크의 개별적 중요성을 인식해 왔지만, 둘 간의 상호작용에 대해서는 충분한 관심을 기울이지 못하였다. 이러한 상호작용이 중요한 이유는 제도와 네트워크 모두 개인의 인센티브, 정보 및 기회를 변경함으로써 행동에 정확히 동일한 방식으로 영향을 미치기 때문이다. 제도나 네트워크를 무시하면 이론과 경험적 분석에 편견이 생기고; 제도와 네트워크 간의 상호작용을 무시하는 것도 마찬가지이다.

이 절은 제도와 네트워크 사이의 다양한 상호작용을 우리의 이론과 경험론에 통합하기 위한 점진적 단계이다. 이어 유인incentives, 정보 및 기회의 세 가지 공통 메커니즘에 초점을 맞춘다. 각 메커니즘의 맥락에서 제도와 소셜네트워크 영향 사이의 가능한 중요한 상호작용의 몇 가지 예를 강조한다. 우선 제도와 네트워크가 동일한 세 가지 메커니즘을 통해 행동하는 행태에 미치는 영향에 대해 설명하고, 왜 기관 간의 상호작용을 무시하면 이론적인 편견과 경험적인 편견이 생기는지 논의한다.

제도와 네트워크

정치학에는 제도institution보다 내용이 풍부한 단어는 거의 없다. 한 가지 수준에서 제도는 사회에서 어떤 역할을 하는 물리적 실체이다. 입법부는 법률 제정을 담당하는 기관이고, 중앙은행은 통화정책을 집행하는 기관이며, 국군은 국방(때로는 공격)을 담당하는 기관이다. 이런 수준에서 민주적 제도는 민주주의 국가들에 존재하는 형식적 제도일 뿐이다.

사회과학자들은 제도의 정의를 확장하여 "미래의 행동 과정"을 안내하는 규칙을 명시하는 공식적 또는 비공식적 체계를 포함시켰다(Knight, 1992, 67). 이러한 확장에 대한 논리는 간단하다. 개인들은 세계에서 활동하는 정치, 경제, 사회적 행위자이고, 그들의 행태는 그들이 언제든지 이용할 수 있는 기회, 유인, 정보에 의해 구조화된다. 제도들은 기회, 유인 및 정보의 가용성을 결정하고 따라서 우리 모두가 취하는 조치를 체계화한다. 예를 들어 기회를 제한하거나 확장하는 제도들은 우리의 선택을 변화시킨다. 인센티브를 제공하거나 축소하는 것은 특정 조치를 취하고자 하는 우리의 욕구를 변화시킨다. 그리고 정보를 제공하거나 숨기는 것은 결과에 대한 우리의 신념을 바꾸고, 따라서 그 결과로 이어질 수 있는 조치를 취하고자 하는 우리의 욕구를 변화시킨다.

이처럼 정의를 적확하게 하는 것은 제도가 공식적인 입법부에서 비공식적인 문화적 규범에 이르기까지 모든 것의 기능에 통일된 논리를 제공한다는 데 있다. 모든 경우에, 제도는 사람들이 주변의 세상에 반응하는 방식, 그들이 결정을 내리고 조치를 취하는 방식을 조건화한다. 다양한 방식으로 이러한 조건부 역할을 수행하지만 유인, 정보 및 기회의 언어는 제도의 역할을 명확히 하는 데 도움이 될 수 있다. 거듭 강조하자면: 유인은 다른 행동을 취하고자 하는 행위자들의 욕구를 변화시키고; 제도들은 행위자들의 유인에 영향을 미칠 수 있다. 정보는 다른 조치를 취할 때 발생하는 비용과 편익에 대한 행위자의 믿음을 변화시키고; 제도들은 행위자의 정보에 영향을 미칠 수 있다. 가용 기회는 행위자의 가능한 행동을 제약하고; 제도는 행동할 수 있는 기회에 영향을 미칠 수 있다.

좀 더 구체적으로, 공식적이든 비공식적이든 몇 가지 예를 고려해 보자. 화력 발전소의 소유주들은 비용을 절약하기 위해 메틸수은의 환경 방출을 완화하기 위해 별 조치를 취하지 않을 수도 있다. 그러나 환경기관의 제도는 공장이 그렇게 오염시키는 경우 벌금을 부과할 수 있다. 이러한 벌금이 충분히 크다면, 오염시킬 유인이 없다. 즉, 기관(공식 제도)은 벌금 인센티브를 통해 선호하는 조치를 취하려던 발전소 소유주의 욕구를 변화시킨다.

이제 환경기관의 행위를 금지할 권한을 가진 사법기관을 채택해보자. 기관이 과징금 부과 권한이 지나쳤다고 판단되면 일부 경우에 있어 과징금 부과 능력을 제거할 수도 있다. 따라서 사법기관(다른 공식 제도)은 기관이 할 수 있는 기회를 제약하면서 기관에서 할 일련의 조치를 변경시킨다.

산업 로비 단체(제3의 공식 제도)를 모임에 추가해 보자. 로비 단체는 사법기관의 구성원들에게 정보를 제공할 수 있다. 이 정보는 사법기관의 신념을 바꿀 수 있으며, 이는 결국 기관이 선호하는 행동에 대해 제공하는 정당성을 뒷받침하는 정도를 바꿀 수 있다. 동시에, 단체는 기관에 정보를 제공할 수 있고, 제안된 행동계획의 인지된 이익을 잠재적으로 변경할 수 있다.

이들은 모두 공식 제도이지만 비공식 제도가 동일한 조건부 역할을 수행할 수 있다(Helmke and Levitsky, 2004). 오염에 대한 규범 또는 오염시킨 회사에 대한 주식 구매 또는 소유에 대한 규범은 공식 기관의 벌금과 유사한 공해 저감 효과를 가져 올 수 있다. 고문에 대한 규범은 관행에 반대하는 공식적인 관례만큼이나 행위자들의 고문 사용을 제한하는 데 효과적일 수 있다. 자본주의나 민주주의를 지지하는 국제적 규범은 경제를 지휘하는 권위주의 국가들에게 시장을 개방하거나 선거를 치르도록 유인을 변경할 수 있다. 투명성의 전통은 그러한 규범이 없는 경우에 존재하는 정보보다 대중이 이용할 수 있는 정보의 범위가 더 넓어질 수 있다. 비공식 제도는 공식 제도와 동일한 방식으로 규칙을 구성하기 때문에 공식 제도와 마찬가지로 기회, 유인 및 정보에 대해 모두 동일한 영향을 미칠 수 있다.

이것은 제도의 역할을 다루고 있지만, 소셜네트워크의 역할은 어떤가? 답은 소셜네트워크가 비공식 제도와 **똑같은 방식으로**, 동일한 인과 메커니즘을 통해 행동을 조건화한다는 것을 이해하는 데 있다. 여기에서는 네트워크를 비공식 제도로 지칭할 수도 있다(Wang, 2000 참조). 우리는 소셜네트워크의 운영을 유인, 정보 및 기회에 미치는 효과로 세분화함으로써 이를 확인할 수 있다.

첫째, 소셜네트워크는 어떤 행동에 영향을 받고 이에 반응할 수 있는 다른 행위자들 집합을 결정함으로써 행동을 취하는 유인을 변경한다. 예를 들어 이미 정책에 호의적인 다른 많은 행위자들과 연결되어 있을 때는 정책의 채택이 더 매력적인 옵션이 될 수 있지만, 연결이 정책을 지지하지 않을 때는 덜 매력적인 옵션이 될 수 있다. 그 이유는 이러한 연결이 예를 들어 채택자와 더 빈번하거나 더 유익한 상호작용을 함으로써 선호하는 정책의 채택을 동기부여하거나, 채택자와의 유익한 상호작용을 제재하거나 제한함으로써 선호하지 않는 정책의 채택을 하고 싶지 않게 할 수 있기 때문이다. 그것들은 심지어 채택에 대응하여 네트워크의 성격을 변화시킬 수도 있고, 처벌로 연결ties을 끊거나 보상으로 유익한 연결ties의 밀도를 높일 수도 있다.

둘째, 소셜네트워크는 어떤 행위자가 배운 것을 변화시켜 정보의 흐름의 경계를 구획함으로써 행동에 따른 비용과 이익에 대한 믿음을 변화시킨다. 예를 들어 소셜네트워크는 잠재적 정책 채택자가 채택에 유리한 연구만을 학습하여 채택자의 선택에 영향을 미치도록 할 수 있으며; 추가적인 채택 비용을 제안하는 정보가 행위자의 네트워크를 통해 접근할 수 없을 수 있다. 네트워크는 또한 각 행위자가 다른 행위자의 행동에 대해 배우는 것을 묘사할 수 있고, 그것은 결과에 대한 집단의 조정 능력에 영향을 미친다. 예를 들어 위험 집단행동에의 참여는 잠재적 참여자에게 잘 알려진 다른 참여자들의 가시적인 참여를 요구하는 경우가 많다(McAdam, 1988). 참여에 대한 정보 전달을 제한하는 네트워크는 달성된 참여율을 변화시킬 수 있다(Siegel, 2009).

셋째, 소셜네트워크는 행동할 기회를 제한하고 일부 기회에 대한 지식으로 이어질 정보를 부정하는 문화적 규범을 전파한다. 기회의 메커니즘은 어떤 의미에서 유인과 정보의 극단적 버전이다. 즉, 네트워크가 매우 강력한 유인을 제공하여 행동을 효과적으로 금지하거나, 특정 기회를 행위자가 이용할 수 없도록 정보를 많이 제한해서 행위자가 특정 기회를 이용할 수 없도록 한다. 나는 기회의 감소가 유인이나 정보의 변화와는 다른 방식으로 결정 과정을 변화시키기 때문에 기회를 별도로 취급한다. 특정 조치가 선택되지 않을 뿐만 아니라 사용 가능한 조치 집합을 줄이면 단순화하는 휴리스틱의 필요가 줄어들어 결정 과정을 단순화한다. 제거된 기회가 최적이 아니고 그 기회가 유도했을 휴리스틱이 충분히 빈약하다면 기회의 감소가 더 나은 결과를 낳을 수 있을 것이다.

네트워크가 이러한 역할을 수행한다는 것은 민주적 제도를 이해하는 데 있어 미흡하지만, 그래도 실질적인 결과를 갖는다. 민주적 제도에 대한 광범위한 분석은 그들이 행동을 어느 정도 구조화하는지 보여주었고, 그들이 그렇게 하는 방식을 정교하게 설명하였다. 최근의 연구는 이 장과 다른 장에서 볼 수 있듯이 비교의 맥락에서 소셜네트워크의 유사한 효과를 탐색하였다. 그러나 거의 완전히 무시되어 온 것은 구조화 행동에서 두 가지 사이의 상호작용이다. 그리고 이것은 제도에 대한 우리의 연구에서 불가피한 편견을 초래한다.

이유는? 네트워크와 제도가 동일한 인과적 메커니즘을 사용해 동일한 방식으로 행동에 영향을 미치기 때문이다. 이는 요소 중 하나를 누락하면 편견이 초래될 뿐만 아니라, 네트워크와 제도 간의 상호작용을 통합하지 못하면 편견이 초래된다는 것을 의미한다. 하지만 문제는 이것보다 더 심각하다. 예를 들어 유인을 고려해 보라. 네트워크와 제도가 유인이 개인의 행동에 영향을 미치는 정도를 결정하기 때문에 유인과 네트워크, 유인과 제도 간의 양방향 상호작용을 고려해야 한다. 네트워크와 제도 간의 상호작용을 통합해야 한다는 요구는 또한 편견 없는 행동 모형을 확보하기 위해 유인, 제도 및 소셜네트워크 간의 **3중 상호작용**three-way interaction을 포함시켜야 한다는 것을 의미한다. 비슷한 주장들이 정보와 기회에 유효하다.

만약 이것이 극단적으로 보인다면, 이것을 고려해라. 우리는 더 큰 유인이 어떤 행동을 취할 가능성, 예를 들어 투표에 참여하는 것을 증가시킨다는 것을 알 수 있다. 그리고 어떤 제도가 대상 모집단의 평균 구성원에게 실제로 전달되는 의무 유인의 일부를 결정한다는 것을 알 수도 있다. 이는 제도가 후견 정당clientelistic party처럼 인구에 자원을 분배하는 데 관여할 때마다 해당될 것이다. 그러나 우리는 (1) 모집단의 구성원이 어떻게 행동할 것인지, (2) 제도가 얼마나 잘 기능하는지 혹은 형편없는지를 이해하기 위해, 네트워크가 모집단의 다른 구성원에게 인센티브를 차등 배분하는 방식을 여전히 알아야 한다. 다시 말해, 분배 네트워크를 알지 못하면, 우리는 후견 정당이 투표할 유인을 얼마나 효과적으로 변화시키는지 평가할 수 없다.

이러한 종류의 3중 상호작용을 통합하면 더 정확한 모형이 생성된다는 것을 인정하면 이전에는 거의 다루지 못했던 수많은 연구 영역이 열린다. 이 장의 나머지 부분에서는 그러한 몇 가지 영역, 각각을 언급한 일부 현존하는 연구, 그리고 각 사례에서 생산적으로 사용될 수 있는 미래 연구 영역에 대해 논의한다. 나는 제도와 네트워크 모두를 포함하는 잠재적 3중 상호작용, 즉 유인, 정보, 기회 등을 추동하는 인과 메커니즘으로 논의를 구성한다.

유인

선거 제도는 아마도 민주주의와 연계된 가장 핵심적인 제도 중 하나이다. 선거 제도로 나는 투표를 촉진하거나 투표할 옵션의 선택에 영향을 미치는 모든 제도를 소개한다. 이러한 유형의 제도들이 선거 행태에 미치는 영향은 잘 연구된 주제이며, 이를 정당화할 수 있는 몇몇 단락의 능력을 훨씬 능가한다. 실제로 그것을 다룬 교과서가 쓰였다(Clark, Golder, and Golder, 2012).

투표 참여로부터 정당 내부 작업에 이르기까지 선거의 모든 측면에서 소셜네트워크의 역할에 관한 증가하는 문헌들은 방대하지는 않지만 선거 역학에 대한 우리의 이해에 관련이 있다(Koger, Masket and Noel, 2009; Rolfe, 2012; Sinklair, 2012). 그러나 상대적으로 관심을 거의 받지 못한 것은 소셜네트워크가 선거 제도의 선거 행위에 미치는 영향을 조건화하는 방식이다. 우선적이고 가장 기본적인 민주적 행동인 투표를 고려해 보라.

참정권의 범위에 대한 헌법적 정의는 누가 투표할 권리를 갖는지 명시하는 공식적 제도이다. 국가 내의 투표소의 분포는 누가 투표에 쉽고 안전하게 접근할 수 있는지를 결정하는 데 도움이 된다. 참정권의 확대와 투표소의 밀도 증가는 가능성 있는 유권자 집단을 확대하는 데 도움이 된다. 참정권은 투표할 기회를 줌으로써 이것을 하는 데 반해, 투표 장소의 밀집 분포는 투표에 대한 유인을 저해하는 것을 줄임으로써 이것을 한다.

이는 투표율에 영향을 미치는 제도적 메커니즘이지만, 우리는 소셜네트워크가 투표율에 영향을 미친다는 것도 알고 있다. 즉, 소셜네트워크에 연결된 사람들이 투표할 (투표하지 않을) 때 사람들이 투표할 가능성이 더 높(낮)다(Gerber, Green and Larimer, 2008). 이러한 영향은 독립적으로 작동하지만 또한 동시에 작동할 수도 있다. 전체 투표소 수가 투표율에 영향을 줄 수 있지만, 투표자의 위치도 영향을 줄 수 있다. 주로 소수 인종 집단이 거주하는 지역의 투표소 밀도가 낮거나, 존재하는 투표소가 안전하지 않다면, 우리는 생존 가능한 투표소 부족의 직접적인 영향으로 투표율이 하락할 것으로 예상할 수 있다.

하지만 네트워크는 또한 간접적인 효과를 보여준다. 실행 가능한 투표소가 적어서, 소수 집단의 투표율이 떨어지게 되면 투표 비용이 증가한다. 소수 집단 구성원들이 투표에 참여하면서 네트워크 내 집단 구성원들 사이에서 투표할 수 있는 소셜네트워크 주도 유인이 감소한다. 이러한 유인이 줄어들면서 투표에 참여할 소수의 사람들조차도 점차 투표할 유인을 잃게 있다. 이러한 유인이 줄어들수록 투표 비용을 지불하려는 사람이 줄어들어 투표 유인이 더욱 줄어들게 된다. 따라서 네트워크 내의 긍정적인 피드백이 투표에 대한 열악한 제도적 접근의 해로운 영향을 악화시킨다고 본다.

그 반대도 적용된다. 정부가 소수 지역 내 안전한 투표소 수를 늘리기 위해 노력한다면 이는 투표율 증가의 직접적인 효과(제도적 효과)뿐만 아니라 소셜네트워크 주도 유인을 통한 투표율 증가의 간접적인 효과도 가져올 것이다. 따라서 두 경우 모두 소셜네트워크의 존재가 투표에 대한 개인의 유인을 변화시킴으로써 이러한 맥락으로 선거 제도의 효과를 **향상시킨다**. 다시 말해, 투표율에 영향을 미치도록 설계된 소셜네트워크와 제도는 보완적인 역할을 수행한다.

이러한 예는 투표소의 위치에 관한 것이었지만, 요지는 더 일반적이다. 선거 제도가 행동할 국민에게 어느 정도 유인을 제공하는 행동을 할 경우, 소셜네트워크는 유인의 성격을 변화시켜 제도의 효과를 변화시킬 수 있다. 조치할 소셜네트워크 주도 유인이 조치에 참여할 네트워크 내의 수를 증가시키는 경우, 네트워크는 투표율 예와 같이 조치를 지원하도록 설계된 제도를 보완하는 것으로 입증될 것이다. 따라서 예를 들어 정당에 대한 유권자의 지지를 증가시키기 위해 고안된 정당 집행부와 같은 제도는 소셜네트워크에 보완적인 효과를 만들어 낼 것이며, 이는 정당 내에서 동일한 지지를 장려할 수 있다(Huckfeld and Sprague, 1995). 그리고 네트워크가 유권자 행태의 맥락에서 제도의 효과를 좌우할 수 있듯이, 선거 경쟁의 맥락에서도 그렇게 할 수 있다. 예를 들어 예비 후보들은 정당 공천제의 포용성inclusiveness과 이 제도 내 그들의 연결 네트워크 사이의 상호작용을 바탕으로 다르게 공직에 도전할 가능성이 있다.

여기서 주목해야 할 점은 네트워크의 구조가 중요하다는 것이다. 네트워크의 존재가 특정 제도에 보완적이라는 것을 입증할 수 있다고 해서, 단순히 그 네트워크에서 관계의 밀도를 증가시킨다고 해서 그 제도의 효과가 높아지는 것을 말하는 것은 아니다. 네트워크의 행위자들이 행동이나 신념에 대해 긍정적인 경향이 되지 않는 경우, 관계의 밀도를 높이더라도 전체적인 참여가 줄 수 있다(Centola and Macy, 2007; Siegel, 2009). 다시 말해, 단순히 유대의 밀도로 제도의 효과를 촉진하는 네트워크의 강도를 평가할 수는 없고, 네트워크의 더 큰 구조도 고려해야 하는 것이다.

좀 더 자세히 설명하자면, 투표율을 높이기 위해 고안된 정당 집행부의 예로 돌아가 보자. 기존 네트워크 관계가 유인을 늘리는 데 보완 역할을 하는 것은 사실이지만, 관계의 밀도를 높인다고 반드시 이런 효과를 높일 수 있다는 것은 사실이 아니다. 예를 들어 일부 소외된 하위 집단이 정당 엘리트의 직접적 표적이 되지 않는 분열된 네트워크는 더 높은 관계의 밀도를 가진 제도의 효율성 저하를 경험할 수 있다. 이러한 하위그룹 내에서 네트워크 연결이 더욱 조밀해지면서, 투표 유인이 결여된 다른 사람들과의 접촉이 증가하게 되고, 그 결과 전체 투표율과 정당 집행부의 전반적인 효과가 줄어든다.

이러한 일반적인 통찰은 시민 문화 이론의 기초가 되기도 한다. 특히 광범위하게, 특히 분쟁 후 정부가 건설되는 지역에서 채택되는 한 가지 주장은 민주적 제도가 민주주의가 기능하도록 보장하기에 불충분하다는 것이고; 또한 적절한 민주 혹은 시민 문화를 가져야 한다는 것이다. 이것은 Putnam(1993)의 연구에서 예시된 보다 일반적 핵심의 한 가지 예이다. 즉 제도는 사회적 맥락에 따라 다르게 기능할 수 있다.

하지만 사회적 맥락이란 무엇인가? Gibson(2001)이 제시하듯이, 사회적 맥락은 신뢰나 예절civility과 같은 보다 추상적인 느낌보다는 구체적인 대인관계 소셜네트워크로 가장 잘 나타낼 수 있다. 이 논거는 거짓이라고 입증할 수 있는 주장으로 이어진다. 즉 소셜네트워크의 풍부함으로 측정되듯이, 보다 많은 사회적 자산이 존재하는 강력하고 긍정적인 제도에서 더 나은 민주적 성과를 기대할 수 있다. 이것이 어떤 맥락에서도 사실이라면 민주적 성과라는 맥락에서 제도와 소셜네트워크 간의 상호작용을 암시하는 것이다. 강력하고 긍정적인 제도들이 스스로 민주적인 성과를 향상시킬 수도 있지만, 그 제도들은 풍부한 소셜네트워크 앞에서 더 많은 긍정적 효과를 가져 올 것이다. 그러나 Berman(1997)이 주장하는 것과 같은 이유로, 취약한 제도들 앞에서, 풍부한 소셜네트워크는 시민 분열과 하나 이상의 동원된 집단으로부터 극단주의의 가능성을 야기하는 역효과를 낼 수 있다. 따라서 선거 제도와 마찬가지로, 소셜네트워크의 효과는 제도의 의도와 강도 그리고 네트워크의 구조 모두에 달려 있다.

우리는 이 주장이 갖고 있는 인과적 메커니즘을 밝혀냄으로써 이 주장을 더 깊이 평가할 수 있다. 한 가지 메커니즘은 유인의 이동이다. 시민 문화는 흔히 일종의 규범으로 개념화되는데, 이는 그 자체가 제도에 의해 수립된 정치 시스템 내에서 참여를 이끌어내는 비공식 제도이며, 유일하게 실행 가능한 경쟁 수단이다. 소셜네트워크는 그러한 규범을 시행하는 데 도움이 되는 유인을 제공할 수 있다. 우리는 위에서 그러한 유인에 대해 논의했다. 즉 네트워크 내에서 더 자주 또는 더 많은 유익한 상호작용이 규범을 따르는 사람들norm-follwers에게 긍정적인 유인을 제공하고, 제재나 자주 일어나지 않거나 덜 유익한 상호작용은 규범을 위반하는 사람들에게 부정적인 유인을 제공한다. 네트워크는 더 많은 정보를 제공하는 역할을 하기는 하지만 이것은 규범 위반을 관찰하는 능력도 제공한다.

더욱이 규범이 집단의 정체성에 중심이 되면서 규범을 확보하고 자신의 집단을 다른 집단과 차별화하는 유인이 증가한다. 따라서 투표율 증진 제도와 마찬가지로 시민 문화를 강화하고자 하는 강력한 제도가 시민 문화를 불러일으키고 뒷받침하는 소셜네트워크 연결에 보완적일 수 있다.

이러한 주장은 많은 네트워크 과정에 내재된 긍정적인 피드백에 의존한다. 구체적으로 이 주장은 집단행동이나 신념에 대한 네트워크 참여로 단조롭게 구축하기 위한 유인을 요구한다. 다시 말해, 더 많은 사람들이 주어진 행동을 취하거나 주어진 신념을 갖기 때문에, 다른 사람들이 그 행동을 취하거나 그 신념을 가질 수 있는 유인이 커져야 한다. 이것이 참일 때, 시민 문화에 대한 이러한 점들을 행동 규범 확립과 관련된 모든 상황에 일반화할 수 있다. 따라서 예를 들어 국가 간의 관계는 협력의 가능성을 향상시키는 소통 규범을 허용할 수 있고, 이는 다시 국가 간 협력을 개선하기 위해 고안된 국제기구들을 더욱 효과적으로 만들 것이다.

그러나 이러한 상호보완성이 특히 단일 규범을 규정하지 않는 취약한 제도 하에서는 유익한 결과로 이어질 필요는 없다. 여러 개의 경쟁 규범이 존재하는 경우, 잘 연결되어 있지만 분리된 하위 집단을 가진 네트워크는 경쟁 행동 규범의 개발을 장려할 수 있고, 그 중 일부는 사회에 덜 유익할 수 있다. 요약하면, 네트워크는 의도하지 않은 영향을 초래할 수 있는데, 그 이유는 네트워크 구조가 투표율을 높이기 위해 설계된 제도의 경우처럼 참여를 장려하지 않기 때문이고, 네트워크가 극단적인 행태를 추구하는 분할 집단에 대한 과도한 지원을 장려하기 때문이다.

위의 사례에서 소셜네트워크 주도 유인은 예를 들어 연결 대상자의 선의나 우호 때문이기에 네트워크 자체에서 비롯된다고 가정한다. 그러나 이러한 유인은 정치적 특혜나 심지어 직접적인 금전적 지급처럼 보다 구체적일 수도 있다. 네트워크는 또한 그러한 구체적인 유인을 제공하는 제도의 영향을 강화하거나 감소시킬 수 있다.

이것은 우리를 후견주의(O'Donnell 1996)와 후견 네트워크의 영역으로 이끈다. 여기에서 네트워크의 효과는 간단하다. 즉 후견 네트워크 내에서 제공되는 선택적 혜택은 이러한 네트워크의 범위에 따라 효과가 제한된다. 행위자가 이러한 네트워크에 도달하지 못하면, 그 행위자는 후견 체제의 혜택을 받을 수 없다. 따라서 그러한 체제가 어느 정도 효과적일지는 기본적인 후견 네트워크의 구조에 따라 결정된다.

이러한 조건 제시는 후견주의를 지원하기 위해 설계된 제도로 흥미로운 상호작용을 도입한다. 네트워크의 범위를 넓혀 자원의 분배를 더 광범위하게 할 수 있게 하지만, 이는 또한 기존 자원이 더 희박하게 분산되면서 개인 수준에서 부여되는 자원의 감소로 이어질 수 있다. 이는 (자원의 양에서 비롯된) 개별 지원의 강도와 (자원에 대한 접근에서 야기되는) 개별 지원의 폭 사이에서 균형trade-off을 이룰 것이다.

더욱이 후견 정당이 네트워크 내의 개인들을 활용하여 자원을 분배한다면, 이러한 개인들은 자신의 지위를 개선하는 방식으로 이러한 분배를 수행할 유인을 갖게 될 것이다. 여기에는 분배자가 세력을 확보하거나 보호하는 데 도움이 될 수 있는 개인들과의 관계 형성이 포함된다. 유사하게, 다른 사람들은 이러한 자원들에 접근하기 위해 이들 분배자와의 관계를 맺을 유인을 갖고 있다. 전체적으로 이것은 후견 체제가 내생적인 네트워크 형성을 가져와 정당 분배 자원의 흐름에 반영할 것임을 암시한다. 이러한 네트워크 구성은 전략적이지만, 형성된 연결은 이전의, 전략적이지 않은 사회적 연결과 공존할 것이다. 이 풍부한 네트워크 조직tapestry을 풀면 후견주의의 기능을 더 잘 이해할 수 있을 것이다.

투표율이나 시민문화와 마찬가지로 이 점도 더 일반적이다. 후견 제도는 자원 분배에 집중하기 때문에 앞에서 언급한 네트워크 구조와의 상호작용과 배치된다. 본질적으로, 후견 정당은 부분적으로 연결 네트워크에 의존하는 조직 형태를 보인다. 이러한 속성을 가진 모든 조직은 제도와 네트워크가 조직 내부에 있든 외부에 있든 상관없이 제도와 네트워크 간의 동일한 상호 작용을 보여 줄 것이다. 이에 예를 들어 세계식량계획, 세계보건기구, 그리고 유엔아동기금UNICEF과 같은 유엔 원조기구에서 제도의 세부사항과 지역 네트워크 간의 상호작용을 보아야 한다.

정보

지금까지 이 장의 초점은 유인에 있었지만, 정보는 네트워크와 제도를 행태와 연결하는 훨씬 더 강력한 인과 메커니즘이 될 수 있다. 이 생각을 투표율의 예로 돌아가서 탐구하기 시작한다.

유인이 투표율 측면에서 제도와 소셜네트워크 간의 상호작용 효과를 위한 중요한 메커니즘인 것은 분명하지만, 정보 또한 중요한 역할을 한다. 논의의 대상인 선거나 국민투표는 소수 집단이 멀리 떨어져 있는 투표소로 이동하는 데 비용 지불하는 것을 정당화할 수 있을 만큼 충분하게 투자를 받는 경우일 수 있다. 다시 말해, 부족한 투표소로 야기된 직접적인 투표 저해요인이 소수 집단의 투표율을 떨어뜨리기에는 불충분하다. 그때조차도 정보의 이유로 투표율이 감소할 수 있다. 소수 집단 구성원이 투표하기 위해 멀리 떠날 필요가 있으면, 그들의 행동은 다른 집단 구성원들의 눈에 띌 가능성이 낮다. 따라서 집단 구성원들은 집단 내 다른 구성원의 투표행태에 대한 진정한 정보를 얻을 가능성이 낮고, 따라서 진정한 투표율 수준을 관찰할 수 있었다면 그들이 가졌었을 동일한 수준의 소셜네트워크 주도의 유인을 경험할 가능성은 낮다. 따라서 유인이 직접적 역할을 하지 않는 경우에도, 정보 논거는 소셜네트워크의 존재가 개인들이 소유한 정보를 변경하게 함으로써 이러한 맥락에서의 선거 제도의 효과를 증대시킨다고 주장할 수 있다. 물론, 이러한 경우에 증대는 부족한 투표소의 제도가 투표율 저하를 보다 효과적으로 하게 해 규범적으로 부정적이다.

유인과 마찬가지로 이러한 주장은 투표소를 넘어 일반화된다. 제도가 대중에게 정보를 제공하여 부분적으로 행동할 때, 소셜네트워크는 정보가 퍼지는 경로를 규정함으로써 정보의 효과를 바꿀 수 있다. 그래서 예를 들어 대중들의 현상 유지에 대한 대체 후보들의 인지 여부가 부분적으로 그들의 출마에 대한 정보를 전파하는 소셜네트워크에 달려 있다. 이러한 정보 경로는 동일한 정보를 제공하기 위한 기존의 제도적 메커니즘과 공존하여 네트워크와 제도 간의 중요한 상호작용을 이끌어낸다.

이러한 개념은 미디어 제도에 있어 직접적인 중요성을 갖는다. 정보 전파를 담당하는 미디어는 다른 조직들polities에서 다양한 역할을 수행한다. 어떤 경우에는 미디어의 목표가 투명성이고, 어떤 경우에는 정보의 선택적 공개를 통한 현상 유지이다. 소셜네트워크는 미디어의 효과를 조정하면서 복잡한 방식으로 미디어와 상호작용한다(Siegel, 2013). 때로는 미디어의 구조와 성격에 의존하면서 네트워크가 미디어의 메시지를 지원하고, 미디어에 대한 보완성을 입증할 수 있다. 다른 경우에는 네트워크가 미디어의 메시지를 억제하여 미디어의 영향을 줄일 수 있다. 그리고 이따금 네트워크는 미디어에 어떤 영향도 미치지 못한다. 미디어가 여론 형성, 투표 선택, 투표율, 정치 참여와 같은 행태에 미치는 영향을 이해하려면, 소셜네트워크와 미디어의 공동 효과에 대한 이해가 필요하다.

시위와 사회운동부터 폭동, 반란, 테러 활동에 이르기까지 반국가 행동에 대해서도 마찬가지다. 정보와 영향력이 네트워크 유대 전반에 걸쳐 이동하며, 새로운 참가자를 국가 반대 활동에 끌어들인다. 이러한 활동을 억제하기 위해 설계된 국가 제도는 그러한 활동의 억제 효과가 네트워크 구조에 따라 다르기 때문에 네트워크 구조를 고려해야 한다(Siegel, 2011). 미디어와 마찬가지로, 네트워크 구조와 억제의 속성은 추가적인 네트워크 연결이 더 쉬운 억제로 이어지느냐 아니면 더 어려운 억제로 이어지느냐를 좌우하고, 확실하게 말할 수 있는 것은 각 유대가 다른 유대에 미치는 영향은 조건부이며, 이는 국가의 억압적 제도와 네트워크 간의 중요한 상호작용을 암시한다.

우리는 억압하기보다는 협력을 장려하기 위해 고안된 제도들로 이러한 조건부를 생각해야 한다. Fearon과 Laitin(1996)은 배신defection에 대한 정보가 이용가능하고 제재가 가능한 한 서로 다른 집단 구성원들 간의 협력이 유지될 수 있음을 보여주었다. 이러한 유형의 정보는 일반적으로 세계적으로 방송되지 않지만 네트워크를 통해 이동한다. Larson(2012)은 Fearon과 Laitin의 모형에 계통이 분명한 소셜네트워크를 추가하여 가능한 협력의 정도가 잠재적으로 복잡한 방식으로 네트워크 구조에 달라진다는 점을 보여준다. Larson(2014)의 연구에서 알 수 있듯이, 이러한 종류의 논리는 비공식 제도의 효율성에 직접적인 영향을 미치는데, 이 비공식 제도에서는 협력적 제도가 얼마나 잘 기능할 것인지를 이해하는 데 있어 이러한 네트워크 구조가 고려되어야 한다.

소셜네트워크를 보다 더 완전히 통합하면 인종ethnicity의 복잡한 영향을 분석하는 데 도움이 될 수 있다. Habyarimana 등(2007)은 낮은 수준의 공공재 제공과 높은 수준의 인종적ethnic 다양성 사이의 경험적 연관성에 기초하는 메커니즘을 조사한다. 특히 그들은 동족coethnics 사이의 더 강한 소셜네트워크가 사회적 제재에 도움이 될 수 있다는 것을 발견한다. Dionne(2014)는 잠재적 협력자 간의 신뢰를 창출하는 데 있어서 소셜네트워크가 인종적 유사성보다 더 강할 수 있다는 사실을 발견한다. 인종적 분열과 소셜네트워크 분열이 모든 수준에서 반드시 상관관계가 있는 것은 아니라는 Eubank의 연구(2015)와 결합되면, 인종이 협력 제도의 운영을 돕거나 방해할 수 있는 메커니즘을 이해하는 데 있어 소셜네트워크가 상당히 관련 있는 것으로 보인다.

위에서 언급한 바와 같이 사회적 제재는 규범과 문화를 유지하는 역할을 하고, 유인과 정보 메커니즘 역시 같은 역할을 한다. 즉, 누가 규범을 위반했는지 행위자에게 알리는 정보와 규범을 위반하지 않는 이유를 제공하는 유인이 그것들이다. 그러나 협력은 제재에만 의존할 필요는 없다. 예를 들어 정책에 대한 협력의 경우, 정책의 편익에 대한 정보 확산으로 충분할 수 있다. Banerjee 등(2013)은 원조aid 제도의 흔한 도구인 소액금융 대출의 확산을 살펴보고, 정책에 대해 처음 알게 된 개인들의 네트워크의 중심적 역할이 궁극적인 채택 예측에 도움이 된다는 것을 발견한다. 마찬가지로 Alatas 등(2014)은 더 많은 확산 네트워크가 커뮤니티 대상으로부터 더 많은 혜택을 받는다는 것을 보여준다. 공정성에 대한 인식은 또한 관계를 좌우하고 거버넌스 제도의 효용성을 변화시킬 수 있다 (Berardo, 2013).

마지막으로, 단지 규범이 존재한다는 것을 알고 그 채택을 선호하는 네트워크 행위자에게 연결하면 해당 규범을 전파하는 데 도움이 될 수 있다(Torfason and Ingram, 2010). 국제 제도가 인권, 노동, 환경보호를 추진하는 것은 별개의 문제이며; 한 개인이 묶여 있거나, 묶여 있기를 원하는 행위자들이 이러한 보호를 채택하는 것은 또 다른 문제이다. 이러한 보호를 채택하는 것 자체가 네트워크 관계를 계속해야 하는 명시적 요구사항이 아닌 경우에도 그것은 암묵적인 것일 수 있다. 더 나아가, 네트워크 관계는 정책과 규범이 얼마나 잘 기능하는지에 대한 정보 전달을 허용하며, 따라서 동일한 목적을 가진 제도와 상호작용하면서 두 기관의 확산에 영향을 미친다.

좀 더 공식적인 제도로 돌아가서 입법기관을 고려해 보자. 이러한 제도들에서 네트워크의 역할은 제도와 소셜네트워크 간의 잠재적으로 중요한 상호작용을 나타내는데, 그 이유는 제도들 내에서 운영되는 네트워크가 그 기능에 영향을 미치기 때문이다. 그러나 네트워크 효과를 식별하는 것은 그러한 제도 내에 존재하는 네트워크의 다양성에 의해 더욱 어려워진다(Heaney and McCurg, 2009). 서로 다른 유형의 네트워크가 다른 목적에 복무할 수 있고 다른 이유로 형성될 수 있기 때문에, 네트워크 효과의 기초가 되는 인과 메커니즘을 명확히 하는 것이 중요하다. 예를 들어 공동 후원 네트워크(Cho and Fowler, 2010)는 타협이 이루어질 수 있는 공동의 경로를 나타내기 때문에 입법 생산성에 영향을 미치는 것인가? 이 경우 우리는 서로 다른 정당을 잠재적으로 정체가 덜 하도록 연계시키는 유대에서 더 조밀한 공동 후원 네트워크를 예상할 수 있다. 아니면, 그 네트워크는 입법자들이 특정 입법 부분에 참여하도록 이끄는 다른 보다 강한 메커니즘의 가시적인 결과인가? 이 질문을 평가하려면 공동 후원에 대한 개인적 수준의 데이터를 검토해야 한다.

Ringe and Victor(2013)는 미국 의회 내 코커스와 유럽 의회 내 인터그룹intergroup 등 입법 구성원 조직들LMOs, legislative member organization내의 특별한 정보 전송 메커니즘을 검토해 인과관계의 문제를 다뤘다. 이들 입법 구성원 조직LMOs은 사회적 유대를 조성해, 정책 입안과 관련된 정보를 교환할 수 있도록 한다. 어떤 면에서는 이들 입법 구성원 조직들은 일부(Krehbiel, 1991)가 입법위원회에 할당했던 정보 제공informational 역할을 보완하는데, 그 이유는 그 조직들이 정보의 대안적 출처를 제공하면서 Ringe와 Victor가 규정하는 사회적 유대 관계가 정당과 위원회 노선을 초월하기 때문이다. 따라서 제도와 소셜네트워크는 입법 기관 내에서 상호작용하여, 외부적으로 제공된 정보가 입법부를 통해 확산되고 입법자와 이들이 후원하는 입법의 신념에 통합되는 정도에 영향을 미치고 있다.

내부 정보 구조와 소셜네트워크를 모두 보유한 다른 공식 제도들도 동일한 조건부를 보여야 하고, 그래서 제도와 네트워크 효과 간에 동일하게 중요한 상호작용을 보여야 한다. 관료적 기관이 그 한 예이다. 이러한 기관들에서 일하는 개인들은 연구, 로비, 개인적 경험 등의 조합을 통해 정보를 축적한다. 제도적 메커니즘은 얼마나 많은 정보가 그리고 어떤 유형의 정보가 수집되는지 결정하는 데 도움이 된다. 예를 들어 이는 정책 부문 간 지식 변화를 가져올 수 있다(Léon et al., 2013). 그러나 기관 내 그리고 기관 간의 소셜네트워크는 정보 전달의 대안적 메커니즘을 제공한다. 이러한 네트워크가 사실과 다른 정보를 제공하면 더 나쁜 결과를 볼 수도 있다. 그러면 네트워크는 정보에 대한 제도적 접근의 효용성을 잃게 될 것이다. 또한 제도적 메커니즘이 네트워크를 손상시키는 것을 볼 수도 있다. 이는 아마도 기관을 이끄는 정치권 인사들의 지시 때문에 제도적 메커니즘이 편향됐다면 그럴 것이다. 여당과 일부 신념을 공유하는 극단주의 집단에 대한 연구가 금지된 정보 분석가가 그 한 예일 것이다.

더 규범적으로 긍정적인 요소는 네트워크에서 수집된 정보가 제도적 메커니즘이 남긴 격차를 메울 경우 네트워크와 제도 사이에서 통계적으로 긍정적인 상호작용을 관찰할 수 있다는 것이다. 예를 들어 여러 기관들이 기후 변화를 다루기 위한 정책을 설정하는 데 관여할 수 있지만, 기관 전반에 걸쳐 조정하기 위한 제도적 메커니즘은 거의 존재하지 않을 수 있다. 소셜네트워크는 더 나은 정책 결과를 가능하게 할 수 있도록 기관 간의 조정을 개선하는 여러 기관 간의 정보 전송을 제공할 수 있다. 이러한 종류의 주장은 정책네트워크에 관한 문헌에도 나와 있는 것과 관련이 있다(Lubell et al., 2002).

또한 복합적인, 상호작용의 정보 수집 소스가 정부 구성에 역할을 할 수 있다. 연합 구성의 가능성을 해결하기 위해, 정권을 잡을 수 있는 정당들은 부처 할당과 채택된 정부 정책을 비롯해 잠재적으로 구성될 수 있는 많은 경우를 고려해서 다른 파트너들과 결합할 때 발생하는 비용과 효용을 평가해야 한다. 이러한 복잡한 결정을 관리하기 위한 정당 내 제도적 메커니즘이 분명히 존재하지만, 그 메커니즘이 가능한 모든 유용한 정보를 제공할 수는 없을 것 같다. 게다가 문제 자체가 너무 복잡해서 휴리스틱이 채용될 가능성이 높다. 당 지도부 간 소셜네트워크는 잠재적으로 효과적인 연합에 대한 추가적 정보를 제공할 수 있을 뿐만 아니라 연합을 제안하는 방법에 대한 휴리스틱을 안내할 수도 있다. 이런 논리 아래, 정당 지도자들 간 현존 유대에서 정당 간 선거 연합의 가능성이 높아질 것으로 기대한다. 또한 이러한 관계가 현존하는 정당 제도의 성격에 따라 달라질 것으로 예상한다.

기회

유인과 정보는 제도와 소셜네트워크의 상호작용을 촉진하는 가장 중요한 두 가지 메커니즘이지만 기회의 변화도 분명 역할을 한다. 기회의 감소는 어떤 의미에서 유인과 정보 논쟁의 극단에서 발생한다. 어느 정도 어떤 식으로 행동할 유인이 너무 강해서 반대 방식으로 활동하는 것을 효과적으로 막게 되거나, 혹은 정보 제약 구속이 너무 강해서 반대 선택이 가능해 보이지 않을 수 있다. 이러한 점에서 그와 반대되는 방식으로 행동할 수 있는 기회의 감소를 말할 수 있다.

소셜네트워크 참여는 이러한 기회 감소를 초래할 수 있다. 먼저 정치 왕조에 관한 문헌을 고려해 보자. 우리는 왕조 시대의 후보들이 선거 이점을 갖고 있다는 것(Feinstein, 2011)과, 더 오랫동안 현직에 있는 정치인들이 그만큼 현직에 있는 친척들을 더 가질 가능성이 높다는 것을 알고 있다(Dal Bó, Dal Bó, and Snyder, 2009). 이는 유인 논거로 참일 수도 있다. 즉 정치 왕조에 해당하는 네트워크의 일원이 되면 출마를 허용하는 선거 제도를 이용할 수 있는 증대된 유인을 제공한다는 것이다. 이에 대해서는 모금을 보다 용이하게 할 수 있고, 지명도에 있어 더 나을 수 있는 등 많은 이유가 있다. 아니면 정보 논거 때문에 참일 수도 있다. 즉 공직에 출마하는 것에 수반되는 것 등을 직접 배운 것이 더 효과적으로 공직에 출마할 수 있게 해준다는 것이다.

하지만 최후에 논거는 기회에 관한 것이 된다. 특별한 가문의 구성원이 공직을 차지하는 데 필요한 경우, 소셜네트워크는 정치 경쟁을 허용하는 제도 운영의 정도를 결정한다. 이것이 민주주의에 있어 극단적으로 보일 수도 있겠지만, 가족을 종교 부문이나 인종 집단 또는 계층 등 소셜네트워크로 개념화될 수 있는 것으로 대체한다면, 이러한 네트워크 주도의 기회 감소가 민주주의 국가에서도 발생할 수 있다는 것을 보다 분명하게 보여준다. 유감스럽게도 이것은 유권자의 참여 측면에서도 참일 수 있다. 네트워크의 참여는 투표할 권리나 안전한 투표 접근을 확보하는 데 필요할 수도 있다. 네트워크 유대는 또한 선거권을 확대하려는 제도 기반의 시도를 무효화할 수도 있는 네트워크 주도의 경선 거부boycotts나 네트워크별 비공식 억제에서처럼 투표 제도의 효과를 제한할 수도 있다.

정부 구성에서도 소셜네트워크로 인한 동일한 선거 기회 감소가 관찰될 수 있다. 서로 연계된 정당들은 서로의 선호도나 이전의 경험에 의해 특정 정당들을 잠재적 연정에 통합하지 **못하도록** 제약될 수 있다. 예비선거 연합(Golder, 2006)은 이러한 맥락에서 정부의 가능성을 제약하는 네트워크의 실체화instantiation로 볼 수 있다.

좀 더 확대해서, 결성된 정당들의 유형은 더 넓은 사회에 존재하는 네트워크들에 의해 제약될 수 있다. 서로 다른 두 집단이 공통된 선호도에 기초해 선거 경쟁에 함께 참여하는 것은 당연할 수 있는데, 이때 그들을 연결하는 사회적 유대가 없는 것을 보여주는 그들 사이의 사전 의견 불일치는 그 선택지를 효과적으로 제거할 수 있다. 심지어 두드러진 사회적 분열의 성격도 소셜네트워크의 영향을 받을 수 있다. 정체성identity은 사회적으로 구성되고(McCall and Dasgupta, 2007), 소셜네트워크는 정체성의 발전을 중재할 수 있다. 이것은 다시 정체성 집단의 진화와 정체성 집단이 가져온 분열을 중재할 수 있다는 것을 의미한다. 현저한 사회적 분열을 개선하고, 아마도 국가 간 갈등을 줄이기 위해 고안된 권력 공유 협정과 같은 제도들은 실제 네트워크가 서로 다른 정체성 요소들의 현저한 차이를 변경시키도록 하지 못하면 실패할 수 있다. 요약하면, 소셜네트워크는 아마도 선거 제도가 다양한 방식으로 부여한 경쟁의 기회를 제한할 수 있다.

유사한 방식으로 네트워크는 제도를 통해 구현할 수 있는 정책 및 규범의 범위를 제약할 수 있다. 네트워크 내 활동가들이 경멸하는 정책이나 규범은 이를 채택하기 위한 네트워크 기반 비용이 엄청나게 높아지기 때문에 목록에서 제거된다. 마찬가지로, 서로 다른 네트워크들이 부실하게 연결되어 있고 그 구성원들이 서로 충돌하는 경우, 네트워크 외부의 행위자와 관련된 정책과 규범이 금지될 수 있다. 더욱이 입법부와 관료주의에 대한 주제로 돌아가 보면, 서로 다른 집단을 연결하는 약한 유대 관계가 부족하면 집단 간의 정보 흐름이 제한되어 그러한 방식으로 입법 결과에 영향을 미칠 뿐만 아니라 한 집단이 개발한 정책을 다른 집단이 채택하지 않게 만드는 갈등을 예고할 수 있다. 입법 구성원 조직들LMOs과 같은 추가적 제도는 정보 흐름을 향상시킬 뿐만 아니라 집단 간의 갈등을 줄이는 유대 관계를 장려할 수도 있다.

결론

제도들은 오랫동안 참여로부터 선거 경쟁, 정부 성과, 국가 내 갈등 및 국가 간 갈등에 이르기까지 민주 사회의 모든 측면을 이해하는 데 있어 중심적 역할을 해왔다. 최근에 학자들은 이와 같은 맥락에서 소셜 네트워크의 강력한 역할을 인식하고 있다. 하지만 소셜네트워크와 제도의 역할을 뒷받침하는 인과의 메커니즘 사이의 유사성을 식별하는 것은 중요한 핵심을 제기한다. 즉 개별적으로 **혹은** 그들 간의 상호작용을 무시하면 우리의 이론과 그 운영에 대한 경험적 분석에 편견을 가져온다는 것이다.

이 장에서는 이러한 인과의 메커니즘을 세 가지 유형으로 구분하여 논거를 설명하였다. 즉 유인, 정보, 기회에 대한 제도와 네트워크의 영향들이 그것들이다. 이러한 각각의 메커니즘의 맥락에서 제도와 소셜네트워크 사이의 가능한 상호작용의 수많은 예를 제시하였다. 물론 이것은 제도와 네트워크 간 맥락 중심의 상호작용을 우리의 이론과 경험론에 보다 완전하게 통합시키기 위한 아주 작은 단계일 뿐이지만, 나는 이러한 상호작용의 중요성이 한 단계 더 나아갈 가치가 있게 한다고 생각한다.

이 장의 초점이 민주적 제도에 맞춰졌기 때문에, 후견주의의 특성에도 불구하고 민주주의 정치의 예를 고수해 왔지만, 지금까지 말한 모든 것이 급성장하고 있는 독재 제도에 대한 연구에도 똑같이 적용될 수 있다. 예를 들어 Malesky, Schuler, Tran(2012)은 독재 체제의 입법 투명성의 영향을 연구하여 특히 참여 감소를 이끄는 왜곡된 영향을 발견한다. 투명성을 높이기 위한 민주주의에서 논거는 정보 제공에 관한 것으로, 이는 네트워크에 의해 명시된 바와 같이 **누가** 새롭게 드러나는 정보에 접근할 수 있느냐가 중요하다는 것을 암시한다. 마찬가지로 독재 정권의 입법부로부터 누가 공개된 정보에 접근할 수 있느냐도 문제가 되어야 하는데 그들이 제멋대로인 입법부를 처벌하거나 독재 지도자들이 부과할 수 있는 처벌의 양을 잠재적으로 제한할 수 있는 사람들이기 때문이다. 따라서 민주 제도와 마찬가지로, 독재 제도와 네트워크 간의 상호작용을 이

해하는 것이 독재 국가 내 제도의 역할을 분석하는 데도 필수적이라는
것이 입증되어야 한다.

제**19**장 유럽의 정책네트워크와 제도

Manuel Fischer

서론

제도는 정책네트워크 구조에 영향을 미친다(Lubell et al., 2012). 제도가 행위자 간 협상과 협력의 기회이자 제약이기 때문이다(Ostrom, 1990, 2005). 정책네트워크는 정치네트워크의 하위 유형이며 공공 정책의 입안이나 실행을 다루는 (대부분 집단적인) 행위자들의 네트워크라고 정의할 수 있다. 이 네트워크의 노드는 이익집단, 정당, 행정 단위, 전문가 및 정책 프로세스에 관련된 다른 행위자들이다. 이들은 일반적으로 협력, 정보 교환 또는 갈등관계로 연결되어 있기 때문에 정책네트워크에 대한 연구를 통해 정책의 생산과정을 이해할 수 있다.

이 장에서는 제도와 권력 그리고 정책네트워크 간의 관계에 관한 유럽 문헌을 검토하고자 한다. 유럽의 50개 이상의 독립 국가를 고려할 때, 정책네트워크는 다른 제도적 배경에서 발전하였으며, 그 중 일부는 시간이 지남에 따라 변화하기도 하였다. 제도적 맥락의 변화는 주로 유럽 통합의 과정뿐만 아니라 동유럽 국가들의 국가 구조의 변화 때문이다. 이는 제도적 차이와 발전이 유럽 정책네트워크 연구에 항상 명시적으로 고려되거나 모든 관련 연구가 다른 제도적 환경에서 정책네트워크를 비교한다는 것을 의미하지는 않는다. 실제로 정반대다. 정치네트워크에 관한 대부분의 유럽 연구는 하나의 국가에 초점을 맞추고 있지 비교되지 않았다(예외의 경우 다음 참조. Bressers et al , 1996; John and Cole, 1998, 2000; Kriesi et al., 2006; Moschitz and Stolze, 2009; Braun, 2012). 또한 제도와 네트워크 사이의 관계는 분명히 유럽에만 국한되지 않는다. 그러나 다양성과 변화를 감안할 때 유럽에서의 정책네트워크를 논의할 때 제도에 초점을 맞추는 것은 도움이 된다.

이 장은 구체적으로 두 부분으로 구성되었다. 첫째 부분에서는 국가 또는 정책 부문에서의 제도적 맥락에 대해 논의한다. 국가 단위에서의 다수제 또는 합의제 정치체제, 이익매개체제, 다층적 거버넌스 유형 그리고 유럽연합EU의 통합 수준이 정책네트워크에 영향을 미칠 것이다. 정책 분야마다 제도적 여건이 달라지는 경우가 많기 때문에 산업분야의 자유화 과정이나 정책네트워크 구축을 위한 워킹그룹, 위원회 등 제도적 공간에서 제공되는 기회구조 등 부문별 맥락에 대해 더 논의한다. 이 장의 두 번째 부분에서는 제도권력이 정책네트워크에 미치는 영향에 대해 논한다. 미시적 관점에서 보면, 이익단체, 정당, 싱크탱크 등 비국가 행위자와는 달리 국가 행위자(정부 행위자, 행정부 포함)는 제도화된 영향력과 정책 과정에서 공식적인 역할을 한다. 이것은 국가 행위자의 역할이 국가마다 다르기 때문에 유럽적 맥락에서 볼 때 이점은 특히 중요하다.

여기에서 몇 가지 주의할 점이 있다. 첫째, 이 장에서는 정책네트워크에 대한 제도의 영향에 초점을 맞추고 있지만, 유럽의 다양한 유형의 정치네트워크에 대한 복잡, 다양, 변화와 관련한 문헌의 추가를 고려하지 않았다. 예를 들어 이 책의 사회운동 관련 장에서 다루고 있는 저항운동(Baldassari and Diani, 2007)과 관련된 개인들 사이의 네트워크나 유럽에서는 드물지만 이 책의 입법네트워크에서 다루고 있는 의원들 사이의 입법 네트워크(Fowler, 2006; Kirkland and Gross, 2012; Ringe et al., 2013)를 배제했다. 정책네트워크에 관한 유럽의 문헌들은 EU를 다루고 있다(Börzel and Heard- Lauréote, 2009; Henning, 2009). 이 문헌은 이 책의 네트워크와 EU에 관한 장에서 다루고 있다. 또한 초국가적 또는 국경 간 네트워크를 다루는 연구(Kern 및 Bulkeley, 2009, Svensson, 2015)는 국제적 차원을 고려할 때 논의에서 명시적으로 제외된다. 둘째, 정책네트워크에 대한 이론적, 개념적 논의는 정책네트워크과 관련한 유럽 문헌에서 중요하고 다양하게 다루어지고 있다. 이와 같은 문헌들은 종종 독일과 영국에서 가장 두드러지게 나타나는데, 각 국가의 지적 전통과 관련이 있다고 할 수 있다. 각 문헌에는 네트워크가 시장이나 계층구조를 따라 사회조직의 형태에 대한 대안 또는 그것들의 혼합으로 봐야한다는 설득력 있는 아이디어가 포함되어 있다(Powell, 1990; Williamson, 1991; Mayntz, 1993). 또한 이와 관련하여 중요한 개념적 논의는 네트워크 개념의 형식적 또는 경험적 사용 사이의 논의가 포함되어 있으며(Dowding, 1995; Marsh and Smith, 2000; Dowding, 2001; Christopoulos, 2008), 네트워크 거버넌스와 정책네트워크 분석 학파(Fawcett and Daugbjerg, 2012) 사이의 논의도 있다. 셋째, 제도과 정책네트워크 간 인과관계 방향이 항상 전자에서 후자로만 이어지는 것은 아니며, 네트워크는 또한 행위자가 조정을 통해 문제를 해결할 수 있는 제도 그 자체로 묘사되기도 한다(Blom-Hansen, 1997; Ansell, 2006; Sandström and Carlsson, 2008). 그러나 더욱 중요한 것은 비공식 네트워크가 공식적 제도를 발생시킬 수 있다는 점이다(예를 들면 네트워크와 EU에 관한 이 책의 장 참조). 행위자는 네트워크에 의존하여 제도를 구성할 수 있으며, 네트워크가 (제도적) 맥락에 영향을 미칠 수 있다는 것이다("변증법적 접근" 참조, Marsh and Smith, 2000; Toke and Marsh, 2003). 여기서는 이러한 논의를 따르지 않고 네트워크 개념의 기존의 논의를 참고하고자 한다(Kenis and

Schneider, 1991; Rhodes and Marsh, 1992; Börzel, 1998; Marsh, 1998; Pappi and Henning, 1998; Adam and Kriesi, 2007; Börzel, 2011).

이 장의 목표는 제도가 유럽의 정책네트워크에 어떤 영향을 미치는지에 대한 문헌적 검토이다. 관련 있을 때마다 각 네트워크를 정의하는 노드와 연결 유형 그리고 데이터 수집 수단에 대해 언급하고자 한다. 이 장의 리뷰는 최근의(2000년 이후) 저널 출판물(일부 예외)에 초점을 맞추고 있으나 결코 전부를 대상으로 한 것이 아니며, 문헌의 선정을 위한 체계적인 절차에 근거하지는 않지만, 유럽의 제도와 정책네트워크와 관련된 가장 관련성이 높은 최근의 출판물을 포함하고 있으며, 유럽의 정책네트워크 연구와 관련된 실제 이슈와 방법론적, 이론적 접근에 대한 개요를 제공한다고 확신한다.

유럽의 제도적 맥락과 정책네트워크

첫 번째 절에서는 국가 또는 부문 수준에서의 제도적 맥락이 정책네트워크 구조에 미치는 영향에 대해 논의한다. 여기에서 다루고 있는 각 문헌은 주어진 유형의 제도적 구조가 행위자에게 특정 유형의 네트워크를 형성할 기회를 제공한다는 주장에 근거해 있다. 보다 구체적으로 이 절에서 다수제 및 합의제 정치체제, 이익매개체계, 다층적 거버넌스 및 유럽 통합, 민주적 전환 과정, 자유화 과정 및 정책과정 공간에 대해 논의한다. 그런데 이들 영향 요인 중 일부는 다소 일정하게 유지되지만 어떤 요인은 시간이 지남에 따라 국가 내 정책 부문 전반에 걸쳐 변화되었다.

다수제 대 합의제

　다양한 유형의 민주주의에 대한 가장 일반적인 수준(Lijphart, 1999)와 광범위한 국가 간 비교 관점에서 Adam과 Kriesi(2007; Kriesi et al., 2006)는 국가 제도 구조가 정책네트워크의 구조에 영향을 미친다고 주장한다(초기 유사한 주장은 Atkinson and Coleman, 1989 참조). 이들 저자들은 스위스나 독일 등 권력공유 제도 하 합의 민주주의consensual democracies에서 권력은 분절적이고 행위자 간 상호협력하는 정책네트워크를 산출할 것으로 보았다. 이와는 대조적으로 프랑스나 영국과 같은 다수제 민주주의 국가들은 소수 행위자들 사이의 권력이 집중되는 정책네트워크가 생성되고 행위자 간 다소 갈등적일 수 있다고 봤다. 스페인, 영국, 프랑스, 이탈리아, 독일, 스위스, 네덜란드의 3개 정책 분야(농업, EU 통합, 이민)에서 정책네트워크를 비교한 경험적 결과는 대부분 예상 패턴에 부합했다. 그러나 그 중 예외는 영국의 정책네트워크였는데, 영국의 정책네트워크는 다른 주요 다수제 민주주의 국가들보다 상당히 합의제 민주주의의 네트워크와 더 유사했다(Kriesi et al., 2006). 저자들은 연합을 설명하는 블록 모델과 같은 네트워크 모델을 뿐만 아니라 협력과 갈등 관계의 연합내부 및 연합 간 밀도에 초점을 맞춰 분석했다. 이러한 측정은 네트워크의 하위그룹뿐만 아니라 이러한 하위그룹 내 및 전체와의 상호작용 강도를 나타내기 때문에 비교적 간단한 측정이고 해석하기가 용이하다(Fischer, 2014, 2015 참조). 전체 국가 수준에서의 이러한 일반화와 비교는 중요한데 거시적 수준에서의 공식적 제도 구조를 정책네트워크 내 행위자 간 상호작용이라는 보다 비공식적 측면과 연관시킬 수 있기 때문이다. 공식적 제도와 행위자간 상호작용이라는 두 요소 사이의 결합과 영향은 거시적인 수준에서 정치시스템의 기능을 이해하는 데 중요하다. 그러나 저자들도 인정하고 있는 바와 같이 정책네트워크의 제도적 맥락과 관련 부문적 맥락에 따라 정책부문마다 상당히 다르게 나타나고 있다(John and Cole, 2000; Kriesi et al., 2006).

이익매개 시스템

다수제와 합의제 시스템의 다른 측면에서 정책부문간 차이를 만들어 내는 것은 이익매개 시스템이다. 유럽문헌들은 사회와 국가 간의 관계를 설명하기 위해 전통적으로 조합주의corporatist 또는 다원주의pluralist 유형의 이익매개와 정책네트워크 사이에 중요한 연결 고리를 제공해 왔다(Atkinson and Coleman, 1989; Knoke et al., 1996). 이러한 전통에 따라 정책네트워크는 조합주의, 후견주의 또는 다원주의 유형과 같이 다양하게 관련이 있다(Schneider, 1992; van Waarden, 1992).

많은 유럽 국가에서의 조합주의 전통은 여전히 중요하며 조합주의의 각 프로세스는 정책네트워크의 구조를 기초로 검토된다. 예를 들어 Svensson과 ÖBerg(2005; Öberg and Svensson, 2010)는 정부, 노조 및 고용주가 경제 및 노동 정책에 대한 공식적인 협상에 관여하는 스웨덴의 조정시장경제coordinated market economy에서 네트워크 상호작용을 분석한다. 이들은 70개의 단체 행위자, 개인 대표들에 대한 설문조사를 토대로 하여 국가가 영향력 네트워크에서 중심적인 역할을 하지만 노조와 고용주 사이에는 여전히 강력하고 상호보완적인 관계가 존재하고 있음을 보여주고 있다. 또한 벨기에 정책네트워크(공공 및 민간 행위자와의 343회 대면 인터뷰를 통해 평가된 행위자이벤트 참여 네트워크actor-event participation networks)에 대한 Beyers(2002) 분석은 국내정책입안자에 대한 접근이 여전히 조합주의 전통에 영향을 받는다는 것을 시사한다. 즉, 전통적으로 특정한 이익을 옹호하는 행위자가 여러 분산된 이익을 위해 로비하는 행위자보다 더 용이하게 접근할 수 있는 권한을 갖는다. 반면 벨기에의 공간계획 정책네트워크에 대한 질적 사례연구는 경쟁의 지방화가 중앙집권적, 기업주의적 배열에서 보다 분권적이고 다층적 거버넌스 네트워크의 새로운 형태로의 전환으로 이어졌다는 것을 보여주고 있다(De Rynck and Voets, 2006).

다른 제도적 맥락 조건과 마찬가지로, 조합주의적 유형의 이익매개의 영향이 제도적 맥락과 분리되기 쉬운 것은 아니다. 예를 들어 Fischer 등 (2009; Sciarini, 2014)은 30년에 걸쳐 스위스의 정책네트워크에 대한 거시 수준의 제도구조의 다양한 유형의 변화를 조사했는데, 시간이 지남에 따라 주요 이익집단의 중심성이 감소하는 것을 관찰했다. 전반적으로 조합주의 개념은 학문적 논의에서 중요성을 잃었을지도 모르지만 다른 유형의 사회적 이익과 국가 행위자들의 상호작용은 유럽 통합의 맥락에서도 중요한 문제로 남아 있다(이 장의 뒷부분에서 논의). 이러한 연구에서 입증된 바와 같이, 행위자 중심성, 행위자 유형 간 유대 강도, 또는 특정 제도공간에 대한 행위자의 접근성과 같은 다소 단순한 네트워크 지표들은 점점 더 다양하고 복잡하며 비공식적인 이익매개 문제를 푸는 데 도움이 될 수 있다.

다층적 거버넌스

다층적 거버넌스는 다른 측면을 포함한다. 국가가 분권화되거나 연방주의적인 방식으로 조직되는 정도는 다소 국가의 일정한 속성이라고 할 수 있다. 이는 Adam과 Kriesi(2007; Kriesi et al. 2006)가 다루고 있는 합의제 민주주의체제에 포함된다. 합의제 민주주의체제 하에서 다층적 의사 결정 수준은 정책네트워크에 부문별로 달리 영향을 미친다. 이와 관련하여 특정 정책부문에서 서로 다른 수준의 의사 결정의 영향을 조사하는 정책네트워크에 대한 연구사례가 많다.

첫째, 한 국가와 EU 간 (공동)규제가 정책네트워크에 미치는 영향을 살펴보았다. EU의 맥락은 행위자들 간 자원을 재분배하고 의사결정에 필요한 새로운 공간을 열어 정책네트워크에 영향을 미칠 것이다(Adam and Kriesi, 2007). 다층적 거버넌스 제도가 정책네트워크에 미치는 영향에 대한 초기 연구 중 중요한 사례는 EU 농업정책(Pappi and Henning, 1999)에 관한 것이다. 일국 및 EU 수준의 이익단체와 정부 행위자들을 대상으로 하는 인터뷰를 바탕으로 저자들은 농민단체들이 유럽 수준의 이익단체뿐만 아니라 일국 차원의 정부와 네트워크 접근하여 로비했다는 것을 발견했다. 정책네트워크에 대한 접근 뿐만 아니라 EU환경 압력 역시 일국 정책네트워크에 영향을 미칠 수 있다. Cisar and Navratil(2014)은 EU 재정자원에 대한 접근이 체코에서의 비정부기구NGO 간의 협력네트워크 활동을 강화하고 있다는 연구결과를 발표했다. 네트워크 접촉 강화는 정책 목표를 충족시키는 한 가지 조건이며 이를 위해 비정부기구들은 EU 기금기구의 전략으로 명시적으로 요구했다. 저자의 분석은 환경, 여성의 권리, 인권, 노동자의 권리를 옹호하는 101개 비정부기구의 협력 및 커뮤니케이션 네트워크에 대한 설문 자료 데이터를 기반으로 하고 있다. 사회적 행위자뿐만 아니라 국가 행위자들도 이러한 전략을 채용하고 있다. 스위스의 국가 행위자들은 유럽통합에 핵심행위자들과 협력 관계를 맺고 이들은 정책과정에 포함시키는데 적극적이었다(Fischer and Sciarini, 2013). 저자들은 시간이 지남에 따른 네트워크의 변화를 분석하기 위해 반직접인터뷰semidirected interview를 통해 스위스와 EU 간의 자유로운 이동에 관한 양국조약을 다루는 22명의 집단 행위자들 간의 협력관계의 네트워크에 초점을 맞췄다. 비슷한 맥락에서, Sciarini 등(2004; Fischer et al., 2002)는 국가 행위자들이 소위 유럽화된 정책 과정을 다루는 협력네트워크에서 국내 행위자들보다 더 높은 매개중심성(Freeman, 1978)을 가지고 있는 반면, 이익단체나 정당과 같은 다른 행위자의 중심성은 낮다는 것을 보여주었다. 세 가지 정책 프로세스에 대한 네트워크 데이터는 65명의 배우와 반직접 인터뷰를 통해 수집되었다.

둘째, 지방수준으로의 권한 이양이 각 정책네트워크에 영향을 미친다. 예를 들어 De Rynck와 Voets(2006)는 각 역량의 지방화 결과, 벨기에 공간 계획 네트워크가 조합주의에서 보다 더 개방적인 네트워크로 전환된 것을 다루고 있다. 질적 사례 분석을 바탕으로 정부 및 다양한 수준의 조합주의 행위자 간 네트워크를 도식적으로 재구성했다. 그러나 앞서 언급했듯이 다층 의사결정의 유형에 대한 제도적 영향은 종종 다른 맥락과 상호작용하는데, 벨기에, 프랑스, 네덜란드의 EU정책의 국내조정 과정에 대한 비교 분석의 결과, 정보교환과 협력네트워크 구조는 공식적 (비)연방주의 구조에서 실제로 파생된 것임을 보여주었다. 정부기관, 각료 내각, 정당 간의 네트워크에 대한 설문조사 데이터를 분석한 결과 저자들은 정부 간 관계가 한 국가가 연방제(벨기움) 또는 더 중앙집권화된(네덜란드, 프랑스) 제도를 가지고 있는지 여부뿐만 아니라 정당의 역할, 행정부의 기능과 조직, 정치체제에서 의회의 지위에 의존하고 있다는 것을 발견했다(Bursens et al., 2014). 비슷한 맥락에서 Jordana 등(2012)은 동일한 유형의 EU응집정책 프로그램이 정부행위자의 역할과 사회자본의 수준에 따라 스페인 지역에서 다른 유형의 실행 네트워크로 이어진다는 것을 발견했다.

제도적 맥락은 또한 순전히 지역 수준의 정책네트워크 구조에 영향을 미친다. Ingold(2014)는 스위스 산악지역 토지이용 및 보호정책 관련 추진 과정을 다루는 7개의 정책네트워크를 비교했다. 각 네트워크에는 최소 15명, 최대 39명의 행위자가 포함되며, 네트워크 연결은 설문조사를 통해 평가된 협업관계에 의해 정의했다. 저자는 지역 행위자들은 하향식 프로세스에 비해 민간 및 시민사회 행위자가 주도하는 상향식 추진 프로세스에서 협력 네트워크에 더 잘 통합되는 경향이 있다고 주장했다. 또한 도시 차원에서는 정책 부문 간 차이가 중요하다고 봤다. John과 Cole(2000)은 한 국가의 전통이 후자보다 전자에서 더 널리 퍼져 있기 때문에 제도는 경제개발정책보다 중등교육에서 네트워크에 더 강한 영향을 미친다고 결론 내렸다. 이들은 질적 연구를 바탕으로 영국의 두 도시 수준의 네트워크를 프랑스의 두 도시 수준의 네트워크와 비교했다. 영국의 교육정책네트워크는 수석교사, 이사장, 관료들로 구성된 반면, 프랑스의 정책네트워크는 중앙국가와 지역의 엘리트들로 더 국가 중심적으로 구성되어 있음을 발견했다. 그리고 적어도 지역 차원에서는 제도적 맥락이 항상 정책네트워크에 영향을 미치지는 것은 아니라는 결론에 도달했다. De Vries(2008)는 네덜란드의 지역정책네트워크 구성에 있어 민관 협력 및 쌍방형 정책 프로세스의 형태로 다양한 제도 개혁과 실험의 효과를 발견하지 못했다. 그의 연구는 15년 이상을 다루면서 다른 세 시점에서 이루어진 설문조사에 기초하고 있다. 그에 따르면 지역정책네트워크는 여전히 중심에 국가행위자와 주변부에 시민사회행위자가 있는 중심 - 주변구조에 부합하는 것을 발견했다.

전반적으로 유럽 통합이 각 정책네트워크에 미치는 영향은 각 연구에 의해 확인되었다고 할 수 있다. 새로운 수준의 의사결정은 다양한 유형의 행위자들에게 새로운 기회나 제약을 제공하고, 정책네트워크에서 각각의 위치와 행동(중심성 측면에서)이 영향을 받는다. 다층적 구조가 국내 정책네트워크에 미치는 영향은 명확하지 않다. 반면 다른 국가 및 부문 수준의 제도적 요인과 강한 상호작용이 이루어지는 것으로 보인다. 서로 다른 유형의 (제도적) 맥락의 전체적인 조합이 항상 각 연구설계에 포함될 수 있는지는 모르지만, 각 정책네트워크가 갖는 맥락 특이성에 대해서는 분명히 지적할 필요가 있다. 또한, 다층적인 통계를 통한 네트워크 모델 구축의 방법은 교차 레벨 프로세스를 보다 상세하게 조사할 필요성을 제기하고 이와 관련된 중요한 도구를 제공한다. 유럽 정책네트워크와 관련하여 전반적으로, 서로 다른 수준에서 다른 제도적 맥락에 의해 영향을 받은 복잡한 각 수준의 네트워크에 대한 이해가 여전히 주요 과제로 남아 있다고 할 수 있다.

동유럽의 민주화와 유럽통합

앞서 언급한 바와 같이 정책네트워크에 영향을 미치는 제도적 맥락은 시간이 흐름에 따라 변할 수 있으며, 그에 따라 네트워크도 달라질 것이다. 유럽에서 거시적 수준에서 국가제도와 관련하여 가장 중요한 변화 중 하나는 이전의 공산주의, 소련(또는 소련 관련) 국가들이 보다 민주적인 정치체제로 이행하는 것과 일부 동유럽 국가의 경우에는 EU 가입과 관련된 것이다. 독재체제에서 민주체제으로의 이행이 정책네트워크에서 관찰된 영향은 다양하다.

예를 들어 약 100명의 엘리트 대표들과의 인터뷰에 근거한 러시아 도시 노보시비르스크Novosibirsk에 대한 연구는 이미 1997년에 도시 수준의 엘리트 네트워크 내에 많은 민간 행위자가 포함되어 서유럽 엘리트 네트워크와 매우 유사해 보인다는 것을 발견했다(Hughes et al., 2002). McMenamin(2004)은 폴란드의 사업가와 정치인들 사이의 비공식 네트워크를 연구하는데, 이는 공산주의 이후 맥락에서 공식적인 사업 협회보다 더 중요한 것으로 봤다. 그는 144개 기업을 대표하는 194명 사업가를 대상으로 '그들이 얼마나 정치인들을 잘 알고 있는지' 물었다. 예상과는 달리 기업인과 정치인 간의 상호 인지 관계는 후견주의와 기업인의 정당에 대한 충성심 등에 근거하지 않는 매우 복잡하고 혼란스럽다는 것을 발견했다. 에스토니아, 라트비아, 리투아니아의 산림 정책네트워크도 소비에트시스템보다 민주적인 체제로 전환되었다. 에스토니아와 라트비아는 산림 분야를 자유화한 반면, 리투아니아는 여전히 소비에트 조직과 더 가까웠다. 앞서 두 나라의 네트워크는 참여적이고, 통합되고, 이질적인 것으로 묘사되었지만, 리투아니아의 네트워크는 여전히 많은 국가 관련 산림 조직에 의해 지배되고 있었다는 것을 알 수 있다. 이 연구는 공식적으로 활용 가능한 문서뿐만 아니라 이해당사자와 전문가 인터뷰에 기초하여 연구되었다(Lazdinis et al., 2004). Moschitz와 Stolze(2009)는 유럽 11개국의 유기농업 정책네트워크를 국가당 13~26명의 조직 행위자들에 대한 대면 인터뷰를 통해 조사했다. 그들은 동유럽 국가들과 서유럽 국가들을 명확히 비교하면서, 일반적으로 서유럽보다 동유럽에서 네트워크는 작고 밀도가 낮다는 것을 발견했다. 저자들은 2004년 가입 이후 EU 입법 채택의 영향을 받은 동유럽 국가들의 유기농업의 짧은 역사를 언급하면서 이러한 발견을 소개했다.

　동유럽 국가들의 전환의 한 가지 중요한 측면은 EU로의 통합이다. Jurje(2013)는 EU 가입 과정에서 루마니아 국가 행위자의 역할을 연구를 통하여, 조건부 메커니즘과 EU 정책입안자에 대한 특권적 접근으로 인해 루마니아 국가 행위자들은 각 정책네트워크에서 매우 중심적인 역할을 한 반면, EU가입 후에는 그 중심성은 감소한다는 것을 발견한다. 그녀의 분석은 이민 및 망명 정책, 사회지원 정책 및 교육 정책 분야의 주요 조직 행위자와의 인터뷰에 기초로 연구되었다. 그러나 적어도 동유럽의 전환 맥락에서 EU통합이 항상 정책네트워크에 영향을 미치는 것으로 드러난 아니다. Palne Kovacs 등(2004)는 헝가리의 지역 개발에서 EU통합이 협력 네트워크와 관련 학습과정에 미치는 영향을 연구했다. 저자들은 국가, 지역 및 지방차원의 정책결정에서 참여한 30명을 인터뷰했다. 지방수준을 강화하기 위해 국가 차원의 의사결정에 참여를 유도하는 EU의 이니셔티브에도 불구하고, 그들의 분석에 따르면 세 수준의 행위자들은 여전히 매우 약하게 연결되어 있다는 것을 보여주었다.

　다른 국가 및 특정 부문별 제도적 맥락의 교차 영향 외 동유럽 국가들의 민주적 전환과 EU통합을 다루는 연구는 시간이 지남에 따라 제도적 맥락의 변화라는 추가적인 문제를 제기하고 있다. 둘 이상의 다른 시점에서 네트워크를 비교하거나 종단 데이터longitudinal data 분석 및 정책네트워크의 발전은 이 문제를 처리하는 적절한 전략이 될 수 있다. 그러나 서로 다른 시점 심지어 과거 데이터를 수집하는 것은 단일 연구 프로젝트를 수행하는데 있어 가장 비용이 많이 들고 어려운 작업이다.

산업부문의 자유화

유럽 통합과 경제 국제화와 관련하여 많은 유럽국가들에서 또 다른 중요한 변화가 일어나고 있다. 통신, 철도, 전기와 같은 분야의 이전 독점은 철폐되었고 지난 30년 동안 각 부분의 자유화가 이루어졌다. 아이디어 수준에서 생겨난 제도변화는 시장의 행동조건과 행위자의 관념에도 영향을 미쳤고 자유화 과정은 정치당국, 규제기구, 국영 및 민간 기업(Majone, 1997) 사이의 네트워크의 변화를 동반했다. Jordana와 Sancho(2005)는 스페인의 통신 분야에서 시장개방과정을 연구했는데 개방과정에서의 각 정책네트워크는 정당, 공공기관 및 다양한 유형의 민간 행위자와 같은 집단 행위자로 구성되었다는 것을 발견했다. 저자들은 설문조사를 통해 행위자 간 인지된 영향력 관계의 네트워크를 측정했다. 자유화 이전과 이후의 네트워크에 대한 비교를 통하여 자유화 이후 네트워크가 밀도는 더 높았지만 여전히 일련의 주요 행위자를 포함했으며, 비슷한 소수의 행위자가 매우 중심적인 위치에 있음을 알 수 있었다. 저자들은 성공적인 자유화는 새로운 경쟁자들에게 더 개방적인 네트워크와 권력 측면에서 보다 분산적 네트워크를 필요로 한 것으로 결론을 내렸다. 스페인의 경우와는 달리 스위스 통신 부문의 변화에 대한 연구(Fischer et al., 2012)는 네트워크 연결의 전반적인 감소에도 불구하고, 새로운 거버넌스구조에서 유사한 역할을 하는 행위자, 그리고 부문별 특정 규제 기관과 보다 일반적인 규제 기관에서 유사한 역할을 하는 행위자들 사이에 지역 폐쇄가 일어난다는 것을 발견한다. 또한 규제기구, 핵심 규제 기관 및 새로운 운영자와 같은 새로운 행위자가 스위스 통신의 거버넌스 네트워크에 신속하게 통합되었다. Fischer 등의 분석은 네트워크 데이터에 대한 통계적 종단 모델을 기반으로 하며 반직접 인터뷰 및 설문조사를 통해 측정된 23명의 행위자 간 협력관계의 세 가지 후속 네트워크를 포함하고 있다. 또한 자유화 과정에 대한 연구에서의 네트워크 분석 방법은 새로 형성된 "독립적인" 규제기관의 독립성을 다른 행위자로부터 평가하는 데 유용한 접근법이라고 할 수 있다(Ingold et al., 2013; Maggetti et al., 2013). Ingold 등(2013)은 영향력과 평판의 네트워크를 기반으로 스위스 통신도메인의 주요 규제기관이 통신사업자 및 정책입안자로부터 독립적이지만 다른 규제 기관의 영향을 받는다는 것을 발견했다. 저자들의 연구에서 영향력 관계네트워크는 설문조사를 통해 측정되었으며, 25명의 조직행위자가 포함되었다. 연구결과에 따르면 자유화과정이 항상 동일한 범위의 각 정책 네트워크에 영향을 미치는 것은 아니라 보여준다. 이러한 연구는 변화하는 제도적 맥락의 영향을 이해할 수 있게 시간이 지남에 따른 네트워크 분석의 중요성을 다시 한 번 확인해준다. 또한 네트워크라는 개념이 자유화 경제의 새로운 거버넌스의 기능을 평가하는 데 있어 중요하다는 것을 증명해 주었다.

제도적 기회구조로서의 현장참여

국가 수준의 일반화로 각 부문별 차이를 숨길 수 있지만, 부문별 일반화는 단일 정책프로세스 간의 차이를 숨길 수 있다. 그러나 제도적 특성도 프로세스의 수준에 따라 차이가 있다. 예를 들어 Leifeld와 Schneider

(2012)는 정책 프로세스 공간policy process venues을 행위자들의 협력을 발전시킬 제도적 기회구조라고 주장한다. 정책 프로세스 워킹그룹이나 의회 위원회와 같은 분야에 공동으로 참여하여 의사소통이 용이해지면 거래비용이 감소하게 된다. 독일의 독성화학물질 정책의 기술적 이슈에 관한 연구에서 Leifeld와 Schneider(2012)는 정책위원회 등 정책과정의 제도적 공간에 대한 공동 참여가 행위자의 선호 유사성과 정책네트워크에서 정치·과학 정보를 교환할 확률에 미치는 영향까지 흡수한다는 것을 보여주었다. 이들은 연구에서 30명의 조직행위자와의 인터뷰 자료를 기반으로 했다. 더 많은 연구들은 제도적 기회구조가 얼마나 잘 작동하는지에 대해 제도적 현장의 구체적인 특성이 중요하다는 것을 보여주었다. Fischer와 Sciarini(2016)는 스위스의 11개 정책 분야의 협력네트워크를 프로세스당 20~25명의 조직 행위자를 대상으로 한 인터뷰 데이터를 바탕으로 비교했다. 이들의 분석은 최종 정책 산출에 미치는 영향 측면에서 공간이 중요하다면서, 이는 정책산출 현장참여가 정치 행위자들 간의 협력에 미치는 영향을 증가시킨다고 주장했다(Fischer and Sciarini, 2016). Kriesi와 Jegen(2001)은 스위스 핵정책 분야의 친생태 및 친경제 연합 내에서 협력관계를 형성하기 위한 정책 현장과 공간의 중요성을 강조했다. 이들은 약 240명의 개별 행위자와 인터뷰를 통해서, 긴밀한 협력적 연결을 바탕으로 국가 차원뿐만 아니라 6개 주canton에서 각 정책분야를 분석했다. 한편 Ingold와 Leifeld(2016)는 의사결정과 추진을 모두 다루는 지역 및 국가차원에서 5개의 정책네트워크를 재분석한 결과, 많은 제도적 현장에 참여하는 행위자들에 대해 다른 행위자들은 영향력이 강하다는 인식을 갖는다는 것을 발견했다. 그리고 이를 '제도에 대한 접근이 행위자들에게 정책적 영향력을 제공한다'고 설명하고 있다(Ingold and Leifeld, 2016). 이렇듯 제도적 기회구조가 정책네트워크 연계에 미치는 영향은 확인되는 것으로 보이지만, 그 배후에 있는 정확한 메커니즘에 대해서는

더 많은 검토가 필요하다. 현장 내에서 정확히 어떤 일이 일어나는 지에 대한 질적 연구는 앞으로 유망한 접근법일 뿐 아니라 정책네트워크 접근 동기에 따른 다양한 유형의 정책 현장 간 차별화도 가능하다(Fischer and Leifeld, 2015).

또한 정책 프로세스상 제도적 현장에 대한 공동 참여는 네트워크 접근의 직접적인 지표로 사용되는 경우가 있다. 공동 참여가 협력에 미치는 영향을 논하는 문헌과는 달리, 이 접근법은 공동 참여에 대한 관심이 네트워크 연결로 직접 작동한다. 예를 들어 Hirschi 등(2013)은 시장자유화의 맥락에서 스위스 농업정책의 시나리오를 분석했다. 그들은 각 정책 프로세스의 다른 현장에서 20~30명의 행위자의 참여 패턴을 측정했다. 물론 이러한 유형의 데이터에 의존할 수 있는 것은 문서 데이터를 쉽게 구할 수 있다는 장점이 있기 때문이다. 행위자-과정 사건 기획(APES, Serdült and Hirschi, 2004)은 각각 데이터의 체계적인 코딩을 용이하게 하고 각 데이터는 행위자의 현장 참여를 나타내는 링크와 함께 2-모드 네트워크로 분석할 수도 있다(Beyers, 2002 참조).

유럽 정책네트워크에서 국가 행위자의 역할

본 장의 두 번째 절에서는 유럽 정책네트워크에서 국가 행위자(행정 행위자뿐만 아니라 다른 수준의 정부 행위자)의 역할에 대해 논의하고자 한다. 비록 국가와 개인 행위자 기능 사이의 고전적인 경계가 시간이 지남에 따라 불분명해졌다 하더라도(Laumann and Knoke, 1987, 381; Knoke et al., 1996) 국가 행위자들은 특별하다. 국가의 결정은 사회에서 구속력이 있는 것으로 간주되고 이는 합법적인 무력 사용 가능성에 의해 뒷받침된다(Coleman and Perl, 1999; Adam and Kriesi, 2007). 국가 행위자들은 정책결정프로세스의 설계에 결정적인 영향을 미친다. 따라서 여러 정책 영역과 다른 수준의 의사결정 수준을 비교하는 영향력 인식과 관련된 두 연구에서 제안했듯이 국가행위자는 정책네트워크에서 특히 강력하다고 인식되는 경우가 많다(Ingold and Leifeld, 2016; Fischer and Sciarini, 2015). 또한 국가와 비국가 행위자 간의 차별화는 정책네트워크의 유럽 전통에서 특히 중요하게 관찰된다. 예를 들어 영국 문헌에서 "정책네트워크"라는 용어의 은유적 사용(Dowding, 1995; Börzel, 1998)은 주로 국가와 사회 간의 구체적인 관계를 설명하기 위한 것입니다. Bressers와 O'Toole(1998)은 정책네트워크를 "정부 당국과 목표집단 사이의 일련의 관계 패턴"으로 정의한 바 있다.

네트워킹 대상인 국가 행위자

이 분야 초기 핵심연구 성과인 Stokman과 Zeggelink(1996; Stokman and Berveling, 1998)는 정책네트워크 구조를 모델링한다. 여기에서의 정책네트워크는 자원에 대한 의존성 그리고 네트워크에 접근하고자 하는 강한 욕구를 기반으로 작동한다. 국가행위자는 행위자들은 '강력한 다른 사람들'powerful others이며, 행위자들은 그들과 네트워크 관계를 형성하거나 관련 정보를 전달하거나 그들의 선호도를 위해 로비를 하는 것을 목표로 한다. König와 Bräuninger(1998)의 또 다른 초기 연구에서 126개 조직 간의 조사를 바탕으로 독일 노동정책영역에서 정책네트워크 구성을 조사했다. 그들은 정책 선호도의 유사성이 정책에 대한 연계 구축의 기본 예측 변수인 반면 "신제도적" 측면도 중요하다는 것을 보여준다. 선호 유사성을 통제하는 정책행위자들은 공식적인 정책 입안자들과 접촉하는 경향이 있는데, 아마도 후자가 공공정책에 대한 최종 투표를 하기 때문일 것이다. 이러한 발견은 정보교환네트워크에서 가장 중요하지만, 호의와 지지를 교환하는 네트워크에서는 덜 중요하다고 할 수 있다. 마찬가지로 Leifeld와 Schneider(2012)는 독일 독성화학 정책분야를 연구하고 행위자들이 국가 행위자들에게 정치적, 과학적 정보를 전달하는 경향이 강하다는 것을 보여주었다. 그들에 의해 작성된 통계적 네트워크 분석(지수 랜덤 그래프 모형random graph model)은 30명의 집단 행위자에 대한 데이터를 기반으로 하고 있는데, 네트워크 연결은 행위자 간 정보 교환 관계를 보여준다. 스위스의 기후정책네트워크의 종단적 분석에서도 같은 추세가 나타나는데, 이 네트워크에서는 국가 행위자들이 의사결정 단계에서는 강하게 로비를 받지만 정책 추진 중에는 로비를 받지 않았다(Ingold and Fischer, 2014). 본 연구는 34명의 집단행위자 간 협업네트워크에 대한 인터뷰 및 설문 자료를 바탕으로 하였다. 독일 기후정책네트워크에서 정부 행위자들의 중요한 역할은 Foljanty-Jost and Jacob(2004)에 의해 분석되었다. 53명 행위자와의 인터뷰를 통해 협력, 정보교환, 지원 및 갈등의 네트워크 연결 중심성 등을 측정하였다. 비슷한 결과가 Bursens 등(2014)에 의해 보고되었다. 그들은 EU정치의 국내 조정을 다루는 비공식 정치행정 네트워크를 연구했다. 벨기에, 프랑스, 네덜란드의 정부관료에 영향을 행사하기 위해 사회행위자들이 정책입안자들을 어떻게 목표로 하는지 보여주었다. 각국 100여 명의 행위자를 대상으로 한 엘리트 조사를 통해 3국에서의 정보교류 협력네트워크의 내향 연결정도indegree, 외향 연결정도outdegree, 매개중심성betweenness centralization을 비교한 결과 비공식 네트워크 행태가 공식적 절차에서 실질적으로 벗어나는 것으로 나타났다. 벨기에와 EU에서 의사결정과정의 중요성이 증가하면서 이익단체들은 전략을 다양화하여 국가와 EU 두 가지 수준에서 정보교환네트워크 연결을 구축하려고 노력했지만, 성공하지 못한 반면 특정이해당사자는 국가 행위자 네트워크 접근할 수 있는 특권을 가지고 있었다고 한다(Beyers, 2002). 이들 연구는 벨기에와 유럽 수준에서 343명의 개인 및 공정 행위자와 인터뷰에 기초하고 있다. Beyers와 Braun(2014)은 그룹 간 연합, 연합 내 그리고 연합 간의 이익집단의 네트워크 위치가 정책입안자에 대한 접근에 어떤 영향을 미치는지를 조사했다. 그들의 135건의 인터뷰에 근거한 연구결과에 따르면 행위자들이 다른 연합과 연결되는 정보교환과 협력 관계를 구축하고 있다면 국가 행정부에 대한 접근을 선호한다는 점을 알 수 있었다. 또한 영국에서 공중보건 영역 국가행정 행위자가 의료 관련 정보를 전달하는 주요 대상인 것으로 밝혀졌다(Oliver et al., 2015).

네트워킹 활동가 및 브로커인 국가 행위자

연구에 따르면 국가 행위자가 속한 네트워크와의 연결의 우선 목표대상이 되지만, 국가행위자 자신이 네트워크 연결을 구축하는데 적극적인 것으로 관찰된다. 특히 국가가 행동해야 할 국제적 의무가 있는 이민정책, 기후정책의 경우에 국가 행위자들은 국제협상 중이거나 정책추진 중에 적극적으로 비국가 행위자들의 지지를 얻기 위한 유인이 있다(Fischer and Sciarini, 2013; Ingold and Fischer, 2014). 위의 두 연구 모두 여러 시점(각각 23명, 34명)에 측정된 협업네트워크의 종단적 분석을 바탕으로 한 것으로, 집단 행위자 대표들과의 대면 인터뷰와 설문조사를 통해 수집된 자료들에 기반하고 있다. 한편 덴마크의 4개 시립 고용정책네트워크에 대한 비교 연구에서 비국가 행위자를 네트워크에 포함시키는데 있어 시 행정 행위자의 중요성을 강조하고 있다. 이러한 유형의 네트워크는 다소 계층적인 형태를 띠고 있으며, 네트워크 포함된 행위자들은 시 행위자들에 의해 지배를 받게 된다(Damgaard, 2006). 이와 같은 연구결과는 26명의 시 의 민간 행위자와의 질적 인터뷰를 바탕으로 하여 측정되었다. 한편 영국의 개별 관료와 지역 관리자에 대한 연구는 수백 명의 개인 간 조사에 근거하여, 하원의원, 각기 다른 수준의 정부, 지역 이익단체와 같은 다른 행위자들과의 상호작용하는 보여주고 있다(O'Toole et al.,2007; Walker et al., 2007).

정책네트워크에서 국가 행위자는 중재라는 적극적인 역할을 한다. 국가 행위자는 서로 다른 유형의 경제적 이해관계를 중재하거나 상반되는 연합 간을 중개하고 의사결정 수준 또는 정책부문 간 중재 역할을 할 수도 있다. 그 과정에서 국가 행위자들은 서로 상반되는 경제적 이해관계를 형성하기도 하는데 이러한 관념은 앞에서 이미 언급한 바 있다. 여기에서 국가 행위자는 사용자와 노동조합 모두와 관련되는데(Schneider, 1992), 스웨덴 노동시장 정책에서 국가기관은 피크 조직 간 조정에 중요한 역할을 했다(Svensson and berg, 2005). 70명의 집단 행위자 간 설문조사를 바탕으로 한 연구에서 Ingold and Varone(2012; Ingold, 2011)은 스위스 기후정책 결정에서 반대 연합을 중재할 수 있는 행위자로서 국가 행위자가 아닌 중앙 정당과 환경 행정 기관이라는 점을 밝혀냈다. 중개자의 역할이 가능하기 위해서는 갈등관계의 구조적 동등성structural equivalence과 협력 네트워크에서의 매개중심성 기반으로 식별해낼 수 있다. 이와 관련해 각 정책 영역에서 주요 행위자 34명을 대상으로 50개의 대면 인터뷰를 기반으로 한 노르웨이의 유럽수자원기본지침European Water Framework Directive의 구현 네트워크에 대한 연구에서 중개("다리놓기"bridge building)의 중요성이 강조되었다(Hovik and Hanssen, 2014). 한편 네트워크 내 다른 유형의 행위자와 상반된 이해관계가 포함되어 복잡할수록 네트워크 관리자는 "중개자"의 역할을 더 많이 하는 경향이 있다. 이와 관련하여 노르웨이 수상보드 회원 및 관리자의 설문조사에 기반한 연구에 잘 나타나 있다. 물론 경험적으로 측정하지는 않지만 네트워크 내에서 행위자의 다른 유형의 전략에 중점을 연구도 있다. Ernstson 등(2010)은 스톡홀름의 도시 생태계 관리에 관한 몇 가지 사례 연구의 결과에 대해 논의하면서 서로 다른 생태계 척도를 연결하기 위한 척도교차scalecrossing를 통한 중개자 역할 필요성을 보여주나 현재 스톡홀름의 생태계 관리네트워크에서 이 역할을 하고 있는 행위자는 없다고 한다. 반면 이와는 대조적으로 스위스 행정 행위자들은 수직적 상호작용을 만드는 데 중요한 역할을 하고 있다. 이와 관련한 논의는 스위스 두 지역에서 공원 계획과 관련 조직에 관련된 협업 네트워크의 발전을 비교한 Hirschi(2010)의 연구를 통해 제기되었다. 그의 연구는 두 지역에서 각각 36명과 38명의 집단 행위자를 대상으로 한 설문조사를 바탕으로 하고 있다. 마지막으로 다양한 분문 간을 중개자로 의해 연결될 수 있다. Papadopoulou 등(2011)에서는 네트워크 상 각 권력층위에서 전반적으로 약한 지위에도 불구하고, 그리스 농촌 개발프로젝트에서 다양한 정책부문("행정 간 부문성"administrative inter-sectorality)을 연결하는 국가 행정행위자의 역할을 강조한다. 이들의 연구는 서로 다른 유형의 프로젝트(네트워크 당 16명의 행위자)의 일부로 확인된 행위자와의 인터뷰에 기초하고 있다. 비슷한 질적 사례 연구에서 Le Galès(2001)는 프랑스 도시 정책네트워크에서 시장들의 부문별 및 부문 간 조정 역할을 중요하게 강조하고 있다. 이 모든 연구와는 달리, Edelenbos 등(2012)은 정책네트워크 연결 측면에서 정부 행위자가 외부 네트워크 관리자보다 더 나쁜 행동을 하고 있다는 것을 발견한다. 마지막으로 연구사례는 국가 행위자가가 중개역할을 직접 맡지 않는다면, 중개 역할을 하고있는 행위자들과 관계를 맺는 것으로 나타났다(Beyers and Braun, 2014). 이는 135개 비정부기구, 노조, 기업단체 대표들과의 인터뷰와 선출직 및 선출직 공무원과 선출직 공무원과의 인터뷰를 바탕으로 이뤄졌다.

정책네트워크의 메타거버넌스

마지막으로 유럽에서의 정책네트워크 문헌의 중요한 부분 중 네트워크의 중개라는 아이디어와 관련은 있지만 이 보다 더 넓은 접근법을 취하고 있는 연구이다. 이 연구들은 네트워크의 메타거버넌스 또는 네트워크 관리의 능력과 관련된 국가 행위자의 역할을 다루고 있다(Klijn et al., 1995; Kickert et al., 1997; Klijn, 2005; Provan and Kenis, 2008; Sörensen and Torfing, 2009; Klijn et al., 2010; Verweij et al., 2013; Van Meerkerk et al., 2015; Raab et et al. Al., 2015). 네트워크 거버넌스 연구 관련 문헌은, 어떤 행위자가 정책결정에서 공동의 문제 해결을 촉진하기 위해 행위자 간 상호의존 관계를 관리하려는 시도할 수 있다는 아이디어에 기반하고 있다. 자원 제공와 정당성으로 인해 이 역할은 배타적이지는 않지만 국가 행위자들에게 가장 자주 부여되거나, 국가 행위자가 정책과정을 관리하기 위해 네트워크에 의존하기 때문에 적극적인 네트워크 관리에 대한 특별한 관심을 갖게될 수도 있다(Klijn et al., 1995). 네트워크 관리 또는 메타 거버넌스는 네트워크가 기능하는데 영향을 주어 네트워크의 성과가 더 넓은 이해관계와 합치하도록 조정하는 국가의 능력이라고 광의로 정의될 수 있다(Kickert et al., 1997; Adam and Kriesi, 2007; Daugbjerg and Fawcett, 2015). 국가에 의한 조정은 상호과정의 시작과 촉진, 이익을 중개하고 갈등을 중재하며 자원의 재배당을 통해 조정하는 것이다(Kickert et al., 1997; Klijn, 2005; Adam and Kriesi, 2007). 그런데 네트워크에서 행위자의 수와 행위자의 이질성 등의 개입요인들이 네트워크 관리 전략의 성공에 영향을 미칠 수 있다.

이 문제에 대해 이론적 연구가 많다. 그러나 네트워크 관리의 효과를 실증하는 설명도 있다. 예를 들어 Van Meerkerk 등(2015)에서 복잡한 물 프로젝트의 이해당사자 및 관리자 200명을 대상으로 한 설문조사를 통해 네덜란드 물 부문을 연구했다. 분석 결과 네트워크 관리자의 서로 다른 차원의 의사결정 수준과 각기 다른 차원의 행위자를 연결하는 연결 관리가 행위자의 민주적 거버넌스 프로세스에 대한 인식에 영향을 미치며,

이는 다시 혁신이나 문제 해결과 같은 네트워크 산출물 긍정적인 영향을 미쳤다는 것을 보여주고 있다(Van Meerkerk et al., 2015). 네덜란드의 환경 프로젝트를 메타 분석한 결과, 중요 행위자들을 연결하는 네트워크 관리자의 능력이 행위자의 프로젝트 결과 인식에 유익한 영향을 미친다는 것을 발견하였다(Klijn et al., 2010). 한편 Daugbjerg와 Fawcett(2015)는 스웨덴과 덴마크(호주와 미국 포함)의 농업과 토지이용 정책네트워크를 비교하고, 네트워크 거버넌스에서 국가의 역할과 네트워크의 포괄성 inclusiveness of the network 정도가 네트워크의 투입input과 산출output 정당성에 미친다는 것을 발견했다. 이들의 분석은 여러 질적 비교사례연구의 기반하고 있다.

이와 관련한 문헌들은 설득력 있는 이론적 주장을 발전시켰고 다양한 맥락에서 실험했다. 그런데 대부분의 연구는 네트워크 개념에 대한 은유적 사용metaphorical use(주어진 자원이나 정책의 관리를 책임지는 행위자 집단으로서의 평가)에 기초하고 있으며 이러한 네트워크 관계는 분명하게 측정되지 않았다. 만일 이러한 이론적 논의와 네트워크 연결의 명시적 측정을 결합하게 되면 네트워크 위치 및 관련 전략에 대한 중요한 질문에 답할 수 있으며 네트워크 관리 전략이 정책네트워크 구조에 미치는 영향에 대해 답변할 수 있을 것이다.

결론 및 향후 연구방법

제도는 행위자에게 협상과 협력에 대한 기회와 제약을 제공함으로써 (Ostrom, 1990, 2005) 정책네트워크의 구조에 중요한 영향을 미친다(Lubell et al., 2012). 제도적 다양성과 지속적인 변화로 인해 유럽적 맥락은 정책 네트워크에 대한 제도의 영향을 연구하는데 특히 흥미로운 배경을 제공한다. 정책네트워크는 정치적 의사결정과 정책 실행 과정에서 행위자들 간의 다양한 상호작용 유형을 설명한다. 정책네트워크에 대한 제도의 영향력을 이해하는 것은 효과적이고 민주적으로 정책결정을 설계에 있어 매우 중요하다. 또한 제도적 맥락과 제도적 권력의 공식적인 측면을 모두 연구하면서 정책결정기능에 대해 보다 철저히 이해할 수 있다. 정책 결정은 자원과 정보의 교환뿐만 아니라 다양한 유형의 행위자 간 협상 및 타협을 찾아가는 과정을 포함하기 때문에 본질적으로 관계적 성격을 갖는다. 이러한 관계적 과정은 제도적 맥락의 영향을 받는 민주적 의사 결정의 핵심이다.

이 장에서는 제도적 맥락과 정책네트워크에 대한 영향과 관련된 두 가지 요소에 초점을 맞춰 논의했다. 첫째, 국가 및 부문 수준의 기관이 정책네트워크에 미치는 영향에 대한 연구는 합의제 민주주의 대 다수제 민주주의, 조합주의적 이익매개체계, 다층적 거버넌스, EU통합 정도, 자유화와 민주화의 과정이 정책네트워크 상의 정책, 프로세스, 공간(현장)에 대한 영향을 논의했다. 둘째, 공식적인 의사결정 권한이 주어지면 국가 행위자들은 네트워킹 대상, 중개자 또는 네트워크 관리자로서 정책네트워크에서 특정한 역할을 수행한다. 거시적 제도 구조의 유형이 국가 행위자들이 정책네트워크에서의 역할수행에 영향을 미치기 때문에 두 제도적 측면 모두 분명한 관련이 있다. 예를 들어 국가 주도적 조합주의 전통에서 국가 행위자들은 각 정책네트워크에서 중개 역할을 수행하거나 (Svenson and Oeberg, 2005), 유럽화의 압력으로 인해 다른 행위자들에게 접근하는 데 적극적인 역할을 수행했다(Fisher and Sciarini, 2013).

이 장에서 리뷰한 문헌들은 다양한 유형의 노드와 링크, 여러 국가의 다양한 정책분문, 다양한 데이터 수집방법(설문조사, 문서분석, 인터뷰 등) 및 다양한 분석방법(질적 사례연구에서 통계적 네트워크 모델에 이르기까지)을 기초로 하고 있다. 그러나 이런 다양성 내에서 다소 작은 세트인 네트워크 개념이 가장 인기 있는 것으로 판명되었다. 이 장에서 검토한 많은 연구는 네트워크 구성원의 수와 유형, 그룹 내 및 그룹 간 네트워크 밀도, 행위자의 정도와 매개중심성 측정과 같은 지표에 의존하고 있다. 이러한 개념으로 행위자의 네트워크 관련 행동의 복잡하고 흥미로운 세부 사항을 모두 포착하지는 못할 수도 있지만 해석하기가 용이하고 네트워크 전문가 아닌 사람도 쉽게 이해할 수 있다는 장점이 있다.

상호성, 전이적 유대transitive ties, 결합과 가교 구조bonding and bridging structures(Berardo and Scholz, 2010), 동질성 또는 선호적 연결preferential attachment 등과 같은 보다 복잡한 네트워크 관련 행동유형에 좌우되는 행위자에게 제도적 차이와 변환이 어떤 영향을 미칠 것인지는 향후 연구의 주요 방향 중 하나이다. 또한 정책네트워크에 대한 제도의 영향력을 확립하기 위한 보다 많은 비교 연구 설계(시간 경과에 따른 국가 및 정책부문에 걸쳐)가 갖는 잠재적 가능성과 가능성 및 필요성을 지적한다. 그러나 이러한 과정에서 들어가는 노력과 시간에 따른 막대한 데이터 수집 비용 그리고 유럽 국가 간의 언어 차이로 인해 복잡하다.

마지막으로 유럽의 정책네트워크에 대한 문헌검토는 다른 곳과 비교했을 때 암묵적으로 유럽의 정책네트워크의 특징이라고 할만한 무엇인가 있다는 것에 근거해 이루어졌다. 유럽의 제도적 다양성과 변화를 고려할 때 정책네트워크에 미치는 제도의 영향이 크다는 데에 초점을 맞춘 것이다. 이러한 맥락에서 특히 흥미로운 것처럼 보인다. 그렇다고 다른 지역에서 제도가 정책네트워크에 영향을 미치지 않는다는 것이 말하는 것이 아니다. 유럽 학자들이 암묵적으로 하향식의 "네트워크 관리"network management라는 개념을 다루지만(Klijn, 2005), 미국 학자들은 "자기 조직화 네트워크"self-organizing network(Feiock and Scholz, 2010)에 대해 논의하는 것 역시 대서양 양측의 문화적 차이의 보여주는 하나의 사례 같은 것이라 할 수 있다.

제20장 브라질 선거와 소셜네트워크

Barry Ames, Andy Baker, and Amy Erica Smith

서론

미국 2개 도시 유권자에 대한 컬럼비아 학파Columbia shool의 고전적 연구를 시작으로(Berelson, Lazarsfeld, and McPhee, 1954; Lazarsfeld, Berelson, and Gaudet, 1944), 다양한 학문분과에서 유권자의 소셜네트워크를 직접 측정하고 이러한 네트워크가 미국선거의 투표행위에 미치는 영향을 평가했다(Huckfeldt and Sprague, 1995; Sokhey and McClurg, 2012). 이러한 작업들은 많은 중요한 통찰력을 제공했다. 그러나 미국 상황에 국한된 이러한 연구결과가 일반화할 수 있고 보편적인지 궁금해 하지 않을 수 없다. 많은 연구들이 미국 밖에서 네트워크와 투표 행동을 조사했지만, 프랑스, 독일, 일본, 스위스, 그리고 영국과 같은 곳에서 나온 샘플들을 바탕으로 한 것으로 오랜 기간 동안 확립된 민주주의 국가들에 초점을 맞추고 있다(Fitzgerald, 2011; Wolf, Morales, and Ikeda, 2010; Zuckerman, Dasović, and Fitzgerald, 2007).[1] 세계 인구 중 극소수만이 이와 같은 부유하고 안정적인 민주주의 국가에 살고 있다. 따라서 정치적 토론과 투표 행동에 대한 현재의 지식은 인류의 정치적 경험의 작은 일부분에 지나지 않는다는 것을 말해준다.

지난 30년간 발전도상국에서의 주요 정치적 흐름은 민주화의 '제3의 물결'the third wave이었다(Huntington, 1991). 아프리카, 아시아, 동유럽, 라틴 아메리카의 수십 개 국가가 독재에서 민주주의로 전환하였다. 대부분의 정치학자들은 이러한 추세를 호의적으로 보고 있지만, 일부 학자들은 이제 이러한 젊은 민주주의 국가들의 단점을 기록하고 있다. 민주주의 전환에 대한 이러한 비판은 예를 들어 과도한 후원주의clientelism이나 프로그램적 정치적 경쟁의 결여 등을 지적한다(Ames, 2001; Keefer, 2007; Kitschelt et al., 2010; Stokes et al., 2013). 또한 축적되지 못한 대중의 정당정체성과 그로 인한 정당체제의 불안정성을 지적하기도 한다(Mainwaring, 1999; Roberts, 2014). 오랜 역사를 가진 민주주의 국가의 학자들은 아마 당연하게 받아들이는 대중 정치의 2가지 특징인 프로그램에 의한 정책기반의 경쟁과 대규모 안정된 대중의 정당정체성은 젊은 민주주의 국가에서 찾아보기가 쉽지 않다.[2] 따라서 "제3의 물결" 하 젊은 민주주의 국가의 유권자들은 장기 정책결정long-standing decisions을 요구하지 않는다. 또한 유권자들이 최소한의 정보로 합리적인 결정을 내릴 수 있게 하는 선진 민주주의 국가의 정당 가입과 같은 것에 의존할 가능성도 적다(Lau and Redlawsk, 2001, 2006). 그 대신 많은 유권자들은 미디어와 소셜네트워크를 통해 전파되는 단기적 영향에 근거해 결정을 내릴 수 있다. 따라서 학자들이 오래된 민주주의 국가에서 소셜네트워크가 투표 행동에 중요한 영향을 미친다는 사실을 발견했다면, 새로운 민주주의 새로운 민주주의 국가에서는 소셜네트워크가 잠재적으로 훨씬 더 중요하다.

이 장에서 우리는 1985년 군사독재에서 민주주의로 이행한 브라질의 제3의 물결 민주주의를 살펴보고자 한다. 오늘날 비록 공고화된 것처럼 보이는 민주주의이다. 여기에서 우리는 브라질의 소셜네트워크 정치적 토론이 대중의 정치적 행동과 매우 깊은 관련이 있다는 작지만 빠르게 성장하고 있는 연구문헌을 검토할 것이다(Ames, García-Sánchez, Smith, 2012; Baker, Ames and Renno, 2006). 이 장의 논의 초점은 자아중심적 네트워크egocentric networks에 대한 연구만 다룬다. 이 네트워크는 표본 조사 응답자와 이름 생성기에 의해 제공하는 즉각적인 정치토론자 명단에 기초한 연구이다. 브라질에서는 아직 사회적 상호작용의 정치적 관련성을 측정하는 전체 네트워크 연구 또는 실험이 수행되지 않았기 때문이다. 여기에서 브라질 대중정치에서의 소셜네트워크 연구를 위한 주요 동력이라고 할 수 있는 2가지 데이터 세트에 의존하고자 한다. 첫째, 2002-2006년 브라질 2개 도시 패널 연구(2개 도시연구Two-City Study)[3] 둘째, 2014년 브라질 선거인 패널조사(BEPS 2014)이다.[4] 그리고 성직자, 후원주의적 중개자, 정치인과 시민의 "수직적인" 대인관계를 조사한 다른 연구에 대해서도 간략하게 소개하고자 한다.[5]

정치토론은 브라질 정치행동에 있어 중요한 요소이다. 대부분의 브라질 사람들은 적어도 가끔 정치에 대해 토론한다고 할 수 있다. 정치토론의 빈도 그리고 설문조사에 언급된 토론자의 수는 오랫동안 발행해 오고 있는 미국 민주주의 보고서의 수와 거의 비슷하다고 할 수 있다. 브라질 사람들은 젠더 편향이 있다는 근거는 있지만, 친척과 비친척 사이의 균형을 유지하면서 정치토론 네트워크를 구성한다. 남성은 가정환경 밖에서 정치 이야기를 할 가능성이 높다. 따라서 시민이라고 할 때 여성 토론자보다 남성 토론자로 보고할 가능성이 높다.

모든 사람들은 어디서나 자신의 견해에 동의하는 토론자, 즉 후보자와 이슈에 대한 선호도를 공유하는 동료 시민들과 정치에 대해 이야기하는 것을 선호한다. 그러나 전반적으로 브라질 사람들은 미국 시민보다 토론자의 의견에 동의하지 않을 가능성이 약간 더 높다. 브라질 사람들은 정당에 대한 선호가 거의 없지만, 당파들은 다른 당파들과 정치를 이야기한다. 그러나 놀랍게도, 정당에 기반한 정치적 동종선호가 있다는 증거는 거의 없다. 정당 정체성이 있는 사람들이 토론자와의 의견이 일치하지 않은 가능성은 일반 인구와의 비율보다 **훨씬** 높다. 요컨대 브라질에서의 대부분의 경우 당파성이 정치토론의 동기가 되거나 방해가 되지 않는다.

여기서 가장 중요한 것은 정치토론이 선거결과에 영향을 미친다는 것이다. 2002-2006년 2개 도시연구는 선거운동 기간 동안 정치적 대화가 후보자와 이슈 입장에 대한 유권자의 인지형성에 기여했다는 것을 보여주었다. 이러한 효과는 교육수준이 가장 낮고, 교육수준이 낮은 지역에 거주하는 유권자들 사이에서 가장 강하게 나타났다. 또한 (2014년 조사의 초기) 자신과 선호가 다른 토론자가 있었던 응답자는 선거 시점에 투표 의도를 바꿀 가능성이 훨씬 높았다.

본 장에서는 브라질의 정치토론과 자아중심 네트워크의 다양한 측면을 기술하는 것으로 시작하여 미국의 동등한 특징에 대한 다양한 데이터 세트의 정보와 대조한 이후 브라질에서의 소셜네트워크가 대중의 정치행동에 미치는 영향에 대한 연구문헌 일부를 논의하고자 한다. 그리고 후속 절에서는 2개의 주요 데이터 소스에 대해 설명하고자 한다.

자아중심적 네트워크의 성격과 구조

새로운 민주주의 국가들에게서 발견되는 약점들은 브라질에서도 발견된다. 대중의 정당정체성은 존재하지만 미국 및 기타 선진국 민주주의 국가 보다 불안정하며 수적으로도 적다(Baker, Ames, Sokhey and Renno, 2016; Carreiro and Kinzo, 2004; Kinzo, 2003, 2005; Samuels, 2006). 실제 브라질은 세계 어느 나라보다 많은 정당이 있다. 그 결과 선거 환경은 유권자들에게 복잡하고 혼란스러울 수 있다(Ames, Baker, and Renno, 2008).[6] 국가주의적 자유주의 차원을 중심으로 정당경쟁과 선거운동이 어느 정도 이루어지지만(Baker and Greene, 2015), 정치는 일반적으로 프로그램적 관심보다는 후원주의적이고 포크배럴Pork barrel 정치로 자원에 대한 논쟁으로 특징지어진다(Ames, 2001). 이러한 이유로 정치적 분열은 부분적으로 계급, 성별, 인종, 지역, 종교, 농촌과 같은 브라질의 뿌리 깊은 사회경제적 분열적 특성을 약하게 반영할 뿐이다(Boas and Smith, 2016).

이러한 정치적 환경을 놓고 봤을 때, 소셜네트워크와 정치토론이 선진 민주주의 국가보다 브라질의 투표형태에 더 중요할 이유가 있는가? 이론에 대한 기대가 엇갈린다. 한편으로는 정당과 선거환경이 유권자들로 하여금 정치를 외면하게 할 수도 있다. 유권자의 일상생활과 멀리 떨어져 있어 보이는 사안을 중심으로 하는 정당이 너무 많기 때문에 정치를 자신과 관련이 없거나 지나치게 복잡하고 혼란스러운 것으로 간주할 수 있다. 한편, 많은 시민들을 위한 장기적 결정의 부재는 잠재적으로 소셜네트워크를 통한 정치 학습과 소셜네트워크를 통한 빈번한 선호의 변화에 중요한 역할을 할 수도 있기 때문이다. 브라질의 유권자들은 정치가 너무 지저분하기 때문에 실제로 가족과 친구들에게 의존하여 정치를 정확하게 이해하는 도움을 받을 수 있다(Huckfeldt, 2001). 아울러 브라질의 정치와 정당 체제는 복잡하지만 경쟁이 치열하여 정치적 대화를 불러일으키기도 한다(Nir, 2012).

이 절에서는 브라질 내에 네트워크 영향력의 원자재가 존재하는지 알아보기 위해 몇 가지 기술적 통계를 살펴보고자 한다. 여기서는 다음 두 가지 질문에 대답하고자 한다. 브라질 사람들은 비교적 자주 정치토론을 하는가? 만약 그렇다면, 그들은 비공식 네트워크를 통해 정치적 설득이 확산될 수 있을 정도로 사회적, 정치적 차이의 선을 넘어 정치토론을 하는가? 이와 관련하여 비교의 포인트를 제공하기 위해, 의미 있는 사회적 분열에 뿌리를 둔 훨씬 더 오래되고 단순하며, 프로그램적인 정당 시스템을 가진 미국의 정치토론에 대한 통계를 함께 소개하도록 하겠다.

정치토론의 출현율Prevalence: 빈도와 네트워크 크기

브라질에서는 정치토론이 얼마나 빈번하고, 얼마나 많은 사람들과 정치토론을 할까? 대인관계가 집단적 정치행동에 영향을 미친다면 적어도 동료들 사이에서는 관련된 정치토론이 필요할 수도 있을 것이다. 이와 관련하여 2014년 브라질 전국 대표 조사BEPS의 자료를 이용하여 살펴보면 표 20.1과 같다. 이 표는 가족, 친구, 소셜 미디어 등에서 이루어진 정치토론에 대해서 자신 스스로 보고된 정치토론의 빈도 분포를 보여준다. 그리고 2012년 미국 응답자의 표본에서 가족과 친구들과의 토론의 분포를 같이 보여주고 있다. 브라질에서의 응답자 중 소수만이 정치에 대해 논의하지 않는다고 응답하고, 정해진 설문 응답으로는 "거의 없다"rarely 였다. 가족과 친구들과 정치적 논의를 보고한 수준은 서로 상당히 유사하며 0.68로 상관관계가 있다. 그러나 소셜미디어에서의 토론은 훨씬 낮으며, 76.1%는 그러한 환경에서 정치에 대해 토론하지 않는다고 응답하고 했다.[7]

미국에서 비슷한 질문세트(미국 선거 연구ANES, American National Election Study)에 대해 아쉽게도 같은 응답세트를 제공하지는 않지만, 브라질과 미국에서 정치에 대해 결코 토론하지 않는 사람들을 서로 구별할 수 있게 해준다. 표 20.1은 이 미국 표본에서 정치에 대해 논의하는 "전혀 토론하지 않는다"never라고 보고하는 비율이 브라질과 거의 동일하다는 것을 보여준다. 1990년대의 세계가치조사자료World Values Survey data를 다시 보면, 브라질보다 미국에서 정치적 논의의 빈도가 다소 더 높다는 것을 알 수 있었다.[8] 그러나 지난 20년 동안 브라질의 사회발전수준과 전반적인 정치환경의 다이나믹한 변화를 고려할 때, 브라질에서 정치토론 빈도가 증가하는 것이 측정의 특이성보다는 실제 변화를 나타낼 수 있다고 추정할 수 있다. 브라질에서 정치토론이 "많다"a lot라고 말하는 것은 분명 과장일 수 있다. 그러나 오랜 민주주의 국가인 미국에서 출현한 것과 비슷한 규모로 적당한 빈도인 듯하다.

표 20.1 브라질과 미국의 대화상대자 정치토론 빈도

	브라질(2014.5.)		미국(2012.11.)	
	가족	친구		친구와 가족
전혀없다	27.9%	33.3%	토론하지 않는다	28.4%
거의 없다	33.4%	29.4%		
때때로 있다	25.7%	23.4%	토론한다	6%
자주 있다	13.0%	13.9%		

출처: BEPS 2014; ANES 2012.

표 20.2 브라질과 미국의 지명된 토론자 수 분포

	브라질	미국
	2002. 8.	October 1996. 10.
없음	33.0%	17.2%
1명	9.7%	18.7%
2명	10.6%	30.4%
3명	46.6%	33.7%
샘플 수	4,507	715

출처: Two-City Study, wave 2; Spencer Foundation 데이터, University of Wisconsin Survey Center, 1996(Mutz, 2006).

정치토론 확산과 관련하여 다른 하나의 생각은 네트워크의 크기에 대한 것이다. 브라질 사람들은 평균적으로 얼마나 많은 사람들과 정치토론을 하는가? 또는 네트워크 이론 용어로 말한다면 브라질 시민들의 평균적인 "연결정도"degree는 얼마인가? 일반적으로 연결정도의 수준이 높을수록 더 많은 정보소스를 찾고 있다는 경향이 있는데, 이 과정을 통하여 정치적 의견의 불일치 노출 확률을 높이고 정치적 차이에 대한 이해나 관용으로 여지가 있다(Huckfeldt, Johnson, and Sprague, 2004; Mutz, 2006). 2

개 도시연구에서는 미국시민을 대상으로 실시한 1996년 전국을 대상으로 한 스펜서재단조사Spencer Foundation survey에서 사용한 이름 생성기와 유사하게 3명의 정치적 토론자를 열거할 수 있도록 하는 이름생성기 관리를 두 번 실행했다(Mutz, 2006).[9] 표 20.2는 2002년 8월 2개 도시연구 자료에서의 연결정도의 상대적 분포정도를 보여준다.

브라질 시민들의 연결정도 분포는 미국 시민들과 비교하면 이중적인 특성을 보인다. 많은 브라질 응답자가 토론자 수를 0명이라고 응답했지만, 대다수는 3명을 열거했다. 평균적으로 브라질 응답자들은 1.71명의 토론자를 열거했는데, 이는 사실상 미국 표본(1.81명)에 언급된 숫자와 거의 맞먹는다. 물론 우리는 이것을 토론자 대단히 많다라고 결론지을 수는 없지만, 그것은 크기가 적당하고 확실히 대인관계에 의한 영향력 기반이 있다고 하기에 충분하다고 할 수 있다.

네트워크 내 관계 유형

많은 연구에 따르면 가족 밖에서 이루어지는 토론과 접촉은 공적 이익을 제공한다라고 한다. 그들은 사회적 자본을 만들고, 활기찬 시민 사회를 유지하고, 정보와 혁신의 흐름을 용이할 뿐만 아니라 정치적 의견 불일치의 경계를 넘어 심사숙고할 가능성을 높인다. 표 20.1에 제시된 결과는 브라질 사람들이 가족이나 친구와 토론의 평균 빈도가 거의 동등한 것으로 나타난다. 네트워크 이름 생성기가 이러한 결과를 뒷받침하고 있는가? 비가족 구성원들은 가족 구성원들만큼이나 정치토론 네트워크에 포함되어 퍼져 있는가?

표 20.3은 2개 도시연구와 스펜서재단조사의 결과를 함께 보여주고 있다. 브라질 전국 대상 BEPS 2014 샘플에는 응답자에게 친척 이름을 지정한 다음 비친척 이름을 지정하도록 요청하는 2개의 이름 생성기가 있다.

각 질문의 성격을 고려하여 "아무것도 없음"none의 반응이 비상대적인 질문보다 상대적인 질문에서 더 자주 이루어졌는지 여부를 평가했다. 이런 질문들은 2014년 7월(2014년 대선 시작 직후)부터 2014년 10월 초 (2014년 10월 5일 1차 대선 직전)까지 패널 연구의 여러 횟수에서 반복적으로 실행되었다. 응답자들은 실제로 친척을 언급할 가능성은 비슷했다. 이는 표 20.1의 결과를 확인해 주었다. 2개 도시연구의 결과는 지리적 범위와 질문 표현의 차이에도 불구하고 유사했다. 이 설문조사는 응답자의 관계와 상관없이 원하는 사람을 열거하게 할 수 있게 해주었지만, 브라질 사람들은 여전히 친척과 비친척 사이의 균형을 유지하면서 정치토론 네트워크를 구축하고 있다는 것을 발견했다. 열거된 토론자의 절반 가까이(46.1%)가 비친척이었고, 응답자의 43%가 적어도 한 명 이상 비친척을 토론자로 지목하였다. 브라질에서의 응답분포는 미국의 분포와 전반적으로 유사했다.

표 20.3 각 조사에서 가족 또는 가족 이외 정치토론자를 보고한 비율

	브라질		미국
	2002.8.	2014.6. / 8.	1996.10.
토론자 부재	33.0%	36.4%	17.2%
가족만 지명	21.9%	16.3%	21.1%
비가족만 지명	16.3%	16.4%	23.2%
가족 그리고 비가족 지명	26.6%	31.0%	36.2%
합계	97.8%	100.0%	97.7%

출처: BEPS 2014의 2~3번째 패널조사; 2개 도시연구의 2번째 패널조사. 2개도시연구의 백분율은 모든 응답자가 지명 토론자 모두에 대한 관계 정보를 제공하지 않았기 때문에 100%가 되지 않았다. 스펜서재단자료, University of Wisconsin Survey Center, 1996(Mutz, 2006).

많은 브라질인들이 정치토론에 참여하기 위해 가족유대를 벗어나 있는 것은 확실한데, 젠더 격차gender divide는 얼마나 극복하고 있는가? 미국의 연구에서, 배우자 간 토론을 제외하고 젠더 격차는 개인의 잠재적인 토론자 집단 주위에 숨겨진 채 일정한 경계를 구성하고 있음을 발견할 수 있었다(Huckfeldt and Sprague, 1995, ch.10). 2014년 BEPS에서 응답자는 여성 토론자보다 남성을 더 많이 토론자로 열거해고 남성토론자가 여성보다 약 3 : 2 비율로 많았다. 이러한 성별 편향gender skewing은 친척(42% 여성)보다 비친척 토론자(37% 여성) 사이에서 더 뚜렷하게 나타나는데, 많은 남성들이 배우자를 주로 여성토론자로 지명하고 있기 때문이다. 가족 밖에서는 남성과 여성이 각각 동일한 성별 토론자를 선호하지만, 남성 선호도가 훨씬 강했다. 여성은 20%를 비가족 이성異性 토론자를 지명한 반면 남성은 2%만이 비가족 이성을 토론자를 지명했다.

네트워크 내의 합의와 불일치

진화생물학을 비롯한 다양한 학문분야에서 수십 년 동안 연구한 결과, 인간은 '동종선호'homophily를 지향하는 경향을 보였다. 이는 사람은 자신과 비슷한 사람들과 사귀는 것을 선호한다는 의미다. 만일 소셜네트워크가 정치적 태도에 영향을 미친다고 한다면 토론 파트너들 간 의견의 불일치는 어느 정도 존재해야 한다(Huckfeldt, Johnson, and Sprague, 2004). 브라질 사람들이 같은 생각을 가진 토론자들과 반향실 네트워크echo-chamber networks만을 구축한다면, 지속적인 토론을 통한 사회적 영향력은 참가자들의 이전 견해를 강화하는 것 외에 참가자를 설득할 수 없다(Bishop, 2008). 더 심각한 것은 네트워크 내의 불일치율이 적으면 '동질성 문제'homogeneity problem(Mutz, 2006, 43)가 발생할 수 있는데, 이는 정치적 차이의 경계를 넘나드는 숙고가 거의 이루어지지 않는다는 것을 의미하고, 결과적으로 사회는 양극화되고 한쪽으로 편향된 사회를 초래할 수 있다.

표 20.4 브라질과 미국의 토론자 간 정치적 합의의 비율

	브라질		미국
	2002	2014	1996.10.
정치적 의견이 같은 파트너 비율	.69	.76	.80
무작위로 선택된 두 사람의 동의 확률 (선거결과 기반)	.41	.33	.42

출처 : Baker(2009)(Brazil 2002 및 US 1996 결과); BEPS 2014에 대한 저자 자신의 계산. 브라질의 결과는 1차 선거의 결과물이다.

참고 : dyads 내의 합의 계산은 예고와 변경자가 후보자 선호도를 알고 있는 dyads에만을 기반한다.

표 20.4는 브라질과 미국의 대통령 선거에서 투표 의향에 대한 응답자 – 토론자 동의율(1열)을 보여준다. 이러한 결과에 대한 기준점을 제공하기 위해 2열은 무작위로 선택된 두 유권자 사이 쌍dyads에서 일치 확률 역시 보여준다. 브라질과 같은 다당제 체제에서는 미국보다 의견 불일치가 더 많지만 브라질의 가장 최근 대통령 선거에서는 후보가 3~4명으로 압축되어 경선하기도 하였다. 실제로 2002년 조사된 브라질과 1996년 미국에서, 무작위로 한 사람을 선택할 경우(엄격히 집계된 선거결과에 근거한) 호의적인 토론자agreeable discussant를 찾을 확률은 사실상 동일했기 때문에 이 두 데이터 세트는 비교의 좋은 지점을 제공한다. 그 조사결과는 2개 도시연구에서 대다수의 쌍(.69)이 동의하고 있었다는 것을 보여준다. 이 수치는 미국에서 관찰된 수치(.80)보다 낮다. 브라질 전국 데이타에서, 합의된 쌍dyads의 비율은 1996년 미국에서 그것에 더 가까웠다. 전반적으로 브라질 사람들은 미국 시민들보다 토론에 동의하지 않을 가능성이 약간 더 높아 보이지만, 이 비교를 불완전하게 만드는 사과와 오

렌지 문제(이름생성기의 크기)가 있다.[10]

토론자들은 투표 선택뿐만 아니라 정당 선호도에 대해서도 동의하거나 동의하지 않을 수 있다. 앞에서 지적했듯이, 브라질 유권자들의 당파성은 상당히 낮다. 2014년 BEPS에서는 각 선거운동 국면에서의 조사에 따르면, 당파성이 약 30%(최소 한 명의 토론자를 지명하는 사람들 중 약 35%)를 맴돌고 있다. 대부분의 시민들에게 당가입의 중요성이 낮다는 점을 감안할 때, 과연 응답자는 토론자들의 정당 선호도를 알고 있는가? 실제로 표 20.5에서 알 수 있듯이, 가족 및 비가족 토론자의 정당 선호도를 식별할 수 있는 응답자의 비율은 자신의 정당 선호도를 식별할 수 있는 비율 정도만큼 높았다.

가족 구성원의 정당 선호도를 아는 사람들 중 절반 이상이 그러한 정당 선호도를 공유했다. 응답자와 비가족 토론자 간의 당파적 일치율은 다소 낮다. 토론자 2명을 지명한 응답자의 9.1%만이 두 사람이 모두 주요 응답자와 같은 당을 지지한다고 보고하고 있다. 분석 결과, 토론자들가 얼마나 많은 당원들로 둘러싸고 있는지의 정도가 유권자의 정당 지지와 관련이 있다는 것을 발견했다. 브라질에서 가장 인기 있는 정당인 노동당PT의 지지자의 경우 가족 토론자의 거의 3분의 2와 비가족 토론자의 거의 절반이 응답자와 정당정체성을 공유했다. 다른 정당 지지자들 사이에서는 이런 비율은 훨씬 낮게 나타난다.

표 20.5 2014년 7~8월, 토론자의 정당 선호도와 주요 응답자의 동의와 반대 비율

	가족토론자	비가족토론자
토론자 지명 응답자 총 수	602	537
토론자의 정당 선호 비율	31.7%	30.4%
응답자와 같은 정당을 지지한 토론자 비율	16.9%	11.4%

출처: BEPS 2014.

요컨대 당파성은 대부분의 정치토론에서 돌출되거나 당파성의 일관성도 없다. 비교적 소수의 사람들만이 정당선호를 가지고 있다. 선호하는 정당이 있는 사람들 사이에서도 비교적 높은 수준의 의견불일치는 지속된다. 비록 소수는 정당 선호도가 있음에도 불구하고 당파적 의견 불일치 수준이 후보 불일치 수준보다 높게 나타난다.

수직 네트워크 연결관계

시민들은 배우자, 가까운 가족 및 친구, 상사, 축구팀 친구, 지역 식료품점, 목사, 이웃 지도자 및 지역 정치인과 같은 다양한 장소에서 다양한 유형의 접촉을 통해 정치에 대해 이야기할 수 있다. 이러한 다양한 유형의 대화의 유형과 맥락은 유권자 행동에 다른 영향을 미칠 수 있다. Huckfeldt and Sprague(1995)의 연구에 따르면, 소셜네트워크는 작고, 친밀하고, 친밀한 그룹으로 생각되어 왔다. 미국적 맥락에서의 연구에 따르면, 이름 생성기로 측정된 네트워크는 가족과 가까운 친구와 같은 잘 알려진 사람들로 구성된 경향이 있다(Bailey and Marsden, 1999; Bearman and Parigi, 2004; Klofstad et al., 2009). 심지어 정치 토론자 이름을 요구하는 이름 생성기는 대체로 "핵심" 토론자 네트워크를 만들어 낸다(Klofstad et al., 2009). 위에서 검토한 자료는 브라질에서도 마찬가지로 나타낸다.

그러나 이러한 접근방식은 네트워크가 내장되어 있는 더 넓은 사회적, 정치적 구조를 무시한다. 일부 네트워크 구성원은 사회적 또는 정치적 자본을 거의 보유하지 않는 반면 다른 네트워크 구성원은 중요한 정치적 자원을 제공한다. 유권자들은 일반적으로 이름 생성기에 따른 네트워크 생성기에 응답에서 목사나 또는 투표 중개인과의 연결을 언급하지 않을 수 있지만, 그러한 수직 연결은 유사한 사회적 지위와 정치적 자원을 가진 사람들과의 수평적 유대보다 선거 행동에 중요하거나, 훨씬 더 중요할 수 있다. 특히 높은 수준의 불평등과 계층화가 특징인 브라질과 같은 사회의 경우가 더욱 그러하다.

표 20.6은 그러한 수직적, 정치적 연관성을 보고한 2010년 BEPS에 응답자의 비율을 나타내주고 있다. 선거운동 시작과 마지막에 응답자의 절반 이상이 "개인적으로 정치인이나 정치인을 위해 선거운동을 하는 사람"을 알고 있다고 말하고 있고, 10명 중 1명만이 자신의 교회성직자가 선거에 대해 토론하는 것을 들었다고 보고했다. 그러나 특징집단에서 성직자의 선호도 인식은 훨씬 더 높을 수 있다. 복음주의자들 중에서 27.6%가 교회 목사가 선거에 대해 토론하는 것을 들었다. 2014년 대선에서 BEPS 2014의 선거 후 조사에서 응답하는 복음주의자들의 절반이 목사가 그렇게 하는 것을 들었다라고 응답한 바 있다.

표 20.6 2010년 브라질의 정치적 수직 연결관계

	2010.8.	2010.10.
정치인이나 선거운동원을 아는 비율	57.2%	54.5%
성직자의 선거관련 토론을 듣는 비율	7.7%	11.7%

출처: BEPS 2010.

토론 네트워크의 정치적 결과

토론 네트워크 구성이 정치적 행동에 인과적 영향을 미치는가? 관찰 데이터를 활용하여 인과관계를 측정하는 것은 항상 어렵다. 특히 독립변수가 정치토론과 같은 스스로 선택한 상호행동인 경우 더욱 더 그렇다. 지금까지 브라질에서 대중적 정치토론 네트워크의 영향과 관련된 실험적 연구는 없었다. 그러나 대부분의 연구 기반이 되고 있는 2가지 조사 프로젝트는 모두 인과 추론을 높일 수 있는 혁신이 포괄되어 있는 풍부한 패

널 연구이다. 예를 들어 토론자 선호도의 변화가 주요 응답자 선호도의 변화에 미치는 영향을 평가하는 것은 엄격히 횡단적 접근법보다 우수하다. 왜냐하면 전자는 같은 생각을 가진 토론자를 선택하려는 동질성의 분석을 없애기 때문이다. 이러한 혁신은 다음 절에서 자세히 논의한다. 이렇듯 풍부한 데이터를 바탕으로 학자들은 대규모의 브라질 네트워크가 정치적으로 관련된 여러 결과를 만들어 낸다는 것을 발견했다.

그 중 가장 중요한 것은 아마도 정치토론이 유권자 선택을 형성하는 데 중요한 역할을 하는 것일 것이다. 브라질 응답자들의 자기 보고서 한 세트에서 선거기간 동안 친구와 가족과의 토론이 가장 많이 사용된 정치정보 출처였다(Straubhaar, Olsen, and Nunes, 1993). 네트워크 이름 생성기를 기반으로 한 연구에서도 정치토론이 중요하다는 것이 밝혀졌다(Ames, García-Sánchez, Smith, 2012; Baker, Ames and Renno, 2006). 집단으로서 브라질 유권자들은 선거운동 기간 동안 극적인 모멘텀 변동을 일으키는 경향이 있는 것 같다. 특정 후보에 대한 선호도를 표명한 유권자들의 비율이 짧은 시간 내에 빠르게 변했다. 이러한 변화 중 일부는 일시적인 "유행"fads과도 같았다. 2002년 대선에서 대통령 후보 시로 곰즈Ciro Gomes 후보는 8주 동안 9%의 예상득표율(4위)에서 30%(2위)로 급등했으나, 선거 당일 12%(4위)로 다시 떨어졌다.[11] 한편 1994년 페르난도 앙리케 카르도소Fernando Henrique Cardoso를 승리로 이끈 바람을 생각해 보자. 그는 선두 주자보다 20점 뒤진 채 1년을 시작했지만 결국 20점 차로 승리했다. 이러한 변화가 일시적이건 지속적이건 간에, 연구에 다르면 후부의 선호도 변화는 언론보도(2002년 곰즈의 반복된 실수)나 경제 변화(1994년 초인플레이션 종식에 있어서 카르도소 역할)에 의해 촉발될 수 있다는 것을 보여준다. 2002년 선거의 2개 도시연구 자료를 이용하여 Baker, Ames, Renno(2006)는 새로운 정보가 토론네트워크를 통해 유권자들에게 확산될 때 이러한 변화가 일어난다는 것을 보여주었다.

표 20.7 토론자가 투표의향을 바꾸도록 했나?

	응답자 투표의향과 토론자 투표의향 비교, 2, 3차 조사(2014. 7/8)	
	불일치	일치
응답자의 6차조사 선호도		
2~3차에서 6차까지 변화	335(60.9%)	54(36.0%)
2~3차에서 6차까지 불변	215(39.1%)	96(64.0%)
측정 수	550	150

참고: 이 표에는 제2차 패널조사 또는 제3차 패널조사에서 Dilma, Aécio, 또는 Marina에게
투표할 의사가 있다고 응답한 응답자만 포함된다. 응답자의 투표 의향는 Marina Silva
를 선호하는 응답자를 제외하고 제2차 패널조사 또는 제3차 패널조사(상호독립적
조사)으로 측정되었다. 후자는 그녀의 티켓인 Eduardo Campos 대통령 후보가 사망했
기 때문에 제3차 패널조사에서만 선정되었다. 응답자의 실제 투표는 제6차 패널조사
에서 측정되었다.

표 20.7은 2014년에 토론이 중요했다라고 하는 BEPS 2014 조사가 그
예비 증거를 제공하고 있다. 제2, 3차 패널조사의 응답자와 토론자의 투
표의향을 비교하고, 선호도(상위 3명의 후보)가 일치하는지 일치하지 않
는지를 평가했다. 그런 다음 해당 후보의 투표 일치와 불일치을 제6차
패널조사에서 측정된 응답자의 투표와 연결시켰다. 그 조사결과, 2차 조
사나 3차 조사에서 선호도가 서로 다른 토론자를 가진 응답자들은 선거
당일 투표의향을 바꿀 가능성이 훨씬 더 높았다는 것을 발견했다.

학자들은 또한 정치엘리트가 특정 개인과 가족에게 좋은 서비스나 일
자리를 제공하고 유권자 지지를 얻으려고 시도하는 선거전략인 후견주의
를 통해 소셜네트워크를 활용 투표행동에 영향을 미친다는 것을 발견했
다. 2010년 조사에서 브라질 응답자의 16%는 과거 투표권자나 중개자가
지지를 받는 대가로 그들에게 호의를 제공하겠다는 제안을 받았다고 말
했다.[12] 수평적, 수직적 정치적 연결관계ties는 후견주의 제안의 대상이
되는 것과는 다르다. 브라질과 기타 중남미 국가들에 대한 연구에서, 정
치인들은 높은 외향적 노드 즉, 동료들을 설득하여 특정한 방식으로 투

표하도록 하는 재능을 가진 시민들을 대상으로 하고 있다는 것을 보여준다(Schaffer and Baker, 2015). 이러한 '사회적 승수'social multiplier 전략을 통해 정치인들은 설득력을 갖춘 토론으로 영향을 가지고 있는 사람들에게 정치적 메시지를 전달하기를 바라며 돈을 지불한다. 마찬가지로 정치인과 조직책임자와의 수직적 유대도 놀랄 것 없이 후견주의와 관련이 있다. 그러나 최근 연구에 따르면 정치인과 조직가 높은 외향노드를 갖는 개인적인 유대가 없는 경우에도 후견주의 제안의 대상이 된다(Smith 2015a).

한편 정치토론은 또한 브라질 대중 정치행동의 다른 측면인 정치적 지식과 투표율에 영향을 미친다. 정치적 대화는 후보자와 선거 캠페인에 대한 일반적인 지식을 전달한다. 2개 도시연구에 대한 분석에 따르면, 2002년과 2006년 캠페인 과정에서 정치적 대화가 후보자에 대한 유권자의 지식과 그들의 이슈포지션에 지식을 얻는데 크게 기여했음을 보여준다(McCann and Lawson, 2006; Smith, forthcoming). 대부분의 지식유형의 경우 교육 수준이 낮거나, 교육 수준이 낮은 지역에서 거주하는 사람들 사이에서 가장 강력한 효과가 나타나 캠페인 기간 동안 지식의 격차가 줄이는데 기여했다. 마찬가지로 정치적 대화는 시민들의 이념적 꼬리표 ideological label 활용능력을 높인다(Ames and Smith, 2010).

정치적 대화는 투표율과 다른 형태의 선거참여에도 영향을 미친다. 브라질에서 투표는 18세에서 69세 사이 의무 시행이지만 투표율은 결코 일류적이고 보편적이지 않다. 또한 강제 투표 또는 자발적 투표에 따라 투표율을 예측된다(Maldonado, 2011; Power, 2009; Singh, 2011). 미국과 다른 민주주의 국가에 대한 연구에 따르면, 소셜네트워크가 투표참여를 강화한다는 것을 보여주었다. 정치적 대화가 일반적으로 투표율과 참여를 높이는 반면, 불일치이 노출 비유권자와의 강한 유대감 해제 등을 낳을 수 있수 있다(McClurg, 2003, 2006; Mutz, 2002; Parthymüller and Schmitt-Beck, 2012). 미국과 마찬가지로 대규모 정치토론 네트워크는 일반적으로 선거 운동에 대한 시민 참여를 증가시키는 반면, 네트워크 내의 의견불일치는 개인에 대한 정치적 동원을 해체하는 결과를 낳는다는 점을 브라질에 대한 연구는 보여준다(Smith, 2011).

데이터 소스

이 절에서는 정치토론자의 이름생성기로 특징되는 앞에서 언급한 2가지 브라질 관련 데이터 세트에 대해 더 자세히 설명한다.[13] 두 자료 모두 패널연구로 캠페인 중 그리고 캠페인 전반에 걸쳐 네트워크 역학을 이해하는데 추가적인 가치를 발휘했다.

브라질 2개 도시 패널연구

2개 도시연구Two-City Study는 2002년부터 2006년까지 두 개의 중견 자치구인 Rio Grande do Sul주의 Caxias do Sul시와 Minas Gerais주의 Juiz de Fora시에서 수행된 6차에 걸친 패널연구이다. 두 도시는 각각 50만 명의 인구와 제조업 기반 경제라는 유사성이 있으나, 정치적으로는 상당히 다르다. 많은 브라질 도시들이 그렇듯이 Juiz de Fora시에는 조직이 약한 정당이 있으며, Lula를 강하게 지지했다. 반면 Caxias do Sul시에는 좌파를 대표하는 노동당PT, Partido dos Trabalhadores와 우파블록을 구축하고 있는 민주운동당PMDB 등 큰 정당조직의 활동이 강했다. Caxias do Sul시 유권자들은 2002년과 2006년에 모두 룰라에 반대표를 던져 브라질의 전국적 흐름과는 다른 정치적 선택을 했다.

제1차 패널조사부터 제3차 조사는 2002년 10월 주 및 연방 선거(1차 투표 이전 3월과 8월, 1차 이후 10월)와 연계하여 진행되었다. 제5차와 제6차는 2006년 10월 주 및 연방 선거(1차 투표 이전 7월, 1차 투표 후

10월)와 연계하여 진행되었다. 반편 제4차 패널조사는 2004년 지방선거가 있었던 해에 이루어졌다. 첫 번째 조사에서 각 지방자치단체의 약 2,500명의 인터뷰 표본이 수집되었으며, 총 21,267개의 주요 응답자 인터뷰 및 재인터뷰가 제6차 조사까지 이루어졌다. 그런데 두 도시에 대한 연구에는 일정한 한계가 있다. 이들 도시 네트워크는 농촌지역, 특히 덜 발달한 북부와 북동부 지역의 네트워크와 다르게 기능할 수 있다. 물론 이 두 도시는 상대적으로 잘 관리되고 있는 편이다. 그러나 2000년 브라질인의 81%가 도시지역에 거주하고 있으며 그 이후 10년 동안 그 비율이 지속적으로 증가했다.

이 연구는 물론 전국적 대표성을 갖지는 않지만, 연구설계는 미시적 맥락과 중범위 맥락에서 특히 세심하게 접근하고 있다. 두 도시 전역의 50개 지역에서 수집된 대표 샘플이 정치적 행동에 대한 지역 사회 맥락과 개인적 특성의 상대적 영향(Smith, forthcoming)을 분리하는 것이 용이했다. 또한 6차례에 걸친 조사에서 응답자들은 이웃 협회에서부터 비공식 네트워크, 지역 정치인에 이르기까지 다양한 중개인과의 접촉에 대해 질문을 받았다.

토론자 이름 생성기는 제2차와 제5차 설문지에 포함되었다. 주요 응답자들은 정치토론 대상자을 최대 3명 열거하도록 하였다. 그런 이후 응답자들은 자신이 지명한 각 토론자와의 관계, 각 토론자의 대통령 투표선택, 주지사 투표선택 등에 대해 진술하도록 요청받았다. 제 2차와 제5차의 토론자 이름 생성기는 서로 독립적이었다. 즉 응답자가 각각 전혀 다른 토론자 목록을 지정할 수 있음을 의미한다. 이것은 시간이 경과에 따라 네트워크 안정성을 분석할 수 있는 기회를 제공한다(Sokhey, Baker, Djupe, 2015).

연구설계상 다른 두 가지 기능도 중요하다. 첫째, 주요 응답자들은 제3차와 제6차 조사에서 이전 조사에서 지명한 토론자들의 대통령 및 주지

사 투표 선택을 물었다. 네트워크 영향분석에서, 이것은 이전 조사에서 네트워크 선택을 제어함으로써 동종선호의 교란 효과를 설명할 수 있게 한다. 또한 토론자와 주요 응답자 선호도에 대한 두 가지 데이터는 토론 파트너 간의 상호영향에 대한 인과 추론을 향상시키는데 도움이 될 수 있다.

둘째, 제3차 조사 직후와 제4차 후에는 토론자를 대상으로 한 인터뷰를 실시하였다. 그런 인터뷰가 거의 4000건 이루어졌다. 이러한 인터뷰가 갖는 장점은 분석가가 토론자의 선호도에 대한 응답자 보고서에 의존할 필요가 없기에 네트워크 영향력에 관한 보다 명확한 인과 추론의 기회를 제공한다. 이러한 인터뷰 자료는 네트워크 구성원의 인지된 선호도에 대한 도구로 사용될 수 있다. 또한 토론자 특성에 대한 풍부한 데이터는 연구자가 어떤 유형의 토론자가 가장 영향력이 큰 지를 평가하는 데 도움이 될 수 있다.

2014 브라질 선거 패널 조사

토론효과를 평가하기 위한 두 번째 유용한 데이터 세트는 2014년 5월과 11월 사이에 7건의 인터뷰를 실시한 2014년의 BEPS입니다. 브라질 26개 주 중 22개 주에서 대면 인터뷰를 하는 제1차 조사는 브라질 인구 대표성에 따라 진행했다. 전화 인터뷰를 통해 수행된 후속 조사는 1차 조사에서 추출한 하위 표본을 기초로 진행했다. 첫 번째 인터뷰 동안 응답자의 79.6%는 후속 인터뷰를 위해 전화연락을 받기로 동의했으며, 재접촉에 동의한 사람들의 70.3%는 실제로 적어도 한 번 이상 재인터뷰가 진행되었다. 1차 선거 전 선거운동 기간 동안 4개의 중간 조사가 실시되었다. 7월 16~20일까지(제2차 조사), 8월 28~9월 1일(제3차 조사), 9월 16~21일까지(제4차 조사), 9월 29~10월 4일까지(제5차 조사) 그리고 제6

차 조사는 10월에 시행되었으며, 1차 선거 직후에, 10월 말에서 11월 초까지 제7차 조사가 대통령 2차 결선 투표 직후에 시행되었다. 인터뷰 대상자의 목록은 제2차와 제3차에서 무작위 분할되었고 제4차와 제5차에 다시 무작위로 분할되었다. 즉, 2차, 3차의 각 응답자와 접속을 시도한 다음 4차와 5차에 대시 접속을 시도했다. 응답자 당 최대 인터뷰 횟수는 5회였다. 첫 번째 조사에서의 설문조사는 가족, 친구 그리고 소셜미디어에서의 일반적인 정치대화의 빈도에 대해 질문이 이루어졌다. 각 중간 조사에서는 정치토론과 관련한 6개의 항목, 즉 가족구성원 토론자의 정체성, 인지된 투표 선택, 정당선호도 인식 그리고 비가족 구성원 토론자에 대한 동일한 3가지 질문이었다. 면접관은 인터뷰 대상자의 토론자 이름을 묻지 않고 배우자, 어머니/아버지, 남자 동료, 여자 동료 등 관계로만 확인했다. 마지막으로, 6차, 7차 조사에서는 응답자에게 가장 최근 선택한 1차, 2차 대통령선거에 대해 질문했다. 표 20.8은 각 조사에서 물었던 질문을 나열하였다.

표 20.8 BEPS 2014의 인터뷰 차수 및 네트워크, 대화 질문

차수	샘플 수	네트워크/대화 질문			
		일반적인 대화	토론자 생성기	토론자 투표선호	토론자 정당
1 (A)	3,120	X			
2 (B)	609		X	X	X-
3 (C)	595		X	X	X
4 (D)	606		X	X	X
5 (E)	667		X	X	X
6 (F)	1,207		X		
7 (G)	1,001		X		

연구설계는 인과추론을 개선하고 이론적인 측면에서 흥미로운 질문을 다루는 데 도움이 되는 여러 가지 기능을 연구설계에 통합했다. 많은 응

답자들이 제2차, 제3차 그리고 제4차와 제5차에서 토론자 이름 생성기를 두 차례에 걸쳐 받았다는 사실은 네트워크 구성 안정성을 조사할 수 있는 독특한 기회를 제공해 준다. 토론 영향력 분석에서 가장 최근에 지명된 두 토론자의 선호도에 대한 반복적인 측정은 주요 응답자 – 토론자 쌍 dyad의 상호 영향 및 안정성에 관한 인과추론을 제고하는데 도움이 될 수 있다.

결론

브라질에서의 정치토론의 구조와 그 결과에 대한 간략한 검토를 통해, 정치가 브라질인들의 일상적인 대화를 지배하지는 않고 자주 논의 되는 주제는 아니지만 많은 브라질 사람들 일부는 정치에 대해 토론은 하고 있다는 것은 분명한 사실이다. 미국을 개발도상국가의 민주적 시민권의 롤 모델로 세우려는 것은 아니지만, 브라질에서의 토론의 빈도와 정치네트워크의 구조가 미국과 비슷하다는 점에 주목하지 않을 수 없다. 게다가 이러한 적당한 빈도의 정치토론이 브라질에서 중대한 정치적 결과를 가져왔으며, 아마도 미국보다 훨씬 더 중대한 결과를 낳게 될 것이다. 정치적 토론은 투표 선택, 정치적 지식, 캠페인 참여, 그리고 후견주의의 대상을 포함한 다양한 대중 정치행동과 특성에 영향을 미친다.

이와 같은 결론을 확신하지만, 관련한 몇 가지 데이터 및 측정 과제는 남아 있다. 소셜네트워크를 비교적 가까운 가족구성원 및 친구 3명으로 구성된 자기 보고적이고 자아중심적 집합체로 개념하고 측정하는 것은 내재된 한계가 있다. 토론자 목록들은 많은 응답자들에게 확실히 잘렸고, 토론자 자신이 인터뷰를 할 때에도 전체 네트워크의 매핑을 기대할 수 없다. 더욱이 3개 이상의 토론자가 존재하는 완전한 형태의 토론네트워크의 전국적 샘플도 없다.

또한 이론개발과 실험이라는 측면에서도 과제가 남아 있다. 일반적으로 사회적 맥락은 정치토론 네트워크의 성격과 결과를 형성할 수 있게 함에도 불구하고 토론과 의견불일치 수준에서 미국과 브라질의 갖는 놀라운 유사점은 어떤 퍼즐을 제시하고 있으며 더 많은 이론적, 경험적 연구의 필요성을 시사한다. 미국 정당 체제가 브라질의 정당체계보다 더 강령적이고 덜 복잡하다. 또한 미국의 민주주의체제는 브라질 보다 훨씬 더 오래되었다는 사실에도 불구하고, 무엇이 두 나라 사이의 이러한 일치를 만드는가? 이 시점의 그저 추정에 불과한데, 두 나라 모두에서 텔레비전 시청률이 높고 미디어가 캠페인에서 중요한 역할을 한다는 점에서 텔레비전의 포화는 적당한 수준의 정치토론에 긍적적 기여할 수 있을 것이고 양국 국민들은 정치 이야기하면서 대선 경쟁에 지켜볼 것이다(Nir, 2012). 한편 브라질 선거운동의의 특성은 브라질이 갖고 있는 정당 및 선거 시스템의 복잡성에 따른 정치토론에 대한 구조적 부정효과를 상쇄할 수도 있다. 특히 브라질 정치의 유명한 개인화는 투표중개자*cabos eleitorais*뿐만 아니라 모든 계층의 엘리트가 유권자와의 개인적인 접촉을 구축하도록 촉진할 뿐만 아니라 정치 세계와의 개인 사이의 연결은 시민들 사이에 높은 수준의 정치토론으로 이어질 수도 있다.

소셜네트워크가 상황에 따라 어떻게 다른지 영향을 미치는지를 이해하기 위해 아직 더 멀리 나가야 한다. 이러한 과제를 연구하기 위해 최근 범국가 차원의 작업이 시작되었다. 국제여론조사저널International Journal of Public Opinion Research 특별판에 앞에서 제기한 질문에 대한 기사가 실려있다. 이와 관련해 두 가지 연구방법을 추가로 활용할 수 있을 것이다. 첫째, 민주주의 발전도상국에서의 소셜네트워크에 대한 연구가 부족한 점을 감안할 때, 브라질의 조사 데이터를 비교국가선거프로젝트CNEP, Comparative National Elections Project(칠레, 헝가리, 멕시코, 모잠비크, 남아

프리카, 우루과이)에 포함된 국가의 소셜네트워크 데이터와 비교하는 것이 흥미로울 수 있다.[14] 둘째, 실험에 많은 가능성이 있다. 구조적 매개변수structural parameters가 제도변화를 모방하는 방식과 같이 연구자들이 직접 다양한 실험실 기반의 대화그룹을 개발할 수 있다. 이러한 연구는 제도가 정치토론의 결과에 어떤 영향을 미치는지를 더 분명히 이해할 수 있게 하는데 도움을 줄 것이다. 이렇듯 정치토론과 기타 연구가 정치적 행동에 미치는 영향에 대한 비교연구는 대중의 정치행동에 대한 이해의 폭을 확대하는데 도움이 될 것으로 확신한다.

주석

1) 비교국가선거프로젝트(CNEP)를 기반으로 한 여러 국가 간 비교연구에는 개발도상 민주주의 국가가 포함된다(Eveland, Song, and Beck, 2015; Gunther, Montero and Puhle, 2007; Gunther et al., 2015; Smith, 2015b).
2) 라틴아메리카에서 이슈에 대한 입장 투표의 증거에 대해서는 Baker and Greene (2011) 참고.
3) Baker, Ames, and Renno (2006). Funded by the National Science Foundation (SES #0137088). Available at http:// spot.colorado.edu/ ~bakerab/ data.html.
4) Ames et al. (2016). 이 연구는 the Inter-American Development Bank와 the Brazilian National Research Council, the Andrew Mellon Professorship at the University of Pittsburgh에 지원을 받았다. 이 데이터 Inter-American Development Bank에서 공개적으로 사용할 수 있다. http://www.iadb.org/en/research-and-data/ publication-details,3169.html?pub_id=IDB-TN-915
5) 시민과 성직자 연결에 대한 국가 수준 데이터는 BEPS 2010 and BEPS 2014를 참조(Ames et al., 2013, 2015). 투표 중개자 및 정치인의 시민 연결에 대한 국가 수준 데이터는 BEPS 2010 and the Latin American Public Opinion Project의 AmericasBarometer 2012 조사 참조.
6) 그럼에도 불구하고 일부 브라질 유권자가 정당가입을 의미있는 경험으로 인식하는 증거는 Samuels and Zucco(2014) 참조.
7) 부의 분포상 상위 50%에 있는 응답자의 경우 정치에 대한 소셜미디어 토론과

다른 두 가지의 정치토론 간 상관관계는 0.40 및 0.42이며, 30세 미만 응답자의 경우 각각의 상관관계는 0.44와 0.48이다.

8) 동등한 문장으로 된 질문을 비교할 수 있는 유일한 기회는 1991년 브라질과 1995년 미국의 질문인 World Value Survey뿐이다. 여기에서 약간 더 높은 빈도가 보고되었다. 미국의 빈도(표준 편차의 약 1/5만큼 높음)는 "절대 토론하지 않음"(26.8%)의 브라질(44.4%)보다 낮았고 "자주 토론한다"의 응답 역시 미국(16.0%)이 브라질(19.8%)보다 더 낮았다.

9) 미국 기반의 네트워크 이름 생성기만을 사용할 수 있던 것은 아니지만 비교 가능성을 최대화하기 위해 Spencer Foundation data를 사용했다. 이 데이터는 2개 도시연구(Two-City Study)와 같이 정치적 토론자를 요청하고 토론자 목록을 3개로 제한했다.

10) 선거일 이후에 측정되었다. 따라서 상당한 사회적 영향력이 발생한 후에 측정되었다.

11) 2014년에도 비슷했다. Marina Silva는 당시 3위 후보였던 Eduardo Campos의 러닝메이트로 캠페인을 시작했다. 비행기 사고로 Eduardo Campos의 예상치 못한 죽음에 그녀는 2위(34%)로 급상승했지만 선거 당일 3위로 떨어졌고, 2위보다 10포인트이상 뒤쳐졌다.

12) 이 데이터는 2010BEPS에서 가져온 것이다.

13) 네트워크 및 사회적 영향 관련 질문을 포함하는 또 다른 데이터 세트는 2010년의 BEPS(Ames et al., 2013)이며, 제1차와 제2차 조사에서 토론자의 이름과 연락처 정보를 묻는 항목이 포함되었다. 지명된 토론자를 대상으로 하였으나 합리적인 응답률을 얻지 못하여 전화인터뷰를 포기했다. 이 2010 BEPS은 정치인 및 정치중개인과의 접촉 및 교회의 정치토론을 포함하여 다른 유형의 네트워크에 대한 풍부한 정보를 포함하고 있다.

14) CNEP의 세 번째 라운드에서 인도네시아를 연구했지만 아쉽게 네트워크 관련 질문은 포함되지 않았다.

제21장 기후 변화정책 비교 네트워크

Jeffrey Broadbent

서론

비교정치연구에서 정책네트워크 방법론은 복잡한 과정을 조사할 수 있는 독특한 장점을 제공한다. 정책네트워크 방법론은 **정책 영역**(policy domain)을 연구하며, 그 영역은 에너지, 건강관리, 노동 또는 기후 변화와 같은 공통 주제를 중심으로 여러 국가 정책의 형성을 시도하는 조직 간 상호작용으로 구성된다(Laumann and Knoke, 1987). 예를 들어 국가 노동 정책 영역은 조직 행위자들이 최저 임금, 빈곤distressed 부문에 대한 지원 및 산업 안전과 같은 노동 관련 정책 조치들의 결과를 형성하기 위해 다투고 협력하기 때문에 조직 행위자와 이들의 상호작용으로 구성된다. 동일한 방식으로, 국가 기후 변화 정책 영역은 탄소세, 상한제 및 무역, 대체 에너지 및 절약 보조금과 같은 정책 조치에 대한 행위자들과 이들의 상호작용으로 구성된다. 정책네트워크 접근법은 영역 내 행위자의 전형적인 관계적 파트너에 대해서, 그리고 영역 내 개별 정책 형성 과정을 위한 특정한 파트너, 전술 및 목표 달성에 대해 질문한다. 이것은 우리가 하나의 국가 정책 영역 내에 존재하는 패턴에 대한 이산적 변화와 일반적인 패턴을 연구할 수 있게 해준다. 그런 다음 이러한 영역의 결과를 동일한 국가의 다른 영역 또는 다른 국가의 동일한 영역과 비교할 수 있다. 이것은 정책 형성의 구조와 그들의 일반성의 정도를 경험적으로 이해하는 것을 용이하게 한다.

이 접근법에서 핵심 단어는 (이 책 전체에 걸쳐 논의되듯이) 네트워크이며, 이는 구성원 간의 관계의 패턴을 나타낸다. 정치학에서 관계의 핵심 유형은 권력(Macht), 즉 반대가 있어도 자기 뜻대로 할 수 있는 능력으로 요약된다(Weber, 1978). 따라서 정책네트워크 접근법은 주로 권력 네트워크와 관련이 있다. 우리는 이 장에서 몇 가지 유형의 결과 척도로 행위자들의 상대적 힘을 측정한다. 하지만 우리가 권력을 면밀히 연구하면서, 다양한 종류의 교환을 통해 힘이 만들어질 수 있다는 것을 깨닫게 된다. 예를 들어 하나의 정책 영역에서는 정보의 이전이 권력의 핵심이 될 수 있고, 다른 정책 영역에서는 공공의 정치적 지지 제공이나 정치적 연대의 구성이 핵심이 될 수 있다. 화폐단위였던 조개껍데기cowrie shells로부터 카리스마 있는 웅변에 이르기까지 권력을 구성할 수 있는 다른 많은 유인들이 있다. 정책네트워크 방법론의 장점은 별도로 구성된 네트워크로서 권력을 만드는 이러한 다양한 방식을 측정할 수 있다는 것이다. 즉, 정책네트워크 접근법은 연구자가 적합하다고 생각하는 여러 가지를 이용해 단일 네트워크 이상을 측정한다. 이를 측정하면 여러 가닥의 선으로 엮어진 권력의 사회 구조를 다시 만들 수 있다. 서로 다른 사회가 다른 권력의 사회적 구조를 가지고 있는 정도는, 그것을 구별하고 측정할 수 있게 되면, 이론적으로 매우 중요한 문제가 된다.

정책네트워크 조사는 각각 별개의 네트워크를 형성하는 여러 유형의 상호작용에 대해 묻기 때문에, 영역은 여러 단계의 상호작용으로 볼 수 있다. 어느 영역에서나, 이러한 다중 네트워크는 상대적으로 근접할 수 있고, 동일한 구성원과 패턴으로 나타날 수 있어, 서로 강화시킬 수 있고,

혹은 상대적으로 이질적이어서 다른 패턴에서 다른 구성원으로 발생해, 서로 긴장한 상태로 존재한다. 이러한 방식으로 정책네트워크 방법론은 조직이 동일한 가치 아래 연합에 가입하는 여러 채널을 조명하여 서로 다른 가치를 들고 있는 다른 연합에 맞서 투쟁한다(Sabatier and Weible, 2007). 많은 조직들 사이의 많은 상호작용들의 상세한 추적은 연구자들이 실제 정치 과정의 바로 그 메커니즘에서 조직들이 작동하는 추상적인 인과적 요소들을 볼 수 있게 한다. 다시 말해, 네트워크는 많은 조직들 간의 상호작용 과정을 나타내며, 이는 상황적 요인을 제정하고 인간의 반사적 창의성을 통해 상황적 요소를 형성하고 변화시킨다. 정책네트워크 접근법은 경험적 관찰이 "다루기 힘든" 사회적, 정치적 인과 관계의 복잡성에 다소 가깝게 접근할 수 있도록 해주는데, 그래서 기후 변화 문제에서 매우 적합하다(Levin et al., 2012).

정책네트워크 접근법의 발전

Radcliffe-Brown의 사회인류학은 사회구조가 사회적 역할을 하는 사람들 사이의 네트워크 집합이라는 관점을 개척하였다. 그는 이 패턴을 사회의 형태학에 비유했고, 이 생각이 비교사회학의 기초라고 쉽게 여겨질 수 있다고 말하였다. 그는 의도적으로 문화의 역할을 무시하였다(Radcliff-Brown, 1940). 이러한 일반적인 사회구조적 성향은 다른 방향, 즉 마이크로, 메소, 매크로 등으로 나아갔다. 한편으로, 이 아이디어는 구조적인 소셜네트워크 연구의 기초가 되었다. 그것은 구조의 구성요소로서 가정된 관계의 등가성 때문에 수학적 처리를 허용하였다. 그것은 또한 커뮤니티 권력 구조 연구의 성장을 지지하였다(Hunter, 1953; Knoke, 1981; Warner, 1963). 이러한 일반적인 지향점을 바탕으로 하지만 Parsons의 시스템 모형과 같은 거시적 시각, Karl Deutsch의 "정부의 신경"으로서 소통 흐름의 시각(Deutsch, 1966), 그리고 Homan의 미시적 – 교환 분석(Homans, 1961)의 영향을 받은 Laumann은 정책네트워크 접근법을 개발하기 시작하였다(Freeman, 2004, 131)[1] Homan의 교환 이론은 그 접근법에 행위자의 계산된 선택에서 비롯된다고 가정된 네트워크를 포함한 합리적인 선택 지향을 제공하였다.

Laumann and Pappi(1976)의 선구적 연구는 정량적 네트워크 방법론을 사용하여 미국과 독일 커뮤니티 정치에서의 "집단 행동의 네트워크"를 비교하였다. 이 연구는 라우만과 그의 학생들이 "조직간 연계로서의 커뮤니티 구조"(Laudmann, Galskiewicz, and Marsden, 1978)와 유사한 맥락에서 추가적인 발전을 검토하도록 이끌었다(Laumann and Marsden, 1979; Knoke and Laumann, 1982). 라우만과 그의 학생들은 미국의 에너지와 의료 분야를 비교하는 연구에서 행위자로서 조직을 다루는 정책네트워크 방법론을 개발하여(Laumann and Knoke, 1987), 미국 정치에서 "공동화된 중심부"hollow core를 발견하게 하였다(Heinz et al., 1993). 파슨스의 영향을 받아, 라우만과 그의 동료들은 이러한 중심부의 공동화 문제가 정치적 근대화로부터 기인한다고 이론화하였다. 파슨스의 용어로 근대화는 미국 정치 시스템을 정부 단위와 규제 대상 고객들의 클러스터로 분화나 "분열"balkanization을 가져온다. 정책네트워크 개념은 광범위한 연구로 확산되었다(Anheier, 1987; Kenis and Schneider, 1991; Knoke, 1990; Marsh, 1998; Raab and Kenis, 2007).(1권의 3장 참조).

미국 연구에 이어 Knoke and Pappi는 미국과 독일을 각각 사례로 하여 첫 번째 국가 간 정책네트워크 연구를 시작하였다. 1986년 미네소타 대학의 후배 교수로서 크노케의 연구소에 합류했을 때, 나는 일본인 사례를 비교에 넣었다. 나의 전공은 일본의 환경정치(Broadbent, 1989a, 1998, 1982)이지, 노동정치가 아니다. 나는 일본 이익단체 정치 전문가인 츠쿠

바 대학의 Yutaka Tsujinaka를 영입하여 프로젝트를 도왔다.

종합해보면, 미국, 독일, 일본의 노동 정책네트워크에 대한 4명의 저자의 비교가 성숙한 정책네트워크 접근법에 대한 최초의 국가 간 비교를 달성하였다. 이 연구의 기초가 되는 가정은 행위자들이 사회 구조에서 그들의 지위에 의해 "외생적으로" 주어졌던 그들의 이익을 추구하기 위해 네트워크를 만들었다는 것이었다. 이론적인 가정의 출발은 Laumann and Knoke가 이전의 미국 연구에서 발견한 것과 같이, 세 개의 정체 모두 공동화된 중심부와 뚜렷한 이익 클러스터의 정체 분열을 보여준다는 것이었다. 그러나 우리의 연구 결과는 이 가설을 뒷받침하지 못하였다. 그 대신에, 미국이 많은 경쟁 행위자들과 공동화된 중심부를 갖고 있는데 반해, 일본은 경제 전체를 조정하는 만능의 중앙 부처들로 이뤄진 중심부를 가지고 있었다. 그리고 독일에서는 기업과 노동이라는 거대한 두 개의 조합주의 위계가 국가 지지와 더불어 경제를 운영하는데 협력하였다(Knoke et al., 1996).

비교 기후 변화 정책네트워크 프로젝트

1991년 노동 연구를 위한 데이터 수집이 마무리되자, 비교 환경 정책 구성 연구에 정책네트워크 방법을 사용하는 장기적 목표를 추구하기 시작하였다. 기후 변화 정책네트워크 비교Compon, Comparing Climate Change Policy Networks 조사의 첫 번째 버전으로서, 비교 환경 정책네트워크 조사 프로젝트를 시작하였다. 크노케, 파피와 함께 노동서적을 집필하면서 노동연구 파트너인 쓰쿠바 대학의 쓰지나카 유타카에게 조사를 이끌도록 부탁하였다. 쓰지나카는 이를 글로벌 환경 정책네트워크Gepon, Global Environmental Policy Network 조사라고 명명하였다. 일본학술진흥회Japan Society for the promotion of Science의 기금으로 1997년 일본, 미국, 독일에서 글로벌 환경 정책네트워크Gepon 연구를 진행하였다. 이번 데이터 수집은 교토 회의(제 3차 UNFCCC 당사국 회의)Cop3 직전 우연히 이루어졌고, 이는 온실가스 감축을 위한 교토 의정서로 이어졌다. 직접 인터뷰를 통해 게폰에 대한 일본 설문조사 응답의 일부를 수집하였다. 이러한 경험을 바탕으로 2006년 기후 변화 정책네트워크 비교 프로젝트Compon를 시작했고, 관련 국가의 초기 팀장들을 영입했으며, 2007년 1월 미네소타 대학교에서 프로젝트 최초의 국제 컨퍼런스를 개최하였다. 나는 총괄책임자principal investigator로서 58만 9천 달러의 지원금(BCS-0827006)으로 프로젝트를 시작한 국립과학재단 애플리케이션(공동 총괄책임자: 다나, 피셔, 마츠모토[Dana, Fisher and Katsumi Matsumoto])을 주도하였다. 그 이후 프로젝트는 25건 이상의 직접 사례와 관련 사례 그리고 여러 정부 과학연구기관으로부터 200만 달러 이상의 자금을 지원받을 수 있도록 성장하였다. 우리는 기후 변화 완화의 도전에 대한 정치사회의 대응으로 **사례**를 한정한다. 분석의 맥락은 대만 지역을 제외한 국가들이다. 2015년 12월 현재 프로젝트 웹사이트에는 이 프로젝트의 출판물 50개가 나열되어 있다.[2] 이 과정에서, 우리는 정책네트워크 설문조사를 본래의 1시간의 대면 버전에서 전화로 연구자의 안내에 따라 온라인 상에서 응답자가 15분 만에 수행할 수 있는 버전으로 간소화하였다. 이러한 간소화를 통해 수십 년에 걸친 변화에 대한 패널 연구와 더 많은 사례로 프로젝트 확장을 지속할 수 있다.

기후 변화 정책네트워크 비교 프로젝트는 가장 큰 오염원과 흥미로운 반응의 사례들을 포함한 다양한 사례의 기후 변화 영역으로부터 정책네트워크 데이터를 추출한다. 프로젝트는 네 가지 수준의 데이터를 수집한다. 레벨 1은 1997년부터 현재까지 기간 동안 사례별 3개의 주요 신문에서 키워드(기후 변화, 지구온난화) 뉴스 점유율을 추적한다. 레벨 2는 코펜하겐 회의(COP 15) 직전인 2007년과 2008년의 키워드 기사 표본의 내용 분석을 수행한다. 레벨 2는 신문에서 기후 변화를 프레이밍하는 167가지 방법을 추출하고 사례 간(17건) 우세를 비교하였다. 레벨 3은 신문에 등장하는 기후 변화 행위자/담화 연합을 연구하고 비교하기 위해 프로그램 담화 네트워크 분석기Discourse Network Analyzer를 사용하고 있다.

네 번째 수준인 정책네트워크 조사 자체(현재 16건)에는 한국, 일본, 대만, 호주, 뉴질랜드, 캐나다, 미국, 브라질, 스웨덴, 핀란드, 아일랜드, 영국, 독일, 스위스, 체코, 인도 등이 포함된다. 정책네트워크 데이터를 사용하여 프로젝트 팀은 각 정체가 탄소 배출 궤적을 생성하는 방법의 모형을 개발한다. 그런 다음 사례 간 비교에는 더 일반적인 원리에 대한 조사를 시작했다.[3] 구성 요소 프로젝트에서 이전 정책네트워크 연구로부터 이론적 관점의 중요한 기본적 변화는 행동을 주도하는 조직적 이해와 선호 형성에 있어 집단적 요소로서 문화와 담론의 역할을 명확히 인식했다는 것이다. 이러한 시각은 담화 네트워크 분석에서 분명히 인식된다. 기후 변화 정책네트워크 비교 조사 도구에서 그것은 기후 변화에 대한 다양한 해석 틀에 대한 조직의 호감도로 인지된다.[4]

2016년 현재 정책네트워크 조사가 여전히 진행 중인데, 일부는 수집되고 일부는 진행 중이다. 비교 분석은 이제 시작에 불과하다. 따라서 핵심을 설명하기 위해 이 장은 초기 노동 정책네트워크 연구(1986-1990 데이터), 초기 국가 간 비교 환경 정책네트워크Gepon 연구(1997 데이터) 그리고 기후 변화 정책네트워크 연구(2010-현재 데이터)의 데이터를 설명한다.

준 – 실험 연구Quasi-Experimental Research 프로젝트로서 세계 기후 변화

물론 모든 연구와 데이터 수집 방법이나 도구는 더 큰 이론적 질문과 목적을 염두에 두고 설계되어야 한다. 기후 변화 정책네트워크 비교 프로젝트의 접근 방식과 계기는 국가 간 비교 관점에서 지구적 기후 변화 문제를 연구하도록 설계되었다. 기후 변화 정책네트워크 비교 프로젝트의 목적은 국가 정책 형성 과정의 사례 간 차이가 완화 정책의 차이와 어떻게 관련되어 있는지, 또 실제 탄소 배출량과는 어떻게 관련이 있는지를 보여주는 것이다. 이는 다시 국제적 및 지구적 수준의 기후 변화 정치와 기후 변화로 인한 재난의 암울한 현실과도 상호 작용한다. 정책 네트워크 방법론이 제공하는 도구는 기후 변화 정책네트워크 비교 작업을 매우 용이하게 한다.

지구적 기후 변화 문제는 인류 전체를 위협하는 가장 중대한 집단행동 딜레마DCA, dilemma of collective action이다. 집단행동 딜레마DCA 상황에서 참가자들은 장기적인 집단 및 개인 편익을 감소시키더라도 단기적인 개인 편익 극대화를 선택한다. 이 딜레마는 집단 비용을 줄이기 위해 협력적인 집단행동으로만 극복될 수 있지만, 참여자들에게는 집단행동에 동참하는 데 필요한 상호신뢰가 부족하다. 기후 변화는 바로 이런 종류의 딜레마를 세계 각국과 국민들에게 안겨준다. 기후 변화는 역사적으로 전례가 없는 집단 재해의 가능성을 나타내지만, 또한 협력적 집단행동을 위한 확고부동하고 격렬한 촉구를 나타내기도 한다(Beck, 1999). 무조건의 지구적 협력만이 이러한 위험을 피할 수 있다(Hironaka, 2014). 그러나 대부분의 사회는 이러한 책임을 인정하지 않고 있다. 사회들은 다양한 반응을 보이고 있는데, 몇몇은 전폭적인 수용과 노력을 보여주지만 대부분은 미지근하거나 무관심한 반응을 보인다. 어떤 사회들은 탄소 배출량을 줄였고, 또 다른 사회들은 탄소 배출량을 엄청나게 늘렸다.

특히 2015년 12월 파리협정(제21차 유엔기후 변화협약 당사국총회 UNFCCC)이 체결된 이후 세계의 사회들은 기후 변화 대응책 마련에 점점 더 몰두하고 있다. 이 합의에서 주목된 중요한 요소는 탄소 배출의 효과적인 감축에 필요한 상호 신뢰를 구축하기 위해 강화된 "행동과 지원의 투명성"이다. 그것은 각 사회가 자체의 특정한 방식으로 행동 요구에 응할 것이기 때문에 필요하다. 각 사회는 자체의 정치적 과정을 따를 것이고, 자체적인 결과를 가져와, 탄소 배출을 다소 효과적으로 줄이거나, 아니면 아마도 그렇게 하는 척만 할 것이다. 적용된 측면에서 기후 변화 정책네트워크 비교 프로젝트는 과정과 결과의 투명성을 향상시키도록 설계되었다. 이론적인 측면에서 볼 때, 정책네트워크의 보다 상세한 매핑으로, 이 프로젝트는 심해에서 이상한 생물들을 끌어 올리는 것과 같이, 겉보기에 친숙해 보이는 국가 정책들로부터 새로운 정치 구성을 발견해야 한다.

프로젝트 방법론과 실제 문제 간의 적합성이 중요하므로, 몇 가지 더 자세한 설명이 필요하다. 많은 회원국들의 직접적인 지원으로 1988년 유엔은 기후 변화에 관한 정부간 패널IPCC, Intergovernmental Panel on Climate Change을 시작하였다. 이 기후 변화에 관한 정부간 패널IPCC의 목적은 보고서를 수집, 검토, 종합, 출판하는 것으로, 모든 측면에서 기후 변화에 대한 최고 수준의 과학적 지식knowledge을 제공하는 것이다. IPCC은 1990년에 첫 번째 보고서를, 2014년에 다섯 번째 보고서를 발간하였다. 이 보고서들은 인간이 현재의 급격한 기후 변화를 일으켰고, 비록 속도는 다르지만 모든 나라가 결국 기후 변화로 인해 심각하고 파괴적인 기상 재앙을 겪을 것이라는 것을 모두에게 명확히 하였다. 1992년 191개국에 의해 비준된 파리협정UNFCCC은 모든 국가가 이산화탄소와 기타 온실가스 배출을 줄여야 한다는 새로운 지구적 도덕 금지 명령을 개시하였다. 1997년 교토 의정서(제3차 UNFCCC 당사국 회의 또는 COP3)는 다음 단계를 진행했으며, 2008년부터 2012년까지의 준수 기간에 맞춰 개별화된 특정 감축 목표(1990년 수준에서 평균 약 6%)를 지정하였다. 2005년까지 미국을 제외한 대부분의 선진국들은 공식적으로 이 목표들을 승인하고 비준하였다. 게다가 재생 에너지원의 가격이 급격히 하락하고 있는 것을 감안할 때, 인류는 이산화탄소의 집단 배출을 빠르게 줄일 수 있는 기술적 능력을 가지고 있다. 그러나 배출량 감소를 뒷받침하는 많은 요소 - 과학적, 도덕적, 구체적인 규범적 목표 - 에도 불구하고, 국가 배출량은 증가하거나, 유지하거나 감소하는 등 다양한 궤적을 거쳤다. 국가들의 조치의 합계는 처음으로 안정 상태가 되었던 2015년까지 전 세계 총 배출량의 지속적인 빠른 증가로 이어졌다.

일부 선진국들은 자국의 배출량을 줄이거나 그 대신에 개발도상국의 산림과 산업에서 그에 상응하는 감축액을 지불하는 노력을 시작하였다. 전반적으로 OECD 국가들은 배출량 증가 속도를 늦추었지만 국내 감축으로 교토 목표치를 달성한 나라는 극소수에 불과하였다. 반면 개도국들은 교토에서의 목표를 배정받지 못했고 배출량을 급격히 늘렸다. 비록 미국이 총 배출량에서 1800년대 이후 여전히 가장 큰 비중을 유지하고 있지만 오늘날 중국은 연간 이산화탄소 배출량이 가장 많은 나라가 되었다. 전체적으로 지구적 배출량은 초기 IPCC 보고서 중 "최악의 시나리오" 비율로 계속 증가하고 있다. 이러한 지속적인 상승은 지구 기온 상승을 일부 과학자들이 기후 변화를 악화시키는 데 있어 임계점이라고 생각한 수준인 2℃ 미만으로 억제할 수 있다는 희망을 어둡게 하고 있다(IEA, 2011).

이에 따라 이 시점에서 인류의 지구적 기후 변화 문제에 대한 중요한 연구는 지구물리학에서 사회과학적인 것으로 바뀌었다. 인간은 왜 이렇게 하고 있는가? 그들의 행태를 바꿀 수 있는 것이 있는가? 기후 변화의 지구적 딜레마는 지구적 사회과학 실험을 수행할 수 있는 여건을 제공한다. 동일한 자극, 기후 변화로 인한 장기적인 위협과 위험에 대해 국가들은 매우 다른 방식으로 대응해 왔다. 이 (비)자연 실험은 국가간 비교 연구를 통해 다양한 반응 패턴의 원인을 찾는 사회과학 연구에서 사용될 수 있다. 이러한 가능성은 (우리의 사례) 국가, 영역, 사회 및 지역에 걸친 완화 대응의 차이에 의해 제공된다. 궁극적인 결과 변수로서 1990년 이후 사례들은 배출 궤적에서 안정화, 상승 또는 하강 등 큰 차이를 보였다.

이러한 전 지구적 상황에는 과학적 방법에 의해 규정된 몇 가지 요소가 포함되어 있다. 즉 유사한 자극에 대한 교차 사례 차이가 그것이다. 이 교차 사례 차이는 (비)자연적으로 발생하는 지구적 사회 과학 준-실험의 조건을 설정한다(Campbell, Stanley and Gage, 1966). 기후 변화 정책네트워크 비교 프로젝트는 이러한 상황을 파악하여 지구적 비교 연구 프로젝트의 기반으로 사용한다. 지구적 실험 질문은 다음과 같다. 유사한 과학적 지식, 도덕적 금지명령, 규범적 목표 및 기술적 잠재력 앞에서 1990년부터 2013년까지 다른 사례들의 탄소 배출 궤적이 상승, 하향 또는 감소하면서 크게 다른 이유는 무엇인가? 이러한 차이의 범위를 설명하는 요인은 무엇인가? 왜 모든 사례가 배출량을 줄이고 싱크(CO_2 흡수산림)를 늘리는 것을 최우선 과제로 삼지 않는가? 답은 쉽게 떠오를 수 있고 심지어 명백해 보일 수도 있지만, 그 타당성을 더 잘 확인하기 위해 과학적인 접근방식은 표준화된 교차 사례 데이터를 사용하여 그러한 생각을 검증할 수 있는 가설로 변환해야 한다. 사회과학의 비교 방법은 거대한 단위(국가, 지역, 사회, 정치)와 완전한 상호작용 복잡성에서 고려되는 많은 요소들을 비교하는 것을 말한다(Ragin, 1987). 정책네트워크 방법론은 이러한 상호작용의 복잡성을 추적하고 파악하는 능력을 크게 향상시킨다.

일단 이런 종류의 상세한 네트워크 데이터와 여러 사례 분석을 개발하면, 교차 사례 비교 가능성이 생긴다. 인류에 의한 지구적 기후 변화 AGCC, anthropogenic global climate change의 연구원들은 네 가지 요인 때문에 "매우 다루기 힘든" 문제라고 결론지었다. 즉 "시간이 촉박하고; 문제를 일으키는 사람들도 해결책을 제시하려고 하며; 문제를 해결하는 데 필요한 중앙 당국은 약하거나 존재하지 않으며; 그리고 그 결과, 부분적으로 정책 대응은 미래의 그들의 문제를 불합리하게 무시한다."(Levin et al., 2012). 사회과학 인과분석 관점에서 인류에 의한 지구적 기후 변화 AGCC는 입력, 피드백 루프, 분산 영향 등의 유형과 여러 수준을 수반하기 때문에 매우 다루기 힘든 문제이다.

이런 종류의 복잡성은 사회적 인과관계에 대한 새로운 사고방식을 요구한다. 복잡하게 섞여 있는 여러 요인을 더 잘 이해하기 위해 사회과학자들은 이 문제에 대한 새로운 학문간 또는 학제간transdisciplinary 접근 방법을 요구해 왔다(Broadbent and Vaughter, 2014, Manfredo et al., 2014). 다음의 절에서 제시하듯이, 정책네트워크 방법론은 정치적 논쟁의 분야에서 다양한 인과적 요인이 어떻게 얽혀 있는지에 대한 복잡성을 경험적으로 연구하는 데 큰 도움이 된다. 이상적인 유형으로, 정책네트워크 접근법은 그러한 프로그램을 수행할 수 있다. 그것은 정책네트워크 조사에서 서로 다른 이론적 공리를 별개의 네트워크 질문으로 운용할 수 있다. 조사의 다른 데이터와 결합된 관계의 데이터는 서로 다른 관계의 매체의 상대적 정치 유효성의 특색을 나타낼 수 있다(Broadbent, 1989b). 네트워크 접근 방식은 서로 다른 이론 학파의 가설에 근거한 매체를 가능한 한 네트워크 데이터로 테스트할 수 있는 네트워크 용어인 공통 측정 지표로 만들기 때문에 겉보기에는 역설적인 이러한 위업을 달성할 수 있다. 실제로는 다국적 연구를 처리하는 것의 어려움은 이상ideal이 얼마나 완전하게 실현될 수 있느냐에 실용적인 한계를 두고 있다.

이러한 인과적 가능성의 범위를 감안할 때, 우리는 행위자들 간의 네트워크뿐만 아니라 행위자들의 영향, 이념, 신념, 선호도, 전술, 정치적 참여에 관한 자료들을 수집하기 위해 기후 변화 정책네트워크 비교 Compon 프로젝트를 기획하였다. 2007년부터 6차례의 국제회의를 거치면서 표준화된 데이터 수집 방법을 설계하여 비교 가능한 데이터를 생성하는 사례 팀이 점점 더 많아졌다. 정책네트워크 접근법 외에도 심층 내용

분석in-depth content analysis과 담론 네트워크 분석기Discourse Network Analyzer를 이용해 신문 담론을 통합했고, 결과적으로 신문에서의 행위자와 위치의 클러스터링을 밝혀냈다. 또한 배출, 인구, 경제, 제도 등과 같은 사례별 관련 데이터를 포함하는 데이터베이스를 구축하였다. 우리는 충분한 데이터가 축적되면, 여러 중간단계의 분석 후, 종속 변수 – 즉 1990년부터 (첫 번째 교토 공약 기간이 끝나는) 2012년 사이에 배출 경로의 (증가, 안정, 감소) – 에서 결과의 분류에 대한 (아마도 복수의) 인과 경로를 찾기 위해 Ragin의 질적비교분석QCA 방법을 채택할 것으로 예상한다(Ragin, 1987). 또한 오랜 시간동안 동일한 사례에 대한 반복적인 조사를 통한 패널 연구로서 프로젝트를 지속할 수 있다면, 실험 역학 문제를 다룰 수 있다. 즉, 만약에 있다면 이산화탄소 대기 중 농도와 그에 수반되는 생태적 재앙이 어느 정도 수준에서 지구촌이 연간 탄소 배출량을 획기적으로 줄이기 위한 효과적인 조치를 취하게 될 것인가?

정책네트워크 접근법으로부터 기후 변화 영역 모델링

준 – 실험 설계를 실행하기 위해 기후 변화 대응 시 결과에 영향을 미치는 기본적인 요소들을 이해해야 한다. 그림 21.1은 사례(기후 변화 완화의 과제에 대한 정치 사회의 대응)를 구성하는 기본 과정들을 모형화한다. 기본적인 기후 변화 정책네트워크 비교의 생태학적 사례 모형인 이 모형은 역동적이고 교환적인 과정에서 오랜 시간 동안 사례와 관련되고 배출 궤적에 영향을 미친 다른 요소들을 한데 모은다. 이 모형은 사례를 내·외부의 동적 영향 요소들에 연결한다. 다양한 사례들이 어떻게 지구적 레짐 형성에 기여하는지를 보여준다.

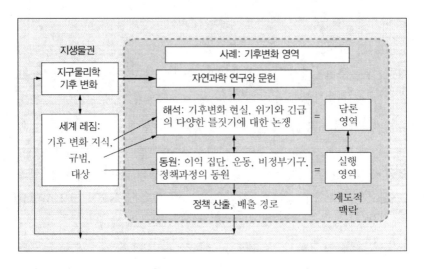

지생물권

지구물리학
기후 변화

세계 레짐:
기후 변화 지식,
규범,
대상

사례: 기후변화 영역

자연과학 연구와 문헌

해석: 기후변화 현실, 위기와 긴급
의 다양한 틀짓기에 대한 논쟁

동원: 이익 집단, 운동, 비정부기구,
정책과정의 동원

정책 산출, 배출 경로

담론
영역

실행
영역

제도적
맥락

그림 21.1 기후 변화 환경 정치 모형

이 모형의 착수 요인은 지구물리적인 기후 변화에서 그에 대한 과학적
지식에 이르는 큰 화살표이다. 스웨덴 과학자들은 기후 변화 연구를 시
작했고 1988년에 기후 변화에 관한 정부 패널IPCC을 시작하였다. 이렇게
해서 이 그림에 묘사된 지구적 학습 사이클이 시작되었고, 이 사이클은
현재 모든 국가를 관통하고 있다. 대기 화학의 기상 과학은 기후 변화의
원인을 이해할 수 있는 유일한 방법인데, 그 이유는 기후 변화의 원인이
눈에 띄게 분명하지 않기 때문이다. 통상 사회적 논쟁은 빈곤, 억압, 차
별, 종교적 파벌주의와 같은 더 명백한 해악을 두고 일어난다. 거기에서
조차도, 저항을 촉발시키는 "인지적 해방"을 궁극적으로 정당화하기 위
해 도덕률과 철학의 초기 개발을 취할 수도 있다(McAdam, 1982). 코페르
니쿠스적 혁명과 다윈의 진화론이 증명하듯이 자연과학의 연구결과는 이
따금 격렬하게 하는 열정을 불러일으킨다. 논쟁을 불러일으키는 열정은
기후 변화에 대한 해결책이 그러하듯이 과학적 정보가 생산과 소비 방식
의 변화를 수반한다면 더욱 격렬해질 수 있다. 이 경우에, 기후 변화의

과학적 연구결과는 문제를 해석하고 행동하는 사회적 과정을 촉발시켰다. 이것은 문제를 사회적으로 구성하는 과정이고, 그 과정을 현실, 신념, 위험, 행동의 우선순위의 정도로 나타낸다. 우리의 모형에서는 이러한 사회적 구성 과정을 **담론 분야**discourse field와 **행동 분야**action field의 상호작용으로까지 단순화한다.

어떤 사례들(사회들, 기후 변화과정의 정체들)에서 이러한 과정은 대체로 합의가 되어 있는 데 반해, 어떤 사례들에서는 미국처럼 엄청난 논쟁을 불러일으켰다. 사이클의 어느 시점에서든 사례는 어느 정도의 탄소 배출량이 발생할 것이고, 아마도 어떤 정체들은 그러한 배출량을 수정할 것이다. 정책은 배출량이 크게 증가하는 석탄-화력에너지 이용을 급격히 늘리는 것으로부터 태양에너지와 풍력에너지를 지원해 배출량을 급격히 감소시키는 것까지 다양하다. 이러한 정책과 배출은 이어 국제 협상에서 그 사례의 입장에 영향을 미친다. 국제 협상은 지구적 레짐을 수립하는데, 그 레짐은 전 지구적 배출량과 이산화탄소 배출량의 대기 수준에 강한 혹은 약한 영향을 미칠 수 있다. 그럼 이러한 지구적 효과는 반복적인 주기로 각 사례에 나아진 상태로 피드백 된다. 특히 2015년 12월 파리에서 개최된 당사국총회COP 21로 고무된 모든 사례들(사회, 국가)이 이러한 피드백의 참여자가 되었다.

이 기후 변화 환경정치 모형은 (1) 사례와 지구적 맥락 사이의 상호작용, (2) 능동적 과정과 형성 맥락 사이의 사례 내 상호작용, (3) 문제의 사회적 구성 중 담론 분야와 행동 분야 간의 상호작용을 나타낸다. 그림 21.2는 이 과정을 더욱 단순화하여 담론 및 행동 분야와 행위자와 프레임(해석적 생각, 혹은 라투르의 용어로 행위자actants[Latour, 2005]) 사이의 네트워크로서의 상호작용만을 보여준다. 이러한 행위자와 프레임은 정책네트워크 조사에 의해 직접 측정될 수 있는 것이다. 다시 말해, 담론의 의미와 행위자의 의도는 제도적 조건 하에서 정책 산출과 결과를 결정하기 위해 경쟁하는 지지 연합을 형성하도록 상호작용한다.

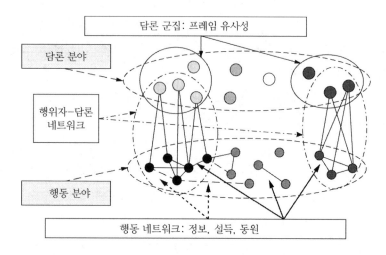

그림 21.2 네트워크로서 담론 분야와 행동 분야

이러한 수준들은 정책네트워크의 패턴을 해석할 때 맥락으로 고려해야 한다. 기후 변화 영역에서는 사례에서 기존의 제도화된 구조와의 긴장 속에서 발생한 인식, 해석, 담론, 사회정치적 상호작용을 통해 적극적인 정치 과정이 진행된다. 이러한 상호작용은 사례 정책 산출물과 결과에 영향을 미치도록 출현하는 실제 네트워크를 형성한다.

모든 연구 프로젝트와 그 프로젝트의 데이터 수집 도구는 그것들이 계획 단계에서 평가될 수 있는 범위 내에서 당면한 중요 문제를 해결하도록 설계되어야 한다. 기후 변화 정책 영역은 추상적인 과학지식에 대한 대중과 엘리트의 수용에 의해 독특하게 조정된다. 그러나 이 과학적 결론을 급속하게 배출량을 줄이도록 할 만큼 강력한 정치 세력으로 전환시키는 것은 여전히 큰 장애물로 남아 있다. 정책네트워크 방법은 연구자들이 과학 지식의 중요한 맥락을 추적할 수 있게 해준다. 그것은 상반된 해석과 논쟁의 정치라는 사회적 분쇄기로 들어가서 모두 사라지거나 어떤 실제의 결과와 연결되어 산출된다.

미국의 많은 사람들에게 과학적 연구결과는 미약한 이론에 그치고, 요구되는 습관, 이익, 제도의 변화를 고무시킬 만큼 구체적이고 무서운 것이 아니다. 지역 산업오염의 검은 연기나 독성 냄새와 달리, 기후 변화는 인간의 감각에 반박할 수 없는 인과적 증거를 보여주지 않는다. 반대로, 기후 변화의 결과로 나타난 화재, 홍수, 가뭄, 폭풍, 폭염, 해수면 상승, 그리고 그 외의 많은 변화들은 비전문가들에 의해 자연적인 날씨 변화로 쉽게 치부될 수 있다. 기후 변화 수용에 관성을 더하는 인간이 일으킨 기후 변화라는 생각은 진화의 생각과 더불어 많은 전통적인 종교적 믿음에 근본적인 도전이 된다. 결과적으로, 미국에서는 인류에 의한 지구적 기후 변화AGCC의 생각은 즉각적인 수용보다는 종종 거절, 거부 또는 무감각해진 무관심을 이끌어내 아무런 행동도 취하지 않는다(Norgaard, 2006). 사람들과 사회가 과학적 연구결과를 명백한 행동의 근거로 받아들이지 않는다면, 배출량을 줄이지 못할 것이다. 그러나 기후 변화 정책네트워크 비교Compon 연구에서 알 수 있듯이 동일한 일이 다른 많은 국가에서는 얘기될 수 없다.

일종의 "믿음"으로서의 과학적 지식을 비롯해 기후 변화에 대한 신조를 강화하는 데 있어서, 그들의 정치적 역량은 지지 연합이 받아들이고 있는 것에 좌우된다. 국제 환경 조약에 대한 국가적 준수에 대한 이전 연구는 지지 연합이 핵심 행위자라고 결론지었다(Clark et al., 2001). 그 연구는 사바티에의 지지 연합에 대한 이론적 선례를 따랐다(Sabatier and Jenkins-Smith, 1993) 그 연구는 또한 지구적 환경 거버넌스에서 "다국적, 다중－행위자 지지 커뮤니티"의 중요성과 이를 설명하기 위한 전통적 접근법의 불충분함에 주목하였다. 그러나 그 연구는 "우리의 연구는 그러한 행위자 연합 또는 이익 네트워크의 성장과 영향에 대한 명제를 개발하거나 테스트하기 위한 행동exercise으로 설계되지 않았다"고 덧붙였다(Clark et al., 2001, 187). (여기에서 주목해야 할 점은 지지 연합 개념이 적극적인 시민 사회가 존재하는 다원적 민주 정치 체제를 가정하는 것처럼 보인다는 것이다. 그러나 중국처럼 이 비교 연구의 모든 사회가 그러한 정체를 갖고 있는 것은 아니다. 그럼에도 불구하고, 당이 지배하는 권력 구조 안에서조차 다양한 지지 연합이 형성되어 적절한 정책 방향을 놓고 다툰다.)

국가 기후 변화 대응의 동기에 대한 가설

기후 변화 정책네트워크 비교Compon 프로젝트는 행위자 연합에 관한 명제의 지휘봉을 잡고 실행되었다. 2007년에 시작한 프로젝트 구성원들은 그러한 행위자 연합의 성장과 영향에 대한 수많은 가설을 개발하였다(Broadbent, 2010). 이러한 가설들은 경험적 연구와 과학과 커뮤니케이션 연구의 사회학 같은 분야를 포함하여 기후 변화 정치와 관련된 광범위한 문헌으로부터 발전하였다. 이러한 가설들을 프로젝트에서 나올 네트워크 데이터로 분석할 수 있는 조건으로 제시하는 것이 중요하였다. 모든 문제를 감안했을 때, 모든 가설들은 기후 변화에 관한 정부간 패널IPCC 유형의 과학 정보가 탄소 배출을 축소하는 실제 정책 결과로 전환될 수 있는 사회적 조건에 관한 것이다. 다음은 다른 조건이 같은 경우의 몇 가지 가설들이다.

- H1 문화가 IPCC 유형의 과학에 정통성을 부여할수록, 사례는 그만큼 탄소배출량을 더 줄일 것이다. 네트워크 지표: IPCC로부터 직접 중요한 과학 정보를 받는 기후 변화 영역의 조직 비율.
- H2 국내 기후 변화 과학계의 신뢰도가 높고 참여도가 높을수록, 그만큼

사례는 탄소배출량을 더 줄일 것이다. 네트워크 지표: 과학 정보 네트워크에서 지식 중개자로서 국내 연구기관이 참여하는 정도.

- H3 화석연료 사용에 의존하는 이익집단이 강력할수록, 사례는 탄소배출량을 그만큼 더 덜 줄일 것이다. 네트워크 지표: 정치 협력 및 지지 연합의 네트워크에서 화석연료 회사 및 관련 비즈니스 부문 협회의 상대적 정치 영향 점수.

- H4 지배적인(IPCC 유형의) 기후 변화의 과학적 연구결과를 지지하는 연합의 힘이 강할수록, 사례는 그만큼 더 탄소배출량을 줄일 것이다. 네트워크 지표: 기후 변화 완화를 지지하는 조직의 네트워크 클러스터의 상대적 정치 영향 점수.

조사 도구와 데이터

국가 간 비교 프로젝트에서, 공동의 조사 수단은 가장 알고 싶은 질문에 답하는 비교에 필요한 최소한의 정보를 수집하도록 설계되어야 한다. 그것은 심지어 가장 많은 자금을 지원받는 설문조사에서도 응답자의 인내심을 포함한 많은 제약이 있기 때문이다. 정책네트워크 조사는 살아있고, 성장하며, 변화하는 도구였다. 초기 버전에서는 개인 인터뷰를 운영하는 데 1시간 이상이 걸렸다. 최근에는, 기후 변화 정책네트워크 비교 Compon 프로젝트가 그것을 신규 사례 팀의 편의를 도모하도록 해, 온라인으로 수행할 수 있는 네트워크와 보다 적은 수의 질문을 포함한 15분 단위의 설문 조사로 축소하였다. 그 조사는 연구를 가능하게 할 뿐만 아니라 엄격하게 경계를 설정한다. 따라서 도구는 반사적이고, 중요하지만, 건설적인 감독을 지속적으로 받는다.

단일 정책네트워크 조사는 한 국가의 국가 수준에서 (노동, 기후 변화

등) 하나의 정책 영역에 대한 데이터를 수집한다. 단일 국가 영역은 여러 국가에 존재할 수 있는 영역의 한 가지 사례이다. 정책네트워크 조사는 정책 영역에 있는 모든 중요한 조직 간 네트워크 집합을 확보하려고 시도한다. 조직의 선택, 즉 경계 설정 운영은 중요한 첫 단계이다. 이러한 행동은 응답자로서 조사에 포함될 조직의 목록과 인터뷰 없이 소극적인 파트너로 포함될 (대부분이 국제적인) 더 긴 목록을 설정한다. 이 경계 설정 문제는 정체에서는 어려울 수도 있다. 목록은 가장 중심적인 행위자를 포함해야 하고, 다음에는 평균 응답자가 처리할 수 있는 최대 수에 도달할 때까지 조직 세력의 계층을 내려가야 한다. 실제로 이것은 통상 50개에서 130개 사이의 조직 목록을 의미한다. 그러나 연구진은 영역 내 서로 다른 조직의 실제 영향력을 상대적으로 모르는 상태에서 시작한다. 연구팀은 기존의 연구, 신문 보도, 조직도, 전문가 패널, 그리고 그 밖의 보조 자료에서 그것들을 골라내야 한다. 조사가 분야로 이동하면 목록은 확정된다.

정책네트워크 조사 수단은 조직들이 영역 내에서 자신들 간에 이전하는 정보나 협업과 같은 관련 매체의 종류에 대해 묻는다. 각 조직 응답자는 특정 종류의 관련 매체를 전송하는 모든 특정 조직을 전체 조직 목록에서 점검한다. 네트워크 이름은 네트워크가 포함한 정보와 같은 관련 매체의 종류를 나타낸다. 조사에서 각 유형의 네트워크는 영역에 있는 전체 조직 목록을 갖고 있다. 응답자는 목록의 그 조직이 그러한 관계를 맺고 있는 다른 모든 조직을 목록에서 확인한다. 다른 모든 조직과 그러한 관계를 확인한다. 약간의 각 데이터는 특정한 내용의 쌍의 관계이다.

원칙적으로 매우 다양한 전송 매체가 영역에서 영향을 미칠 수 있다. 예를 들어 매체는 조개껍데기, 공동의 친족 집단, 습관적이거나 강요된 복종, 중요한 정보, 공식적 권위자, 보상금, 장기적 상호주의에 대한 신뢰나 자신감, 공통 상징에 대한 믿음, 공통 이념에 대한 집착 등으로 구성될 수 있다. 조사 길이와 응답자의 피로의 한계를 감안했을 때, 다국적 연구 프로젝트는 공통 조사 수단에서 몇 가지 유형의 네트워크에 대한 질문을 포함할 수 있다. 따라서 프로젝트는 문제, 이론 또는 경험에 근거하여 질문들을 신중하게 선택해야 한다.

주어진 네트워크 유형에 대한 모든 N 조직의 조사 응답은 N x N 데이터 매트릭스로 결합된다. 이 매트릭스는 영역 내 단일 매체 또는 네트워크 유형의 조직 간의 모든 쌍의 전송을 포함한다. 이 매트릭스 데이터를 이용하여, UCINet과 같은 네트워크 분석 프로그램은 통계뿐만 아니라 모든 조직 간의 사회적 거리 총 패턴을 그래픽으로 표현한다.

또한 정책네트워크 조사는 조직 응답자에게 응답 조직의 이슈 관련 지식과 신념, 솔루션 선호도, 자원, 특정 법안 참여, 달성 목표 정도뿐만 아니라 다른 조직의 상대적 인식 영향에 대해 질문한다. 영역이 어떻게 정책을 만드는지를 알고 싶다면, 중요한 정보는 그 정책을 수행하는 정책 선호와 이념과 영역 구성원의 상대적 힘이다. 지금까지의 정치학 연구는 종종 총체적이고 획일적인 양의 권력을 고려해 왔다. 중요한 질문은 누가 권력을 가지고 있고, 누가 갖고 있지 않은가 하는 것이었다. 그러나 현재의 이론들은 권력이 관계적이며 경우에 따라 다른 유형의 유인 네트워크에 의해 만들어질 수 있다고 주장한다.

적극적인 정책 형성 과정은 많은 동적인 상호작용과 전체 네트워크의 혼합으로 구성된다. 이 조사에서는 특정 시간에 특정 국가 영역에서 (측정된 네트워크의) 특별한 혼합을 보여 준다. 이러한 시간으로 나눈 조각 네트워크는 강에 걸쳐 있는 조각과 같은데; 하나의 조각은 전체 강을 나타낼 수 없지만; 다른 곳에서는 찾아볼 수 없는 강의 특별한 성질을 나타낸다. 따라서 이것은 동일한 강의 상류와 하류 모두와 관련이 있다. 동일한 것이 영역 네트워크에도 적용되며, 그 네트워크는 그 네트워크로 이어진 생성된 과거와 미래의 행태도 암시한다. 미래의 행태는 반복되는 패널 조사에 의해 포착될 수 있다. 사례들 간 영역 네트워크의 비교는 네트워크 유형, 패턴, 상호작용, 다른 성질의 혼합을 보여준다. 우리의 사례를 현대의 민족국가들로 국한시키면 이러한 차이가 줄어들지만 제거되지는 않는다.

권력 측정

관계적 권력에 대한 실증적 연구는 1950년대와 1960년대의 커뮤니티 권력 구조 연구와 함께 시작되었다. 그러한 연구들 중에서 권력의 속성과 구성에 대한 많은 논쟁이 증가했으며, 그러한 권력의 측정은 정책네트워크 접근법에 필요하다. 가장 영향력 있었던 정통한 응답자들에게 질문함으로써, 헌터는 애틀랜타에서 주로 정치 주도권을 잡고 있던 기업 지도자들로 구성된, 고도로 중앙 집중화된 비공식 엘리트 권력 구조를 발견하였다(Hunter, 1953). 그는 권력의 **평판도**reputational 척도를 만들었는데, 이는 정책네트워크 조사 도구의 중심 척도이다. Dahl은 뉴헤이븐의 권력 연구에서 이러한 중앙집권적 연구결과에 반대하였다(Dahl, 1961). 그는 공식적인 의사 결정 직위의 관료들이 다양한 이익집단의 많은 요구에 포위되어 있지만, 그들 사이에서 공정한 균형을 찾아 최종 결정을 내렸다는 것을 발견하였다. 이러한 관찰로부터, Dahl은 다원주의 정치 내에서 시장과 같은 공식적인 직책들이 권력을 행사한다는 권력의 **지위**positional 이론을 만들었다. 이들 두 연구는 정체(정치 분야) 내에서 권력의 분배에 대한 논쟁을 지속하게 만들었다. 우리는 또한 조직 자체에서 보고된 정치적 목표 달성 성공률에 토대를 둔 힘의 **행태**behavioral 척도를 참조할 수 있다. 권력과 그 권력 네트워크 측정에 대한 논의는 훨씬 더 깊고 비교적인 정치 연구와 관련이 깊이 있지만, 이런 경우에는 공간적 한계가 권력의 추구를 방해한다(Knoke, 1990; Lukes, 2005; Scott, 2001).

정책네트워크 조사는 권력 측정에 대한 이러한 세 가지 접근법에 대한 데이터를 제공한다. 하나의 네트워크 질문은 응답자에게 정책 영역 내에서 특히 영향력 있는 모든 조직을 확인하도록 요청한다. 모든 응답자의 확인 결과를 합하면 영역에 있는 각 조직에 대한 **평판도** 권력 점수가 산출된다. 평판도 권력은 소문에 근거한 약한 척도 같지만, 정책네트워크 조사에서 참여 정치 전문가들의 평가로부터 나온 것이기 때문에 매우 강력한 척도이다. **지위** 권력은 (여당이나 정당, 대통령이나 총리실 또는 내각, 정부 부처와 그 부서와 같은) 조직 목록에 있는 공식적이고 합법적인 의사결정 기관에 의해 제시된다. 그리고 마지막으로, 조사는 (기후 변화 완화 영역, 탄소세나 배출권 거래제도 결정과 같은) 수많은 정책 결정 사건의 각각의 결과에 각 조직이 참여하고 영향을 미치고자 했던 시도에 의한 조직 스스로의 정치적 성공을 평가하도록 요청해, 권력에 대한 **행태** 척도를 만든다.

정책네트워크 접근법은 실제 권력이 공식 당국에 국한될 필요가 없다고 가정한다. 이것은 반대로 경험적 질문이다. 국가의 정책 결정 과정의 결과와 그 결과에 따라 발생하는 조직은 잠재적으로 국가와 사회, 국내 또는 심지어 국제적인 부문으로부터도 나올 수 있다. 연구자는 논의한 독립적인 힘의 척도를 통해 정책 영역 네트워크 내에서 서로 다른 조직과 네트워크의 상대적인 영향력을 테스트할 수 있다. 어떤 영역에서든 특정 네트워크의 행위자와 유형이 다른 네트워크보다 더 많거나 적은 권력을 발생시키는 것을 보여줄 것이다. 이러한 권력과 영향의 데이터는 다른 인과 가설의 상대적 타당성을 평가하는 데 도움이 된다. 다른 가설에 근거한 요소들은 각 요소들의 영역 내 개별적인 권력 형성에 의해 가중치가 부여되는 혼합형 설명 모형에 통합될 수 있다.

네트워크 이미지: 측정, 해석, 그리고 분석

사회적 거리라는 기본 개념은 사회적, 정치적 네트워크의 측정과 그래픽 표현에 중요하다. 사회적 거리는 A가 D에게 도달하기 위해 통과해야 하는 다른 행위자들의 수로 규정된다. 2차원 평면 위에 사회적 거리로 행위자들을 배열하는 것이 네 명의 행위자의 경우에는 일렬로(A → B → C → D) 또는 하나의 중심 허브가 있는 별 패턴으로 충분히 간단하다. 그러나 그들 간의 여러 개의 연결과 경로로 확장되어 있는 50개에서 130개의 행위자의 경우에, 가장 정확한 표현은 컴퓨터 알고리즘에 의해 결정되는 3차원 이상이 필요하다. 이를 시각적으로 검사하려면 인간은 컴퓨터 알고리즘이 최적의 N차원 솔루션을 최소로 왜곡 투영한 것이라고 판단하는 것으로 주조한 2차원 또는 최대 3차원 영상에서 보아야 한다. 실제로, 이것은 복잡한 네트워크의 평면 투영이 멀리 떨어진 노드를 서로 가까운 곳에 배치하여 근접성의 착각을 일으킬 수 있다는 것을 의미하고 - 이는 명심해야 할 시각적 검사에 대한 경고이다.

정책네트워크 이미지는 전체 네트워크로부터 혹은 적어도 연구팀이 접근할 수 있는 한 네트워크에 가깝게 구성된다. 네트워크 관점에서는 네트워크 패턴이 일종의 그래픽 통계 지표이다. 네트워크 패턴은 사회적 공간을 계산하는 관계적 통계 방법에 의해 달성된다. 일단 그 패턴이 만들어지고, 행위자의 유형이 두드러진 아이콘으로 제시되면, 연구자는 종종 대규모 패턴의 질을 시각적으로 구별할 수 있다. 즉 패턴의 질은 다른 사람들과 동적인 긴장 상태에 있는 클러스터, 정치적 의미가 넘치는 패턴들이다. 이는 사회과학자들 가운데 있는 예술가들을 위해 새롭게 공급하고 있는데, 사회과학자들은 선형적 상관관계보다는 패턴으로 생각하는 경향이 있다(Abbott, 1988). 패턴 자체가 혼란스러운 역동성에서 발생할 수 있는 것처럼, 중심성과 소집단 분석과 같은 네트워크 통계 지표에도 축소될 수 있다. 매개betweenness 척도처럼 다양한 형태의 네트워크 통계가 매우 도움이 될 수 있다. 그러나 동시에 패턴의 해석은 보다 큰 정치적 역학관계와 상세한 사례지식을 통한 복잡한 상호작용의 미세한 차이를 직관적으로 연결시키는 것을 요구한다. 정량적 통계적 측정으로는 이러한 전체론적 패턴이나 그 의미를 충분히 파악할 수 없다. 따라서 정책네트워크 연구는 유연한 해석과 정밀한 정량화의 창의적인 상호작용을 요구한다.

정량적 기술 지표

통계적 척도는 비교연구의 차이를 명확하게 드러낼 수 있는 네트워크의 측면에 대한 중요하고 정확한 정보를 제공한다. 예를 들어 아이콘의 크기를 조정하여 아이콘과 다른 행위자 또는 일부 다른 속성과 교환하는 정보의 양을 반영할 수 있다. 교환 횟수가 많을수록 적어도 주어진 클러스터 내에서는 그 행위자들이 그만큼 더 중심적이다. 크기와 패턴의 분포는 사례마다, 그리고 아마도 주어진 사회 내의 영역마다 다를 것이다. 이러한 통계적 척도는 많은 책에서 상세하게 설명되어 왔고, 여기에서 자세히 검토할 필요는 없다(Prell, 2012; Wasserman and Faust, 1994).[5] 그러나 간단한 요약은 유용할 수 있다.

네트워크 통계는 개별 구성원, 구성원 유형, 하위 그룹 그리고 전체 네트워크에 대한 정량적 점수를 생성한다. 네트워크 측정에서 도출된 개별 행위자 점수에는 내향 연결정도, 외향 연결정도, 중심성과 중개성이 포함된다. 다양한 사례들에서 등장하는 여러 유형의 행위자들을 단순히 세는 것으로 잘 보여줄 수 있다. 응답자는 또한 (위에서 언급한 바와 같이) 영향력 있는 행위자의 평판을 나타내는 점수를 부여할 수 있다. 하위집단 지표는 집합 내에 많은 연결 관계ties를 공유하는 3개로부터 n개에 이르는 일련의 행위자들인 클러스터링에 의해 생성된 다양한 크기와 구성(k-소집단)의 소집단들을 포함한다.[6] 전체 네트워크 점수에는 밀도(실제 가능한 모든 관계의 백분율), 연결성(네트워크에 실제로 연결된 모든 행위자의 백분율), 경로 길이(하나의 관계, 두 개의 관계 등에 의해 도달할 수 있는 행위자들의 백분율)가 포함된다.

네트워크의 일부 개별 클러스터가 결정되면 이들 간의 관계를 조사할 수 있다. 일부 클러스터는 Burt(2005)가 구조적 공백structural holes이라고 했던 것을 형성하여 완전히 격리될 수 있다. 혹은 일부 클러스터들이 그들 사이를 연결하는 하나 이상의 행위자들을 갖고, 그래서 구조적 공백을 건너며, 이론적으로는, 그러한 독특한 위치에 있는 행위자들에게 상대적으로 강력한 사회적 자본과 권력을 부여한다(Gould and Fernandez, 1989; Putnam, 2000).

다른 접근법에서, 블록 모형은 연구자가 복수의 네트워크 매트릭스의 공동 역할 구조를 비교하도록 한다(Wasserman and Faust, 1994, 425-460). 이러한 방법론은 구성원들을 중심 행위자들(지도자들)이 있는 집단과 주변 행위자들(지지자들)이 있는 집단으로 나눈다. 한 연구는 이러한 방법을 미국과 독일의 도시 권력 구조를 비교하는 데 사용하였다(Breiger and Pattison, 1978).

동일한 영역에 있는 여러 네트워크를 처리할 때 매트릭스 상관관계 방법QAP은 매우 유용하다. 그 방법은 2개 이상의 네트워크 간에 일치하거나 겹치는 정도를 나타낸다. 그것은 다음과 같은 질문에 대답하는 데 도움이 될 수 있다. 즉 정치적 지지와 정보 네트워크는 서로 일치하거나 다른 행위자들 그리고/또는 다른 패턴을 수반하는가? 이것은 중요한 이론적 질문일 수 있다. 동일한 행위자가 두 가지 종류의 자원을 모두 전달하는 정도는 시스템 내 특정 유형의 권력 집중을 나타낸다. 예를 들어 기후 변화 완화 영역에서는 기후 변화에 관한 정부간 패널IPCC로부터 중요한 과학적 정보를 받는 행위자들의 중요한 부분 집합이 될 것이다. 이 행위자들도 상호간 정치적 연합에 의해 결합된다면, 그들의 영향은 십중 팔구 더 커질 것이다.

2-모드 네트워크 분석을 사용하면 행위자들의 아이디어 또는 사건에 대한 관계를 연구할 수 있다(Breiger, 1974). 이것은 담론 네트워크 분석기로 개척된 바와 같이 행위자와 담론 사이의 관계를 연구하는 데 유용하게 되었다. 기후 변화 정치의 경우에서, 조직적 행위자들은 이슈의 틀을 만드는 데 있어 다른 선호 방식을 갖고 있다. 기후 변화 정책네트워크 비교 연구의 초기에는 17개 사회의 3개의 주요 신문(2007-2008)으로부터 기후 변화의 틀을 만드는 131가지 다른 방법이 추출되었다. 예를 들어 일부 사례들은 기후 변화에 관한 정부간 패널IPCC이 발표한 기후 변화 관련 과학지식을 받아들였고, 일부 사례들은 그 지식을 거부하였다. 기후 변화 정책네트워크 비교의 정책네트워크 설문 조사에는 행위자 프레임 선호도에 대한 질문도 포함된다. 이것은 담론 분야를 행동 분야와 구분할 수 있게 해준다.

담론 분야는 영역 내에서 두드러진 프레임들과 그 프레임들이 서로 클러스터링을 형성하는 방식을 보여준다. 클러스터의 의미 패턴과 클러스터 사이의 공백은 그 자체로 이슈 영역에 대한 선호의 틀을 만드는 별개의 "문화적" 패턴을 규정한다(Pachucki and Breiger, 2010). 반대로 행동 분야는 행위자들이 어떻게 여러 종류의 자원과 긍정적이거나 부정적인 제재를 이전하거나 교환하면서 다른 행위자들과 관계를 맺는지를 보여준다. 이들 두 개의 분야는 각각 분리해 될 수 있거나 또는 동시에 분석될 수 있다. 후자의 접근법에서는 행위자들이 공통 프레임 윤곽 주위에 클러스터링을 형성하는 방법을 분석함으로써 영역 내 잠재적지지 연합을 구별할 수 있다. 그때, 서로에 대한 실제의 관계에서 동일한 일련의 행위자들이 실제로 중요한 정보를 교환하고 정치적 지지 연합에 함께 참여한다는 것을 보이면, 사람들은 지지 연합의 존재에 대한 매우 강력한 증거를 갖는다. 이 시점부터 위에서 언급한 방식으로 이들 지지 연합의 상대적 권력을 측정하여 정책을 수립하는 데 있어 어떤 연합들이 뜻대로 하는지를 확인할 수 있다. 이는 정책네트워크 접근법이 어떻게 정치적 구성의 구조를 드러내고 배출 경로의 결과로 이어질 수 있는지에 대한 핵심이다. 정책네트워크 비교 분석에 적용된 이러한 네트워크 통계는 비교 기후 변화 완화 정치에서 예시된 바와 같이 정치 시스템의 "다루기 힘든" 복잡성을 더 깊이 파고들 수 있는 새로운 강력한 도구를 제공한다.

과제와 새로운 방향

관계의 사회적, 정치적 접근에서의 의미 포함

위에서 언급한 바와 같이, 정책네트워크 방법론은 많은 질적, 양적 연구에서 꽃을 피웠다. 한 가지 중요한 변화는 관심사와 관심사 기반 선호 연구에서 담론과 문화에 대한 연구를 포함하도록 확장되었다는 것이다. 그러면 관계적 부문에 의미의 부문이 추가된다. 즉, 그것은 어떤 이슈에 대한 행위자들의 의미나 틀의 유사성에 기초한 클러스터링과 문화적 거리를 포함한다. 이런 맥락에서, 담론 네트워크 분석은 프레임을 공유하는 행위자의 수에 따라 의미 클러스터를 개발한다. Breiger는 Burt의 "구조적 공백"과 병행하여 "문화적 공백"을 개발한다(Burt, 1992; Pacjucki and Breiger, 2010). 이러한 문화적 접근방식은 브루디외의 분야 개념을 (경제적, 문화적 자본의 양에 따라 행위자에게 직책을 부여하는 방법의 개선으로) 조작할 수 있게 하는 네트워크 방법을 제공한다(Bourdieu 1984, 1985). Sonnett(2015)는 이러한 접근법을 "망 분야"로 결합했고, Martin (2003)은 이 분야의 관계적 성질로 확장하였다. 또 다른 측면으로, 동적 네트워크에서 패턴의 새로운 성질은 카오스 이론Chaos theory의 효용을 나타낸다 (Gregersen and Sailer, 1993).

복잡성과 카오스

복잡성complexity은 "나비 효과"를 의미하는데, 이는 겉보기에는 대수롭지 않아 보이는 시스템 요소들이 인과적 요인으로 확대될 수 있다는 것이다. 카오스chaos은 하나의 수준에서는 무작위적이고 예측할 수 없는 것처럼 보이지만, 더 높은 수준에서는 패턴을 만들어 낼 수 있는 활동을 말한다. 이 새로운 패턴은 아래의 혼란으로 보이는 것에 질서와 의미를 부여한다. 다양한 유형의 네트워크와 그 구성원이 복잡성과 카오스의 효과를 제공하는 "네트워크의 네트워크"에서 서로 상호작용한다(D'Agostino and Scala, 2014, Lee et al., 2014). 정책네트워크 조사는 다수의 조직 행위자 간에 다수의 네트워크에 대한 데이터를 수집하고, 그렇게 함으로써 다수의 네트워크를 나타낼 수 있도록 한다. 이러한 표시는 물론 조사 도구에서 질문 받았던 **선택된** 조직들 사이의 **측정된** 네트워크로 제한된다. 정보 전송이나 정치적 협업과 같은 각각의 개별 네트워크 유형에는 고유한 관계 패턴에 관여하는 행위자들의 고유한 부분 집합이 포함된다. 연구자는 각 네트워크를 개별적으로 조사하거나, 서로 다른 네트워크 간의 긴장을 점검하거나, 혹은 이 네트워크들을 완전하게 통일된 네트워크로 통합할 수 있다. 다수의 네트워크는 행태에 영향을 미치는 행위자(노드)와 함께 연결된다. 마찬가지로, 전체 네트워크는 시스템과 제도의 운영에 영향을 미치는 복잡한 위상, 네트워크의 긴장과 시너지 내에서 층layers으로 상호 작용한다(Menichetti et al., 2014).

네트워크는 단독으로, 그리고 다중의 시너지로서 패턴을 나타내는데, 클러스터가 빈약한 지역뿐만 아니라 클러스터를 이루는 일련의 행위자들이 촘촘하게 상호 연결된 것을 종종 보여준다. 이 데이터를 통해 연구자는 서로 다른 행위자, 클러스터, 그리고 네트워크의 개별적인 정책 투쟁에 대한 특정 이념과 정책 선호, 권력과 영향의 상대적 크기, 전술 등을 구별할 수 있다. 이러한 뚜렷한 측면들은 상호 보완 또는 긴장의 다양한 관계를 가지고 있으며, 이는 전체 영역 네트워크의 운영에 영향을 미친다. 여기에서 기술된 특별한 분석 능력은 정치과정을 보다 정확하고 차별화된 방식으로 철저하게 추적해 산출물을 낳게 한다. 그 활동은 특정 국가 정책 영역이 일부 정책을 비준하고 다른 정책을 비준하지 않는 이유를 보여준다. 궁극적으로 정책네트워크 접근법은 정치 시스템의 권력 운용에 대한 보다 나은 이해, 즉 정치 시스템이 다양한 산출물과 결과를 생성하는 이유를 보여준다.

새로운 이론 형태

몇 가지 차원을 통합하는 것은 사회와 정체 사이의 깊은 존재론적 형성의 차이에 대한 완전한 설명을 제공한다. 궁극적으로, 이러한 경향은 복합적이고 복잡하며 혼란스러운 사회문화적 네트워크 내에서 사회적 행위자들과 문화적 요소들을 잠재적으로 힘이 있는 공동 행위자로 통합할 것이다(Latour, 2005). 겉보기에는 미묘한 그러한 차이는 정치체제 운영의 다양성에 지대한 영향을 미친다. 아마도 복잡성과 혼란에 대한 논의가 표면적으로는 빗나간 것처럼 보이지만, 그러한 논의는 정치 시스템의 정책네트워크 비교 연구에 의해 상당히 제시되고 요구된다. 정책네트워크 접근법은 이러한 미묘함을 파악하는 새로운 방법을 제공한다.

정책네트워크 접근법의 핵심적 장점은 이상형ideal type으로서 주어진 국가 정책 영역에서 모든 관련 조직 행위자와 아이디어 사이의 상호작용, 이념, 영향력의 모든 관련 모드와 패턴을 한 눈에 볼 수 있게 하는 것이다. 많은 현실적 장애물이 이러한 이상ideal 실현을 방해하지만 그것이 바로 확실한 비전의 목표이다. 패러다임의 관성을 극복한 후 더 엄밀하고 정확한 데이터가 새로운 모형과 이론을 만들도록 하는 경우가 많이 있다. 정책네트워크 방법론은 이러한 위협 또는 전망을 구체화한다. 예를 들어 네트워크에서 단일 조직의 운영과 지위 또는 조직의 유형이나 계층을 고려할 수 있다. 경제부처나 시위운동은 나머지 네트워크와 나란히 배치될 수 있다. 동일한 것이 기업 협회나 노동 협회와 같은 계층이나 조직의 유형에 대해서도 적용된다. 이러한 집중 조명은 계층의 상대적 클러스터링, 응집, 이념, 계층의 정치권력을 드러내고, 그에 따라 집단적 정치 행위자로서 관련성의 정치권력을 드러낸다. 이러한 각광을 받는 각각의 개별 분석은 정부 관료주의나 사회운동 또는 계층과 같이 주어진 유형의 개별 행위자나 집단 행위자를 중심으로 성장해온 이론들에 대한 보다 정제된 시험을 유발하고 가능하게 한다. 그러나 네트워크가 전체적으로 검토될 때, 행위자들의 공동 존재와 그들의 이론적인 후광halo은 어색한 배치를 가져온다. 이것은 체계적인 질문의 열의와 압력 아래 이론 개념을 새로운 혼합형 설명 모형과 이론에 녹여 혼합한다. 이것은 귀납적이라거나 연역적이라기보다는 이론 구축의 귀추의abductive 과정으로 가장 잘 분류된다(Tavory and Timmermans, 2014).[7] 빗대어 말하자면, 그것은 최상의 아이디어와 눈이 맞아 달아난다.

정책네트워크 접근방식에 의해 암시된 이론의 재구성은 심오하고 패러다임을 흔드는 것이다. 정치학에는 "누가 무엇을, 언제, 어떻게 얻게 되는가" 그리고 합리적인 행위자들이 어떻게 그러한 목적을 달성하는가에 대한 지향이 스며들어 있다(Lasswell, 1936). 이러한 개별 행위자에 대한 초점에 정치사회학은 "정치학의 사회적 기반" 즉, 대규모 사회집단, 제도, 형성, 변화에 관심을 더하였다(Lipset, 1963)[8] 정치네트워크에 대한 연구는 이러한 탐구에 새로운 세 번째 상호작용의 관점을 가져다준다. 네트워크 관점은 행위자들이 다른 행위자들과의 상대적으로 안정적인 국지적인 관계들을 만들고 있거나 그 관계들에 착근되어 있다고 주장한다. 비록 관계가 개별 행위자에 의해 합리적이고 도구적으로 만들어지더라도, 결과적으로 나오는 더 큰 관계의 패턴은 강력한 맥락에서 난잡하게 왜곡된다. 하지만 그 관계는 이성적이고 중요한 것 이상일 수 있다. 그들은 심지어 바로 그들의 동기부여와 목표를 형성할 지도 모른다. 행위자들은 네트워크에 포함되어 있을 수도 있고 심지어 그들의 꼭두각시일 수도 있다(Emirbayer, 1997). 게다가 다수의 네트워크가 복잡한 방식으로 상호작용한다. 이러한 의미를 가장 잘 이해하기 위해서는 새로운 관계적 - 상대성 시각을 가져야 한다. 앞서 언급한 한계와 경고에도 불구하고, 정책네트워크 접근법은 새로운 사회 - 정치적 지형을 열어준다. 우리는 이 낯선 형태론을 탐구하면서 기존의 이론들을 시험하고 보다 밀접하게 제시된 세대로 하여금 새로운 질문과 이론을 만들어 내도록 한다.

네트워크 접근의 한계

경험적으로 권력을 파고들면 이 접근법이 허용하는 것처럼 복잡해진다. 노동 정책네트워크 프로젝트로부터 확장된 정책네트워크 데이터에 대한 연구에서, 나는 이 장의 앞부분과 이어지는 절에서 언급한 바와 같이 이론과 측정에 대한 함의에 대해 나름의 결론과 추측에 도달하였다.

중범위에 위치한 서양의 정치 이론은 이해관계에 의해 움직이는 고립되고 이성적인 행위자들로 이루어진 정치 시스템의 구성에 대한 패러다임적 가정을 가지고 있으며, 도구적이고 계산된 전술을 사용하며, 서로에게 힘을 행사하는 권력을 가지고 있다. 각 행위자는 직면하는 총체적인 힘에서 오는 한계에 부딪힌다. 또한 이러한 행위자들은 그들의 행동을 제재할 수도 있는 제도화된 규칙의 상황에서 활동한다. 이러한 견해는 중력이 멀리 떨어져 있어도 물체에게 작용한다는 물리학의 뉴턴 이론과 유사하다. 확실히 이러한 과정은 일종의 관계와 권력 네트워크의 유형을 만들어 낼 수 있다. 수학 그래프 이론에서 나온 공식 조건은 네트워크를 엣지와 노드로 구성된 것으로 나타낸다. 이것은 컴퓨터 네트워크처럼 이행적이고 동질의 다소 선명한 이미지를 투영한다. 이러한 종류의 이미지는 중심성과 중간과 같은 사회적 및 정치적 네트워크를 위한 많은 이론과 통계에 대한 기본적인 가정을 형성한다. 그러나 이러한 가정은 정책네트워크 비교 연구의 방식에 더 많은 패러다임적 장애물을 야기한다.

불행하게도 모든 소셜네트워크 이론, 이미지, 그리고 통계는 치명적이지는 않더라도 무기력해지는 공통적인 결함을 갖고 있다. 그것들은 소셜네트워크가 완전하고 이행적이라고 (처음부터 끝까지 동일한 관계 모드를 끝까지 전달한다고) 가정하는 경향이 있다. 이러한 잘못된 구체화 misplaced concreteness는 많은 네트워크 이론가와 통계학자들이 은연중에 자동적이고 정확한 왕복운동을 하는 전기 또는 컴퓨터 네트워크를 그들의 모형으로 채택하기 때문에 일어난다. 그러나 소셜네트워크는 오히려 전화 게임game of telephone에 가깝게 작동할 수도 있다. 메시지는 노드에서 노드로 전달될 때 훼손되고 변경된다. 정책네트워크 조사(와 전체 네트워크 조사)는 설문 응답자가 표시한 쌍의 링크를 연결하여 네트워크를 생성한다. 우리는 네트워크가 완전하고 이행적이라고 가정한다. 그러나 아마도 구성원들은 한 파트너로부터 받아 다른 파트너에게 줄 때, 같은 정보나 다른 매체를 정확하게 전달하지 않을 것이다. 따라서 연구원은 소셜네트워크의 붕괴 가능성에 대한 회의적인 인식을 유지해야 하고 이미지와 통계로부터 도출된 결론을 정당화할 수 있는 추가 증거를 찾아야 한다.

사회적, 정치적 현실은 훨씬 더 엉망이고 비교해서 보았을 때 더욱 그렇다. Harrison White는 현대의 수학적, 통계적 네트워크 연구의 기반을 마련하였다(Freeman, 2004). 그의 초기 단계 연구의 첫 번째 판인 **정체성과 통제**Identity and Control에서 그는 그의 연구가 문화가 아닌 사회적 관계만을 다룬다고 한다. 두 번째 판에서 그는 문화를 정체성과 동일시하고, 이는 다시금 통제 전략control strategies으로 환원시킨다(White, 2008; Emirbayer, 2004, 8). 그는 행위자와 네트워크를 측정되는 것으로, 분명하고 투명한 관점을 받아들 수 있는 객관적으로 실재하는 존재로 취급한다. 그럼에도 불구하고 그는 다음과 같이 말하면서 끝을 맺는다. "**사회조직은 영향을** 받는, 광물화된 점성물질mineralized goo, **특정 공간의핵심의 놀라운 소 용돌이 그리고 무질서 속의 질서와 같다**"(White, 1992, 127). 이제, 만약 네트 워크가 유일한 현실이라면, 화이트는 그것들이 분리된 픽업스틱스 게임 pick-up-sticks과 닮았다고 말할지도 모른다. 하지만 **점성물질**goo이라는 말 은 그의 직관이 네트워크를 둘러싼 모호하고 덜 명확한 어떤 실체임을 알리고 있음을 암시한다.

우리가 정책네트워크 접근법을 조사하고 비교 연구에 사용할 때, 그 접근법은 우리가 물리학에서의 암흑 물질처럼 점점 더 찐득찐득하게 인 식하도록 한다. 행위자와 네트워크는 계산된 **권력**Macht 이외의, 권력 노 선 그 자체 이외의 다른 요소로 구성될 수 있다. 특정 사회에서, 노동에 서의 힘의 총합은 행위자와 관계가 무너지는 상황valleys을 만들 수 있는 데, 그 상황은 미리 결정된 선을 따라 고정화되고 구체화된다. 네트워크 형성에 대한 이러한 관점은 아인슈타인의 중력에 대한 관점과 유사한데, 그 관점은 뉴턴과 달리 중력을 물체가 낙하하는 시공간에서의 곡률로 본 다(Hawking, 1996). 국가 사회 전체는 특정 행위자 유형과 그 국가의 정치 과정에서의 관계를 생성하는 문화적, 사회적 교육과 광범위한 비공식적, 공식적 제도에 의해 오랜 시간에 걸쳐 형성된다. 이러한 현실은 합리적 행위자 이론보다는 관계적 네트워크 이론에 의해 더 잘 접근할 수 있지만(Emirbayer and Goodwin, 1994; Emirbayer, 1997), 이 이론조차도 사회를 포괄하는 존재론을 파악하지는 못한다.

결론

고대 그리스인들을 시작으로 지난 수세기 동안 국가 간 비교에 토대를 둔 정치학 연구 분야는 계층, 문화, 합리적 행위자 경쟁, 제도 등을 비롯해 정책 형성의 동인에 대한 다양한 거시적 이론들을 발전시켜 왔다. 증거들은 주로 특정 요소들이나 광범위한 통계적 경향들을 강조하는 서술적 사례 연구들로 구성되었다. 둘 다 특정한 메커니즘과 체계적으로 추적 가능한 권력의 관계적 패턴을 결여하고 있어서 여전히 모호하다. 반면에, 정책네트워크 연구의 새로운 접근방식은 이러한 이론 중 특정한 것에 의해 기껏해야 부분적으로만, 그리고 스쳐지나가는 식으로 설명되었던, 예측하지 못하고, 가변적이며, 복잡한 역학으로 연구를 추진하고 있다. 단일 사례에서 단일 영역만 조사할 경우조차도 정책네트워크 매개 관계 관점은 놀라운 것이다. 그러나 비교 방법은 항상 사회과학 이론 구축의 어머니였다. 정책네트워크 접근방식은 다른 국가 정치 시스템 간의 동일한 정책 영역을 비교하기 위해 사용될 때, 탐색 마인드에 큰 자극을 주는 미묘한 차이를 갖는 뚜렷한 구성들을 드러낸다. 다양한 구성들은 실제 프로세스가 얼마나 미묘하고 깊게 다를 수 있는지를 보여준다. 그것들은 매우 다른 행위자, 동기, 담론, 관계형 네트워크 양식의 혼합을 통해 힘과 결과를 생산할 수 있다. 따라서 이러한 복잡한 중간 수준의 역학을 깊게 들여다보고 비교함으로써 오래된 이론들의 타당성을 재고하고 새롭게 관찰된 현실을 보다 서술적이고 예측 가능한 새로운 혼합형 모형과 이론을 만들게 된다. 이러한 방식으로 정책네트워크 접근법은 정치

연구를 심도 있게 재구성할 수 있는 잠재력을 가지고 있다.

주석

1) 반대로, 소셜네트워크 분석의 보다 큰 학파는 소집단 또는 개별 집단 간 상호작용에 초점을 맞추고 있다(Freeman, 2004).

2) 기후 변화 정책네트워크 비교(Compon) 프로젝트 웹사이트 www.compon.org.

3) 정책네트워크를 비교하면서, 기후 변화 정책네트워크 비교 프로젝트는 마지막 단계에서 정책네트워크를 질적비교분석(QCA, Qualitive Compariative Analysis)이라고 알려진 분석 과정에 입력한다. 이 과정은 사례가 새로운 지구적 완화 레짐을 어느 정도 준수하도록 이끄는 인과 경로 검색을 용이하게 한다(Ragin and Becker, 1992).

4) 아마도 이러한 관점에서 가장 심도 있는 이론적 프로그램은 Latour(2005)의 연구에서 나온 것일 수 있다.

5) 네트워크 매트릭스에 대해 이러한 분석을 실행하는 통계 알고리즘은 UCINet과 같은 네트워크 분석 소프트웨어 패키지에서 사용할 수 있다(Borgatti, Everett, Freeman, 2002).

6) 퍼트남(Robert Putnam)이 유대관계라고 말한 것(Putnam, 2000).

7) 이는 사회과학 대학원 과정에서 종종 가르치는 연역 이론 가설 테스트 접근법과 정반대로 실행된다. 후자는 거시 제도적, 사건-설명적, 그리고 통상 환원주의 연구의 전형적인 현실과 이론 사이의 다소 느슨한 연결을 가져온다.

8) 립셋은 미국 사회학 협회(1993-1994) 회장과 미국 정치학 협회(1981- 1982) 회장을 역임하였다.

제11장

Arquilla, J., and Ronfeld, D. (1999). *Networks and Netwar, the Future of Terror, Crime, and Militancy*. Washington, DC: Rand Corporation.

Asal, V., and Rethemeyer, R. K. (2008). "The Nature of the Beast: Organizational Structures and the Lethality of Terrorist Attacks." *Journal of Politics* 70: 437-449.

Bowen, D. (2000). "Something Must Be Done—Military Intervention." *Studies in Conflict and Terrorism* 23(1): 1-19.

Brams, J. S., Mutlu, H., and Ramirez, S. L. (2006). "Influence in Terrorist Networks: From Undirected to Directed Graphs." *Studies in Conflict & Terrorism* 29(7): 703-718.

Cafiero, G., and Certo, P. (2014). "Hamas and Hezbollah Agree to Disagree on Syria." *Atlantic Council*, January 30 http://www.atlanticcouncil.org/blogs/menasource/hamas-and-hezbollah-agree-to-disagree-on-syria.

Cale, H., and Horgan, J. (2012). "Methodological Triangulation in the Analysis of Terrorist Networks." *Studies in Conflict & Terrorism* 35(2): 182-192.

Carley, M. K., Diesner, K., Reminga, J., and Tsevetovat, M. (2006). "Towards an Interoperable Dynamic of Network Analysis Toolkit." *Decisions Support System* 43(4): 1324-1347.

Carley, K., Dombroski, M., Tsvetovat, M., Reminga, J., and Kamneva, N. (2003). "Destabilizing Dynamic Covert Networks." In *Proceedings of the 8th International Command and Control Research and Technology Symposium*, Washington, DC: National Defens e War College. http://www.casos.cs.cmu.edu/publications/papers/a2c2_carley_200 3_destabilizing.pdf.

Carley, M. K., Ju-Sung, L., and Krackhardt, D. (2002). "Destabilizing Network." *Connections* 24: 79-92.

Cerlinsten, D. R., and Schmid, A. (1992). "Western Response to Terrorism: A Twenty Five Year Balance Sheet." *Terrorism and Political Violence* 4(4): 307-340.

Chalk, P. (1998). "The Response to Terrorism as a Threat to Liberal Democracy." *Australian Journal of Politics and History* 44(3): 373-388.

Coughlin, C. (2015). "Iran Is Intensifying Efforts to Support Hamas in Gaza." *The

Telegraph, April 4. http://www.telegraph.co.uk/news/worldnews/middleeast/iran/1 1515603/Iran-is-intensifying-efforts-to-support-Hamas-in-Gaza.html.

Diesner, J., and Carley, M. K. (2008). "Conditional Random Fields for Entity Extraction and Ontological Text Coding." *Computational and Mathematical Organization Theory*, 14(3): 248-262.

Groenewold, K. (1992). "The German Federal Republic's Response and Civil Liberties." *Terrorism and Political Violence* 4(4): 136-150.

Hafez, M. M., and Hatfield, M. J. (2006). "Do Targeted Assassinations Work? A Multivariate Analysis of Israel's Controversial Tactic during Al-Aqsa Uprising." *Studies in Conflict & Terrorism* 29(4): 359-382.

Harik, P. J. (2004). *Hezbollah: The Changing Face of Terrorism*. London: Tauris.

Helfstein, S., and Wright, D. (2011). "Covert or Convenient? Evolution of Terror Attack Networks," *Journal of Conflict Resolution* 55(5): 785-813.

Hoffman, B. (1999). "Terrorism Trends and Prospects." In *Countering the New Terrorism*, edited by I. Lesser, pp.7-38. Santa Monica, CA: RAND.

Hoyt, D. T. (2004). "Military Force." In *Attacking Terrorism*, edited by J. M. Ludes and A. K. Cronin, pp.162-185. Washington, DC: Georgetown University Press.

Jackson, A. B. (2006). "Groups, Networks, or Movements: A Command-and-Control-Driven Approach to Classifying Terrorist Organizations and Its Application to Al Qaeda." *Studies in Conflict & Terrorism* 29(3): 241-262.

Jones, D., Smith, L. R. M., and Wedding, M. (2003). "Looking for the Pattern: Al Qaeda in South East Asia—The Genealogy of a Terror Network." *Studies in Conflict and Terrorism* 26(6): 443-457.

Katzenstein, J. P. (2003). "Same War-Different Views: Germany, Japan, and Counter-terrorism." *International Organization* 57(4): 731-760.

Koschade, S. (2006). "A Social Network Analysis of Jemaah Islamiyah: The Applications to Counterterrorism and Intelligence." *Studies in Conflict & Terrorism* 29(6): 559-575.

Krebs, E. V. (2002). "Mapping Network of Terrorist Cells," *Connections* 24: 43-52.

Kurz, A. (2003) "New Terrorism: New Challenges, Old Dilemmas." *Strategic Assessment* 6. http://www.inss.org.il/uploadImages/systemFiles/New%20Terrorism%20New% 20Challenges %20Old%20Dilemmas.pdf

Laqueur, W. (1999). *The New Terrorism. Fanaticism and the Arms of Mass Destruction*. New York: Oxford University Press.

Laszlo-Barabasi, A., and Bonabeau, E. (2003). "Scale-Free Networks." *Scientific American* 288(5): 60-69.

McAllister, B. (2004). "Al Qaeda and the Innovative Firm: Demythologizing the

Network," *Studies in Conflict and Terrorism* 27: 297-319.

McKinley, M. (1984). "The International Dimensions of Terrorism in Ireland." In *Terrorism in Ireland*, edited by Y. Alexander and A. O'Day, pp.3-30. New York: Routledge.

Milton, D., and Al-Ubaydi, M. (2015). "Pledging Bay`a: A Benefit or a Burden to the Islamic State?" *CTC Sentinel* 8(3). https://www.ctc.usma.edu/posts/march-2015 -baya-special-issue.

Mishal, S. (2003). "The Pragmatic Dimension of the Palestinian Hamas: A Network Perspective." *Armed Forces and Society* 29(4): 569-589.

Moghadam, A. (2015). "Terrorist Affiliations in Context: A Typology of Terrorist Inter-Group Cooperation." *CTC Sentinel* 8(3). https://www.ctc.usma.edu/posts/t errorist-affiliations-in-context-a-typology-of-terrorist-inter-group-cooperation.

Momatz, R. (2012). "Iran's Revolutionary Guard Accused in Israeli Embassy Bombing: Report." *ABC News*, July 30. http://abcnews.go.com/Blotter/irans-revolutionary- guard-accused-israeli-embassy-bombing-report/story?id=16888481.

Omelicheva, Y. M. (2007). "Combating Terrorism in Central Asia: Explaining Differences in States' Responses to Terror." *Terrorism and Political Violence* 19(3): 369-393.

Pedahzur, A., and Perliger, A. (2006). "The Changing Nature of Suicide Attacks—A Social Network Perspective." *Social Forces* 84(4): 1983-2004.

Perliger, A. (2012). "How Democracies Respond to Terrorism: Regime Characteristics, Symbolic Power, and Counter-Terrorism." *Security Studies* 21(3): 490-528.

Perliger, A. (2013). *Challengers from the Sidelines, Understanding the American Violent Far Right.* West Point, NY: Combating Terrorism Center.

Perliger, A. (2014). "Terrorist Networks' Productivity and Durability—A Comparative Multi-level Analysis." *Perspectives on Terrorism* 8(4): 36-52.

Perliger, A., and Pedahzur, A. (2011). "Social Network Analysis in the Study of Terrorism and Political Violence." *PS: Political Science and Politics* 44(1): 45-50.

Perliger, A., and Pedahzur, A. (2014). "Political Violence and Counter-Culture Communities —An Alternative Outlook on Religious Terrorism," *Political Studies*, 10. doi:10.111 1/1467-9248.12182

Perliger A., Pedahzur, A., and Zalmanovitch, Y. (2005). "The Defensive Dimension of the Battle against Terrorism—An Analysis of Management of Terror Incidents in Jerusalem." *Journal of Contingencies and Crisis Management* 13(2): 79-91.

Porter, Geoff. (2015). "What to Make of the Bay`a in North Africa?" *CTC Sentinel* 8(3). https://www.ctc.usma.edu/posts/what-to-make-of-the-baya-in-north-africa.

Qin, J., Xu, J. J., Hu, D., Sageman, M., and Chen, H. (2005). "Analyzing Terrorist Networks: A Case Study of the Global Salafi Jihad Network." *Intelligence and*

Security Informatics 3495: 287-304.

Regular, A. (2003). "Hebron's Playing, and Plotting Field." *Haaretz Daily*, May 3. http://www.haaretz.com/print-edition/news/hebron-s-playing-and-plotting-field-1.89861 (Hebrew).

Rodríguez, J. (2005). "The March 11th Terrorist Network: In Its Weakness Lies Its Strength." Paper presented at XXV International Sunbelt Conference, Los Angeles, February 16-20.

Sageman, M. (2004). *Understanding Terror Networks*. Philadelphia: University of Pennsylvania Press.

Sageman, M. (2011). *Leaderless Jihad: Terror Networks in The Twenty-First Century*. Philadelphia: University of Pennsylvania Press.

Parkinson, S. (2013). "Organizing Rebellion: Rethinking High-Risk Mobilization and Social Networks in War." *American Political Science Review* 107(3): 418-432.

Savage, C., and Shane, S. (2011). "Iranians Accused of a Plot to Kill Saudies' US Envoy." *New York Times*, October 11. http://www.nytimes.com/2011/10/12/us/us-accuses-iranians-of-plotting-to-kill-saudi-envoy.html?_r=0.

Schmid, P. A. (1992). "Terrorism and Democracy." *Terrorism and Political Violence* 4(4): 14-15.

Stohl, C., and Stohl, M. (2007). "Networks of Terror: Theoretical Assumptions and Pragmatic Consequences." *Communication Theory* 17(2): 93-124.

Tsvetovat, M., and Carley, M. K. (2005). "Structural Knowledge and Success of Anti-Terrorist Activity: The Downside of Structural Equivalence." *Journal of Social Structure* 6. http://repository.cmu.edu/isr/43/.

Wilkinson, P. (2000). *Terrorism Versus Democracy: The Liberal State Response*. New York: Routledge.

Zenn, J. (2015). "A Biography of Boko Haram and the Bay`a to al-Baghdadi." *CTC Sentinel* 8(3). https://www.ctc.usma.edu/posts/pledging-baya-a-benefit-or-burden-to-the-islamic-state.

제12장

Abeysinghe, T., and Forbes, K. (2005). "Trade Linkages and Output-Multiplier Effects: A Structural VAR Approach with a Focus on Asia." *Review of International Economics* 13: 356-375.

Adarov, A., Kali, R., and Reyes, J. (2009). "Stock Market Synchronicity and the Global Trade Network: A Random-Walk Approach." Working paper, Department of Economics, Sam M. Walton College of Business, University of Arkansas, Fayetteville.

Alatriste Contreras, M. G., and Fagiolo, G. (2014). "Propagation of Economic Shocks in Input-Output Networks: A Cross-Country Analysis." *Physical Review E* 90(December): 062812.

Albert, R., and Barabási, A.-L. (2002). "Statistical Mechanics of Complex Networks." *Review of Modern Physics* 74: 47-97.

Alcalá, F., and Ciccone, A. (2004). "Trade and Productivity." *Quarterly Journal of Economics* 119: 612-645.

Almog, A., Squartini, T., and Garlaschelli, D. (2015). "A GDP-Driven Model for the Binary and Weighted Structure of the International Trade Network." *New Journal of Physics* 17: 013009.

Anderson, J. E. (2011). "The Gravity Model." *Annual Review of Economics* 3: 133-160.

Artis, M., Galvão, A.-B., and Marcellino, M. (2003). "The Transmission Mechanism in a Changing World." Economics Working Papers ECO2003/18. European University Institute.

Barabási, A.-L. (2015). *Network Science.* Cambridge, UK: Cambridge University Press.

Barabási, A.-L., and Albert, R. (1999). "Emergence of Scaling in Random Networks." *Science* 286: 509-512.

Barigozzi, M., Fagiolo, G., and Garlaschelli, D. (2010). "The Multi-Network of International Trade: A Commodity-Specific Analysis." *Physical Review E* 81: 046104.

Barigozzi, M., Fagiolo, G., and Mangioni, G. (2011). "Identifying the Community Structure of the International-Trade Multi Network." *Physica A* 390: 2051-2066.

Boccaletti, S., Bianconi, G., Criado, R., del Genio, C., Gómez-Gardeñes, J., Romance, M., Sendiña-Nadal, I., Wang, Z., and Zanin, M. (2014). "The Structure and Dynamics of Multilayer Networks." *Physics Reports* 544: 1-122.

Breiger, R. (1981). "Structure of Economic Interdependence among Nations." In *Continuities in Structural Inquiry,* edited by P. M. Blau and R. K. Merton, pp.353-380. Newbury Park, CA: Sage.

Cerina, F., Zhu, Z., Chessa, A., and Riccaboni, M. (2015). "World Input-Output Network." *PLOS ONE* 10: e0134025.

Dalin, C., Konar, M., Hanasaki, N., Rinaldo, A., and Rodriguez-Iturbe, I. (2012). "Evolution of the Global Virtual Water Trade Network." *Proceedings of the National Academy of Sciences* 109: 5989-5994.

De Benedictis, L., Nenci, S., Santoni, G., Tajoli, L., and Vicarelli, C. (2013). "Network Analysis of World Trade Using the BACI-CEPII Dataset." Working Papers 2013-24. CEPII.

De Benedictis, L., and Taglioni, D. (2011). "The Gravity Model in International Trade."

In *The Trade Impact of European Union Preferential Policies*, edited by L. De Benedictis and L. Salvati, pp.55-89. Berlin and Heidelberg: Springer.

De Benedictis, L., and Tajoli, L. (2011). "The World Trade Network." *The World Economy* 34: 1417-1454.

D'Odorico, P., Carr, J. A., Laio, F., Ridolfi, L., and Vandoni, S. (2014). "Feeding Humanity Through Global Food Trade." *Earth's Future* 2: 458-469.

Dorussen, H., and Ward, H. (2010). "Trade Networks and the Kantian Peace." *Journal of Peace Research* 47: 29-42.

Dueñas, M., and Fagiolo, G. (2013). "Modeling the International-Trade Network: A Gravity Approach." *Journal of Economic Interaction and Coordination* 8(1): 155-178.

Dueñas, M., and Fagiolo, G. (2014). "Global Trade Imbalances: A Network Approach." *Advances in Complex System* 17: 1-19.

Duernecker, G., Meyer, M., and Vega-Redondo, F. (2012). "Being Close to Grow Faster: A Network-Based Empirical Analysis of Economic Globalization." Economics Working Papers ECO2012/05. European University Institute.

Egger, P. H., von Ehrlich, M., and Nelson, D. R. (2012). "Migration and Trade." *The World Economy* 35: 216-241.

Erdős, P., and Rényi, A. (1960). "On the Evolution of Random Graphs." *Publication of the Mathematical Institute of the Hungarian Academy of Sciences* 5: 17-61.

Fagiolo, G. (2010). "The International-Trade Network: Gravity Equations and Topological Properties." *Journal of Economic Interaction and Coordination* 5: 1-25.

Fagiolo, G., and Mastrorillo, M. (2014). "Does Human Migration Affect International Trade? A Complex-Network Perspective." *PLOS ONE* 9: 1-11.

Fagiolo, G., Schiavo, S., and Reyes, J. (2008). "On the Topological Properties of the World Trade Web: A Weighted Network Analysis." *Physica A* 387: 3868-3873.

Fagiolo, G., Schiavo, S., and Reyes, J. (2009). "World-trade Web: Topological Properties, Dynamics, and Evolution." *Physical Review E* 79: 036115.

Fagiolo, G., Schiavo, S., and Reyes, J. (2010). "The Evolution of the World Trade Web: A Weighted-Network Approach." *Journal of Evolutionary Economics* 20: 479-514.

Fan, Y., Ren, S., Cai, H., and Cui, X. (2014). "The State's Role and Position in International Trade: A Complex Network Perspective." *Economic Modelling* 39: 71-81.

Felbermayr, G. J., and Kohler, W. (2006). "Exploring the Intensive and Extensive Margins of World Trade." *Review of World Economics (Weltwirtschaftliches Archiv)* 142: 642-674.

Forbes, K. (2002). "Are Trade Linkages Important Determinants of Country Vulnerability to Crises?" In *Preventing Currency Crises in Emerging Markets*, edited by S. Edwards and J. A. Frankel, pp.77-132, Chicago: University of Chicago Press.

Fortunato, S. (2010). "Community Detection in Graphs." *Physics Reports* 486: 75-174.

Foti, N. J., Pauls, S., and Rockmore, D. N. (2013). "Stability of the World Trade Web Over Time—An Extinction Analysis." *Journal of Economic Dynamics and Control* 37: 1889-1910.

Frankel, J. A., and Romer, D. H. (1999). "Does Trade Cause Growth?" *American Economic Review* 89: 379-399.

Fronczak, A., and Fronczak, P. (2012). "Statistical Mechanics of the International Trade Network." *Physical Review E* 85: 056113.

Garlaschelli, D., and Loffredo, M. (2005). "Structure and Evolution of the World Trade Network." *Physica A* 355: 138-144.

Gereffi, G. (1999). "International Trade and Industrial Upgrading in the Apparel Commodity Chain." *Journal of International Economics* 48: 37-70.

Hafner-Burton, E. M., Kahler, M., and Montgomery, A. H. (2009). "Network Analysis for International Relations." *International Organization* 63(July): 559-592.

Haldane, A. G. (2013). "Rethinking the financial Network." In *Fragile Stabilität—stabile Fragilität*, edited by S. A. Jansen, E. Schröter and N. Stehr, pp.243-278. Wiesbaden: Springer Fachmedien.

He, J., and Deem, M. W. (2010). "Structure and Response in the World Trade Network." *Physical Review Letters* 105: 198701.

Head, K., and Mayer, T. (2013). "Gravity Equations: Workhorse, Toolkit, and Cookbook." CEPR Discussion Papers 9322. C.E.P.R.

Helliwell, J. F., and Padmore, T. (1985). "Empirical Studies of Macroeconomic Interdependence." In *Handbook of International Economies*, edited by R. Jones and P. Kenen, pp.1107-1151, Elsevier Science Publishers B.V.

Hilgerdt, F. (1943). "The Case for Multilateral Trade." *American Economic Review* 33: 393-407.

Ijiri, Y., and Simon, H. A. (1977). *Skew Distributions and Sizes of Business Firms. Studies in Mathematical and Managerial Economics* 24. New York: North-Holland.

Kali, R., and Reyes, J. (2007). "The Architecture of Globalization: A Network Approach to International Economic Integration." *Journal of International Business Studies* 38: 595-620.

Fagiolo, G. (2010). "The International-Trade Network: Gravity Equations and Topological Properties." *Journal of Economic Interaction and Coordination* 5: 1-25.

Fagiolo, G., and Mastrorillo, M. (2014). "Does Human Migration Affect International Trade? A Complex-Network Perspective." *PLOS ONE* 9: 1-11.

Fagiolo, G., Schiavo, S., and Reyes, J. (2008). "On the Topological Properties of the World Trade Web: A Weighted Network Analysis." *Physica A* 387: 3868-3873.

Fagiolo, G., Schiavo, S., and Reyes, J. (2009). "World-trade Web: Topological Properties, Dynamics, and Evolution." *Physical Review E* 79: 036115.

Fagiolo, G., Schiavo, S., and Reyes, J. (2010). "The Evolution of the World Trade Web: A Weighted-Network Approach." *Journal of Evolutionary Economics* 20: 479-514.

Fan, Y., Ren, S., Cai, H., and Cui, X. (2014). "The State's Role and Position in International Trade: A Complex Network Perspective." *Economic Modelling* 39: 71-81.

Felbermayr, G. J., and Kohler, W. (2006). "Exploring the Intensive and Extensive Margins of World Trade." *Review of World Economics (Weltwirtschaftliches Archiv)* 142: 642-674.

Forbes, K. (2002). "Are Trade Linkages Important Determinants of Country Vulnerability to Crises?" In *Preventing Currency Crises in Emerging Markets*, edited by S. Edwards and J. A. Frankel, pp.77-132, Chicago: University of Chicago Press.

Fortunato, S. (2010). "Community Detection in Graphs." *Physics Reports* 486: 75-174.

Foti, N. J., Pauls, S., and Rockmore, D. N. (2013). "Stability of the World Trade Web Over Time—An Extinction Analysis." *Journal of Economic Dynamics and Control* 37: 1889-1910.

Frankel, J. A., and Romer, D. H. (1999). "Does Trade Cause Growth?" *American Economic Review* 89: 379-399.

Fronczak, A., and Fronczak, P. (2012). "Statistical Mechanics of the International Trade Network." *Physical Review E* 85: 056113.

Garlaschelli, D., and Loffredo, M. (2005). "Structure and Evolution of the World Trade Network." *Physica A* 355: 138-144.

Gereffi, G. (1999). "International Trade and Industrial Upgrading in the Apparel Commodity Chain." *Journal of International Economics* 48: 37-70.

Hafner-Burton, E. M., Kahler, M., and Montgomery, A. H. (2009). "Network Analysis for International Relations." *International Organization* 63(July): 559-592.

Haldane, A. G. (2013). "Rethinking the financial Network." In *Fragile Stabilität—stabile Fragilität*, edited by S. A. Jansen, E. Schröter and N. Stehr, pp.243-278. Wiesbaden: Springer Fachmedien.

He, J., and Deem, M. W. (2010). "Structure and Response in the World Trade Network." *Physical Review Letters* 105: 198701.

Head, K., and Mayer, T. (2013). "Gravity Equations: Workhorse, Toolkit, and Cookbook." CEPR Discussion Papers 9322. C.E.P.R.

Helliwell, J. F., and Padmore, T. (1985). "Empirical Studies of Macroeconomic Interdependence." In *Handbook of International Economies*, edited by R. Jones and P. Kenen, pp.1107-1151, Elsevier Science Publishers B.V.

Hilgerdt, F. (1943). "The Case for Multilateral Trade." *American Economic Review* 33: 393-407.

Ijiri, Y., and Simon, H. A. (1977). *Skew Distributions and Sizes of Business Firms. Studies in Mathematical and Managerial Economics 24*. New York: North-Holland.

Kali, R., and Reyes, J. (2007). "The Architecture of Globalization: A Network Approach to International Economic Integration." *Journal of International Business Studies* 38: 595-620.

Serrano, A., Boguñá, M., and Vespignani, A. (2007). "Patterns of Dominant Flows in the World Trade Web." *Journal of Economic and Coordination* 2: 111-124.

Sgrignoli, P., Metulini, R., Schiavo, S., and Riccaboni, M. (2015). "The Relation between Global Migration and Trade Networks." *Physica A: Statistical Mechanics and Its Applications* 417: 245-260.

Sinha, S., Chatterjee, A., Chakraborti, A., and Chakrabarti, B. (2010). *Econophysics: An Introduction*. Hoboken, NJ: John Wiley & Sons.

Smith, D., and White, D. (1992). "Structure and Dynamics of the Global Economy: Network Analysis of International Trade, 1965-1980." *Social Forces* 70: 857-893.

Snyder, D., and Kick, E. (1979). "Structural Position in the World System and Economic Growth 1955-70: A Multiple Network Analysis of Transnational Interactions." *American Journal of Sociology* 84: 1096-1126.

Squartini, T., Fagiolo, G., and Garlaschelli, D. (2011a). "Randomizing World Trade, I: A Binary Network Analysis." *Physical Review E* 84: 046117.

Squartini, T., Fagiolo, G., and Garlaschelli, D. (2011b). "Randomizing World Trade, II: A Weighted Network Analysis." *Physical Review E* 84: 046118.

Squartini, T., Fagiolo, G., and Garlaschelli, D. (2013). "Null Models of Economic Networks: The Case of the World Trade Web." *Journal of Economic Interaction and Coordination* 8: 75-107.

Squartini, T., and Garlaschelli, D. (2011). "Analytical Maximum-Likelihood Method to Detect Patterns in Real Networks." *New Journal of Physics* 13: 083001.

van Bergeijk, P., and Brakman, S. (Eds.). (2010). *The Gravity Model in International Trade*. Cambridge, UK: Cambridge University Press.

Vega Redondo, F. (2007). *Complex Social Networks*. New York: Cambridge University Press.

Ward, M. D., Ahlquist, J. S., and Rozenas, A. (2013). "Gravity's Rainbow: A Dynamic Latent Space Model for the World Trade Network." *Network Science* 1: 95-118.

West, D. B. (2001). *Introduction to Graph Theory*. New York: Prentice Hall.

Wilkinson, D. (2002). "Civilizations as Networks: Trade, War, Diplomacy, and Command-Control." *Complexity* 8: 82-86.

제13장

Abbott, Kenneth W. and Snidal, D. (2010). "International regulation without international gov\-ernment: Improving IO performance through orchestration." *The Review of International Organizations* 5(3): 315-344.

Agranoff, R. (2007). *Managing Within Networks: Adding Value to Public Organizations*. Washington, DC: Georgetown University Press.

Agranoff, R., and McGuire, M. (2011). "The Limitations of Public Management Networks." *Public Administration* 89(2): 265-284.

Amnesty International. (2003). "Letter to Louise Fréchette Raising Concerns on UN Global Compact," April 7. https://www.globalpolicy.org/component/content/article /177/31749. html (accessed March 22, 2015).

Ansell, C., and Gash, A. (2007). "Collaborative Governance in Theory and Practice." *Journal of Public Administration Research and Theory* 18(4): 543-571.

Arevalo, J. A., and Aravind, D. (2010). "The Impact of the Crisis on Corporate Responsibility: The Case of UN Global Compact Participants in the USA." *Corporate Governance* 10(4): 406-420.

Betsill, M. M. (2014). "Transnational Actors in International Environmental Politics." In *Advances in International Environmental Politics*, edited by Michelle M. Betsill, Kathryn Hockstetler, Dimitries Stevis (UK: Palgrave Macmillan), pp.185-210.

Carlsson, L., and Sandström, A. (2008). "Network Governance of the Commons." *International Journal of the Commons* 2(1): 33-54.

Castells, M. (2008). "The New Public Sphere: Global Civil Society, Communication Networks, and Global Governance." *Annals of the American Academy of Political and Social Science* 616(1): 78-93.

CorpWatch. (2000). "Letters to Kofi Annan Blasting the Global Compact Corporations," July 25. http://www.corpwatch.org/article.php?id=961#july20 (accessed September 25, 2015).

Eilstrup-Sangiovanni, M. (2014). "Network Theory and Security Governance." In *Handbook of Governance and Security*, edited by J. Sperling (Cheltenham, UK: E. Elgar Publishing), pp.41-63.

Eilstrup-Sangiovanni, M., and Jones, C. (2008). "Assessing the Dangers of Illicit Networks: Why Al-Qaeda May Be Less Dangerous Than Many Think."

International Security 33(2): 7-44.

Emirbayer, M. (1997). "Manifesto for a Relational Sociology." *American Journal of Sociology* 103: 281-317.

Faul, M. V. (2015). "Networks and Power: Why Networks Are Hierarchical Not Flat, and What to Do about It." *Global Policy Journal.* doi: 10.1111/1758-5899.12270

Fomerand, J. (2003). "Mirror Tool, or Linchpin for Change? The UN and Development." International Relations Studies and UN Occasional Papers no. 2.

Gulati, R., Lavie, D., and Madhavan, R. (2011). "How Do Networks Matter? The Performance Effects of Interorganizational Networks." *Research in Organizational Behavior* 31: 207-224.

Hafner-Burton, E., Kahler, M., and Montgomery, A. H. (2009). "Network Analysis for International Relations." *International Organization* 63(2): 559-592.

Head, B. W. (2008). "Assessing Network-based Collaborations: Effectiveness for Whom?" *Public Management Review* 10(6): 733-749.

Hoemen, P. (2013). "Is the UN Global Compact Leadership Summit an Effective Forum for Change?" *Guardian*, Friday 6 September 2013.

Huppé, G., Creech, H., and Knoblauch, D. (2012). *The Frontiers of Networked Governance.* International Institute for Sustainable Development. http://www.iisd.org/pdf/2012/fron\-tiers_networked_gov.pdf.

Initiatief Duurzame Handel (IDH): Sustainable Trade Initiative. (n.d.). "What We Do." http://www.idhsustainabletrade.com/what-we-do.

International Monetary Fund (IMF). (2016). "The IMF and Civil Society Organizations." http://www.imf.org/en/About/Factsheets/The-IMF-and-Civil-Society-Organizations.

Kahler, M., ed. (2009). *Networked Politics: Agency, Power, and Governance.* Ithaca, NY: Cornell University Press.

Keck, M. E., and Sikkink, K. (1998). *Activists beyond Borders: Advocacy Networks in International Politics.* Ithaca, NY: Cornell University Press.

Kersbergen, K. van, and Waarden, F. van. (2004). "Governance as a Bridge between Disciplines: Cross-disciplinary Inspiration Regarding Shifts in Governance and Problems of Governability, Accountability and Legitimacy." *European Journal of Political Research* 43(2): 143-171.

Kirchner, E. J. (2006). "The Challenge of European Union Security Governance." *Journal of Common Market Studies* 44(5): 945-966.

Kirchner, E., and Sperling, J. (2007). *EU Security Governance.* Manchester, UK: Manchester University Press.

Klijn, E. H., Ysa, T., Sierra, V., Berman, E., Edelenbos, J., and Chen, D. Y. (2016)."The Influence of Trust on Network Performance in Taiwan, Spain, and the Netherlands:

A Cross-Country Comparison." *International Public Management Journal* 19(1): 111-139.

Lake, D. (2015). "Origins of Hierarchies: Laws, Norms, and Sovereignty." Paper prepared for the workshop Hierarchies in World Politics, University of Cambridge, June 21-22, 2015.

Levitt, B., and March, J. G. (1988). "Organizational Learning." *Annual Review of Sociology* 14: 319-338.

McCloskey, M. (2000). "Problems with using collaboration to shape environmental public pol\-icy." *Valparaiso University Law Review* 34: 423.

McGuire, M., and Agranoff, R. (2007). "Answering the Big Questions, Asking the Bigger Questions: Expanding the Public Network Management Empirical Research Agenda." Paper presented at the 9th Public Management Research Conference, Tucson, AZ, October 25-27.

Meyer, W., and Baltes, K. (2004). "Network Failures—How Realistic Is Durable Cooperation in Global Governance?" In *Governance for Industrial Transformation: Proceedings of the 2003 Berlin Conference on the Human Dimensions of Global Environmental Change*, edited by K. Jacob, M. Binder, and A. Wieczorek, pp.31-51. http://userpage.fu-berlin.de/ffu/akumwelt/bc2003/proceedings/032%20-%20051%20meyer.pdf.

Ministry of Foreign Affairs, Netherlands. (2014). "IOB Review: Riding the Wave of Sustainable Commodity Sourcing." August. Review of the Sustainable Trade Initiative IDH 2008-2013, IOB Review no. 397. (https://www.rijksoverheid.nl/documenten/rapporten/2014/10/31/iob-review-riding-the-wave-of-sustainable-commodity-sourcing-engels).

Murdie, A. (2014). "The Ties That Bind: A Network Analysis of Human Rights INGOs." *British Journal of Political Science* 44(1): 1-27.

Newig, J., Günther, D., and Pahl-Wostl, C. (2010). "Synapses in the Network: Learning in Governance Networks in the Context of Environmental Management." *Ecology and Society* 15(4): 24. http://www.ecologyandsociety.org/vol15/iss4/art24/.

Paris, R. (2009). "Understanding the 'Coordination Problem' in Postwar Statebuilding." In *The Dilemmas of Statebuilding*, edited by R. Paris and T. D. Sisk, pp.53-77 London: Routledge.

Podolny, J. M., and Page, K. L. (1998). "Network Forms of Organization." *Annual Review of Sociology* 24: 57-76.

Powell, W. (1990). "Neither Market nor Hierarchy: Network Forms of Organization." *Research in Organizational Behavior* 12: 295-336.

Provan, K., and Kenis, P. (2008). "Modes of Network Governance: Structure, Management, and Effectiveness." *Journal of Public Administration Research and Theory* 18(2): 229-252.

Provan, K., and Milward, B. (2001). "Do Networks Really Work? A Framework for Evaluating Public-Sector Organizational Networks." *Public Administration Review* 61(4): 414-423.

Rasche, A. (2009). " 'A Necessary Supplement'—What the United Nations Global Compact Is and Is Not." *Business and Society* 48(4): 511-537.

Reinicke, W., Deng, F., Witte, J. M., Benner, T., Whitaker, B., and Gershman, J. (2000). *Critical Choices: The United Nations, Networks, and the Future of Global Governance.* Ottawa: International Development Research Centre.

Scharpf, F. W. (1993). "Coordination in Hierarchies and Networks." In *Games in Hierarchies and Networks: Analytical and Empirical Approaches to the Study of Governance Institutions,* edited by F. Scharpf, pp.125-165. Boulder, CO: Westview.

Smith-Doerr, L., and Powell, W. W. (2005). "Networks and Economic Life." In *Handbook of Economic Sociology,* 2d ed., edited by N. Smelser and R. Swedberg, p.384. Princeton, NJ: Princeton University Press.

Sørensen, E., and Torfing, J. (2005). "The Democratic Anchorage of Governance Networks." *Scandinavian Political Studies* 28(3): 195-218.

Thérien, J.-P., and Pouliot, V. (2006). "The Global Compact: Shifting the Politics of International Development?" *Global Governance* 12(1): 55-75.

Thompson, G. F. (2003). *Between Hierarchies and Markets: The Logic and Limits of Network Forms of Organization.* New York: Oxford University Press.

United Nations Development Programme (UNDP). (2001). *UNDP and Civil Society Organizations: A Policy of Engagement.* http://www.undp.org/content/dam/undp/d ocu\-ments/partners/civil_society/publications/2001_UNDP-and-Civil-Society-Or ganizations-A-Policy-of-Engagement_EN.pdf.

United Nations Development Programme (UNDP). (2006). "UNDP and Civil Society Organizations: A Toolkit for Strengthening Partnerships." https://sustainabledevelo pment. un.org/content/documents/2141UNDP%20and%20Civil%20Society%20Or ganizations%20 a%20Toolkit%20for%20Strengthening%20Partnerships.pdf.

United Nations Development Programme (UNDP). (2016). "Civil Society Organizations." http://www.undp.org/content/undp/en/home/ourwork/funding/partners/civil_society _organizations.html.

UN Joint Inspection Unit (2010). "United Nations corporate partnerships: The role and func\-tioning of the Global Compact". Report prepared by Papa Louis Fall Mohamed Mounir Zahran, Geneva, 2010. JIU/REP/2010/9.

Vandenbergh, M. P. (2013). "Private Environmental Governance." *Cornell Law Review*

99(1): 129-200.

Voets, J., van Dooren, W. and de Rynck, F. (2008). "A Framework for Assessing the Performance of Policy Networks." *Public Management Review* 6(10): 773-790.

Ward, M. D., Stovel, K., and Sacks, A. (2011). "Network Analysis and Political Science." *Annual Review of Political Science* 14: 245-262.

Watts, D. J. (2003). *Six Dgrees: The Science of a Connected Age.* London: William Heinemann.

Webber, M., Croft, S., Howorth, J., Terriff, T., and Krahmann, E. (2004). "The Governance of European Security." *Review of International Studies* 30: 3-26.

Young, O. R. (2008). "The Architecture of Global Environmental Governance: Bringing Science to Bear on Policy." *Global Environmental Politics* 8(1): 14-32.

제14장

Appe, S. (2015). "NGO Networks, the Diffusion and Adaptation of NGO Managerialism, and NGO Legitimacy in Latin America." *Voluntas: International Journal of Voluntary and Nonprofit Organizations* 26(1): 122.

Arce, M. (2014). *Resource Extraction and Protest in Peru.* Pittsburgh, PA: University of Pittsburgh Press.

Barabási, A.-L. (2009). "Scale-Free Networks: A Decade and Beyond." *Science* 325(5939): 412.

Barabási, A.-L., and Albert, R. (1999). "Emergence of Scaling in Random Networks." *Science* 286(5439): 509-512.

Bob, C. (2002). "Globalization and the Social Construction of Human Rights Campaigns." In *Globalization and Human Rights,* edited by A. Brysk, pp.133-147. Berkeley and Los Angeles, CA: University of California Press.

Bob, C. (2005). *The Marketing of Rebellion: Insurgents, Media, and International Activism.* Cambridge, UK: Cambridge University Press.

Brysk, A. (1993). "From Above and Below Social Movements, the International System, and Human Rights in Argentina." *Comparative Political Studies* 26(3): 259-285.

Bush, S. (2015). *The Taming of Democracy Assistance.* Cambridge, UK: Cambridge University Press.

Carpenter, C. (2007). "Setting the Advocacy Agenda: Theorizing Issue Emergence and Non-emergence in Transnational Advocacy Networks." *International Studies Quarterly* 51: 99-120.

Carpenter, C. (2011). "Vetting the Advocacy Agenda: Network Centrality and the Paradox of Weapons Norms." *International Organization* 65(1): 69-102.

Carpenter, C., Duygulu, S., Montgomery, A. H., and Rapp, A. (2014). "Explaining the Advocacy Agenda: Insights From the Human Security Network." *International Organization* 68(2): 449-470.

Davis, D., Steinmetz, C. G., and Murdie, A. (2012). " 'Makers and Shapers': Human Rights INGOs and Public Opinion." *Human Rights Quarterly* 34(1): 199-224.

DeMars, W. E. (2005). *NGOs and Transnational Networks: Wild Cards in World Politics.* London: Pluto Press.

Dieng, A. (2001). "The Contribution of NGOs to the Prevention of Human Rights Violations." In *The Prevention of Human Rights Violations*, edited by L.-A. Sicilianos, pp.259-268. The Hague: Kluwer Law International.

Dorussen, H., and Ward, H. (2008). "Intergovernmental Organizations and the Kantian Peace A Network Perspective." *Journal of Conflict Resolution* 52(2): 189-212.

Elkins, Z. (2009). "Constitutional Networks." In *Networked Politics: Agency, Power, and, Governance*, edited by M. Kahler, pp.43-66. Ithaca, NY: Cornell University Press.

Falk, R. A. (1995). *On Humane Governance: Toward a New Global Politics; The World Order Project Report of the Global Civilization Initiative.* University Park: Pennsylvania State University Press.

Fariss, C. J. (2014). "Respect for Human Rights Has Improved over time: Modeling the Changing Standard of Accountability." *American Political Science Review* 108(2): 297-318.

Fowler, A. (1992). "Distant Obligations: Speculations on NGO Funding and the Global Market." *Review of African Political Economy* 19: 9-29.

Franzosi, R. (Ed.). (2010). *Quantitative Narrative Analysis.* No. 162. Sage.

Hadden, J. (2015). *Networks in Contention: The Divisive Politics of Climate Change.* Cambridge: Cambridge University Press.

Hafner-Burton, E., Kahler, M., and Montgomery, A. H. (2009). "Network Analysis for International Relations." *International Organization* 63(3): 559-592.

Hennicke, M. (2014). "Birds of a Feather, Stronger Together? Network Externalities in NGO Cooperation." http://federation.ens.fr/ydepot/semin/texte1314/HEN2014 BIR.pdf.

Hermann, M. G., Lecy, J. D., Mitchell, G. E., Pagé, C., Raggo, P., Schmitz, H. P., and Viñuela, L. (2010). "Transnational NGO: A Cross-Sectorial Analysis of Leadership Perspectives." http://www.maxwell.syr.edu/uploadedFiles/moynihan/tngo/Abridged _white_paper_19_APR_2010.pdf.

Hill, T. (Ed.). (1996). *United Nations, Ngos and Global Governance: Challenges for the 21st Century.* Darby, PA: DIANE Publishing.

Hughes, M. M., Peterson, L., Harrison, J. A. and Paxton, P., 2009. "Power and relation in the world polity: the INGO network country score, 1978-1998." *Social Forces* 87(4): 1711-1742.

Keck, M. E., and Sikkink, K. (1998). *Activists Beyond Borders: Advocacy Networks in International Politics*. Ithaca, NY: Cornell University Press.

Keeney, G. (2012). "Knowledge Management and Collaboration Effects: South-South Ngo Collaboration: A Case Study on the Brazilian Interdisciplinary Aids Association." *Future Studies Research Journal: Trends and Strategies* 4(1): 159-201.

Lake, D., and Wong, W. (2009). "The Politics of Networks: Interests, Power, and Human Rights Norms." In *Networked Politics: Agency, Power, and Governance*, edited by M. Kahler, pp.127-150. Ithaca, NY: Cornell University Press.

Landolt, L. K. (2004). "(Mis) constructing the Third World? Constructivist Analysis of Norm Diffusion: Feature Review." *Third World Quarterly* 25(3): 579-591.

Leech, G. (2013). "Promoting Injustice: The Bias of Human Rights Watch." CounterPunch, March 14. http://www.counterpunch.org/2013/03/14/the-bias-of-human-rights-watch/.

Lim, H.-C., and Kong, S.-K. (2013). "Threats or Leverage for Korean Civil Society in Contesting Globalization." In *Citizenship and Migration in the Era of Globalization*, edited by M. Pohmann, J. Yang, and J.-H. Lee, pp.39-58. New York: Springer.

McPherson, J. M., and Smith-Lovin, L. (1987). "Homophily in Voluntary Organizations: Status Distance and the Composition of Face-to-Face Groups." *American Sociological Review* 52: 370-379.

Meernik, J., Aloisi, R., Sowell, M., and Nichols, A. (2012). "The Impact of Human Rights Organizations on Naming and Shaming Campaigns." *Journal of Conflict Resolution* 56(2): 233-256.

Meriläinen, N., and Vos, M. (2014). "Framing by Actors in the Human Rights Debate: The Kony 2012 Campaign." *Nordic Journal of Human Rights* 32(3): 238-257.

Min, B. (2015). *Power and the Vote: Elections and Electricity in the Developing World*. New York: Cambridge University Press.

Mitchell, G. E. (2014). "Collaborative Propensities among Transnational NGOs Registered in the United States." *American Review of Public Administration* 44(5): 575-599.

Murdie, A. (2014). "The Ties That Bind: A Network Analysis of Human Rights International Nongovernmental Organizations." *British Journal of Political Science* 44: 1-27.

Murdie, A., and Davis, D. R. (2012a). "Looking in the Mirror: Comparing INGO Networks Across Issue Areas." *Review of International Organizations* 7: 177-202.

Murdie, A. M., and Davis, D. R. (2012b). "Shaming and Blaming: Using Events Data to Assess the Impact of Human Rights INGOs." *International Studies Quarterly* 56(1): 1-16.

Murdie, A. and Peksen, D. (2013). "The impact of human rights INGO activities on economic sanctions." *Review of International Organizations* 8(1): 33-53.

Murdie, A. and Peksen, D. (2014). "The Impact of Human Rights INGO Shaming On Humanitarian Interventions." *Journal of Politics* 76(1): 215-228.

Neumeyer, E. (2005). "Do International Human Rights Treaties Improve Respect for Human Rights?" *Journal of Conflict Resolution* 49(6): 925.

Nossiter, A. (2015). "Satellite Images Show Ruin Left by Boko Haram, Groups Say." *New York Times*, January 15. http://www.nytimes.com/2015/01/16/world/africa/boko-haram-rampage-in-nigeria-is-shown-in-satellite-images-groups-say.html?_r=0. Accessed September 3, 2015.

Paredes, M. (2008). "El caso de Tambogrande." In *Defendiendo derechos y promoviendo cambias: El Estado, las empresas extractivas y las comunidades locales en el Perú*, edited by M. Scurrah, pp.268-300. Lima: Instituto de Estudios Peruanos.

Paxton, P., Hughes, M. M., and Reith, N. (2015). "Extending the INGO Network Country Score, 1950-2008." *Sociological Science* 2: 287-307.

Risse, T. (2002). "Transnational Actors and World Politics." In *The Handbook of International Relations*, edited by T. Risse, W. Carlsenaes, and B. Simmons, pp.255-274. Thousand Oaks, CA: Sage Publications.

Risse T., Ropp, S. C., and Sikkink, K. (Eds) (1999). *The Power of Human Rights: International Norms and Domestic Change*. Cambridge, UK: Cambridge University Press.

Risse, T., Ropp, S. C., and Sikkink, K. (Eds.). (2013). *The Persistent Power of Human Rights: From Commitment to Compliance*. Cambridge, UK: Cambridge University Press.

Rodríguez Garavito, C. (2015). "Multiple Boomerangs: New Models of Global Human Rights Advocacy." https://www.opendemocracy.net/openglobalrights/c%C3%A9sar-rodr%C3% ADguezgaravito/multiple-boomerangs-new-models-of-global-human-rights-advocy.

Ron, J., Ramos, H., and Rodgers, K. (2005). "Transnational Information Politics: NGO Human Rights Reporting, 1986-2000." *International Studies Quarterly* 49(3): 557-588.

Sampson, S. (2002). "Weak States, Uncivil Societies and Thousands of NGOs: Benevolent Colonialism in the Balkans." In *The Balkans in Focus: Cultural Boundaries in Europe*, edited by S. Resic and B. Tornquist-Plewa, pp.27-44. Sweden: Nordic

Academic Press.

Shumate, M., and Dewitt, L. (2008). "The North/South Divide in NGO Hyperlink Networks." *Journal of Computer-Mediated Communication* 13: 405-428.

Shumate, M., and Lipp, J. (2008). "Connection Collective Action Online: An Examination of the Hyperlink Network Structure of an NGO Issue Network." *Journal of Computer-Mediated Communication* 14: 178-201.

Sikkink, K. (2009). "The Power of Networks in International Politics." In *Networked Politics: Agency, Power, and Governance,* edited by M. Kahler, pp.228-250. Ithaca, NY: Cornell University Press.

Smith, J. (2002). "Bridging Global Divides? Strategic Framing and Solidarity in Transnational Social Movement Organizations." *International Sociology* 17(4): 505-528.

Smith, J., and Wiest, D. (2005). "The Uneven Geography of Global Civil Society: National and Global Influences on Transnational Association." *Social Forces* 84: 621-652.

Stroup, S. S. (2012). *Borders among Activists: International NGOs in the United States, Britain, and France.* Ithaca, NY: Cornell University Press.

Uvin, P. (2007). "From the Right to Development to the Rights-based Approach: How 'Human Rights' Entered Development." *Development in Practice* 17(4-5): 597-606.

Von Bülow, M. (2009). "Networks of Trade Protest in the Americas: Toward a New Labor Internationalism?" *Latin American Politics and Society* 51(2): 1-28.

Waltz, K. (1979). *Theory of International Politics.* Reading, MA: Addison-Wesley.

Wilson, M., Davis, D. R. and Murdie, A., (2016). "The View from the Bottom Networks of Conflict Resolution Organizations And International Peace." *Journal of Peace Research* 53(3): 442-458.

Wong, W. H. (2012). *Internal Affairs: How the Structure of NGOs Transforms Human Rights.* Ithaca, NY: Cornell University Press.

제15장

Barbieri, K., and Levy, J. S. (1999). "Sleeping with the Enemy: The Impact of War on Trade." *Journal of Peace Research* 36(4): 463-479.

Blainey, G. (1988). *The Causes of War.* New York: Free Press.

Bueno de Mesquita, Bruce. (1981). *The War Trap.* New Haven, CT: Yale University Press.

Bueno de Mesquita, B., Smith, A., Siverson, R. M., and Morrow, J. D. (2003). *The Logic of Political Survival.* Cambridge, MA: MIT Press.

Correlates of War (COW) Project 2006. Direct Contiguity Dataset, Version 3.1.

http://corre\-latesofwar.org.

Cranmer, S. J., and Desmarais, B. A. (2011). "Inferential Network Analysis with Exponential Random Graph Models." *Political Analysis* 19(1): 66-86.

Cranmer, S. J., and Desmarais, B. (2016). "A Critique of Dyadic Design." *International Studies Quarterly* 60 (3): 355-362.

Cranmer, S. J., Desmarais, B. A., and Menninga, E. J. (2012). "Complex Dependencies in the Alliance Network." *Conflict Management and Peace Science* 29(3): 279-313.

Cranmer, S. J., Menninga, E. J., and Mucha, P. J. (2015). "Kantian Fractionalization Predicts the Conflict Propensity of the International System." *Proceedings of the National Academy of Sciences* 112(38): 11812-11816.

Dafoe, A., Oneal, J. R., and Russett, B. (2013). "The democratic peace: Weighing the evidence and cautious inference". *International Studies Quarterly* 57(1): 201-214.

Dorussen, H., and Ward, H. (2008). "Intergovernmental Organizations and the Kantian Peace: A Network Perspective." *Journal of Conflict Resolution* 52(2): 189-212.

Dorussen, H., and Ward, H. (2010). "Trade Networks and the Kantian Peace." *Journal of Peace Research* 47(1): 29-42.

Farber, H.S., and Gowa, J. (1995). Polities and Peace. *International Security* 20(2): 123-145.

Fordham, B. O. (2010). Trade and asymmetric alliances. *Journal of Peace Research* 47(6):685-696.

Gartzke, E. (2007). "The Capitalist Peace." *American Journal of Political Science* 51(1): 166-191.

Gibler, D. M. (2008). *International Military Alliances, 1648-2008.* Washington, DC: CQ Press.

Gibler, D. M. (2012). *The Territorial Peace.* New York: Cambridge University Press.

Gibler, D. M., and Wolford, S. (2006). "Alliances, Then Democracy: An Examination of the Relationship between Regime Type and Alliance Formation." *Journal of Conflict Resolution* 50(1): 129-153.

Girvan, M., and Newman, M. E. J. (2004). "Community Structure in Social and Biological Networks." *Proceedings of the National Academy of Sciences* 99(12): 7821-7826.

Gowa, J. (1995). *Allies, Adversaries, and International Trade.* Princeton, NJ: Princeton University Press.

Gowa, J., and Mansfield, E. D. (2004). "Alliances, Imperfect Markets, and Major-power Trade." *International Organization* 58(4): 775-805.

Haim, D. A. (2016). "Alliance networks and trade The effect of indirect political alliances on bilateral trade flows". *Journal of Peace Research* 53(3): 472-490.

Hafner-Burton, E. M., and Montgomery, A. H. (2006). "Power Positions: International

Organization, Social Networks, and Conflict." *Journal of Conflict Resolution* 51(1): 3-27.

Hafner-Burton, E. M., and Montgomery, A. H. (2008). "Power or Plenty How Do International Trade Institutions Affect Economic Sanctions?" *Journal of Conflict Resolution* 52(2): 213-242.

Hafner-Burton, E. M., and Montgomery, A. H. (2012). "War, Trade, and Distrust: Why Trade Agreements Don't Always Keep the Peace." *Conflict Management and Peace Science* 29(3): 257-278.

Helpman, E., Melitz, E., and Rubinstein, Y. (2008). "Estimating Trade Flows: Trading Partners and Trading Volumes." *Quarterly Journal of Economics* 123(2): 441-487.

Hoff, P. D., and Ward, M. D. (2004). "Modeling Dependencies in International Relations Networks." *Political Analysis* 12(2): 160-175.

Kadera, K. M., Crescenzi, M. J. C., and Shannon, M. L. (2003). "Democratic Survival, Peace, and War in the International System." *American Journal of Political Science* 47(2): 234-247.

Kadera, K. M., and Mitchell, S. M. (2005). "Heeding Ray's Advice: An Exegesis on Control Variables in Systemic Democratic Peace Research." *Conflict Management and Peace Science* 22(4): 311-326.

Keohane, R. O. (1984). *After Hegemony: Cooperation and Discord in the World Political Economy.* Princeton, NJ: Princeton University Press.

Keohane, R. O. (1986). *Neorealism and Its Critics.* New York: Columbia University Press.

Keohane, R. O., and Nye, J. S. (1987). *Power and Interdependence.* 2d ed. New York: Random House.

Keshk, O. G., Pollins, B. M., and Reuveny, R. (2004). "Trade Still Follows the Flag: The Primacy of Politics in a Simultaneous Model of Interdependence and Armed Conflict." *Journal of Politics* 66(4): 1155-1179.

Kinne, B. J. (2014). "Network Dynamics and the Evolution of International Cooperation." *American Political Science Review* 107(4): 766-785.

Lancichinetti, A., Radicchi, P. Ramasco J. J., and Fortunato, S. (2011). Finding Statistically Significant Communities in Networks. *PLoS One* 6(4): 1-18.

Leeds, B. A. (2005). *Alliance Treaty and Obligations Provisions (ATOP) Codebook.* Rice University. http://atop.rice.edu/download/ATOPcdbk.pdf.

Leicht, E., and Newman, M. J. (2008). "Community Structure in Directed Networks." *Physical Review Letters* 100(118703): 1-4.

Lerner, J. (2015). "Structural Balance in Signed Networks: Separating the Probability to Interact from the Tendency to Fight." *Social Networks* 45(1): 66-77.

Long, A. G., and Leeds, A. (2006). "Trading for: Military Alliances and Economic Agreements." *Journal of Peace Research* 43(4): 433-451.

Macon, K. T., Mucha, P. J., and Porter, M. A. (2012). "Community Structure in the United Nations General Assembly." *Physica A: Statistical Mechanics and Its Applications* 391(1): 343-361.

Mansbach, R. W., and Vasquez, J. A. (1981). *In Search of Theory: A New Paradigm for Global Politics*. New York: Columbia University Press.

Mansfield, E., and Bronson, R. (1997). "Preferential Trading Arrangements, and International Trade." *American Political Science Review* 91(1): 94-107.

Mansfield, E., Pevehouse, J., and Bearce, D. H. (1999). "Preferential Trading Arrangements and Military Disputes." *Security Studies* 9(1-2): 92-118.

Mansfield, E. D., and Milner, H. V. (2012). *Votes, Vetoes, and the Political Economy of International Trade Agreements*. Princeton, NJ: Princeton University Press.

Mansfield, E. D., Milner, H. V., and Rosendorff, B. P. (2000). "Free to Trade: Democracies, Autocracies, and International Trade." *American Political Science Review* 94(2): 305-321.

Mansfield, E. D., Milner, H. V., and Rosendorff, B. P. (2002). "Why Democracies Cooperate More: Electoral Control and International Trade Agreements." *International Organization* 56(3): 477-513.

Mansfield, E. D., and Pevehouse, J. C. (2000). "Trade Blocs, Trade Flows, and International Conflict." *International Organization* 54(4): 775-808.

Mansfield, E. D., and Pevehouse, J. C. (2006). "Democratization and International Organizations." *International Organization* 60(1): 137-167.

Maoz, Z. (1998). "Realist and Cultural Critiques of the Democratic Peace: A Theoretical and Empirical Reassessment". *International Interactions* 24(1): 3-89.

Maoz, Z. (2000). "The Street-Gangs of World Politics: The Origins, Management, and Termination of International Alliances." In *What Do We Know About War*, ed. J. A. Vasquez. New York: Rowman and Littlefield.

Maoz, Z. (2002). "Paradoxical Functions of International Alliances: Security and Other Dilemmas." In *Balancing of Power*, ed. J. A. Vasquez and C. Elman. Boston: Rowman and Littlefield.

Maoz, Z. (2006). "Network Polarization, Network Interdependence, and International Conflict, 1816-2002." *Journal of Peace Research* 43(4): 391-411.

Maoz, Z. (2009). "The Effects of Strategic and Economic Interdependence on International Conflict Across Levels of Analysis." *American Journal of Political Science* 53(1): 223-240.

Maoz, Z. (2010). *Networks of Nations: The Evolution, Structure, and Impact of*

International Networks, 1816-2001. New York: Cambridge University Press.

Maoz, Z. (2012). "Preferential Attachment, Homophily, and the Structure of International Networks, 1816-2003." *Conflict Management and Peace Science* 29(3): 341-369.

Maoz, Zeev, and Nasrin Abdolali. (1989). "Regime Types and International Conflict, 1816-1976". *Journal of Conflict Resolution* 33(1): 3-35.

Maoz, Z., and Henderson, E. A. (2013). "The World Religion Dataset 1945-2010: Logic, Estimates, and Trends." *International Interactions* 39(3): 265-291.

Maoz, Z. and Joyce, K. A. (2016). "The Effects of Shocks on International Networks: Changes in the Attributes of States and the Structure of International Alliance Networks". *Journal of Peace Research* 57(3): 292-309.

Maoz, Z. and Russett, B. (1992). "Alliance, Wealth Contiguity, and Political Stability: Is the Lack of Conflict between Democracies a Statistical Artifact?" *International Interactions* 17(4): 245-267.

Maoz, Z., and Russett, B. (1993). "Normative and Structural Causes of Democratic Peace, 1946-1986." *American Political Science Review* 87(3): 624-638.

Maoz, Z., and San-Akca, B. (2015). "Causes and Consequences of Unbalanced Relations in the International Politics of the Middle East, 1946-2010." In *The Israeli Conflict System: Analytic Approaches*, edited by H. Starr and S. Dubinsky, pp.51-88. New York: Routledge.

Maoz, Z., Terris, L. G., Kuperman, R. D., and Talmud, I. (2006). "Structural Equivalence and International Conflict, 1816-2001: A Network Analysis of Affinities and Conflict." *Journal of Conflict Resolution* 50(5): 664-689.

Maoz, Z., Terris, L. G., Kuperman, R. D., and Talmud, I. (2007). "What Is the Enemy of My Enemy: Causes and Consequences of Imbalanced International Relations, 1816-2001." *Journal of Politics* 69(1): 100-115.

Marshall, M., Jaggers, K., and Gurr, T. R. (2014). "POLITY™ IV Project: Political Regime Characteristics and Transitions, 1800-2013." Center for Systemic Peace. www.systemic\-peace.org/polity/polity4.htm.

McPherson, M. J., Smith-Lovin, L., and Cook, J. M. (2001). "Birds of a Feather: Homophily in Social Networks." *Annual Review of Sociology* 27: 415-444.

Mearsheimer, J. J. (2001). *The Tragedy of Great Power Politics.* New York: W. W. Norton.

Moravcsik, A. (1997). "Taking Preferences Seriously: A Liberal Theory of International Politics." *International Organization* 51(4): 513-553.

Morrow, J. D., Siverson, R. M., and Tabares, T. E. (1998). "The Political Determinants of International Trade: The Major Powers, 1907-90." *American Political Science Review* 92(3): 649-661.

Mousseau, M. (2013). "The Democratic Peace Unravels: It's the Economy." *International Studies Quarterly* 57(2): 186-197.

Oneal, J. Oneal, F. H., Maoz, Z. and Russett, B. (1996). "The liberal peace: Interdependence, democracy, and international conflict, 1950-85." *Journal of Peace Research* 33(1): 11-28.

Oren, I. (1995). "The Subjectivity of the "Democratic" Peace." *International Security*, 20(2): 147-184.

Pevehouse, J., and Russett, B. (2006). "Democratic International Governmental Organizations Promote Peace." *International Organization* 60(4): 969-1000.

Ray, J. L. (2013). "War on democratic peace". *International Studies Quarterly* 57(1): 198-200.

Rosato, S. (2003). "The flawed logic of democratic peace theory." *American Political Science Review* 97(4): 585-602.

Rosendorff, B. P., and Milner, H. (2001). "The Optimal Design of International Trade Institutions: Uncertainty and Escape." *International Organization* 55(4): 829-857.

Russett, B. (1993). *Grasping the Democratic Peace*. Princeton NJ: Princeton University Press.

Russett, B. and Oneal, J. (2001). *Triangulating Peace: Democracy, Interdependence, and International Organization*. New York: W. W. Norton.

Russett, B., Oneal, J. and Davis, D. R. (1998). "The Third Leg of the Kantian Tripod for Peace: International Organizations and Militarized Disputes, 1950-85." *International Organization* 52(3): 441-467.

Shen, H. W., X. Q. Cheng, K. Cai, and M. B. Hu. (2009). Detect overlapping and hierarchi\-cal community structure in networks. *Physica a-Statistical Mechanics and Its Applications* 388(8): 1706-1712.

Signorino, C. S., and Ritter, J. M. 1999. Tau-b or Not Tau-b: Measuring the Similarity of Foreign Policy Positions. *International Studies Quarterly* 43(1): 115-144.

Siverson, R. M., and Emmons, J. (1991). "Birds of a Feather: Democratic Political Systems and Alliance Choices in the 20th Century." *Journal of Conflict Resolution* 53(2): 285-306.

Small, M., and Singer, D. J. (1976). "The War Proneness of Democratic Regimes." *Jerusalem Journal of International Relations* 1(1): 41-64.

Snijders, T. A. B. (2001). "The statistical evaluation of social network dynamics." *Sociological Methodology* 31: 361-395.

Snijders, T. A. B. (2005). "Models for Longitudinal Network Data." In *Models and Methods in Social Networks Analysis*, edited by P. J. Carrington, J. Scott, and S. Wasserman, pp.215-247. New York: Cambridge University Press.

Spiro, D. (1994). "The Insignificance of the Liberal Peace." *International Security* 19(2): 50-86.

Stinnett, Douglas M., Jaroslav Tir, Philip Schafer, Paul F. Diehl, and Charles Gochman. (2002). The Correlates of War Project Direct Contiguity Data, Version 3. *Conflict Management and Peace Science* 19(2): 58-66.

Vijayaraghavan, V., Noell, P-A., Maoz, Z., and D'Souza, R. M. (2015). "Quantifying Dynamic Spillover in Co-Evolving Multiplex Networks". *Scientific Reports* 5(15442): 1-10. doi: 10.1038/srep15142

Walt, S. (1988). *The Origins of Alliance*. Ithaca, NY: Cornell University Press.

Waltz, K. N. (1979). *Theory of International Politics*. New York: Random House.

Ward, M. D., Ahlquist, J. S., and Rozenas, A. (2013). "Gravity's Rainbow: A Dynamic Latent Space Model for the World Trade Network." *Network Science* 1(1): 95-118.

Ward, M. D., Hoff, P. D., and Lofdhall, C. L. (2003). "Identifying International Networks: Latent Spaces and Imputations." In *Dynamic Social Network: Modeling and Analysis*, edited by R. Breiger, C. Carley, and P. Pattison, pp.345-362. Washington, DC: Committee on Human Values.

Ward, M. D., Siverson, R. M., and Cao X. (2007). "Disputes, Democracies, and Dependencies: A Reexamination of the Kantian Peace." *American Jounral of Political Science* 51(3): 583-601.

Warren, T. C. (2010). "The Geometry of Security: Modeling Interstate Alliances as Evolving Networks." *Journal of Peace Research* 47(6): 697-709.

Warren, T. C. (2016). "Modeling the Co-Evolution of International and Domestic Institutions: Alliances, Democracy, and the Complex Path to Peace." *Journal of Peace Research* 52(3): 424-441.

Zhang, Y., Friend, A. J., Amanda, L. Traud., Mason, A. Porter., James, H. Fowler., and Peter, J. Mucha. (2008). Community structure in Congressional cosponsorship networks. *Physica A: Statistical Mechanics and its Applications* 387(7): 1705-1712.

제16장

Akerman, A., and Seim, A. L. (2014). "The Global Arms Trade Network 1950-2007." *Journal of Comparative Economics* 42(3): 535-551. doi:10.1016/j.jce.2014.03.001.

Albright, D., Brannan, P., and Stricker, A. S. (2010). "Detecting and Disrupting Illicit Nuclear Trade after A.Q. Khan." *Washington Quarterly* 33(2): 85-106. doi:10.1080/01636601003673857.

Amnesty International. (2006). "Dead on Time—Arms Transportation, Brokering and the Threat to Human Rights." https://www.amnesty.org/en/documents/ACT30/007

/2006/en/.

Asal, V. H., Ackerman, G. A., and Rethemeyer, R. K. (2012). "Connections Can Be Toxic: Terrorist Organizational Factors and the Pursuit of CBRN Weapons." *Studies in Conflict & Terrorism* 35(3): 229-254. doi:10.1080/1057610X.2012.648156.

Bakker, R. M., Raab, J., and Milward, H. B. (2012). "A Preliminary Theory of Dark Network Resilience." *Journal of Policy Analysis and Management* 31(1): 33-62.

Boureston, J., and Russell, J. A. (2009). "Illicit Nuclear Procurement Networks and Nuclear Proliferation: Challenges for Intelligence, Detection, and Interdiction." *St. Antony's International Review* 4(2): 24-50.

Braun, C., and Chyba, C. F. (2004). "Proliferation Rings: New Challenges to the Nuclear Nonproliferation Regime." *International Security* 29(2): 5-49.

Bruinsma, G., and Bernasco, W. (2004). "Criminal Groups and Transnational Illegal Markets." *Crime, Law and Social Change* 41(1): 79-94. doi:10.1023/B:CRIS.0000015 283.13923.aa.

Buzan, B., and Herring, E. (1998). *The Arms Dynamic in World Politics*. Boulder, CO: Lynne Rienner Publishers.

Carley, K. M., Columbus, D., and Landwehr, P. (2013). "AutoMap User's Guide 2013." CASOS Technical Report CMU-ISR-13-105. Center of the Computational Analysis of Social and Organization Systems, Carnegie Mellon University. http://www.casos.cs.cmu.edu/publications/papers/CMU-ISR-13-105.pdf.

Cattaneo, Silvia. (2004). "Targeting the Middlemen: Controlling Brokering Activities." In *Small Arms Survey 2004: Rights at Risk*, edited by P. Batchelor and K. Krause, pp.140-171. Oxford: Oxford University Press.

Caves, J. P., Jr. (2006). "Globalization and WMD Proliferation Networks: The Policy Landscape." *Strategic Insights* 5(6): http://www.dtic.mil/dtic/tr/fulltext/u2/a521379.pdf.

Chestnut, S. (2007). "Illicit Activity and Proliferation: North Korean Smuggling Networks." *International Security* 32(1): 80-111. doi:10.1162/isec.2007.32.1.80.

Corera, G. (2006). *Shopping for Bombs: Nuclear Proliferation, Global Insecurity, and the Rise and Fall of the A.Q. Khan Network*. Oxford: Oxford University Press.

Curwen, P. A. (2007). "The Social Networks of Small Arms Proliferation: Mapping an Aviation Enabled Supply Chain." Master's thesis, Naval Postgraduate School. http://calhoun.nps.edu/handle/10945/3052.

Enders, W., and Su, X. (2007). "Rational Terrorists and Optimal Network Structure." *Journal of Conflict Resolution* 51(1): 33-57. doi:10.1177/0022002706296155.

Eyre, D. P., and Suchman, M. C. (1996). "Status, Norms, and the Proliferation of Conventional Weapons." In *The Culture of National Security: Norms and Identity in World Politics*, edited by P. J. Katzenstein, pp.186-215. New York: Columbia University Press.

Frost, J. R. (2014). "The Nexus Between Criminal and Extremist Groups in Latin America: Implications for Unconventional Weapons Acquisition." PhD thesis, George Mason University. http://mars.gmu.edu/handle/1920/8856.

Fuhrmann, M. (2012). *Atomic Assistance: How "Atoms for Peace" Programs Cause Nuclear Insecurity*. Ithaca, NY: Cornell University Press.

Gerasev, M., and Surikov, V. M. (1997). "The Crisis in the Russian Defense Industry: Implications for Arms Exports." In *Russia in the World Arms Trade*, edited by A. J. Pierre and D. Trenin, pp.9-25. Washington, DC: Carnegie Endowment for International Peace.

Group d'action financiere. (2008). "Proliferation Financing Report." Financial Action Task Force. http://www.fatf-gafi.org/media/fatf/documents/reports/Typologies%20 Report%20 on%20Proliferation%20Financing.pdf.

Gruselle, B. (2007). "Proliferation Networks and Financing." Foundation pour la Recherche Strategique. http://www.frstrategie.org/publications/recherches-documents/web/documents/2007/200704.pdf.

Hafner-Burton, E. M., Kahler, M., and Montgomery, A. H. (2009). "Network Analysis for International Relations." *International Organization* 63(3): 559-592. doi:10.101 7/S0020818309090195.

Hämmerli, A., Gattiker, R., and Weyermann, R. (2006). "Conflict and Cooperation in an Actors' Network of Chechnya Based on Event Data." *Journal of Conflict Resolution* 50(2): 159-175. doi:10.1177/0022002705284826.

Hastings, J. V. (2012). "The Geography of Nuclear Proliferation Networks." *Nonproliferation Review* 19(3): 429-450. doi:10.1080/10736700.2012.734190.

Holloway, D., and McFaul, M. (1995). "Demilitarization and Defense Conversion." In *The New Russia: Troubled Transformation*, edited by G. W. Lapidus, pp.193-222. Boulder, CO: Westview Press.

Holtom, P. (2009). "Reporting Transfers of Small Arms and Light Weapons to the United Nations Register of Conventional Arms, 2007." SIPRI Background Paper. http://books.sipri. org/files/misc/SIPRIBP0902.pdf.

Horowitz, M. C., and Narang, N. (2014). "Poor Man's Atomic Bomb? Exploring the Relationship between 'Weapons of Mass Destruction.'" *Journal of Conflict Resolution* 58(3): 509-535. doi:10.1177/0022002713509049.

Johnston, P. B. (2012). "Does Decapitation Work? Assessing the Effectiveness of Leadership Targeting in Counterinsurgency Campaigns." *International Security* 36(4): 47-79. doi:10.1162/ISEC_a_00076.

Jordan, J. (2009). "When Heads Roll: Assessing the Effectiveness of Leadership Decapitation." *Security Studies* 18(4): 719-755. doi:10.1080/09636410903369068.

Jordan, J. (2014). "Attacking the Leader, Missing the Mark." *International Security* 38(4): 7-38. doi:10.1162/ISEC_a_00157.

Kahler, M. (Ed.). (2009). *Networked Politics: Agency, Power, and Governance*. Ithaca, NY: Cornell University Press.

Kenney, M. (2007). *From Pablo to Osama: Trafficking and Terrorist Networks, Government Bureaucracies, and Competitive Adaptation*. University Park: Pennsylvania State University Press.

Kinne, B. J. (2014). "Dependent Diplomacy: Signaling, Strategy, and Prestige in the Diplomatic Network." *International Studies Quarterly* 58(2): 247-259. doi:10.1111/i squ.12047.

Kinsella, D. (2003). "Changing Structure of the Arms Trade: A Social Network Analysis." Presented at the Annual Meeting of the American Political Science Association, Philadelphia, PA. http://pdxscholar.library.pdx.edu/polisci_fac/19.

Kinsella, D. (2006). "The Black Market in Small Arms: Examining a Social Network." *Contemporary Security Policy* 27(1): 100-117. doi:10.1080/13523260600603105.

Kinsella, D. (2011). "The Arms Trade." In *The Handbook on the Political Economy of War*, edited by C. J. Coyne and R. L. Mathers, pp.217-242. Northampton, MA: Edward Elgar Publishing.

Kinsella, D. (2012). "Illicit Arms Transfers Dataset: Coding Manual." Portland State University. http://web.pdx.edu/~kinsella/iatcode.pdf.

Kinsella, D. (2014). "Illicit Arms Transfers to Africa and the Prominence of the Former Soviet Bloc: A Social Network Analysis." *Crime, Law and Social Change* (August): 1-25. doi:10.1007/s10611-014-9531-9.

Kinsella, D., and Chima, J. S. (2001). "Symbols of Statehood: Military Industrialization and Public Discourse in India." *Review of International Studies* 27(3): 353-373. doi:10.1017/S0260210501003539.

Kleemans, E. R., and Van De Bunt, H. G. (1999). "Social Embeddedness of Organized Crime." *Transnational Organized Crime* 5(1): 19-36.

Klerks, P. (2001). "The Network Paradigm Applied to Criminal Organizations: Theoretical Nitpicking or a Relevant Doctrine for Investigators? Recent Developments in the Netherlands." *Connections* 24(3): 53-65.

Koschade, S. (2006). "A Social Network Analysis of Jemaah Islamiyah: The Applications to Counterterrorism and Intelligence." *Studies in Conflict and Terrorism* 29(6): 589-605. doi:10.1080/10576100600798418.

Krebs, V. E. (2002). "Mapping Networks of Terrorist Cells." *Connections* 24(3): 43-52.

Kroenig, M. (2010). *Exporting the Bomb: Technology Transfer and the Spread of Nuclear Weapons*. Ithaca, NY: Cornell University Press.

Lampe, K. v., and Johansen, P. O. (2004). "Organized Crime and Trust:: On the Conceptualization and Empirical Relevance of Trust in the Context of Criminal Networks." *Global Crime* 6(2): 159-184. doi:10.1080/17440570500096734.

Lindelauf, R., Borm, P., and Hamers, H. (2009). "The Influence of Secrecy on the Communication Structure of Covert Networks." *Social Networks* 31(2): 126-137. doi:10.1016/j.socnet.2008.12.003.

Mac Ginty, R. (2010). "Social Network Analysis and Counterinsurgency: A Counterprod uctive Strategy?" *Critical Studies on Terrorism* 3(2): 209-226. doi:10.1080/1753915 3.2010.491319.

Maoz, Z. (2011). *Networks of Nations: The Evolution, Structure, and Impact of International Networks, 1816-2001*. Cambridge, UK: Cambridge University Press.

Milward, H. B., and Raab, J. (2006). "Dark Networks as Organizational Problems: Elements of a Theory." *International Public Management Journal* 9(3): 333-360. doi:10.1080/10967490600899747.

Montgomery, A. H. (2005). "Ringing in Proliferation: How to Dismantle an Atomic Bomb Network." *International Security* 30(2): 153-187.

Montgomery, A. H. (2008). "Proliferation Networks in Theory and Practice." In *Globalization and WMD Proliferation: Terrorism, Transnational Networks, and International Security*, edited by J. A. Russell and J. J. Wirtz, pp.28-39. New York: Routledge.

Montgomery, A. H. (2013). "Stop Helping Me: When Nuclear Assistance Impedes Nuclear Programs." In *The Nuclear Renaissance and International Security*, edited by A. Stulberg and M. Fuhrmann, pp.177-202. Stanford, CA: Stanford University Press.

Morselli, C., Giguère, C., and Petit, K. (2007). "The Efficiency/Security Trade-off in Criminal Networks." *Social Networks* 29(1): 143-153. doi:10.1016/j.socnet.2006.05. 001.

Morstein, J. H., and Perry, W. D. (2000). "Commercial Nuclear Trading Networks as Indicators of Nuclear Weapons Intentions." *Nonproliferation Review* 7(3): 75-91.

Murji, K. (2007). "Hierarchies, Markets and Networks: Ethnicity/Race and Drug Distribu tion." *Journal of Drug Issues* 37(4): 781-804. doi:10.1177/002204260703700403.

Naylor, R. T. (2004). *Wages of Crime: Black Markets, Illegal Finance, and the Underworld Economy*. Ithaca, NY: Cornell University Press.

Parkinson, S. E. (2013). "Organizing Rebellion: Rethinking High-Risk Mobilization and Social Networks in War." *American Political Science Review* 107(3): 418-432.

doi:10.1017/S0003055413000208.

Perliger, A., and Pedahzur, A. (2011). "Social Network Analysis in the Study of Terrorism and Political Violence." *PS: Political Science & Politics* 44(1): 45-50. doi:10.1017/S1 049096510001848.

Picarelli, J. T. (1998). "Transnational Threat Indications and Warning: The Utility of Network Analysis." AAAI Fall Symposium on Artificial Intelligence and Link Analysis. https://kdl. cs.umass.edu/events/aila1998/picarelli.pdf.

Pokalova, E. (2015). *Chechnya's Terrorist Network: The Evolution of Terrorism in Russia's North Caucasus.* Santa Barbara, CA: ABC-CLIO.

Raab, J., and Milward, H. B. (2003). "Dark Networks as Problems." *Journal of Public Administration Research and Theory* 13(4): 413-439. doi:10.1093/jpart/mug029.

Reed, T. C., and Stillman, D. B. (2009). *The Nuclear Express: A Political History of the Bomb and Its Proliferation.* Minneapolis: Zenith Press.

Sageman, M. (2004). *Understanding Terror Networks.* Philadelphia: University of Pennsylvania Press.

Schlumberger, G., and Gruselle, B. (2007). "For a Consistent Policy in the Struggle against Proliferation Networks." Foundation pour la Recherche Strategique. http:// www.frstrategie.org/publications/notes/web/documents/2007/20070104_eng.pdf.

Spindel, J. (2015). "Logistics of Ballistics: Power and Politics in the Global Missile Network." Paper presented at the Annual Political Networks Conference, Portland, OR. http://papers. ssrn.com/abstract=2618827.

Suchman, M. C., and Eyre, D. P. (1992). "Military Procurement as Rational Myth: Notes on the Social Construction of Weapons Proliferation." *Sociological Forum* 7(1): 137-161. doi:10.1007/BF01124759.

Theohary, C. A. (2016). "Conventional Arms Transfers to Developing Nations, 2008-2015." CRS Report R44716.

Thurner, P. W., Schmid, C., Cranmer, S., and Kauermann, G. (2015). "The Network of Arms Transfers 1950-2013: An Application of ERGMs and TERGMs." Paper presented at the Annual Political Networks Conference, Portland, OR.

Turbiville, G. H. (1996). *Weapons Proliferation and Organized Crime: Russian Military Dimensions.* Colorado Springs, CO: Institute for National Security Studies, U.S. Air Force Academy.

United Nations. (1997). "Report of the Panel of Governmental Experts on Small Arms." UN Documents A/52/298. http://www.un.org/depts/ddar/Firstcom/SGreport52/ a52298.html.

United Nations, Department for Disarmament Affairs Staff. (2002). *The United Nations Disarmament Yearbook.* Vol. 27. New York: United Nations Publications.

United States Department of Defense. (2014). "Department of Defense Strategy for Countering Weapons of Mass Destruction." http://archive.defense.gov/pubs/DoD_Strategy_for_Countering_Weapons_of_Mass_Destruction_dated_June_2014.pdf.

United States Department of State. (2015). "World Military Expenditures and Arms Transfers." http://www.state.gov/t/avc/rls/rpt/wmeat/.

Valencia, M. J. (2007). "The Proliferation Security Initiative: A Glass Half-Full." *Arms Control Today* 37(5): 17-21.

Ward, M. D., Ahlquist, J. S., and Rozenas, A. (2013). "Gravity's Rainbow: A Dynamic Latent Space Model for the World Trade Network." *Network Science* 1(1): 95-118. doi:10.1017/nws.2013.1.

Ward, M. D., and Hoff, P. D. (2007). "Persistent Patterns of International Commerce." *Journal of Peace Research* 44(2): 157-175. doi:10.1177/0022343307075119.

Willardson, S. (2013). "Under the Influence of Arms: The Foreign Policy Causes and Consequences of Arms Transfers." PhD thesis, University of Iowa. http://ir.uiowa.edu/etd/2660.

Williams, Phil. (2001). "Transnational Criminal Networks." In *Networks and Netwars*, edited by J. Arquilla and D. F. Ronfeldt, pp.61-97. Santa Monica, CA: RAND Corporation.

Wood, B., and Peleman, J. (2000). "The Arms Fixers. Controlling the Brokers and Shipping Agents." Joint Report of BASIC, NISAT, and PRIO. https://www.prio.org/Publications/Publication/?x=658.

제17장

Agarwal, N., Lim, M., and Wigand, R. T. (Eds.). (2014). *Online Collective Action: Dynamics of the Crowd in Social Media*. Lecture Notes in Social Networks. Vienna: Springer Vienna.

Anderson, C. J. (2009). "Nested Citizens: Macropolitics and Microbehavior in Comparative Politics." In *Comparative Politics: Rationality, Culture, and Structure*, 2d ed., edited by M. I. Lichbach and A. S. Zuckerman, pp.314-332. New York: Cambridge University Press.

Arriola, L. R. (2013). *Multiethnic Coalitions in Africa: Business Financing of Opposition Election Campaigns*. Cambridge Studies in Comparative Politics. New York: Cambridge University Press.

Bates, R. H. (2010). *Prosperity and Violence: The Political Economy of Development*. 2d ed. New York and London: Norton.

Bennett, W. L., and Segerberg, A. (2012). "The Logic of Connective Action: Digital

Media and the Personalization of Contentious Politics." *Information, Communication & Society* 15: 739-768.

Bhargava, V. K., and Bolongaita, E. P. (2004). *Challenging Corruption in Asia: Case Studies and a Framework for Action*. Washington, DC: World Bank.

Borge-Holthoefer, J., González-Bailón, S., Rivero, A., and Moreno, Y. (2014). "The Spanish 'Indignados' Movement: Time Dynamics, Geographical Distribution, and Recruitment Mechanisms." In *Online Collective Action: Dynamics of the Crowd in Social Media*, edited by. N. Agarwal, M. Lim, and R. T. Wigand, pp.155-178. Vienna: Springer Vienna.

Breuer, A., Landman, T., and Farquhar, D. (2015). "Social Media and Protest Mobilization: Evidence from the Tunisian Revolution." *Democratization*: 22(4): 764-792.

Broadbent, J. (2003). "Movement in Context: Thick Networks and Japanese Environmental Protest." In *Social Movements and Networks: Relational Approaches to Collective Action*, edited by M. Diani and D. McAdam, pp.204-232. Oxford and New York: Oxford University Press.

Calvo, E., and Murillo, M. V. (2012). "When Parties Meet Voters Assessing Political Linkages through Partisan Networks and Distributive Expectations in Argentina and Chile." *Comparative Political Studies* 46(7): 851-882.

Cammett, M. C. (2014). *Compassionate Communalism: Welfare and Sectarianism in Lebanon*. Ithaca, NY: Cornell University Press.

Cammett, M. C., and MacLean, L. M. (Eds.). (2014). *The Politics of Non-State Social Welfare*. Cambridge, UK, and New York: Cambridge University Press.

Campos, J. E. (Ed.). (2002). *Corruption: The Boom and Bust of East Asia*. Manila: Ateneo de Manila University Press.

Castells, M. (2007). "Communication, Power and Counter-Power in the Network Society." *International Journal of Communication* 1: 29.

Chadwick, A. (2006). *Internet Politics: States, Citizens, and New Communication Technologies*. New York: Oxford University Press.

Chandra, K. (2012). *Constructivist Theories of Ethnic Politics*. New York: Oxford University Press.

Clarke, G. R. G. (2011). "How Petty Is Petty Corruption? Evidence from Firm Surveys in Africa." *World Development* 39: 1122-1132.

Collins, K. (2002). "Clans, Pacts, and Politics in Central Asia." *Journal of Democracy* 13: 137.

Cross, R. L., and Parker, A. (2004). *The Hidden Power of Social Networks: Understanding How Work Really Gets Done in Organizations*. Boston: Harvard Business School

Press.

Diani, M. (2003a). "Introduction: Social Movements, Contentious Actions, and Social Networks: 'From Metaphor to Substance'?" In *Social Movements and Networks: Relational Approaches to Collective Action*, edited by M. Diani and D. McAdam, pp.281-298. Oxford and New York: Oxford University Press.

Diani, M. (2003b). " 'Leaders' or Brokers? Positions and Influence in Social Movement Networks." In *Social Movements and Networks: Relational Approaches to Collective Action*, edited by M. Diani and D. McAdam, pp.105-122. Oxford and New York: Oxford University Press.

Diani, M. (2003c). "Networks and Social Movements: A Research Programme." In *Social Movements and Networks: Relational Approaches to Collective Action*, edited by M. Diani and D. McAdam, pp.299-319. Oxford and New York: Oxford University Press.

Diani, M. (2004). "Networks and Participation." In *The Blackwell Companion to Social Movements*, edited by D. A. Snow, S. A. Soule, and H. Kriesi, pp.339-359. Oxford: Blackwell Publishing.

Diani, M., and McAdam, D. (2003). *Social Movements and Networks: Relational Approaches to Collective Action*. Oxford and New York: Oxford University Press.

Diaz-Cayeros, A., and Magaloni, B. (2003). "The Politics of Public Spending-Part II. The Programa Nacional De Solidaridad (Pronasol) in Mexico." Background Paper for the World Bank World Development Report 2004.

Edwards, B., and McCarthy, J. D. (2004). "Resources and Social Movement Mobilization." In *The Blackwell Companion to Social Movements*, edited by D. A. Snow, S. A. Soule, and H. Kriesi, pp.116-152. Oxford: Blackwell Publishing.

Evans, P. B. (1995). *Embedded Autonomy: States and Industrial Transformation*. Princeton, NJ: Princeton University Press.

Fox, J. (1994). "The Difficult Transition from Clientelism to Citizenship: Lessons from Mexico." *World Politics* 46: 151-184.

Freidenberg, F., and Levitsky, S. (2006). "Informal Institutions and Party Organization in Latin America." In *Informal Institutions and Democracy: Lessons from Latin America*, edited by G. Helmke and S. Levitsky, pp.178-200. Baltimore, MD: Johns Hopkins University Press.

González-Bailón, S., Borge-Holthoefer, J., Rivero, A., and Moreno, Y. (2011). "The Dynamics of Protest Recruitment through an Online Network." *Scientific Reports* 1: 197.

González-Bailón, S., Wang, N., and Borge-Holthoefer, J. (2014). "The Emergence of Roles in Large-Scale Networks of Communication." *EPJ Data Science* 3: 32.

Goodwin, J., and Jasper, J. M. (Eds.). (2005). *The Social Movements Reader: Cases and Concepts.* 3d ed. Oxford: Blackwell Publishing Ltd.

Gould, R. (2003). "Why Do Networks Matter? Rationalist and Structuralist Interpretations." In *Social Movements and Networks: Relational Approaches to Collective Action,* edited by M. Diani and D. McAdam, pp.233-257. Oxford and New York: Oxford University Press.

Haber, S. (2006). "Authoritarian Government." In *The Oxford Handbook of Political Economy,* edited by B. R. Weingast and D. A. Wittman, pp.693-707. Oxford, New York: Oxford University Press.

Haber, S., Razo, A., and Maurer, N. (2003). *The Politics of Property Rights: Political Instability, Credible Commitments, and Economic Growth in Mexico (1876-1929).* Cambridge, UK, and New York: Cambridge University Press.

Hardin, R. (1997). "Economic Theories of the State." In *Perspectives on Public Choice: A Handbook,* edited by D. C. Mueller, pp.21-34. New York: Cambridge University Press.

Huckfeldt, R. (2009). "Citizenship in Democratic Politics: Density Dependence and the Micro-Macro Divide." In *Comparative Politics: Rationality, Culture, and Structure,* 2d ed., edited by M. I. Lichbach and A. S. Zuckerman, pp.291-313. New York: Cambridge University Press.

Hutchcroft, P. (1994). "Business-Government Relations in the Philippines." In *Business and Government in Industrialising Asia,* edited by A. J. MacIntyre, pp.216-243. Ithaca, NY: Cornell University Press.

Inter-American Development Bank and Harvard University. (2005). *The Politics of Policies Economic and Social Progress in Latin America and the Caribbean, 2006 Report.* Washington, DC, and Cambridge, MA: Inter-American Development Bank and Harvard University.

John, P., and Cole, A. (2000). "When Do Institutions, Policy Sectors, and Cities Matter? Comparing Networks of Local Policy Makers in Britain and France." *Comparative Political Studies* 33: 248-268.

Kalathil, S., and Boas, T. C. (2003). *Open Networks, Closed Regimes: The Impact of the Internet on Authoritarian Rule.* Washington, DC: Carnegie Endowment for International Peace.

Kang, D. C. (2002). *Crony Capitalism: Corruption and Development in South Korea and the Philippines.* Cambridge, UK, and New York: Cambridge University Press.

Kaufmann, D., Kraay, A., and Mastruzzi, M. (2005). *Governance Matters IV: Governance Indicators for 1996-2004.* Washington, DC: World Bank.

Khwaja, A. I., and Mian, A. (2005). "Do Lenders Favor Politically Connected Firms?

Rent Provision in an Emerging Financial Market." *Quarterly Journal of Economics* 120: 1371-411.

Kitschelt, H., and Wilkinson, S. (2007). "Citizen-Politician Linkages: An Introduction." In *Patrons, Clients, and Policies: Patterns of Democratic Accountability and Political Competition*, edited by H. Kitschelt and S. Wilkinson, pp.1-49. Cambridge, UK, and New York: Cambridge University Press.

Knoke, D. (1990). *Political Networks: The Structural Perspective.* Structural Analysis in the Social Sciences 4. New York: Cambridge University Press.

Knoke, D. (1993). "Networks of Elite Structure and Decision Making." *Sociological Methods & Research* 22: 23.

Knoke, D. (1996). *Comparing Policy Networks: Labor Politics in U.S., Germany, and Japan.* Cambridge Studies in Comparative Politics. Cambridge, UK, and New York: Cambridge University Press.

Kriesi, H. (2004). "Political Context and Opportunity." In *The Blackwell Companion to Social Movements*, edited by D. A. Snow, S. A. Soule, and H. Kriesi, pp.67-90. Oxford: Blackwell Publishing.

Laitin, D. D. (2007). *Nations, States, and Violence.* Oxford and New York: Oxford University Press.

Linz, J. J. (2000). *Totalitarian and Authoritarian Regimes.* Boulder, CO: Lynne Rienner Publishers.

Maxfield, S., and Schneider, B. R. (1997). *Business and the State in Developing Countries.* Cornell Studies in Political Economy. Ithaca, NY: Cornell University Press.

McAdam, D. (2003). "Beyond Structural Analysis: Toward a More Dynamic Understanding of Social Movements." In *Social Movements and Networks: Relational Approaches to Collective Action*, edited by M. Diani and D. McAdam, pp.281-298. Oxford and New York: Oxford University Press.

McMillan, J., and Zoido, P. (2004). "How to Subvert Democracy: Montesinos in Peru." Stanford Graduate Business School Research Papers, no. 1851. Stanford, CA.

Migdal, J. S. (2001). *State in Society: Studying How States and Societies Transform and Constitute One Another.* Cambridge Studies in Comparative Politics. Cambridge, UK, and New York: Cambridge University Press.

Migdal, J. S. (2009). "Researching the State." In *Comparative Politics: Rationality, Culture, and Structure*, edited by M. I. Lichbach and A. S. Zuckerman, 2d ed., pp.162-192. New York: Cambridge University Press.

Morris, I. L., Oppenheimer, J. A., and Soltan, K. E. (2004). *Politics from Anarchy to Democracy: Rational Choice in Political Science.* Stanford, CA: Stanford University Press.

North, D. C., and Weingast, B. R. (1989). "Constitutions and Commitment: The Evolution of Institutions Governing Public Choice in Seventeenth-Century England." *Journal of Economic History* 49: 803-832.

O'Neil, P. H. (2012). *Essentials of Comparative Politics.* 4th ed. New York: W. W. Norton.

Olson, M. (1965). *The Logic of Collective Action: Public Goods and the Theory of Groups.* Harvard Economic Studies. Cambridge, MA: Harvard University Press.

Olson, M. (1993). "Dictatorship, Democracy, and Development." *American Political Science Review* 87: 567-576.

Ostrom, E. (1998). "A Behavioral Approach to the Rational Choice Theory of Collective Action: Presidential Address, American Political Science Association, 1997." *American Political Science Review* 92: 1-22.

Packenham, R. A. (1992). *The Dependency Movement: Scholarship and Politics in Development Studies.* Cambridge, MA: Harvard University Press.

Padgett, J. F., and Ansell, C. K. (1993). "Robust Action and the Rise of the Medici, 1400-1434." *American Journal of Sociology* 98 (6): 1259-1319.

Parkinson, S. E. (2013). "Organizing Rebellion: Rethinking High-Risk Mobilization and Social Networks in War." *American Political Science Review* 107: 418-432.

Prakash, A., and Gugerty, M. K. (2010). *Advocacy Organizations and Collective Action.* Cambridge, UK, and New York: Cambridge University Press.

Razo, A. (2008). *Social Foundations of Limited Dictatorship: Networks of Private Protection During Mexico's Early Industrialization.* Social Science History. Stanford, CA: Stanford University Press.

Razo, A. (2013). "Autocrats and Democrats." In *The Elgar Companion to Public Choice,* 2d ed., edited by M. Reksulak, L. Razzolini, and W. F. Shughart, pp.83-108. Cheltenham, UK: Edward Elgar.

Reinikka, R., and Svensson, J. (2006). "Using Micro-Surveys to Measure and Explain Corruption." *World Development* 34: 359-370.

Robinson, J. A. (2010). "The Political Economy of Redistributive Policies." United Nations Development Programme Discussion Paper.

Romanos, E. (2016). "Immigrants as Brokers: Dialogical Diffusion from Spanish Indignados to Occupy Wall Street." *Social Movement Studies* 15 (3): 247-262.

Rose-Ackerman, S. (1999). *Corruption and Government: Causes, Consequences, and Reform.* Cambridge, UK, and New York: Cambridge University Press.

Scarrow, S. E. (2007). "Political Activism and Party Members." In *Oxford Handbook of Political Behavior,* edited by R. J. Dalton and H.-D. Klingemann, pp.636-654. Oxford and New York: Oxford University Press.

Schneider, B. R. (2004). *Business Politics and the State in Twentieth-Century Latin America.* Cambridge, UK, and New York: Cambridge University Press.

Shami, M. (2012). "Collective Action, Clientelism, and Connectivity." *American Political Science Review* 106: 588-606.

Shleifer, A., and Vishny, R. W. (1993). "Corruption." *Quarterly Journal of Economics* 108: 599-617.

Snow, D. A., Soule, S. A., and Kriesi, H. (Eds.). (2004a). *The Blackwell Companion to Social Movements.* Oxford: Blackwell Publishing.

Snow, D. A., Soule, S. A., and Kriesi, H. (2004b). "Mapping the Terrain." In *The Blackwell Companion to Social Movements*, edited by D. A. Snow, S. A. Soule, and H. Kriesi, pp.116-152. Oxford: Blackwell Publishing.

Solingen, E. (2009). "The Global Context of Comparative Politics." In *Comparative Politics: Rationality, Culture, and Structure*, 2d ed., edited by M. I. Lichbach and A. S. Zuckerman, pp.220-259. New York: Cambridge University Press.

Stokes, S. C., Dunning, T., Nazareno, M., and Brusco, V. (2013). *Brokers, Voters, and Clientelism: The Puzzle of Distributive Politics.* Cambridge, UK: Cambridge University Press.

Svensson, J. (2005). "Eight Questions About Corruption." *Journal of Economic Perspectives* 19: 19-42.

Szwarcberg, M. (2012). "Revisiting Clientelism: A Network Analysis of Problem-Solving Networks in Argentina." *Social Networks* 34: 230-240.

Szwarcberg, M. (2013). "The Microfoundations of Political Clientelism: Lessons from the Argentine Case." *Latin American Research Review* 48: 32-54.

Szwarcberg, M. L. (2015). *Mobilizing Poor Voters: Machine Politics, Clientelism, and Social Networks in Argentina.* Structural Analysis in the Social Sciences. Cambridge, UK: Cambridge University Press.

Tarrow, S. G. (1998). *Power in Movement: Social Movements and Contentious Politics.* 2d ed. Cambridge Studies in Comparative Politics. Cambridge, UK, and New York: Cambridge University Press.

Tarrow, S. G. (2005). *The New Transnational Activism.* Cambridge Studies in Contentious Politics. New York: Cambridge University Press.

Tarrow, S. G. (2011). *Power in Movement: Social Movements and Contentious Politics.* 3d ed. Cambridge Studies in Comparative Politics. Cambridge, UK, and New York: Cambridge University Press.

Thompson, G. (2003). *Between Hierarchies and Markets: The Logic and Limits of Network Forms of Organization.* Oxford and New York: Oxford University Press.

Tilly, C. (2004). *Social Movements, 1768-2004.* Boulder, CO: Paradigm Publishers.

Tilly, C. (2005). *Identities, Boundaries, and Social Ties.* Boulder, CO: Paradigm Publishers.

Transparency International. (2014). *Corruption Perceptions Index 2014.* Berlin: Transparency International.

Treisman, D. (2007). "What Have We Learned About the Causes of Corruption from Ten Years of Cross-National Empirical Research?" *Annual Review of Political Science* 10: 211-244.

Van Cott, D. L. (2005). *From Movements to Parties in Latin America: The Evolution of Ethnic Politics.* Cambridge, UK, and New York: Cambridge University Press.

Ward, M. D., Stovel, K., and Sacks, A. (2011). "Network Analysis and Political Science." *Annual Review of Political Science* 14: 245-264.

Weber, M. (1965). *Politics as a Vocation.* Facet Books, Social Ethics Series. Philadelphia: Fortress Press.

Weitz-Shapiro, R. (2014). *Curbing Clientelism in Argentina: Politics, Poverty, and Social Policy.* Cambridge, UK: Cambridge University Press.

Williams, R. H. (2004). "The Cultural Contexts of Collective Action: Constraints, Opportunities, and the Symbolic Life of Social Movements." In *The Blackwell Companion to Social Movements*, edited by D. A. Snow, S. A. Soule, and H. Kriesi, pp.91-115. Oxford: Blackwell Publishing.

Wolfsfeld, G., Segev, E., and Sheafer, T. (2013). "Social Media and the Arab Spring Politics Comes First." *International Journal of Press/Politics* 18: 115-137.

World Bank. (2003). *World Development Report 2004: Making Services Work for Poor People.* Washington, DC: World Bank.

Zuckerman, A. S. (2009). "Advancing Explanation in Comparative Politics: Social Mechanisms, Endogenous Processes, and Empirical Rigor." In *Comparative Politics: Rationality, Culture, and Structure*, edited by M. I. Lichbach and A. S. Zuckerman, 2d ed., pp.72-95. New York: Cambridge University Press.

Zuckerman, A. S. (2005). "Returning to the Social Logic of Politics." In *The Social Logic of Politics: Personal Networks as Contexts for Political Behavior*, edited by Alan S. Zuckerman, pp.3-20. Philadelphia: Temple University Press.

제18장

Alatas, V., Banerjee, A., Chandrasekhar, A. G., Hanna, R., and Olken, B. A. (2014). "Network Structure and the Aggregation of Information: Theory and Evidence from Indonesia." NBER Working Paper No. 18351.

Banerjee, A., Chandrasekhar, A. G., Duflo, E., and Jackson, M. O. (2013). "The Diffusion of Microfinance." *Science* 341 doi:10.1126/science.1236498.

Berardo, R. (2013). "The Coevolution of Perceptions of Procedural Fairness and Link Formation in Self-Organizing Policy Networks." *Journal of Politics* 75(3): 686-700.

Berman, S. (1997). "Civil Society and the Collapse of the Weimar Republic." *World Politics* 49(3): 401-429.

Centola, D., and Macy, M. (2007). "Complex Contagions and the Weakness of Long Ties." *American Journal of Sociology* 113(3): 702-734.

Cho, W. K. T., and Fowler, J. H. (2010). "Legislative Success in a Small World: Social Network Analysis and the Dynamics of Congressional Legislation." *Journal of Politics* 72(1): 124-135.

Clark, W. R., Golder, M., and Golder, S. N. (2012). *Principles of Comparative Politics.* 2d ed. Washington, DC: CQ Press.

Dal Bó, E., Dal Bó, P., and Snyder, J. (2009). "Political Dynasties." *Review of Economic Studies* 76: 115-142.

Dionne, K. Y. (2014). "Social networks, ethnic diversity, and cooperative behavior in rural Malawi." *Journal of Theoretical Politics* (November). doi: 10.1177/0951629814 556173.

Eubank, N. (2015). "Ethnicity and Social Network Structure." Working paper.

Fearon, J. D., and Laitin, D. D. (1996). "Explaining Interethnic Cooperation." *American Political Science Review* 90(4): 715-735.

Feinstein, B. D. (2011). "The Dynasty Advantage: Family Ties in Congressional Elections." *Legislative Studies Quarterly* 35(4): 571-598.

Gerber, A. S., Green, D. P., and Larimer, C. W. (2008). "Social Pressure and Voter Turnout: Evidence from a Large-Scale Field Experiment." *American Political Science Review* 102(1): 33-48.

Gibson, J. L. (2001). "Social Networks, Civil Society, and the Prospects for Consolidating Russia's Democratic Transition." *American Journal of Political Science* 45(1): 51-68.

Golder, S. N. (2006). *The Logic of Pre-Electoral Coalition Formation.* Columbus: Ohio State University Press.

Habyarimana, J., Humphreys, M., Posner, D. N., and Weinstein, J. M. (2007). "Why Does Ethnic Diversity Undermine Public Goods Provision?" *American Political Science Review* 101(4): 709-725.

Heaney, M. T., and McClurg, S. D. (2009). "Social Networks and American Politics: Introduction to the Special Issue." *American Politics Research* 37(5): 727-741.

Helmke, G., and Levitsky, S. (2004). "Informal Institutions and Comparative Politics: A Research Agenda." *Perspectives on Politics* 2(4): 725-740.

Huckfeldt, R. R., and Sprague, J. (1995). *Citizens, Politics and Social Communication:*

Information and Influence in an Election Campaign. Cambridge, UK: Cambridge University Press.

Knight, J. (1992). *Institutions and Social Conflict.* Cambridge, UK: Cambridge University Press.

Koger, G., Masket, S., and Noel, H. (2009). "Partisan Webs: Information Exchange and Party Networks." *British Journal of Political Science* 39(3): 633-653.

Krehbiel, K. (1991). *Information and Legislative Organization.* Ann Arbor: University of Michigan Press.

Larson, J. M. (2012). "A Failure to Communicate: The Role of Networks in Inter-and Intra-group Cooperation." Working paper.

Larson, J. M. (2014). "Cheating Because They Can: Social Networks and Norm Violators." Working paper.

Léon, G., Ouimet, M., Lavis, J., Grimshaw, J. M., and Gagnon, M.-P. (2013). "Assessing Availability of Scientific Journals, Databases, and Health Library Services in Canadian Health Ministries: A Cross-sectional Study." *Implementation Science* 8(34): 1-26.

Lubell, M., Schneider, M., Scholz, J. T., and Mete, M. (2002). "Watershed Partnerships and the Emergence of Collective Action Institutions." *American Journal of Political Science* 46(1): 148-163.

Malesky, E., Schuler, P., and Tran, A. (2012). "The Adverse Effects of Sunshine: A Field Experiment on Legislative Transparency in an Authoritarian Assembly." *American Political Science Review* 106(4): 762-786.

McAdam, D. (1988). *Freedom Summer.* New York: Oxford University Press.

McCall, C., and Dasgupta, N. (2007). "The Malleability of Men's Gender Self-Concept." *Self and Identity* 6: 173-188.

O'Donnell, G. (1996). "Another Institutionalization: Latin America and Elsewhere." Kellogg Institute Working Paper 222. Notre Dame, IN: Kellogg Institute for International Studies.

Putnam, R. D. (1993). *Making Democracy Work: Civic Traditions in Modern Italy.* Princeton, NJ: Princeton University Press.

Ringe, N., and Victor, J. N. (2013). *Bridging the Information Gap: Legislative Member Organizations as Social Networks in the United States and the European Union.* Ann Arbor: University of Michigan Press.

Rolfe, M. (2012). *Voter Turnout: A Social Theory of Political Participation.* Cambridge, UK: Cambridge University Press.

Siegel, D. A. (2009). "Social Networks and Collective Action." *American Journal of Political Science* 53(1): 122-138.

Siegel, D. A. (2011). "When Does Repression Work? Collective Action in Social Networks." *Journal of Politics* 73(4): 993-1010.

Siegel, D. A. (2013). "Social Networks and the Mass Media." *American Political Science Review* 107(4): 786-805.

Sinclair, B. (2012). *The Social Citizen: Peer Networks and Political Behavior.* Chicago: University of Chicago Press.

Torfason, M. T., and Ingram, P. (2010). "The Global Rise of Democracy: A Network Account." *American Sociological Review* 75(3): 355-377.

Wang, H. (2000). "Informal Institutions and Foreign Investment in China." *Pacific Review* 13(4): 525-556.

제19장

Adam, S., and Kriesi, H. (2007). "The Network Approach." In *Theories of the Policy Process*, edited by Paul A. Sabatier, pp.129-154. Boulder, CO: Westview Press.

Ansell, C. (2006). "Network Institutionalism." In *The Oxford Handbook of Political Institutions*, edited by Sarah A. Binder, R. A. W. Rhodes, and Bert A. Rockman, pp.75-89. Oxford: Oxford University Press.

Atkinson, M. M., and Coleman, W. D. (1989). "Strong States and Weak States: Sectoral Policy Networks in Advanced Capitalist Economies." *British Journal of Political Science* 19(1): 47-67.

Baldassari, D., and Diani, M. (2007). "The Integrative Power of Civic Networks." *American Journal of Sociology* 113(3): 735-780.

Berardo, R., and Scholz, J. T. (2010). "Self-Organizing Policy Networks: Risk, Partner Selection and Cooperation in Estuaries." *American Journal of Political Science* 54(3): 632-649.

Beyers, J. (2002). "Gaining and Seeking Access: The European Adaptation of Domestic Interest Associations." *European Journal of Political Research* 41: 585-612.

Beyers, J., and Braun, C. (2014). "Ties That Count: Explaining Interest Group Access to Policymakers." *Journal of Public Policy* 34(1): 93-121.

Blom-Hansen, J. (1997). "A 'New Institutional' Perspective on Policy Networks." *Public Administration* 75: 669-693.

Börzel, T. A. (1998). "Organizing Babylon—On the Different Conceptions of Policy Networks." *Public Administration* 76: 253-273.

Börzel, T. A. (2011). "Networks: Reified Metaphor or Governance Panacea." *Public Administration* 89(1): 49-63.

Börzel, T. A., and Heard-Lauréote, K. (2009). "Networks in EU Multi-level Governance:

Concepts and Contributions." *Journal of Public Policy* 26(2): 135-152.

Braun, C. (2012). "The Captive or the Broker? Explaining Public Agency-Interest Group Interactions." *Governance* 25(2): 291-314.

Bressers, H., Jr., O'Toole, L. J., and Richardson, J. (Eds.). (1996). *Networks for Water Policy: A Comparative Perspective.* London: Frank Cass.

Bressers, H. T. A., and O'Toole, L. J. (1998). "The Selection of Policy Instruments: A Network-Based Perspective." *Journal of Public Policy* 18(3): 213-239.

Bursens, P., Beyers, J., and Donas, T. (2014). "Domestic European Union Coordination and Interest Group Mobilization in Three Member States: Looking Beyond the Formal Mechanisms." *Regional & Federal Studies* 24(3): 363-381.

Christopoulos, D. C. (2008). "The Governance of Networks: Heuristic or Formal Analysis? A Reply to Rachel Parker." *Political Studies* 56: 475-481.

Císař, O., and Navrátil, J. (2014). "Promoting Competition or Cooperation? The Impact of EU Funding on Czech Advocacy Organizations." *Democratization* 22(3): 536-559.

Coleman, W. D., and Perl, A. (1999). "Internationalized Policy Environments and Policy Network Analysis." *Political Studies* 47: 691-709.

Damgaard, B. (2006). "Do Policy Networks Lead to Network Governing?" *Public Administration* 84(3): 673-691.

Daugbjerg, C., and Fawcett, P. (2015). "Metagovernance, Network Structure, and Legitimacy: Developing a Heuristic for Comparative Governance Analysis." *Administration & Society* doi: 10.1177/0095399715581031.

De Rynck, F., and Voets, J. (2006). "Democracy in Area-Based Policy Networks: The Case of Ghent." *American Review of Public Administration* 36(1): 58-78.

De Vries, M. S. (2008). "Stability Despite Reforms: Structural Asymmetries in Dutch Local Policy Networks." *Local Government Studies* 34(2): 221-243.

Dowding, K. (1995). "Model or Metaphor? A Critical Review of the Policy Network Approach." *Political Studies* 43(1): 136-158.

Dowding, K. (2001). "There Must Be End to Confusion: Political Networks, Intellectual Fatigue, and the Need for Political Science Methods Courses in British Universities." *Political Studies* 49: 89-105.

Edelenbos, J., Van Buuren, A., and Klijn, E.-H. (2012). "Connective Capacities of Network Managers." *Public Management Review* 15(1): 131-159.

Ernstson, H., Barthel, S., Andersson, E., and Borgström, S. T. (2010). "Scale-Crossing Brokers and Network Governance of Urban Ecosystem Services: The Case of Stockholm." *Ecology and Society* 15(4): 28-54.

Fawcett, P., and Daugbjerg, C. (2012). "Explaining Governance Outcomes: Epistemology,

Network Governance and Policy Network Analysis." *Political Studies Review* 10: 195-207.

Feiock, R. C., and Scholz, J. (2010). *Self-Organizing Federalism*. Cambridge, UK and New York: Cambridge University Press.

Fischer, M. (2014). "Coalition Structures and Policy Change in a Consensus Democracy." *Policy Studies Journal* 42(3): 344-366.

Fischer, M. (2015). "Institutions and Coalitions in Policy Processes: A Cross-Sectoral Comparison." *Journal of Public Policy* 35(2): 245-268.

Fischer, M., Fischer, A., and Sciarini, P. (2009). "Power and Conflict in the Swiss Political Elite: An Aggregation of Existing Network Analyses." *Swiss Political Science Review* 15(1): 31-62.

Fischer, M., Ingold, K., Sciarini, P., and Varone, F. (2012). "Impacts of Market Liberalization on Regulatory Network: A Longitudinal Analysis of the Swiss Telecommunications Sector." *Policy Studies Journal* 40(3): 435-457.

Fischer, M., and Leifeld, P. (2015). "Policy Forums: Why Do They Exist and What Are They Used For?" *Policy Sciences* 48(3): 363-382.

Fischer, A., Nicolet, S., and Sciarini, P. (2002). "Europeanisation of Non EU-Countries: The Case of Swiss Immigration Policy Towards the EU." *West European Politics* 25(3): 143-170.

Fischer, M., and Sciarini, P. (2013). "Europeanization and the Inclusive Strategies of Executive Actors." *Journal of European Public Policy* 20(10): 1482-1498.

Fischer, M., and Sciarini, P. (2015). "Unpacking Reputational Power: Intended and Unintended Determinants of the Assessment of Actors' Power." *Social Networks* 42: 60-71.

Fischer, M., and Sciarini, P. (2016). "Collaborative Tie Formation in Policy Networks: A Cross-Sector Perspective." *Journal of Politics* 78(1): 63-74.

Foljanty-Jost, G., and Jacob, K. (2004). "The Climate Change Policy Network in Germany." *European Environment* 14(1): 1-15.

Fowler, J. (2006). "Connecting the Congress: A Study of Cosponsorship Networks." *Political Analysis* 14: 456-487.

Freeman, L. C. (1978). "Centrality in Social Networks. Conceptual Clarification." *Social Networks* 1: 215-239.

Henning, C. H. (2009). "Networks of Power in the CAP System of the EU-15 and EU-27." *Journal of Public Policy* 29(02): 153-177.

Hirschi, C. (2010). "Strengthening Regional Cohesion: Collaborative Networks and Sustainable Development in Swiss Rural Areas." *Ecology and Society* 15(4): 16.

Hirschi, C., Widmer, A., Briner, S., and Huber, R. (2013). "Combining Policy Network and Model-Based Scenario Analyses: An Assessment of Future Ecosystem Goods and Services in Swiss Mountain Regions." *Ecology and Society* 18(2): art. 42.

Hovik, S., and Hanssen, G. S. (2014). "The Impact of Network Management and Complexity on Multi-Level Coordination." *Public Administration* 93(2): 506-523.

Hughes, J., John, P., and Sasse, G. (2002). "From Plan to Network: Urban Elites and the Post-communist Organisational State in Russia." *European Journal of Political Research* 41(3): 395-420.

Ingold, K. (2011). "Network Structures within Policy Processes: Coalitions, Power, and Brokerage in Swiss Climate Policy." *Policy Studies Journal* 39(3): 435-459.

Ingold, K. (2014). "How Involved Are They Really? A Comparative Network Analysis of the Institutional Drivers of Local Actor Inclusion." *Land Use Policy* 39: 376-387.

Ingold, K., and Fischer, M. (2014). "Drivers of Collaboration to Mitigate Climate Change: An Illustration of Swiss Climate Policy over 15 Years." *Global Environmental Change* 24: 88-98.

Ingold, K., and Leifeld, P. (2016). "Structural and Institutional Determinants of Reputational Power in Policy Networks." *Journal of Public Administration Research and Theory* 26(1): 1-18.

Ingold, K., and Varone, F. (2012). "Treating Policy Brokers Seriously: Evidence from the Climate Policy." *Journal of Public Administration Research and Theory* 22: 319-346.

Ingold, K., Varone, F., and Stokman, F. (2013). "A Social Network-Based Approach to Assess De Facto Independence of Regulatory Agencies." *Journal of European Public Policy* 20(10): 1464-1481.

John, P., and Cole, A. (1998). "Sociometric Mapping Techniques and the Comparison of Policy Networks: Economic Decision Making in Leeds and Lille." In *Comparing Policy Networks*, edited by D. Marsh, pp.132-146. Buckingham, UK and Philadelphia: Open University Press.

John, P., and Cole, A. (2000). "When Do Institutions, Policy Sectors, and Cities Matter?" *Comparative Political Studies* 33(2): 248-268.

Jordana, J., Mota, F., and Noferini, A. (2012). "The Role of Social Capital within Policy Networks: Evidence from EU Cohesion Policy in Spain." *International Review of Administrative Sciences* 78(4): 642-664.

Jordana, J., and Sancho, D. (2005). "Policy Networks and Market Opening: Telecommunications Liberalization in Spain." *European Journal of Political Research* 44(4): 519-546.

Jurje, F. (2013). *Europeanization and New Member States: A Comparative Social Network Analysis*. Oxon/New York: Routledge.

Kenis, P., and Schneider, V. (1991). "Policy Networks and Policy Analysis: Scrutinizing a New Analytical Toolbox." In *Policy Networks—Empirical Evidence and Theoretical Considerations*, edited by B. Marin and R. Mayntz. Frankfurt am Main/Boulder, CO: Campus Verlag/Westview Press.

Kern, K., and Bulkeley, H. (2009). "Cities, Europeanization and Multi-level Governance: Governing Climate Change through Transnational Municipal Networks*." *JCMS: Journal of Common Market Studies* 47(2): 309-332.

Kickert, W. J. M., Klijn, E.-H., and Koppenjan, J. F. M. (1997). "Introduction: A Management Perspective on Policy Networks." In *Managing Complex Networks: Strategies for the Public Sector*, edited by W. J. M. Kickert, E.-H. Klijn, and J. F. M. Koppenjan, pp.1-13. London: Sage.

Kirkland, J. H., and Gross, J. H. (2012). "Measurement and Theory in Legislative Networks: The Evolving Topology of Congressional Collaboration." *Social Networks* 36: 97-109.

Klijn, E.-H. (2005). "Designing and Managing Networks: Possibilities and Limitations for Network Management." *European Political Science* 4: 328-339.

Klijn, E.-H., Koppenjan, J., and Termeer, K. (1995). "Managing Networks in the Public Sector: A Theoretical Study of Management Strategies in Policy Networks." *Public Administration* 73(3): 437-454.

Klijn, E.-H., Steijn, B., and Edelenbos, J. (2010). "The Impact of Network Management on Outcomes in Governance Networks." *Public Administration* 88(4): 1063-1082.

Knoke, D., Pappi, F. U., Broadbent, J., and Tsujinaka, Y. (1996). *Comparing Policy Networks—Labor Politics in the U.S., Germany, and Japan*. Cambridge, UK: Cambridge University Press.

König, T., and Bräuninger, T. (1998). "The Formation of Policy Networks: Preferences, Institutions and Actors' Choice of Information and Exchange Relations." *Journal of Theoretical Politics* 10(4): 445-471.

Kovács, I. P., Paraskevopoulos, C. J., and Horváth, G. (2004). "Institutional 'Legacies' and the Shaping of Regional Governance in Hungary." *Regional & Federal Studies* 14(3): 430-460.

Kriesi, H., Adam, S., and Jochum, M. (2006). "Comparative Analysis of Policy Networks in Western Europe." *Journal of European Public Policy* 13(3): 341-361.

Kriesi, H., and Jegen, M. (2001). "The Swiss Energy Policy Elite: The Actor Constellation of a Policy Domain in Transition." *European Journal of Political Research* 39: 251-287.

Laumann, E. O., and Knoke, D. (1987). *The Organizational State—Social Choice in National Policy Domains*. Madison and London: University of Wisconsin Press.

Lazdinis, M., Carver, A., Carlsson, L., Tõnisson, K., and Vilkriste, L. (2004). "Forest Policy Networks in Changing Political Systems: Case Study of the Baltic States." *Journal of Baltic Studies* 35(4): 402-419.

Le Galès, P. (2001). "Urban Governance and Policy Networks: On the Urban Political Boundedness of Policy Networks; A French Case Study." *Public Administration* 79(1): 167-184.

Leifeld, P., and Schneider, V. (2012). "Information Exchange in Policy Networks." *American Journal of Political Science* 53(3): 731-744.

Lijphart, A. (1999). *Patterns of Democracy: Government Forms and Performance in Thirty-six Countries.* New Haven, CT: Yale University Press.

Lubell, M., Scholz, J., Berardo, R., and Robins, G. (2012). "Testing Policy Theory with Statistical Models of Networks." *Policy Studies Journal* 40(3): 351-374.

Maggetti, M., Ingold, K., and Varone, F. (2013). "Having Your Cake and Eating It, Too: Can Regulatory Agencies Be Both Independent and Accountable?" *Swiss Political Science Review* 19(1): 1-25.

Majone, G. (1997). "From the Positive to the Regulatory State: Causes and Consequences of Changes in the Mode of Governance." *Journal of Public Policy* 17(2): 139-167.

Marsh, D. (1998). "The Development of the Policy Network Approach." In *Comparing Policy Networks*, edited by D. Marsh, pp.3-17. Buckingham, UK, and Philadelphia: Open University Press.

Marsh, D., and Smith, M. (2000). "Understanding Policy Networks: Towards a Dialectical Approach." *Political Studies* 48: 4-21.

Mayntz, R. (1993). "Modernization and the Logic of Interorganizational Networks." *Knowledge and Policy* 6(1): 3-16.

McMenamin, I. (2004). "Parties, Promiscuity and Politicisation: Business-Political Networks in Poland." *European Journal of Political Research* 43: 657-676.

Moschitz, H., and Stolze, M. (2009). "Organic Farming Policy Networks in Europe: Context, Actors and Variation." *Food Policy* 34(3): 258-264.

O'Toole, L. J., Walker, R. M., Meier, K. J., and Boyne, G. A. (2007). "Networking in Comparative Context." *Public Management Review* 9(3): 401-420.

Öberg, P., and Svensson, T. (2010). "Does Power Drive Out Trust? Relations between Labour Market Actors in Sweden." *Political Studies* 58(1): 143-166.

Oliver, K., De Vocht, F., Money, A., and Everett, M. (2015). "Identifying Public Health Policy Makers' Sources of Information: Comparing Survey and Network Analyses. *European Journal of Public Health: ckv083*.

제20장

Ames, B. (2001). *The Deadlock of Democracy in Brazil*. Ann Arbor: University of Michigan Press.

Ames, B., Baker, A., and Renno, L. R. (2008). "The 'Quality' of Elections in Brazil: Policy, Performance, Pageantry, or Pork?" In *Democratic Brazil Revisited*, edited by T. J. Power and P. R. Kingstone, pp.107-134. Pittsburgh: University of Pittsburgh Press.

Ames, B., García-Sánchez, M., and Smith, A. E. (2012). "Keeping up with the Souzas: Social Influence and Electoral Change in a Weak Party System, Brazil 2002-2006." *Latin American Politics and Society* 54(2): 51-78.

Ames, B., Machado, F., Renno, L., Samuels, D., Smith, A. E., and Zucco, C. (2013). *Brazilian Electoral Panel Survey [BEPS]*. Washington, DC: Inter-American Development Bank.

Ames, B., Machado, F., Renno, L., Samuels, D., Smith, A. E., and Zucco, C. (2016). Brazilian Electoral Panel Survey 2014 [BEPS]. Washington, DC: Inter-American Development Bank.

Ames, B., and Smith, A. E. (2010). "Knowing Left from Right: Ideological Identification in Brazil, 2002-2006." *Journal of Politics in Latin America* 2(3): 3-38.

Bailey, S., and Marsden, P. V. (1999). "Interpretation and Interview Context: Examining the General Social Survey Name Generator Using Cognitive Methods." *Social Networks* 21(3): 287-309.

Baker, A. (2009). "Regionalized Voting Behavior and Political Discussion in Mexico." In *Consolidating Mexico's Democracy: The 2006 Presidential Campaign in Comparative Perspective*, edited by J. I. Dominguez, C. Lawson, and A. Moreno, pp.71-88. Baltimore, MD: Johns Hopkins University Press.

Baker, A., Ames, B., and Renno, L. R. (2006). "Social Context and Campaign Volatility in New Democracies: Networks and Neighborhoods in Brazil's 2002 Elections." *American Journal of Political Science* 50(2): 382-399.

Baker, A., Ames, B., Sokhey, A. E., and Renno, L. R. (2016). "The Dynamics of Mass Partisanship When Party Brands Change: The Case of the Workers Party in Brazil." *Journal of Politics* 78(1): 197-213.

Baker, A., and Greene, K. F. (2011). "The Latin American Left's Mandate: Free-Market Politics and Issue Voting in New Democracies." *World Politics* 63(1): 43-77.

Baker, A., and Greene, K. F. (2015). "Positional Issue Voting in Latin America." In *The Latin American Voter*, edited by R. Carlin, M. Singer, and E. Zechmeister, pp.173-194. Ann Arbor: University of Michigan Press.

Bearman, P., and Parigi, P. (2004). "Cloning Headless Frogs and Other Important Matters: Conversation Topics and Network Structure." *Social Forces* 83(2): 535-557.

Berelson, B., Lazarsfeld, P. F., and McPhee, W. N. (1954). *Voting: A Study of Opinion Formation in a Presidential Campaign.* Chicago: University of Chicago Press.

Bishop, B. (2008). *The Big Sort: Why the Clustering of Like-Minded America is Tearing Us Apart.* New York: Houghton Mifflin.

Boas, T. C., and Smith, A. E. (2016). "Looks Like Me, Thinks Like Me? Descriptive Representation and Opinion Congruence in Brazil." Working paper. http://people-.bu.edu/tboas/looks_like_me.pdf

Carreirão, Y. de S., and Kinzo, M. D. (2004). "Partido Políticos, Preferência Partidária E Decisão Eleitoral No Brasil (1989/2002)." *Dados—Revista de Ciências Sociais* 47(1): 131-168.

Eveland, W. P., Song, H., and Beck, P. A. (2015). "Cultural Variations in the Relationships Among Network Political Agreement, Political Discussion Frequency, and Voting Turnout." *International Journal of Public Opinion Research* 27(4): 461-480.

Fitzgerald, J. (2011). "Family Dynamics and Swiss Parties on the Rise: Exploring Party Support in a Changing Electoral Context." *Journal of Politics* 73(3): 783-796.

Gunther, R., Beck, P. A., Magalhães, P. C., and Moreno, A. (2015). *Voting in Old and New Democracies.* New York: Routledge.

Gunther, R., Montero, J. R., and Puhle, H.-J. (Eds.). (2007). *Democracy, Intermediation, and Voting on Four Continents.* Oxford: Oxford University Press.

Huckfeldt, R. (2001). "The Social Communication of Political Expertise." *American Journal of Political Science* 45(2): 425-438.

Huckfeldt, R., Johnson, P. E., and Sprague, J. (2004). *Political Disagreement: The Survival of Diverse Opinions within Communication Networks.* Cambridge, UK: Cambridge University Press.

Huckfeldt, R., and Sprague, J. (1995). *Citizens, Politics, and Social Communication: Information and Influence in an Election Campaign.* Cambridge, UK: Cambridge University Press

Huntington, S. P. (1991). *The Third Wave: Democratization in the Late Twentieth Century.* Norman: University of Oklahoma Press.

Keefer, P. (2007). "Clientelism, Credibility, and the Policy Choices of Young Democracies." *American Journal of Political Science* 51(4): 804-821.

Kinzo, M. D. (2003). "Parties and Elections: Brazil's Democratic Experience since 1985." In *Brazil Since 1985: Economy, Polity and Society*, edited by M. D. Kinzo and J. Dunkerley, pp.42-61. London: Institute of Latin American Studies.

Kinzo, M. D. (2005). "Os Partidos No Eleitorado: Percepções Públicas E Laços Partidários No Brasil." *Revista Brasileira de Ciências Sociais* 20(57): 65-81.

Kitschelt, H., Hawkins, K. A., Luna, J. P., Rosas, G., and Zechmeister, E. J. (2010). *Latin American Party Systems*. New York: Cambridge University Press.

Klofstad, C. A., McClurg, S. D., and Rolfe, M. (2009). "Measurement of Political Discussion Networks: A Comparison of Two 'Name Generator' Procedures." *Public Opinion Quarterly* 73(3): 462-483.

Lau, R. R., and Redlawsk, D. P. (2001). "Advantages and Disadvantages of Cognitive Heuristics in Political Decision-Making." *American Journal of Political Science* 45(4): 951-971.

Lau, R. R., and Redlawsk, D. P. (2006). *How Voters Decide: Information Processing during Election Campaigns*. New York: Cambridge University Press.

Lazarsfeld, P. F., Berelson, B., and Gaudet, H. (1944). *The People's Choice: How a Voter Makes up His Mind in a Presidential Campaign*. New York: Duell, Sloan, and Pearce.

Mainwaring, S. P. (1999). *Rethinking Party Systems in the Third Wave of Democratization*. Stanford, CA: Stanford University Press.

Maldonado, A. (2011). Compulsory Voting and the Decision to Vote. Americas Barometer Insights no. 63. Nashville, TN: Latin American Public Opinion Project, Vanderbilt University.

McCann, J. A., and Lawson, C. (2006). "Presidential Campaigns and the Knowledge Gap in Three Transitional Democracies." *Political Research Quarterly* 59(1): 13-22.

McClurg, S. D. (2003). "Social Networks and Political Participation: The Role of Social Interaction in Explaining Political Participation." *Political Research Quarterly* 56(4): 449-464.

McClurg, S. D. (2006). "The Electoral Relevance of Political Talk: Examining Disagreement and Expertise Effects in Social Networks on Political Participation." *American Journal of Political Science* 50(3): 737-754.

Mutz, D. C. (2002). "The Consequences of Cross-Cutting Networks for Political Participation." *American Journal of Political Science* 46(4): 838-855.

Mutz, D. C. (2006). *Hearing the Other Side: Deliberative versus Participatory Democracy*. New York: Cambridge University Press.

Nir, L. (2012). "Cross-National Differences in Political Discussion: Can Political Systems Narrow Deliberation Gaps?" *Journal of Communication* 62(3): 553-570.

Partheymüller, J., and Schmitt-Beck, R. (2012). "A 'Social Logic' of Demobilization: The Influence of Political Discussants on Electoral Participation at the 2009 German Federal Election." *Journal of Elections, Public Opinion and Parties* 22(4):

457-478.

Power, T. J. (2009). "Compulsory for Whom? Mandatory Voting and Electoral Participation in Brazil, 1986-2006." *Journal of Politics in Latin America* 1(1): 97-122.

Roberts, K. (2014). *Changing Course in Latin America: Party Systems in the Neoliberal Era.* New York: Cambridge University Press.

Samuels, D. J. (2006). "Sources of Mass Partisanship in Brazil." *Latin American Politics and Society* 48(2): 1-27.

Samuels, D., and Zucco, C. (2014). "The Power of Partisanship in Brazil: Evidence from Survey Experiments." *American Journal of Political Science* 58(1): 212-225.

Schaffer, J., and Baker, A. (2015). "Clientelism as Persuasion-Buying: Evidence from Latin America." *Comparative Political Studies* 48(9): 1093-1126.

Singh, S. (2011). "How Compelling Is Compulsory Voting? A Multilevel Analysis of Turnout." *Political Behavior* 33(1): 95-111.

Smith, A. E. (2011). "Personal Connections to the Political World: Social Influences on Democratic Competence in Brazil and in Comparative Context." PhD diss., University of Pittsburgh.

Smith, A. E. (2015a). "People Who Know People: The Mixed Consequences of Horizontal and Vertical Social Capital in Developing Democracies." Working paper. http://papers.ssrn. com/sol3/papers.cfm?abstract_id=2704924

Smith, A. E. (2015b). "The Diverse Impacts of Politically Diverse Networks: Party Systems, Political Disagreement, and the Timing of Vote Decisions." *International Journal of Public Opinion Research* 27(4): 481-496.

Smith, A. E. (Forthcoming). "Talking It Out: Political Conversation and Knowledge Gaps in Unequal Urban Contexts." *British Journal of Political Science.* http://am yericasmith.org/wp-content/uploads/2015/07/Talking-it-Out_Smith-BJPS.pdf

Sokhey, A. E., and McClurg, S. (2012). "Social Networks and Correct Voting." *Journal of Politics* 74(3): 751-764.

Sokhey, A. E., Baker, A., and Djupe, P. (2015). "The Dynamics of Socially Supplied Information: Examining Discussion Network Stability over Time." *International Journal of Public Opinion Research* 27(4): 565-587.

Stokes, S., Dunning, T., Nazareno, M., and Brusco, V. (2013). *Brokers, Voters, and Clientelism: The Puzzle of Distributive Politics.* New York: Cambridge University Press.

Straubhaar, J., Olsen, O., and Nunes, M. C. (1993). "The Brazilian Case: Influencing the Voter." In *Television, Politics, and the Transition to Democracy in Latin America,* edited by Thomas E. Skidmore, pp.118-136. Baltimore, MD: Johns Hopkins University Press.

Wolf, M. R., Morales, L., and Ikeda, K. (Eds.). (2010). *Political Discussion in Modern Democracies: A Comparative Perspective.* New York: Routledge

Zuckerman, A. S., Dasović, J., and Fitzgerald, J. (2007). *Partisan Families: The Social Logic of Bounded Partisanship in Germany and Britain.* New York: Cambridge University Press.

제21장

Abbott, A. (1988). "Transcending General Linear Reality." *Sociological Theory* 6: 169-186.

Anheier, H. (1987). "Structural Analysis and Strategic Research Design: Studying Politicized Interorganizational Networks." *Sociological Forum* 2(3): 181-203.

Beck, U. (1999). *World Risk Society.* Malden, MA: Blackwell.

Borgatti, S. P., Everett, M. G., and Freeman, L. C. (2002). *Ucinet 6 for Windows: Software for Social Network Analysis.* Harvard, MA: Analytic Technologies.

Bourdieu, P. (1984). *Distinction: A Social Critique of the Judgement of Taste.* Cambridge, MA: Harvard University Press.

Bourdieu, P. (1985). "The Social Space and the Genesis of Groups." *Theory and Society* 14(6): 723-744.

Breiger, R. L. (1974). "The Duality of Persons and Groups." *Social Forces* 53(2): 181-190.

Breiger, R., and Pattison, P. (1978). "The Joint Role Structure of Two Communities' Elites." *Sociological Methods and Research* 7(2): 213-226.

Broadbent, J. P. (1982). "State and Citizen in Japan: Social Structure and Policy-Making in the Development of a 'New Industrial City,' 1960 to 1980." PhD thesis, Harvard University.

Broadbent, J. (1989a). "Strategies and Structural Contradictions—Growth Coalition Politics in Japan." *American Sociological Review* 54(5): 707-721.

Broadbent, J. (1989b). "Environmental Politics in Japan—an Integrated Structural-Analysis." *Sociological Forum* 4(2): 179-202.

Broadbent, J. (1998). *Environmental Politics in Japan: Networks of Power and Protest.* Cambridge, UK: Cambridge University Press.

Broadbent, J. (2010). "Science and Climate Change Policy Making: A Comparative Network Perspective." In *Adaptation and Mitigation Strategies for Climate Change,* edited by A. Sumi, K. Fukushi, and A. Hiramatsu, pp.187-214. New York: Springer.

Broadbent, J., and Vaughter, P. (2014). "Inter-Disciplinary Analysis of Climate Change and Society: A Network Approach." In *Understanding Society and Natural Resources: Forging New Strands of Integration across the Social Sciences,* edited by M. Manfredo et al., pp.203-228. New York: Springer.

Burt, R. 2005. *Brokerage & Closure: An Introduction to Social Capital.* New York: Oxford University Press.

Burt, R. S. (1992). *Structural Holes: The Social Structure of Competition.* Cambridge. MA: Harvard University Press.

Campbell, D. T., Stanley, J. C., and Gage, N. L. (1966). *Experimental and Quasi-Experimental Designs for Research.* Chicago: R. McNally.

Clark, W. C., Jaeger, J., van Eijndhoven, J., and Dickson, N. (Eds.). (2001). *Learning to Manage Global Environmental Risks. Volume 1, A Comparative History of Social Responses to Climate Change, Ozone Depletion, and Acid Rain.* Cambridge, MA: MIT Press.

D'Agostino, G., and Scala, A. (Eds.). (2014). *Networks of Networks: The Last Frontier of Complexity.* New York: Springer

Dahl, R. A. (1961). *Who Governs? Democracy and Power in an American City.* New Haven, CT: Yale University Press.

Deutsch, K. W. (1966). *The Nerves of Government: Models of Political Communication and Control.* New York: Free Press.

Emirbayer, M. (1997). "Manifesto for a Relational Sociology." *American Journal of Sociology* 103(2). doi:10.1086/231209.

Emirbayer, M. (2004). "The Alexander School of Cultural Sociology." *Thesis Eleven* 79(1): 5-15.

Emirbayer, M., and Goodwin, J. (1994). "Network Analysis, Culture and the Problem of Agency." *American Journal of Sociology* 99(6): 1411-1454.

Freeman, L. (2004). *The Development of Social Network Analysis: A Study in the Sociology of Science.* Vancouver: Empirical Press.

Gould, R., and Fernandez, R. (1989). "Structures of Mediation: A Formal Approach to Brokerage in Transaction Networks." *Sociological Methodology* 19: 89-126.

Gregersen, H., and Sailer, L. (1993). "Chaos Theory and Its Implications for Social Science Research." *Human Relations* 46(7): 777-802. doi:10.1177/001872679304600701.

Hannigan, J. A. (1995). *Environmental Sociology, a Social Constructivist Perspective.* New York: Routledge.

Hawking, S. W. (1996). *The Illustrated a Brief History of Time.* New York: Bantam.

Heinz, J., Laumann, E., Salisbury, R., and Nelson, R. (1993). *The Hollow Core: Private Interests in National Policy Making.* Cambridge, MA: Harvard University Press.

Hironaka, A. (2014). *Greening the Globe.* New York: Cambridge University Press.

Homans, G. C. (1961). *Social Behavior: Its Elementary Forms.* New York: Harcourt Brace & World.

Hunter, F. (1953). *Community Power Structure*. Chapel Hill: University of North Carolina Press.

International Energy Agency (IEA). (2011). *Prospect of Limiting the Global Increase in Temperature to 2°C Is Getting Bleaker*. Paris: International Energy Agency.

Kenis, P., and Schneider, V. (1991). " 'Policy Networks and Policy Analysis: Scrutinizing a New Analytical Toolbox." In *Policy Networks. Empirical Evidence and Theoretical Considerations*, edited by B. Marin and R. Mayntz, pp.25-59. Frankfurt/Main: Campus.

Knoke, D. (1981). "Power Structures." In *Handbook of Political Behavior*, edited by S. Long, pp.275-332. New York: Plenum.

Knoke, D. (1990). *Political Networks*. Cambridge, UK: Cambridge University Press.

Knoke, D., and Laumann, E. (1982). "The Social Organization of National Policy Domains: An Exploration of Some Structural Hypotheses." In *Social Structure and Network Analysis*, edited by P. Marsden and N. Lin, pp.255-270. Beverly Hills, CA: Sage Publications.

Knoke, D., Pappi, F., Broadbent, J., and Tsujinaka, Y. (1996). *Comparing Policy Networks: Labor Politics in the U.S., Germany and Japan*. New York: Cambridge University Press.

Lasswell, H. D. (1936). *Politics: Who Gets What, When, How*. New York: Whittlesey House, McGraw-Hill.

Latour, B. (2005). *Reassembling the Social: An Introduction to Actor-Network-Theory*. New York: Oxford University Press.

Laumann, E. O., Galaskiewicz, J., and Marsden, P. (1978). "Community Structure as Interorganizational Linkages." *Annual Review of Sociology* 4: 455-484.

Laumann, E. O., and Knoke, D. (1987). *The Organizational State*. Madison: University of Wisconsin Press.

Laumann, E. O., and Marsden, P. (1979). "The Analysis of Oppositional Structures in Political Elites: Identifying Collective Actors." *American Sociological Review* 44: 713-732.

Laumann, E., and Pappi, F. U. (1976). *Networks of Collective Action: A Perspective on Community Influence Systems*. New York: Academic Press.

Lee, K. M., Kim, J. Y., Lee, S., and Goh, K.-I. (2014). "Multiplex Networks." In *Networks of Networks: The Last Frontier of Complexity*, edited by G. D'Agostino and A. Scala, pp.53-72. New York: Springer

Levin, K., Cashore, B., Bernstein, S., and Auld, G. (2012). "Overcoming the Tragedy of Super Wicked Problems: Constraining Our Future Selves to Ameliorate Global Climate Change." *Policy Sciences* 45(2): 123-152.

Lipset, S. M. (1963). *Political Man: The Social Bases of Politics.* Garden City, NY: Doubleday.

Lukes, S. (2005). *Power: A Radical View.* 2d ed. New York: Palgrave Macmillan.

Manfredo, M. J., Vaske, J. J., Rechkemmer, A., and Duke, E. A. (Eds.). (2014). *Understanding Society and Natural Resources: Forging New Strands of Integration across the Social Sciences.* Springer Netherlands. http://www.springer.com/us/book/9789401789585.

Marsh, D. (1998). *Comparing Policy Networks.* Buckingham: Open University Press.

Martin, J. L. (2003). "What Is Field Theory? 1." *American Journal of Sociology* 109(1): 1-49.

McAdam, D. (1982). *Political Process and the Development of Black Insurgency.* Chicago: University of Chicago Press.

Menichetti, G., Remondini, D., Panzarasa, P., Mondragón, R. J., and Bianconi, G. (2014). "Weighted Multiplex Networks." *PLoS ONE* 9(6): 1-8. doi:10.1371/journal.pone.0097857.

Norgaard, K. M. (2006). " 'People Want to Protect Themselves a Little Bit': Emotions, Denial, and Social Movement Nonparticipation." *Sociological Inquiry* 76(3): 372-396.

Olson, M. (1965). *The Logic of Collective Action: Public Goods and the Theory of Groups.* Cambridge, MA: Harvard University Press.

Pachucki, M. A., and Breiger, R. L. (2010). "Cultural Holes: Beyond Relationality in Social Networks and Culture." *Annual Review of Sociology* 36: 205-224.

Prell, C. (2012). *Social Network Analysis: History, Theory & Methodology.* Los Angeles and London: Sage.

Putnam, R. D. (2000). *Bowling Alone: The Collapse and Revival of American Community.* New York: Simon & Schuster.

Raab, J., and Kenis, P. (2007). "Taking Stock of Policy Networks: Do They Matter?" In *Handbook of Public Policy Analysis: Theory, Methods and Politics,* edited by F. Fischer, G. Miller, and M. Sidney, pp.187-200. Boca Raton, FL: CRC Press.

Radcliffe-Brown, A. R. (1940). "On Social Structure." *Journal of the Anthropological Institute of Great Britain and Ireland* 70:1, pp.1-12.

Ragin, C. (1987). *The Comparative Method.* Berkeley: University of California Press.

Ragin, C., and Becker, H. (1992). *What Is a Case?* Cambridge, UK: Cambridge University Press.

Sabatier, P. A., and Jenkins-Smith, H. C. (1993). *Policy Change and Learning: An Advocacy Coalition Approach.* Boulder, CO: Westview Press.

Sabatier, P. A., and Weible, C. (2007). "The Advocacy Coalition Framework: Innovations and Clarifications." In *Theories of the Policy Process,* edited by P. Sabatier, pp.189-220. Boulder, CO: Westview Press.

Scott, J. 2001. *Power*. Malden, MA: Blackwell Publishers.

Sonnett, J. (2015). "Ambivalence, Indifference, Distinction: A Comparative Netfield Analysis of Implicit Musical Boundaries." *Poetics (October)*. doi:10.1016/j.poetic. 2015.09.002.

Tavory, I., and Timmermans, S. (2014). *Abductive Analysis: Theorizing Qualitative Research*. Chicago: University of Chicago Press.

United Nations Framework Convention on Climate Change (UNFCCC). (2015). Paris Agreement. http://bigpicture.unfccc.int/#content-the-paris-agreemen

Warner, W. L. (1963). *Yankee City*. New Haven, CT: Yale University Press.

Wasserman, S., and Faust, K. (1994). *Social Network Analysis: Methods and Applications*. New York: Cambridge University Press.

Weber, M. (1978). *Economy and Society. Volumes 1 and 2*. Berkeley: University of California Press.

White, H. C. (1992). *Identity and Control*. Princeton, NJ: Princeton University Press.

White, H. C. (2008). *Identity and Control: How Social Formations Emerge. 2d ed.* Princeton, NJ: Princeton University Press.

Jennifer Nicoll Victor

미국 워싱턴 대학에서 정치학 박사 학위를 취득했고, 현재는 조지 메이슨 대학교George Mason University 샤르Schar 정책 및 정부 대학의 부교수이다. 대표적인 저서로는 〈정보격차 해소: 미국과 유럽에서의 소셜 네트워크로서 입법 조직Bridging the Information Gap: Legislative Member Organizations as Social Networks in the United States and the European Union〉(미 시간 대학 출판부 2013, 공저)가 있다. 연구분야는 입법 정치, 정당, 조직 이익, 선거 자금 등 관련 주제들이고, 연구 결과를 American Journal of Political Science, American Politics Research, Party Politics, PS: Political Science & Politics, British Journal of Political Science 등을 통해 다수 게재하였다.

Alexander H. Montgomery

미국 스탠퍼드 대학교에서 정치학 박사 학위를 취득했고, 현재는 리드 칼리지의 정 치학과 교수로 재직하고 있다. International Organization, International Security, Journal of Conflict Resolution, Intelligence and National Security, Jounral of Peace Research, Perspectives on Politics 등의 저널에 다수의 연구 결과를 발표해 왔다.

Mark Lubell

미국 뉴욕 주립 대학교에서 정치학 박사 학위를 취득했고, 현재는 캘리포니아 주립 대학교 데이비스 캠퍼스UC Davis의 환경과학 및 정책학과 교수로 재직 중이다. 동 대학의 환경정책 및 행동 센터의 소장을 맡고 있기도 하다. 주요 저서로는 〈상류로 거슬러 올라가기: 유역관리를 위한 공동접근법Swiming Upstream: Collaborative Approaches to Watershed Management〉(MIT Press 2005, 공저). 환경 정책, 집단 행동 및 사회 네트워크 에 대한 연구을 American Journal of Political Science, Public Administration Review, Ecology and Society, Policy Studies Journal 등에 다수 발표하였다.

서상민

고려대학교 정치외교학과를 졸업하고 고려대학교 대학원에서 중국정치로 석·박사 학위를 취득하였다. 동아시아연구원(EAI) 중국연구센타 부소장을 거쳐 현재 국민대 학교 중국인문사회연구소 HK연구교수로 재직 중이다. 주요 관심 연구영역은 중국정 치과정 중 권력관계, 정치엘리트, 관료제와 관료정치 그리고 외교안보 분야 정책결정 과정 분석 등과 관련된 주제들이며, 최근에는 사회연결망분석(SNA) 방법을 활용한 중국의 정책지식과 정책행위자 네트워크를 분석하고 관련 데이터를 구축하여 중국 의 정치사회 구조와 행위자 간 다양한 다이나믹스를 추적하고 분석하고 있다. 주요 논문으로는 「시진핑집권 초기 중국외교담화 생산메카니즘과 내용분석」(2021), 「시진 핑 시기 이데올로기 강화와 민영기업정책」(2021), 「중국공산당의 위기관리 정치: '코 로나19' 대응의 정치적 논리」(2020), 「시진핑 시기 권위주의적 사회통제」(2019), 「시 진핑 1기 중국인민해방군 상장 네트워크」(2018), 「중국 외교엘리트 네트워크 분석: 후진타오와 시진핑 시기 비교」(2017), 등이 있으며, 저서로는 『시민과 함께하는 중국 인문학』(2021, 공저), 『현대중국정치와 경제계획관료』(2019), 애들아 이젠 중국이야 (2016, 공저) 등이 있다.

모준영

고려대학교 독어독문학과(정치외교학 부전공)를 졸업하고 고려대학교 대학원에서 국제정치(외교/안보)로 석·박사학위를 취득하였다. 한국지정학연구원(GPIK) 연구위 원을 거쳐 현재 고려대학교 아세아문제연구원 연구위원으로 재직 중이다. 주요 관심 연구영역은 동북아 외교/안보, 지정학, 대전략, 군사전략, 인공지능(AI) 등이다. 최근 에는 인공지능(AI)의 발전이 국가전략 및 군사전략에 미치는 영향을 연구하고 있다. 주요 논문으로는 「중국의 인공지능(AI) 정책과 군사전략 변화」(2021), 「중국의 서구 국제정치이론의 수용과 변용」(2021), 「시진핑 정부와 '디지털 권위주의'」(2021), 「시 진핑 집권 전후 중국 지정학 지식의 생산과 확산」(2020) 등이 있으며, 저서 및 역서 로는 『시진핑 시대' 중국의 정치체제: '중국식 정치체제모델'의 형성인가?』(2021, 공 저), 『중국 지식지형의 형성과 변용』(2020, 공저), 『평화의 지정학』(2019, 공역) 등이 있다.

유희복

고려대학교 영어영문학과를 졸업하고 고려대학교 국제대학원에서 북미 전공으로 국제지역학 석사, 중국 푸단대학교 국제관계학원에서 국제관계학 박사학위를 취득했다. 강남대학교, 연세대학교 등에서 중국과 국제정치 관련 강의를 거쳐 현재 성신여자대학교 강사로 재직 중이다. 주로 미·중 관계와 국제관계이론에 관심을 갖고 중국의 대외 정책과 글로벌 거버넌스 전략을 연구해 왔으며, 최근에는 미·중 간 세력전이와 글로벌 경제 거버넌스를 둘러싼 전략경쟁에 관한 연구를 진행 중이다. 주요 논문으로는 「아태 재균형과 중미 신형대국관계 구축의 전개 현황 분석」(2016), 「신흥강대국 중국의 국제질서 인식과 실천」(2017), 「국제질서의 다면성과 '자유주의 국제질서'의 미래」(2018), 「중국 경제의 진화: 국가발전에서 글로벌 거버넌스 변화의 도구로」(2019), 「중국공산당 중앙위원회 정치국 집체학습의 대내외적 함의에 관한 연구」(2020) 등이 있으며, 저·역서로는 『중국연구의 동향과 쟁점』(2016, 공저), 『중국의 꿈(中國夢): 중국이 지향하는 강대국의 초상』(2018, 공저), 『설계자 덩샤오핑』(2018, 역서) 등이 있다.

국민대학교 중국인문사회연구소 번역총서 · 11

옥스퍼드 핸드북
정치네트워크론 II
The Oxford Handbook of **POLITICAL NEWORKS**

초판 인쇄 2022년 5월 15일
초판 발행 2022년 5월 31일

편 저 자 l Jennifer Nicoll Victor · Alexander H. Montgomery · Mark Lubell
편 역 자 l 서상민 · 모준영 · 유희복
펴 낸 이 l 하운근
펴 낸 곳 l 學古房

주   소 l 경기도 고양시 덕양구 통일로 140 삼송테크노밸리 A동 B224
전   화 l (02)353-9908 편집부 (02)356-9903
팩   스 l (02)6959-8234
홈페이지 l www.hakgobang.co.kr
전자우편 l hakgobang@naver.com, hakgobang@chol.com
등록번호 l 제311-1994-000001호

ISBN 979-11-6586-409-5 94340
         978-89-6071-406-9 (세트)

값: 35,000원

■ 파본은 교환해 드립니다.